Johannes Raabe

Die Beobachtung journalistischer Akteure

Johannes Raabe

Die Beobachtung journalistischer Akteure

Optionen einer empirisch-kritischen Journalismusforschung

VS VERLAG FÜR SOZIALWISSENSCHAFTEN

VS VERLAG FÜR SOZIALWISSENSCHAFTEN

VS Verlag für Sozialwissenschaften
Entstanden mit Beginn des Jahres 2004 aus den beiden Häusern
Leske+Budrich und Westdeutscher Verlag.
Die breite Basis für sozialwissenschaftliches Publizieren

Bibliografische Information Der Deutschen Bibliothek
Die Deutsche Bibliothek verzeichnet diese Publikation in der Deutschen Nationalbibliografie;
detaillierte bibliografische Daten sind im Internet über <http://dnb.ddb.de> abrufbar.

1. Auflage März 2005

Alle Rechte vorbehalten
© VS Verlag für Sozialwissenschaften/GWV Fachverlage GmbH, Wiesbaden 2005

Lektorat: Barbara Emig-Roller

Der VS Verlag für Sozialwissenschaften ist ein Unternehmen von Springer Science+Business Media.
www.vs-verlag.de

Umschlaggestaltung: KünkelLopka Medienentwicklung, Heidelberg
Druck und buchbinderische Verarbeitung: Rosch-Buch, Scheßlitz
Gedruckt auf säurefreiem und chlorfrei gebleichtem Papier
Printed in Germany

ISBN 3-531-14033-7

Inhaltsverzeichnis

Vorwort

Die vorliegende Arbeit entstand in den vergangenen Jahren während meiner Zeit als wissenschaftlicher Mitarbeiter am Institut für Kommunikationswissenschaft der Ludwig-Maximilians-Universität München sowie am Lehrbereich Kommunikationswissenschaft mit Schwerpunkt Journalistik der Otto-Friedrich-Universität Bamberg. Diese Veröffentlichung ist die überarbeitete und gekürzte Version der Dissertation „Journalisten als soziale Akteure", mit der ich im vergangenen Jahr an der Sozialwissenschaftlichen Fakultät der Universität München promoviert habe. Für die Begleitung des Arbeitsprozesses möchte ich meinem Doktorvater Prof. Heinz Pürer sowie Prof. Bernd Blöbaum und Prof. Rudolf Stöber danken. Ihr Beitrag bestand aus einer Mischung von Unterstützung, kritischen Einwänden, Ermahnungen und Geduld.

In die Arbeit sind Einsichten und Befunde der repräsentativen Erhebung „Journalisten in Bayern" mit eingeflossen, die ich vom Herbst 1998 bis Sommer 1999 am Münchener Institut für Kommunikationswissenschaft durchgeführt habe. Danken möchte ich deshalb allen, die das Zustandekommen dieser Erhebung mit ermöglicht haben, insbesondere Jörg Ueltzhöffer und Carsten Ascheberg vom Sozialwissenschaftlichen Institut für Gegenwartsfragen Mannheim (SIGMA) für eine großzügige Forschungsunterstützung und die reibungslose Kooperation bei der Verarbeitung und Auswertung der erhobenen Daten, sowie Gerhard Böhm und der Studienstiftung der ‚Süddeutschen Zeitung' für die Gewährung eines Stipendiums, mit dem ein großer Teil der anfallenden Kosten gedeckt werden konnte. Mein Dank gilt auch denjenigen, ohne die die Erhebung überhaupt nicht zu machen gewesen wäre, d.h. den befragten Journalisten sowie den Verantwortlichen in den Medienbetrieben. Ohne die Zustimmung durch das Führungspersonal in Geschäftsleitungen und Redaktionen und ohne die Kooperationsbereitschaft und den mitunter beträchtlichen Einsatz der Verantwortlichen in den Personal- und Honorarabteilungen hätte die Untersuchung bereits im Vorfeld abgebrochen werden müssen. Umso erfreulicher, dass die Ansprechpartner fast ausnahmslos die Mühen nicht gescheut und dadurch zum Gelingen der Studie beigetragen haben. Den wichtigsten Beitrag leisteten natürlich die Journalisten, die in so großer Zahl bereitwillig Auskunft gegeben haben; eine Fragebogen-Rücklaufquote von über 59 Prozent ist für mich damals durchaus eine kleine Sensation gewesen.

Was die Zeit der theoretischen Ausarbeitung und den Austausch mit der Salzburger Journalismusforschung anbelangt, habe ich dem DAAD und dem ÖAD für ein mir gewährtes Kurzstipendium sowie Prof. Hans Heinz Fabris, Franz Rest und ihren Kollegen vom Salzburger Institut für Kommunikationswissenschaft der Paris-Lodron-Universität für freundliche Aufnahme und unbürokratische Unterstützung

während meines dortigen Studienaufenthalts zu danken. Darüber hinaus gilt mein
herzlicher Dank den Freunden und ehemaligen Weggefährten des Münchener Instituts, vor allem Ute Nawratil, Barbara Franz und Wolfgang Eichhorn für ihre Unterstützung, Markus Behmer, Gaby Mehling und Bettina Trapp für Anregungen und
Begleitung in Zeiten der Entwicklung von Thema und Fragestellung sowie den
Bamberger Kollegen Jan Schmidt und Florian Mayer (nicht zuletzt für praktische
Hilfe im Kampf mit der Technik).

Besonderer Dank gebührt Frau Ulrike Sowa und ihrer Familie, in deren Haus ich
in den Monaten vor Abgabe der Arbeit beim Promotionsamt der Uni München
Raum und Ruhe zum Schreiben fand; ich werde diese produktiven Tage in überaus
angenehmer und freundlicher Atmosphäre in dankbarer Erinnerung behalten.
Schließlich möchte ich Fr. Barbara Emig-Roller vom Verlag für Sozialwissenschaften sehr herzlich danken, die das Buchprojekt bis zum Zeitpunkt der Veröffentlichung konstruktiv, geduldig und überaus freundlich mitgetragen hat. Bleiben die
mir nahe stehenden und lieben Menschen, die mich über die ganze Zeit hinweg begleitet und unterstützt haben und denen ich immer wieder einiges an Verständnis
abverlangt habe. Mein größter Dank gilt Anne, der ich deshalb diese Arbeit widmen
möchte.

Angesichts von so viel Danksagung für Förderung und Unterstützung könnte der
Eindruck entstehen, die vorliegende Arbeit sei dabei wie von selbst entstanden. Das
ist natürlich nicht der Fall. Mein Part war es, die vielen Überlegungen und bisweilen
einander widersprechenden Argumente zu sortieren, zu strukturieren und – in hof-
fentlich nachvollziehbarer Form – niederzuschreiben. Wie so oft dokumentiert der
entstandene Text letztlich stärker den Prozess der Erarbeitung als ein fertiges End-
ergebnis – zumal die Auseinandersetzung mit einigen in der Arbeit aufgeworfenen
Fragen noch lange nicht abgeschlossen sein mag.

Bamberg, im Dezember 2004   Johannes Raabe

1   Einleitung

Journalismusforschung versucht auf der Basis wissenschaftlicher Vorstellungen und mithilfe empirisch-analytischer Methoden die soziale Wirklichkeit des Journalismus zu beobachten und zu erforschen. Sie hat dabei in den vergangenen Jahrzehnten einen produktiven Aufschwung erlebt, der nicht nur in quantitativer Hinsicht zu einer beeindruckenden Fülle an theoretischen Einsichten und empirischen Befunden geführt hat. So liegen spätestens seit den beiden repräsentativen Journalismusstudien vom Anfang der 90er Jahre detaillierte Erkenntnisse über die Berufsgruppe der Journalisten, ihre Vor- und Ausbildung, Berufsbedingungen, redaktionelle Tätigkeiten, sowie ihre Rollenselbstverständnisse, Meinungen und Einstellungen vor.[1] Auch wurden seit den 70er Jahren und verstärkt noch einmal im vergangenen Jahrzehnt eine ganze Reihe journalismustheoretischer Arbeiten vorgelegt, die – gemessen an der geringen Größe des Forschungsfeldes – von einer regen Theorieproduktion Zeugnis ablegen.[2]

Eines der zentralen Probleme gegenwärtiger Journalismusforschung auch angesichts dieser vergleichsweise komfortablen Situation der Teildisziplin besteht in der nach wie vor ausstehenden, genaueren Durchdringung und Klärung des Verhältnisses zwischen dem sozialen Zusammenhang des Journalismus einerseits und dem Handeln journalistischer Akteure andererseits. An dieser Stelle setzt die vorliegende Arbeit an. Ihr Thema ist die Beobachtung des Journalismus und seiner Akteure, wobei der wissenschaftlichen Beobachtung der journalistisch Handelnden, wie sich im Verlauf der Arbeit zeigen wird, besondere Aufmerksamkeit und auch ein genaueres Augenmerk geschenkt werden. Die folgenden Ausführungen handeln also nicht vom Journalismus in Deutschland, selbst wenn hie und da in der Arbeit auf einzelne Aspekte dieser Wirklichkeit Bezug genommen wird. Vor allem ist dies keine Abhandlung, die aus der Beobachtung von Journalisten über deren Leben und Wirken Auskunft gibt; solche Darstellungen liegen in großer Zahl vor und gehören wohl auch nicht zu den primären Aufgaben einer wissenschaftlichen Auseinandersetzung mit dem Journalismus.

Die Überlegungen beginnen mit dem für jede empirische Sozialwissenschaft im Grunde genommen selbstverständlichen Sachverhalt, dass das Bild, das sich Wis-

---

[1]   Vgl. Weischenberg/Löffelholz/Scholl 1993, 1994; Scholl Weischenberg 1998; Schneider/Schönbach/Stürzebecher 1993, Schönbach/Stürzebecher/Schneider 1994; Böckelmann 1993, Pürer 1997.
[2]   Vgl. Löffelholz 2000a.

senschaft von ihrem Gegenstand macht, in hohem Maße bestimmt, was sie in ihren empirischen Bemühungen zu sehen bekommt. Konkret: Was sich einzelnen Forschungsrichtungen zeigt, wenn sie Journalismus und das Handeln journalistischer Akteure beobachten möchten, ist abhängig von jeweiligen Theorien und Vorverständnissen, die sie in ihr wissenschaftliches Forschen einbringen. Das heißt gleichzeitig, dass diese Vorstellungsweisen und Vorverständnisse dafür verantwortlich sind, dass bestimmte Aspekte der Wirklichkeit des zu untersuchenden Gegenstands gar nicht in das Blickfeld (und damit auch nicht ins Bewusstsein) der Forschung geraten. Vor diesem Hintergrund liegt der Schwerpunkt der Arbeit auf dem Aspekt der *wissenschaftlichen* Beobachtung journalistischer Akteure. Zentral geht es um eine Auseinandersetzung mit der Frage, auf welche Art und Weise die Forschung das Handeln der Akteure in journalistischen Zusammenhängen in den Blick nehmen kann und welche Konsequenzen sich daraus für die theoretische und empirische Analyse der sozialen Wirklichkeit des Journalismus ergeben.

Deshalb werden in der Arbeit die verschiedenen Ansätze und Forschungsrichtungen der Journalismusforschung daraufhin befragt, welche wissenschaftlichen Vorgehensweisen ihnen zugrunde liegen und mithilfe welcher (im wissenschaftlichen Vorgehen dann oft nicht mehr explizierten) Annahmen und Vorstellungen sie sich dem Journalismus als ihrem Gegenstand nähern. Dazu werden die theoretischen Konzepte, die sie entwickelt haben, in der gebotenen Kürze dargestellt und diskutiert, welche Folgen dies für ihre empirischen Bemühungen bei der Erforschung des Journalismus nach sich zieht (Kapitel 2). Unterscheiden lassen sich dabei drei größere Forschungstraditionen. Die eine beginnt mit der Beobachtung von Journalisten und ihrem Verhalten und versucht über personenbezogene Merkmale die Spezifika journalistischen Handelns zu ermitteln und zu erklären. Im Zentrum ihres Forschungsinteresses stehen die Journalisten selbst, sowie ihre Merkmale und Einstellungen. Die forschungsleitenden Denk- und Vorstellungsweisen, die dieser Tradition der Journalismusforschung zugrunde liegen, werden in der Arbeit unter dem Begriff des ‚Personenparadigmas' zusammengefasst.

Die zweite Tradition versucht Journalismus gerade nicht über die beteiligten Individuen, sondern als einen eigenständigen und eigenlogischen sozialen Zusammenhang zu identifizieren und über die Analyse von dessen Funktionen und Strukturen Aufschluss über die Wirklichkeit des Journalismus zu gewinnen. Sie orientiert sich in ihrer Theoriebildung vor allem an der funktional-strukturellen oder autopoietisch gewendeten Systemtheorie Niklas Luhmanns, so dass ihre theoretischen Ansätze dem ‚Systemparadigma' folgen. Entsprechend wird Journalismus von ihnen auf der Makroebene als ein autonomes und eigenlogisches Funktionssystem der modernen, ausdifferenzierten Gesellschaft beobachtet. Fokussiert werden dabei Kommunikationsprozesse des sozialen Systems, nicht aber das Handeln journalistischer Akteure. Empirische Forschungsarbeiten im Anschluss an diese Theoriekonzeption müssen dann nicht nur mit der Komplexität und dem Abstraktionsniveau der Theorie zurechtkommen, sondern auch mit den Schwierigkeiten umgehen, die sich aus der theoretischen Ausklammerung des Handelns journalistischer Akteure ergeben. Deshalb sind aus der Kritik an den Einseitigkeiten der Sichtweisen beider Forschungstraditionen in den vergangenen Jahren verschiedene integrative Konzepte der Journalismustheorie entwickelt worden, die Journalismus als einen sozialen Zusammenhang in der modernen Gesellschaft zu fassen versuchen und zugleich die journalistisch Handelnden in ihre Theorievorstellung integrieren möchten. Auch diese Theoriekonzepte werden kurz vorgestellt und im Hinblick auf Schwierigkeiten und Einseitigkeiten, die sich aus ihren Konzeptualisierungen für die theoretische und empirische Analyse des Journalismus ergeben, untersucht.

Die Gründe für solche Einseitigkeiten und Limitierungen werden im Zuge einer metatheoretischen Reflexion entlang wissenschafts- und sozialtheoretischer Grundlagen quer zu den bestehenden Paradigmen herausgearbeitet. Sie betreffen zum einen deren wissenschaftstheoretisches Selbstverständnis und wissenschaftliche Denkgewohnheiten, die in ihre Theorien eingegangen und zum selbstverständlichen Bestandteil ihrer theoretischen Argumentation geworden sind, zum anderen aber auch das theoretische Verständnis von ,Struktur' und ,Handeln', das in den jeweiligen Ansätzen in Anschlag gebracht wird. Journalismusforschung, auch das wird im Zuge dieser Reflexion deutlich, bedarf – wie von den Arbeiten des Systemparadigmas immer wieder eingeklagt – eines theoretischen Ausgangspunkts. Doch gibt es keinerlei Notwendigkeit, dabei auf elaborierte und hochkomplexe Theoriegebäude zu setzen, deren *theoretische* Annahmen und Einsichten die Forschung von vornherein soweit festlegen, dass daran anschließende *empirische* Bemühungen von ihnen unnötig eingeschränkt werden (Kapitel 3). Die Erörterung bestehender Forschungstraditionen und ihrer theoretischen Grundverständnisse und die Reflexion wissenschaftlicher Vorgehensweisen dienen vor diesem Hintergrund nicht so sehr der Kritik bestehender Forschungsansätze als vielmehr der Suche nach bislang nicht ausgeloteten Optionen einer empirisch-kritischen Journalismusforschung.

Dazu werden im Anschluss die Grundzüge einer theoretisch begründeten, empirischen Analyse entwickelt und vorgestellt, mit denen das Problem des Verhältnisses zwischen dem sozialen Zusammenhang des Journalismus und dem Handeln journalistischer Akteure einer genaueren theoretischen Klärung zugeführt und dadurch der wissenschaftlichen Bearbeitung durch die empirische Journalismusforschung zugänglich gemacht werden soll (Kapitel 4). Journalismus wird dabei als ein spezifisch geordneter sozialer Zusammenhang in der modernen, ausdifferenzierten Gesellschaft gefasst, bevor die journalismusrelevanten Strukturen und ihr Zusammenhang zur journalistischen Handlungspraxis diskutiert und in einem weiteren Schritt die Akteure des Journalismus in die Theorievorstellung eingeführt werden. Bislang haben Ansätze, die das Handeln von Journalisten in eine theoretische Journalismusvorstellung integrieren möchten, es weitgehend versäumt, eine brauchbare *wissenschaftliche* Vorstellung von den am Journalismus Beteiligten zu entwickeln. Dabei hängt die Möglichkeit, den Zusammenhang zwischen Journalismus und seinen Akteuren problemadäquat zu fassen, in hohem Maße davon ab, welche theoretische Vorstellung die Forschung von den Journalisten entwickelt und zur Analyse dieses Zusammenhangs heranzieht.

Deshalb wird in der Arbeit eine Konzeption von Journalisten als *sozialen Akteuren* eingeführt, nach der Journalisten als Handelnde mit sozialen Positionen, Ressourcen und Dispositionen zu begreifen sind. Die Bedeutung dieser sozialen Akteursmerkmale wird jedoch nicht nur theoretisch herausgearbeitet, sondern auch empirisch ermittelt und veranschaulicht. Dazu wurde in einer repräsentativ angelegten Befragung von über 1000 Journalisten aktuell arbeitender Medienredaktionen in Bayern das Konzept der sozialen Milieus mit dem von Flaig und Ueltzhöffer entwickelten und durch SINUS prominent gewordenen Milieu-Indikator herangezogen[3] und in einer Kooperation mit dem Heidelberger SIGMA-Institut die Zugehörigkeit von Journalisten zu den sozialen Milieus in der Gesellschaft der Bundesrepublik Deutschland ermittelt.[4] Die Konsequenzen, die sich aus diesen Einsichten für die theoretische Beobachtung des Journalismus und seiner Akteure ergeben, werden im Anschluss an die Explikation der Akteursvorstellung erläutert. Sie führen zur Konzeption des Journalismus als einem spezifisch strukturierten sozialen Feld, bei der auch die kulturelle Dimension journalistischen Handelns und journalistischer Kommunikationen in den Blick der Forschung gerät, die von der gegenwärtigen Journalismusforschung weitgehend vernachlässigt worden ist.

Die hier nur knapp skizzierten und im folgenden ausgeführten Überlegungen schließen an Arbeiten von Pierre Bourdieu, Anthony Giddens, Karin Knorr-Cetina und Norbert Elias an, deren Schriften – mit unterschiedlichen Akzentuierungen – von dem Bemühen gekennzeichnet sind, die Extrempositionen von Subjektivismus und Objektivismus, Phänomenologie und Strukturalismus, Normativismus und rationalistischen Theorien zu vermeiden bzw. zu überwinden. In der theoretischen Diskussion wird zudem auf Abhandlungen von Andreas Reckwitz zurückgegriffen, der mit ihnen (dankenswerterweise) Schneisen ins Dickicht sozial- und kulturtheoretischer Literatur geschlagen hat.

Mit dem Einbezug der journalistisch Handelnden als *soziale Akteure* soll eine ,Leerstelle' in der theoretischen Argumentation derzeitiger Journalismusforschung geschlossen werden. Dadurch lassen sich bislang von der Agenda der Journalismusforschung ausgeschlossene Fragen des Verhältnisses zwischen dem sozialen Zu-

---

[3]   Vgl. Ueltzhöffer 1999; Flaig/Meyer/Ueltzhöffer 1994.
[4]   Konzeption, Untersuchungsanlage und zentrale Befunde der Studie sind im Anhang der Arbeit dokumentiert.

sammenhang des Journalismus und den journalistisch Handelnden aus theoretischen Beobachtungen heraus einer empirischen Analyse zuführen. Insofern könnte sich die hier in groben Zügen skizzierte Perspektive für künftige Analysen der sozialen Wirklichkeit des Journalismus als fruchtbar erweisen.

2 Traditionen und Ansätze der Journalismusforschung

Innerhalb des vergleichsweise jungen Fachs der Publizistik- und Kommunikationswissenschaft bildet die Journalismusforschung eine Teildisziplin, deren Aufschwung erst mit dem zunehmenden Aufkommen empirischer Studien in der zweiten Hälfte der 60er und der ersten Hälfte der 70er Jahre markiert ist.[1] Natürlich hat es schon sehr viel früher Arbeiten gegeben, die sich mit Phänomenen des Journalismus auseinandergesetzt haben. Häufig ist der Beginn einer solchen Auseinandersetzung mit Kaspar Stielers „Zeitungs Lust und Nutz" von 1695 in Verbindung gebracht worden,[2] werden dort doch bereits verschiedene Merkmale der Presse im Hinblick auf ihre Leistung für verschiedene Bereiche des politischen, gesellschaftlichen und privaten Lebens erörtert. Als erste theoretische Beschreibung des Journalismus aber gilt die Monographie „Geschichte des deutschen Journalismus" von Robert E. Prutz aus dem Jahr 1845.[3] Prutz hat nicht nur den Journalismus erstmals als wichtige Reflexionseinrichtung der Gesellschaft verstanden, sondern auch seine eigene Abhandlung als einen Beitrag zu dessen notwendiger Reflexion aus wissenschaftlicher Perspektive.[4] Zu nennen wäre hier aber auch „Die Entstehung des deutschen Journalismus" von Dieter Paul Baumert von 1928, stellt die Abhandlung doch den frühen Versuch einer zumindest groben Strukturierung der historischen Entwicklung des Journalistenberufs dar, bei der die allmählich aufkommende Arbeitsorganisation journalistischen Handelns ein zentrales Klassifikationsmerkmal bildet.[5]

Besonders hervorzuheben ist schließlich Max Webers Vorschlag einer „Enquête über das Zeitungswesen", die zwar nie realisiert wurde, deren im sogenannten „Vorbericht" von 1910 entfaltetes, systematisches Forschungsprogramm aber bis heute als beispielhaft gilt.[6] Entsprechend wird Webers Projekt in Abhandlungen zur Entwicklung der Journalismusforschung gewürdigt als eine sozialwissenschaftliche,

---

[1] Vgl. Böckelmann 1993: 37.
[2] Stieler 1969 [1695].
[3] Prutz 1971 [1845]; vgl. Rühl 1992: 120f.; Scholl/Weischenberg 1998: 31; Löffelholz 2000b: 33f.
[4] Siehe Prutz ebd.: 17ff.
[5] Vgl. Baumert 1928. Anzuführen wären überdies die frühe empirische Untersuchung über den „Arbeitsmarkt der Redakteure" von Paul Stoklossa (1909) sowie die Dissertation von Kurt Brunöhler (1933) über Herkunft, Bildung und soziale Stellung von Zeitungsredakteuren in der ersten Hälfte des 19. Jahrhunderts. Vgl. zur Entwicklung und den Defiziten der frühen Berufsforschung Kieslich 1966, 1970; Hömberg 1987 sowie Böckelmann 1993: 31-36.
[6] Vgl. Kutsch 1988.

empirisch-analytische, komparatistisch angelegte, quantitativ wie qualitativ vorgehende und im Multimethoden-Design konzipierte Untersuchungsanlage – ohne jedoch von der empirischen Journalismusforschung in Deutschland konkret wieder aufgenommen und für Studien, die an dort aufgeworfene Fragestellungen angeknüpft hätten, genutzt worden zu sein.[7]

Die wenigen Rekurse auf den „Vorbericht" machen zudem deutlich, dass dessen Rezeption durch die neuere Forschung von einer ganz spezifischen Lesart bestimmt ist. So wird von verschiedenen Autoren herausgestellt, dass dort bereits Überlegungen der Organisations- und Redaktionsforschung vorweg genommen werden.[8] Nicht thematisiert wird hingegen, dass Weber weder einfach die Journalisten oder Redaktionen in den Mittelpunkt seiner Überlegungen stellt, noch sich für einen makrotheoretischen Zugang zur Beschreibung des Journalismus entscheidet. Sein Kernanliegen besteht vielmehr in der Analyse der spannungsreichen *Zusammenhänge* zwischen der Makro- und der Mikroebene. So möchte er auf der einen Seite die institutionellen, marktwirtschaftlichen, organisatorischen Strukturen der Presse und des Journalismus (und dessen weltanschauliche Ausprägungen) analysieren, auf der anderen Seite aber auch Herkunft, Bildung, Berufsanforderungen, soziale und ökonomische Position der Journalisten (sowie deren Gestaltungsspielräume und Einflussmöglichkeiten) erforschen.[9] Es ist gerade die Frage nach der *Vermittlung* von Handelnden und Institutionen, letztlich von Individuum und Gesellschaft, die das spezifisch Soziologische der Weberschen Sichtweise ausmacht, wie auch Käsler betont:[10]

„In Webers Werk ist (...) jene intermediäre und reflexive Vermittlung angelegt, die von einer gesellschaftlichen Konstruktion der Wirklichkeit ausgeht, in der das Individuum zum einen einer ihm gegenüberstehenden ‚objektiven' Wirklichkeit begegnet, die es zum anderen ‚subjektiv' verändern und mitbestimmen kann. Die ‚subjektive' Sinngebung ist keine Residualgröße gesellschaftlicher Wirklichkeit, sondern konstitutives Element für deren Entstehung und Veränderung. Damit wird die Erfassung sowohl

---

7 So die übereinstimmende Einschätzung bei Hömberg 1987: 624; Böckelmann 1993: 31f.; Scholl/ Weischenberg 1998: 35f.; Löffelholz: 2000b: 36. Zwar gab es unmittelbar durch Webers Projekt angeregte Studien, die jedoch unbeachtet blieben (vgl. Kutsch 1988: 5 bzw. 24, Fußnote 6). Eine frühe Ausnahme bildet die 1915 erschienene Promotion wie auch spätere Arbeiten des Münchener Zeitungswissenschaftlers Otto Groth (vgl. Bohrmann 1986: 101). Und in jüngerer Zeit waren es die Autoren der Münsteraner Erhebung „Journalisten in Deutschland", die sich explizit an Zielvorstellungen der Enquête orientierten (vgl. Weischenberg/Löffelholz/Scholl 1993: 21 bzw. 31, Fußnote 3).

8 Exemplarisch etwa Scholl/Weischenberg 1998: 35f., Löffelholz 2000b: 34ff.

9 Vgl. die Forschungsanlage, wie sie im „Vorbericht" entfaltet wird; dokumentiert und erläutert bei Kutsch 1988: 7-10.

10 Käsler 1999: 209.

der ‚subjektiven' Sinnsetzungen als auch der ‚objektiven' gesellschaftlichen Wirklichkeit zur eigentlichen Aufgabe".

Genau damit hängt auch die im „Vorbericht" als Forschungsdesiderat benannte kulturelle Dimension der Phänomene der modernen Presse und des Journalismus zusammen, die von Weber mit der Frage nach den Möglichkeiten und Grenzen individueller Freiräume bei der journalistischen Arbeit konfrontiert wird.[11] Kollektivismus und Individualismus im Journalismus als die „zentralen Kategorien der Untersuchung"[12] gewinnen hier ihre spezifische Zuspitzung: in der Frage nach der Kulturbedeutung der Presse einerseits und derjenigen nach den kulturellen Hintergründen der journalistischen Akteure und ihren spezifischen Sinn- und Bedeutungsbeimessungen andererseits.

Das Ziel einer Analyse kultureller Aspekte sowohl des Journalismus als auch des spezifischen Hintergrunds, den die journalistischen Akteure mitbringen, ist in der deutschsprachigen Journalismusforschung seither praktisch kein Thema mehr gewesen. Weder sind kulturelle Aspekte in Fragestellungen der empirischen Forschung gelangt, noch sind sie Gegenstand der theoretischen Bemühungen der Teildisziplin geworden. Das liegt nicht zuletzt daran, dass sich die Journalismusforschung in eine Richtung entwickelte, mit der sie sich von der kontinentaleuropäischen Tradition einer Kultur- und (später) Wissenssoziologie – in der Weber selbst stand und zu der er maßgeblich beigetragen hat – immer weiter entfernte. Die Publizistikwissenschaft in der jungen Bundesrepublik Deutschland wurde zunehmend von theoretischen Ansätzen und empirischen Forschungen der US-amerikanischen Kommunikationsforschung beeinflusst, die ihrerseits von der dortigen Psychologie, Politikwissenschaft und Soziologie der 30er bis 50er Jahre geprägt war.[13] Berücksichtigt man diese anhaltende Orientierung an amerikanischen Wissenschafts- und Forschungstraditionen und die Prägungen, die davon ausgingen, kann es nicht verwundern, dass sich die Journalismusforschung bis heute weitgehend blind zeigt für Fragen der kulturellen Bedeutung des Journalismus und der kulturellen Orientierungen der journalistischen Akteure.[14]

---

[11] Vgl. Kutsch 1988: ebd.
[12] Ebd.
[13] Siehe hierzu auch weiter unten Abschnitt 2.2.
[14] Siehe hierzu weiter unten Abschnitt 4.5. Eine Ausnahme bilden seit einigen Jahren Arbeiten, die im Anschluss an die britischen Cultural Studies eine kulturalistische Perspektive in der Journalismusforschung verfolgen; vgl. Renger 2000; Renger 2001; Klaus 2000; Klaus/Lünenborg 2000.

2.1   Zur Identifizierung zweier Forschungs-Paradigmen

Heute, rund 35 Jahre nach ihrem ersten Forschungsboom, bildet die deutschsprachige Journalismusforschung ein heterogenes, nach verschiedenen Forschungsrichtungen und theoretischen Ansätzen differenziertes und dynamisches Teilfeld der Publi-
zistik- und Kommunikationswissenschaft.[15] Die Fülle empirischer Studien und die
Vielfalt der Fragestellungen und Befunde, die sie hervorgebracht hat, hat nicht erst
in diesen Tagen ein kaum mehr überschaubares Ausmaß angenommen; und hinsichtlich ihrer theoretischen Bemühungen konstatierte Rühl bereits vor über zehn
Jahren:[16]

„Die bisherige Diskussion hat ein pluralistisches Gefüge sehr verschiedenartiger Bestrebungen erkennen
lassen, die nur zum Teil in wechselseitiger Berührung stehen. Die Weiterarbeit an den nebeneinander
herlaufenden, sich da und dort kreuzenden oder auch ineinander überleitenden Forschungen scheint keine integrierende Journalismustheorie zu versprechen."

Das dürfte nach wie vor gelten, unterscheiden sich die zahlreichen Forschungsarbeiten doch hinsichtlich der Vorstellungen, die sie vom Journalismus entwickelt haben,
wie auch im Blick auf die spezifische Beobachtung der am Journalismus Beteiligten
und die dabei zugrunde liegenden Akteurskonzepte. Auch differieren sie, was das
Verständnis zentraler Kategorien wie ‚Handeln' und ‚Kommunikation' anbelangt,
so dass mit gleichen Begriffen oft ganz Unterschiedliches bezeichnet wird (wie auch
umgekehrt für gleiche Sachverhalte mitunter divergierende Begriffe aus jeweiligen
Vokabularen verwendet werden). Nicht zuletzt unterscheiden sie sich hinsichtlich
des Stellenwerts, der der Erfassung relevanter Strukturen eingeräumt wird sowie in
dem Verständnis von ‚Struktur', das dabei in Anschlag gebracht wird. Denn die verschiedenen Konzeptualisierungen sind ihrerseits bestimmt durch die zugrunde liegenden Vorstellungsweisen jeweiliger Wissenschafts- und Forschungstraditionen in
den Sozialwissenschaften, innerhalb des Fachs und speziell in der Journalismusforschung. Man wird also nicht umhin kommen, das Forschungsfeld auf die verschiedenen Traditionen zu befragen; es zu durchleuchten im Hinblick auf solche grundlegende Sichtweisen und Vorstellungen.

Dabei lassen sich jenseits der angesprochenen Heterogenität theoretischer Ansätze und Einzelforschungen zwei größere, vergleichsweise dauerhafte Traditionen
ausmachen, die sich seit den 70er Jahren entwickelt haben und seither einander gegenüber stehen: eine personen- und eine systembezogene Forschung. Ihre jeweiligen

---

[15]   Vgl. Löffelholz 2000b, 2001.
[16]   Rühl 1992: 127.

Vorstellungsweisen bilden so etwas wie zwei konkurrierende Paradigmen im Forschungsfeld. Paradigmen gelten dabei im Anschluss an Kuhn als ein „charakteristi-
sches System von Anschauungen und Vorverständnissen" innerhalb wissenschaftlicher Gemeinschaften.[17] Sie bilden einen Set grundlegender Denkmuster, die die wissenschaftliche Erkenntnis vorstrukturieren und anleiten. Sie liefern die in der
Forschung selbst nicht mehr hinterfragten Basisannahmen, d.h. die den theoretischen Aussagen zugrunde liegenden Vorstellungsweisen, und ermöglichen so allererst eine spezifische Perspektivierung des Gegenstands, die Konturierung von Aus-
sagensystemen und die Ausbildung eines dazu notwendigen Vokabulars. Entsprechend entscheiden Paradigmen auch darüber, was überhaupt als Problem oder
Fragestellung in den Aufmerksamkeitsfokus einer Disziplin oder Forschungstradition gerät und was als beobachtungsrelevant, als bedeutsam angesehen werden kann
und was nicht.[18]

Die beiden in der Journalismusforschung identifizierbaren Paradigmen sind in
jüngerer Zeit vermehrt zum Gegenstand von Arbeiten geworden, die das Forschungsfeld und seine Theorieansätze einer Reflexion unterziehen. Während man
sich dort hinsichtlich der Kennzeichnung des zweiten als ‚Systemparadigma' einig
ist, wird diesem mal ein Paradigma ‚Individuum' (Klaus/Lünenborg), mal ‚Subjekt'
(Rühl; Klaus; S. Weber) oder ‚Akteur' (Scholl; Neuberger) entgegengesetzt; oder es
werden „personalistische Konzeptualisierungen" gegenüber „organisatorisch-
systemischen" (Saxer) als Pole der paradigmatischen Sichtweisen bestimmt.[19] Wenn
im Folgenden der unspezifische und dem Alltagsverständnis vergleichsweise nahe-
stehende Begriff der ‚Person' zur Kennzeichnung des ersten Paradigmas verwendet
wird, dann weil Beiträge dieser Forschungstradition eine Explikation der wissenschaftlichen Vorstellung von den journalistisch Handelnden in der Regel schuldig
bleiben und keine begründete Akteurskonzeption entwickelt haben. Sie gehen weder
auf die Individualität oder individualpsychologische Handlungsaspekte von Journalisten ein, noch weisen sie eine subjekttheoretische Fundierung auf, wie sie aus phä-
nomenologischer oder handlungstheoretischer Perspektive denkbar wäre.

Forschung, die dem Personenparadigma folgt, beschäftigt sich in erster Linie mit
den Journalisten als den (haupt-)beruflich am Journalismus Beteiligten; ihre empirischen Untersuchungen sind oft eigentlich „Journalistenforschung".[20] Gleichwohl

---

[17] Kuhn 1988: 389; vgl. auch ebd. 401ff.; ders. [1962] 1973.
[18] Siehe hierzu weiter unten Abschnitt 3.1.
[19] Vgl. Klaus 2000: 333ff.; Klaus/Lünenborg 2000: 188, 192; Rühl 2000: 69-72; Weber 2000b: 457f.;
Neuberger 2000: 275ff.; Saxer 1997: 44.
[20] Böckelmann erblickt in solcher „Selbstbescheidung" von Journalistenstudien gar einen Vorzug dieser Forschung; vgl. Böckelmann 1993: 21.

zielen sie mit der Ermittlung von Journalistenmerkmalen und Aspekten ihres Be-
rufshandelns auf die Erforschung des Journalismus. So unterschiedlich Fragestellungen, Vorgehensweisen, Methoden und selbst das zugrunde liegende wissenschaftliche Selbstverständnis bei einzelnen Forschungsbemühungen und Ansätzen
auch sein mögen, gemeinsam ist ihnen die Vorstellung, dass Phänomene des Journalismus zurückgeführt werden auf das Denken und Handeln derer, die Journalismus
als Beruf ausüben.

Forschungsarbeiten, die das zweite Paradigma mit begründet haben, sind demgegenüber gerade angetreten, eine solche Personenfixierung der Journalismusforschung zu überwinden. Sie erblicken in der System/Umwelt-Logik ein theoretisches
Instrument, mit dem sich Journalismus so konzeptualisieren lässt, dass statt der beteiligten Personen relevante Funktionen und Strukturen des Journalismus in den Fokus wissenschaftlicher Aufmerksamkeit geraten. Die dabei zugrunde gelegte systemfunktionalistische Theoriearchitektur rechnet die am Journalismus Beteiligten
nicht mehr dem Journalismus, sondern dessen Umwelt zu. Neuere systemtheoretische Konzeptionen führen zu einer Verschärfung des prekären Standes der journalistischen Akteure innerhalb der theoretischen Journalismusvorstellung: Im Zuge der
systemtheoretischen Umstellung von ‚Handlung' auf ‚Kommunikation' als Letztelement sozialer Systeme werden die Akteure quasi aus der Theorie eskamotiert.[21]
Eine solche Konzeption erweist sich nicht nur für jede *empirisch* arbeitende Journalismusforschung mit Schwierigkeiten behaftet, sind es doch vor allem das konkrete
Handeln von Journalisten und deren (Selbst-)Auskünfte, die der empirischen Beobachtung zugänglich sind. Auch in der *theoretischen* Journalismusforschung hat eine solche Theoriekonstruktion, die die journalistischen Akteure zu marginalisieren
droht, Kritik hervorgerufen, weil sich der Akteur dabei „in Strukturvorgaben aufzu-
lösen droht."[22] Diese Kritik hat zu verschiedenen Bemühungen um Ausarbeitung
von Integrationskonzepten geführt, die die theoretischen Defizite und Einseitigkeiten beider Paradigmen zu vermeiden versuchen und eine theoretisch begründete und
empirisch ausgerichtete Analyse des Journalismus erlauben sollen, ohne auf die Berücksichtigung der journalistischen Akteure verzichten zu müssen. Auf diese Arbeiten ist deshalb im Anschluss an die Erörterung der beiden Forschungstraditionen des
Personen- und des Systemparadigmas gesondert einzugehen.

Die hier vorgenommene Unterscheidung in ein Personen- und ein Systemparadigma bedeutet natürlich nicht, dass sich alle Journalismusforschung unter eines der
beiden Paradigmen subsumieren ließe. Im Gegenteil gibt es eine ganze Reihe von

---

[21]   Vgl. Raabe 2000b; Loosen/Scholl/Woelke 2002: 37; siehe hierzu ausführlicher Abschnitt 2.3.
[22]   Neuberger 2000: 275; vgl. auch Altmeppen 2000.

Arbeiten, die sich weder der einen, noch der anderen Forschungstradition zuordnen lassen.[23] Entsprechend kann und soll es im Folgenden nicht darum gehen, alle theoretischen Ansätze zu berücksichtigen oder gar die Gesamtentwicklung der Journalismusforschung überblicksartig darzustellen.[24] Die Ausführungen zielen vielmehr darauf ab, die paradigmatischen Sichtweisen der beiden Traditionen und ihrer Ansätze hervortreten zu lassen und ihre Konsequenzen für die wissenschaftliche Beobachtung des Journalismus und seiner Akteure herauszuarbeiten. Daneben finden sich zur Strukturierung des heterogenen Felds der Journalismusforschung Einteilungen wie:

- empirische versus theoretische Forschung,
- Mikro- versus Makroansätze,
- individualistische versus kollektivistische Konzeptionen,
- empiristische bzw. positivistische versus erkenntniskritische, ‚postempiristische' Forschung,
- realistische versus konstruktivistische Wissenschaft,
- voluntaristische oder subjektivistische versus objektivistische Ansätze u.ä.m.

Auch wenn Aspekte dieser Gegenüberstellungen sich tatsächlich der hier vorgenommenen Unterscheidung des Personenbezugs bzw. des Systembezugs zuordnen lassen, sind sie nicht vorschnell mit der einen oder anderen Seite zu identifizieren. Wie im Laufe der Arbeit deutlich wird, verdecken die genannten Unterscheidungen nicht selten quer zu ihrer Systematik liegende Gemeinsamkeiten verschiedener Forschungstraditionen. Deshalb soll die kompakte Darstellung der Traditionen und Ansätze zunächst die Grundlagen schaffen für eine vergleichende Diskussion der

---

[23] Auch sind natürlich andere sinnvolle Unterscheidungen möglich. So kommen Scholl und Weischenberg (1998: 27) zu einer Dreiteilung der Forschungsrichtungen: „Journalismus als Addition von Personen, als Addition von Berufsrollen und als Ergebnis von Kommunikationsprozessen." Die Vorstellungsweise der zweiten Forschungsrichtung wird hier den Arbeiten des Personenparadigmas zugerechnet. Vgl. weiter unten den Abschnitt in Kap. 2.3.

[24] Eine umfassende Darstellung der Geschichte dieser Teildisziplin im Sinne einer systematischen Abhandlung zur fachhistorischen wie inhaltlich-theoretischen Entwicklung der deutschsprachigen Journalismusforschung steht nach wie vor aus. Allerdings gibt es zum Thema und zu einzelnen Abschnitten dieser Entwicklung eine Reihe von Ausarbeitungen, wenn auch aus recht verschiedenen theoretischen Blickwinkeln, auf die an dieser Stelle verwiesen werden kann: Vgl. Löffelholz 2000b; Haas 1999; Donsbach 1999b; Weischenberg/Scholl 1998: 25-51; Pürer 1997; als kritische Analyse unter Berücksichtigung der Geschichte der Disziplin Baum 1994; Hachmeister 1987; Rühl 1980: 25-115; sowie zur Entwicklung der empirischen Forschung im deutschsprachigen Raum Böckelmann 1993.

zugrunde liegenden Sichtweisen und ihrer Konsequenzen für die Erforschung des Journalismus.

2.2   Personenbezogene Forschung

Bei Studien der Journalismusforschung, die in den 1950er und 60er Jahren entstanden, handelt es sich vorwiegend um Biographien renommierter Journalisten und Publizisten bzw. Schilderungen von deren Berufs- und Lebensschicksal. Viele dieser Arbeiten hatten hinsichtlich der herrschenden journalistischen Berufsideologie apologetischen Charakter,[25] orientierten sie sich doch weitgehend an zeitungswissenschaftlichen Vorstellungen der Vorkriegszeit und hier vor allem an Emil Dovifat und seiner normativ-ontologischen Publizistik. Dessen Journalismus-Verständnis hat – nicht zuletzt aufgrund seines standespolitischen Engagements in Berufsverbänden und Rundfunkräten – in der Praxis wohl noch länger als in der Wissenschaft nachgewirkt und das Selbstverständnis der Berufsvertreter über Jahrzehnte mit bestimmt.[26] Dies wirkte auf das akademische Fach insofern zurück, als es damals häufig selbst angehende oder nebenberufliche Journalisten waren, die wissenschaftliche Arbeiten über Journalisten und deren Berufsverständnis anfertigten: „Veröffentlichungen zu Berufsfragen im Bereich des Journalismus waren [...] fast ausschließlich Sache der Journalisten selbst. Der ‚Stand' schuf sich so ‚sein' Berufsbild".[27]

Auch wenn sich eine dezidierte Journalismus*forschung* innerhalb des Fachs erst später etabliert hat, stand sie zunächst doch in der disziplinären Tradition von Zeitungswissenschaft und normativer Publizistik. Selbst wo sie sich kritisch von dieser Tradition absetzen wollte, knüpfte sie in gewisser Hinsicht an sie an. Das gilt nicht zuletzt für die Entstehung und Verfestigung des Personenbezugs der Journalismusvorstellung. Zwar ist Dovifat nicht der einzige, der aus geisteswissenschaftlicher Tradition heraus einer individualistischen Konzeption verhaftet blieb. Löffelholz ordnet dem „normativen Individualismus" auch andere frühe Fachvertreter wie Otto Groth, Karl Bücher, Karl Jäger oder Hans Amandus Münster zu.[28] Während Groth jedoch eine stärker kulturwissenschaftlich beeinflusste Systematik der „Journalistik" entwickelte, kann Dovifats Ansatz der ‚publizistischen Persönlichkeit' als beispielhaft für das individualistische Journalismusverständnis gelten. Deshalb soll zunächst dieses Journalismusverständnis der normativen Publizistik knapp erläutert werden,

---

[25]   Vgl. Böckelmann 1993: 37ff.; zur Apologie der Berufsideologie in diesen Arbeiten siehe Langenbucher 1973: 14.
[26]   Vgl. Hachmeister 1987: 107; Baum 1994: 173f.; Kutsch/Pöttker 1997b.
[27]   Langenbucher 1973: 6.
[28]   Vgl. Löffelholz 2001: 6ff.

selbst wenn man Dovifats Texte zum Journalismus nicht notwendig als Beitrag zu dessen wissenschaftlicher Erforschung rechnen muss.[29]

2.2.1 Normativ-ontologischer Individualismus

Dovifat verstand Zeitungs- bzw. Publizistik(-wissenschaft), wie er sie seit Anfang der 30er Jahre entwickelte und lehrte, entgegen dem Wertfreiheitspostulat der Soziologie als eine normative Wissenschaftsdisziplin, die sich der Wertung gerade nicht enthalten dürfe.[30] Die Berechtigung solcher Normen nahm er als etwas Gegebenes, nicht weiter zu Hinterfragendes an. Sie bilden das Fundament seiner teils idealistischen, teils ‚praktizistischen' Ausführungen über die ‚Natur' des publizistischen Prozesses und das ‚Wesen' der Publizistik jenseits historischer Bedingungen und sich wandelnder gesellschaftlicher Kontexte.

Fragt man nach dem Journalismusverständnis der normativen Publizistik, stellt man fest, dass sie sich dem (modernen) Journalismus gegenüber nicht sonderlich interessiert zeigt, stellt er doch nur eine – und nicht einmal eine besonders wirksame – Form der Publizistik dar. Dovifat jedoch ging es um die gesamte Publizistik als „jede öffentlich bedingte und öffentlich geübte geistige Einwirkung auf die Öffentlichkeit, um diese ganz oder in Teilen durch freie Überzeugung oder kollektiven Zwang mit Gesinnungskräften über Wissen und Wollen im Tun und Handeln zu bestimmen."[31] Alle publizistischen Mittel von der „vorbildhaften Tat", der öffentlichen politischen Rede, Massenaufmärschen über Journalismus in Presse, Hörfunk und Fernsehen bis hin zu „Gerücht und Klatsch" oder planmäßigem Terror als „Propaganda der Tat" sind lediglich Mittel zum Zweck: Sie dienen – zum Guten oder Schlechten – der geistigen Führung, Erziehung der Massen und deren Anleitung „zum Tun und Handeln."[32] Mithin wird Publizistik als gezielte Persuasion verstanden.

Im Zentrum des Ansatzes steht die ‚publizistische Persönlichkeit' als „letztlich treibende Kraft" aller Publizistik, deren ‚Wesen' überzeitlich, d.h. jenseits konkreter historischer und gesellschaftlicher Ausprägungen wie folgt bestimmt wird:[33]

---

[29] Die Wissenschaftlichkeit von Dovifats Publizistik ist nicht nur von Baum infrage gestellt worden, der vom Status einer „Amateurwissenschaft" spricht (Baum 1994: 127). In der Fundamentalkritik von Rühl (1980: 15-41) ist die Rede von „praktizistischen Alltagstheorien" und normativen Postulaten, die Grundprinzipien moderner Wissenschaftlichkeit „eklatant" verfehlten (ebd.: 36, 39).

[30] Vgl. Dovifat 1956: 10.

[31] Dovifat 1968: 5.

[32] Vgl. ebd.: 34ff.

[33] Ebd.: 7, 40; vgl. auch die gleichnamigen Aufsätze von 1956 und 1963, wiederabgedruckt in Dovifat 1990: 120ff u. 140ff, hier 140.

„Aus freier innerer Berufung [...] ist der Publizist der persönliche Träger seiner öffentlich bestimmten und öffentlich bewirkten Aufgabe. Aus der Gabe der Einfühlung und der Form sucht er sachlich unterrichtend und überzeugend oder emotional überwältigend Wissen, Wollen und Handeln der Angesprochenen zu bestimmen".

Hinter dem Konzept der ‚publizistischen Persönlichkeit' werden Dovifats Annahmen über Beschaffenheit und Wirkungsweise des publizistischen Prozesses sichtbar; Annahmen, die er mit anderen Autoren jener Zeit teilte. Dazu gehört die Vorstellung eines (vertikal von oben nach unten gerichteten) linearen und einseitigen Wirkungszusammenhangs, sowie ein Gesellschaftsbild, das an Konzeptionen der frühen Massensoziologie anschließt. Denn Adressat publizistischer Botschaften ist in erster Linie die Masse, eine Vielheit von Menschen, deren „Gesicht, Eigenwert, Seele und Persönlichkeit [...] verloren [scheinen]", charakterisiert durch einen „Mangel" nicht nur an „individueller Unterscheidung", sondern auch „an Initiative, an Originalität und Bewußtsein".[34] Die Vorstellungen von einer minderwertigen Masse, die „einfachen Gesetzen [gehorcht]",[35] bilden das Komplement zu der (impliziten) Elitentheorie der publizistischen Persönlichkeit. Die Masse ist nicht nur anfällig für Persuasion und lässt sich bereitwillig führen; sie bedarf auch der Führung durch eine publizistische Elite – und das völlig unabhängig davon, ob es sich dabei um Publika in demokratischen oder totalitären Systemen handelt.

Denn auch die politischen und gesellschaftlichen Kontexte, deren Kennzeichnung dichotomisch nach ‚guten' und ‚schlechten' Ordnungen erfolgt, werden von der normativen Publizistik letztlich als gegeben hingenommen und nicht weiter hinterfragt. Ihnen werden lediglich spezifische Formen der Propaganda und Persuasion zugeordnet, so dem demokratischen System die Überzeugung und Überredung und dem totalitären System Gesinnungsterror und kollektiver Zwang; Formen, die aus normativer Perspektive dann als ‚gut' bzw. Soll-Vorstellung ausgegeben oder eben als ‚verwerflich' bewertet werden.[36] Da alle Publizistik „gesinnungsbestimmt" ist, wird auch Gesinnung als unerlässliche charakterliche Grundhaltung entsprechend „positiv" oder „negativ" qualifiziert; wesenhaft Gesinnung und unerlässlich für jede Publizistik bleibt sie allemal.[37]

---

[34]   Vgl. Dovifat 1968: 101ff., zit. 104.
[35]   Dovifat 1968: 31.
[36]   Vgl. Dovifat 1968, bes. 55ff., 101ff. So versteht er unter ‚illegaler Publizistik' jede Form der verbotenen publizistischen Tätigkeit, also etwa von den Nationalsozialisten durch Verfolgung und Mord unterbundene Formen der Untergrundpresse gegen den NS-Terror – eben weil sie in staatlich proklamierter ‚Illegalität' erfolgen (vgl. ebd., 71ff.).
[37]   Dovifat 1955: 333.

Das gilt mithin auch für den Journalismus, den Dovifat „nur als Ruf und Berufung" werten möchte,[38] obwohl er ihn als tagesgebundenes und beruflich ausgeübtes publizistisches Wirken von der übrigen Publizistik abgrenzt und insofern dem Berufsaspekt und der redaktionellen Eingebundenheit des Journalismus durchaus Rechnung zu tragen scheint. Hier tritt das ambivalente Journalismus-Verständnis der normativen Publizistik zutage. Es resultiert aus der eigentümlich unreflektierten Spannung zwischen einer idealistischen Konzeption einerseits und der im deutlichen Kontrast dazu stehenden Registrierung des Wandels journalistischer Praxis ab dem letzten Drittel des 19. Jahrhunderts andererseits. Im Vordergrund der Ausführungen zum Journalismus steht zweifelsfrei der Gesinnungsaspekt, der moralische Auftrag zum Dienst an der öffentlichen Aufgabe.[39] Er macht die „unbedingte Forderung nach einer inneren Berufung [...] unerläßlich."[40] Gleichzeitig konzediert Dovifat, es wäre weltfremd davon auszugehen, alle Journalisten könnten eine persönliche Berufung, ein paulinisches Erlebnis als Grundlage eines publizistischen Sendungsbewusstseins für sich reklamieren.[41] Deshalb werden – quasi als Ersatz – mögliche Berufsmotive für den redaktionellen Journalismus diskutiert;[42] nicht um eine Korrektur an der idealistischen Journalismuskonzeption vorzunehmen, sondern um Berufswahlgründe wie vorrangiger Gelderwerb, der Wunsch nach einem sicheren Beschäftigungsverhältnis oder Konjunkturerwägungen als Verfallserscheinungen zu brandmarken, die dazu geführt hätten, dass der Beruf des Journalisten „wie kaum ein zweiter von Schwindlern, Hochstaplern, Betrügern und Profitjägern mißbraucht" werde."[43]

Aus dem gleichen Grund werden die „persönlichen Voraussetzungen der journalistischen Arbeit" in den Vordergrund gerückt, wobei „Eigenschaften des Charakters [...] allen anderen [vorangehen]."[44] Als wichtigste Voraussetzung gilt die *Begabung*, unter der Neigung und Fähigkeit verstanden werden, „mit und in der Öffentlichkeit zu arbeiten". Dazu gehören für Dovifat eine notwendig extrovertierte Natur, „wa-

---

[38] Dovifat 1990: 65. Ähnlich auch Jäger, für den der Beruf des Journalisten „darin gipfelt (...): Führer zu sein seinem Volke" (Jäger 1926: 3f.).

[39] „Diese Aufgabe, das politische Geschehen bis in die letzten Verzweigungen selbst der primitiven Meinungen und Wollung in den Köpfen der in den Massen oft isolierten, aber dort auch anzusprechenden Massenmenschen klar zu machen, das ist die wichtigste publizistische Leistung im modernen Staat" (Dovifat 1990: 72f.).

[40] Ebd.

[41] Vgl. Dovifat 1968: 48 sowie ders. 1990: 124.

[42] Dieser Journalismus wird von Dovifat als „fest an die Stunde und an den Gang der Technik gebundene Tätigkeit" bestimmt (Dovifat/Wilke 1976: 45).

[43] Ebd.

[44] Dovifat/Wilke 1976: 44 u. 46.

ches Interesse" an den Dingen und eine „instinktive Witterung" ihrer Entwicklung. Weitere Voraussetzungen werden in der „Gewissensbindung", der „Gabe der Einfühlung", „Sendungsbewußtsein", „Sachkunde", „Urteilsfähigkeit" und „Verantwortungsbewußtsein" sowie der „Beherrschung der Form und des Ausdrucks" gesehen – alles sogenannte „Schlüsselbegabungen" für jeden Publizisten.[45]

Aber es gibt in diesen Ausführungen eben auch die Beschreibung eines an den Berufsalltag gebundenen Journalismus, der redaktionell organisiert ist und in Pressebetrieben stattfindet, die sich auch als Wirtschaftsunternehmen behaupten müssen. Schließlich ist der zweite Band von Dovifats „Zeitungslehre" über weite Strecken dem Aufbau und der Funktionsweise der Zeitungsredaktion sowie den technischen und wirtschaftlichen Bedingungen des Zeitungsbetriebs gewidmet. In diesen Zusammenhängen ist von einer Presse die Rede, die mit einer „industrieähnlichen Produktion und technischer Bedingtheit" aus Zeitungen „Großbetriebe" und „Konzerne" mache[46] – eine Formulierung, die man ganz ähnlich auch in Rühls Beiträgen zur Journalismusforschung findet.[47] Angesichts dieser Entwicklung scheint der Mann der ‚Feder', der schreibende Publizist, enorm an Bedeutung verloren zu haben. Selbst dort, wo er noch anzutreffen ist, in der „ernsten Zeitschrift", „wird er kollektiv gekoppelt", d.h. in die Redaktion eingebunden.[48]

Spricht Dovifat von der journalistischen Tätigkeit in modernen Presseunternehmen, so verlässt er „die Ranghöhe der großen Publizisten" und wendet sich dem publizistischen Fußvolk und seiner „ordnenden und organisierenden" Tätigkeit zu.[49] Dazu gehört für ihn die „nie genug bedankte *tapfere Alltagsarbeit* [...] der Redakteure und Reporter, der Kameramänner und Nachrichtenleute [...] mit ihrer tüchtigen und unentbehrlichen Gebrauchsleistung".[50] Das ist die andere Seite der Journalismuskonzeption Dovifats. Doch führt sie nicht zu einem Abrücken von der idealistischen Konzeption eines Berufungsjournalismus. Die normative Wertung erfolgt hier in Form einer herablassenden Würdigung von „tüchtigen" Journalisten und ihrer „oft verkannte[n] Tagesleistung", mit der sie „Kleinmünzen des Umlaufs" prägen

---

[45] Dovifat 1990: 65-69, Dovifat/Wilke 1976: 44ff. Die Liste der Voraussetzungen variiert in den verschiedenen Erörterungen. Genannt werden auch „publizistische Leidenschaft", „immer und überall leistungsfähige Arbeitsbereitschaft", „sichere Beobachtung" u.a.m. Entscheidend aber ist, dass sich für Dovifat in der journalistischen Eignung „Eigenschaften des Charakters, des Willens, des Verstandes und des Temperaments verbinden". Siehe Dovifat/Wilke 1976: 46; kritisch zu diesem Begabungsverständnis Hachmeister 1987: 112; Rühl 1980: 27f.
[46] Dovifat 1968: 283; vgl. auch ders. [1963] 1990: 163; Dovifat/Wilke 1976: 62.
[47] Vgl. Rühl 1979: 42; siehe hierzu weiter unten Abschnitt 2.3.1.
[48] Dovifat [1963] 1990: 160.
[49] Dovifat [1963] 1990: 167.
[50] Ebd., kursiv im Orig.

und so „auch positive Werte" vermitteln würden, „wenn ihre Währung stabil und ihre Prägung echt" sei.[51]

Die ‚wissenschaftliche Perspektive' einer so verstandenen normativen Publizistik ist letztlich bestimmt von der hohen Warte: Der von oben herabblickende Gelehrte wandelt Beobachtungen historischer und gesellschaftsspezifischer Phänomene des Journalismus in Wertungen über (historisch und sozial invariante) Formen eines ‚guten' und eines ‚schlechten' Journalismus. Offen bleibt, auf welcher Basis solches Wissen zustande kommt. Und die registrierten Veränderungen der Produktionsbedingungen bleiben folgenlos für die Konzeption eines Journalismus, der in seinem unabänderlichen Wesen erfasst werden soll, so dass solche Entwicklungen „wie etwas ‚Uneigentliches' behandelt" werden.[52] Wo sich journalistisches Arbeiten aber nicht im Sinne eines unentbehrlichen Beitrags zum publizistischen Wirken im Kleinen verklären lässt, schlägt das Urteil nach der anderen Seite aus: in Form von Kritik an einem defizitären, abzulehnenden Journalismus, der – erneut strikt personalistisch gedeutet – bestimmt sei von „einer rein von der Zweckmäßigkeit oder dem geschäftlichen Gewinn geleitete[n] Gesinnung."[53] Ihr Auswuchs ist

„jene unerfreuliche Gens der bloßen Nachrichtenjäger, der Schmonzen- und Schmonzettenschreiber niedrigster Massenproduktion, die Skandalklatsch und peinliche Intimissima bekannter Personen verbreiten und deren Streben nur darin besteht, die Auflage zu steigern [...]. Ihr Öffentlichkeitswille heißt ‚ankommen', ihr Sendungsbewußtsein richtet sich auf den Gehaltsscheck, vielleicht auch nur auf das Zeilenhonorar."[54]

Gegenstand der Forschung werden diese Erscheinungsformen des Journalismus nicht; wie überhaupt eigentliche Forschung eine vernachlässigenswerte Rolle spielt. Normative Publizistik ist von ihrem Selbstverständnis her in erster Linie akademische Lehre. Einzig relevante Form ist konsequenterweise personenbezogene Forschung, die sich der normativen Leitidee der publizistischen Persönlichkeit unterzuordnen hat: historische und biographisch angelegte Untersuchungen über das Wirken großer Publizisten und Journalisten, die als beispielhaft, nachahmenswert, gar verehrungswürdig gelten, sowie deren Negation in Form abschreckender Beispiele bekannter Vertreter einer negativen, zumeist totalitären Publizistik.[55]

Dieses Selbstverständnis erlaubte Dovifat das selbstbewusste Auf-Distanz-Halten sozialwissenschaftlicher Strömungen seiner Zeit, sei es in der Form der sich ebenfalls zu jener Zeit etablierenden Soziologie, sei es im Hinblick auf Tendenzen

---

[51] Ebd.
[52] Rühl 1980: 30.
[53] Dovifat 1968: 31.
[54] Dovifat [1956] 1990: 138.
[55] Vgl. Dovifat [1956] 1990: 214ff., ders. 1968: 40ff.

einer Zuwendung zu einem empirisch-analytischen Wissenschaftsverständnis innerhalb der eigenen Disziplin. Sein Beharren auf der Eigenständigkeit des Fachs und
seines Gegenstands wie auch sein zweifelhaftes Pochen auf eine eigenständige Methode[56] sind wohl nur vor diesem Hintergrund adäquat zu verstehen: aus der Strate-
gie heraus, das junge Hochschulfach einerseits gegenüber der in einem Konkurrenz-
verhältnis stehenden Soziologie abzugrenzen als eine traditionsreiche, bis auf Platon
und Aristoteles zurückgehende und aus antiker Rhetorik und frühmittelalterlicher
Homiletik ableitbare Disziplin,[57] andererseits sich durch Praxisbezüge und den
Standesvertretern der Presse genehme Positionen die Fürsprache und Unterstützung
potentieller Förderer aus Zeitungsverlagen zu sichern, ohne welche die Lage für die
junge Zeitungswissenschaft vor dem Krieg wohl noch schwieriger gewesen wäre.[58]

Dovifats ambivalentes Verhältnis zum Journalismus lässt sich aus diesem Blickwinkel als der Versuch begreifen, seinen Ansatz hinüberzuretten in eine Zeit, die
nicht mehr die der großen Publizisten und herausragenden Persönlichkeiten des öffentlichen Lebens ist; in der diese vielmehr ihrer personalistischen Bedeutung eher
beraubt sind, wie bereits Weber in seiner Analyse der Folgen gesellschaftlicher Rationalisierung herausgearbeitet hatte.[59] Eine solche Entwicklung musste Dovifat
doppelt treffen, als akademischen Lehrer und Architekten eines Lehrgebäudes, in
dessen Zentrum ja gerade die Figur der publizistischen Persönlichkeit stand, wie
auch als Leitfigur des öffentlichen und akademischen Lebens.[60] Diese Konstellation
führte zu dem mitunter stur wirkenden Festhalten an einer von jeder Empirie distan-
zierten geisteswissenschaftlichen Argumentation und einer Ontologie, der es um das
Wesenhafte, zeitlos Gültige, historischen und sozialen Konstellationen gegenüber
Invariante des öffentlichen Wirkungsprozesses geht. Und sie führte zu der damit
verknüpften normativen Lehre, die aus jenem Wesenhaften das Gute, ,Aufgegebe-
ne' und zu Befördernde (wie auch deren Negationen) herausarbeiten und öffentlich
verbreiten will. Dovifat erblickte dieses ,Aufgegebene' wie gesehen in der Idee der

---

56   Zur Kritik an diesem wissenschaftlich-methodischen Selbstverständnis vgl. Rühl 1980: 33ff.
57   „Die wissenschaftliche Betrachtung publizistischer Vorgänge ist eine der ältesten akademischen
       Disziplinen. Ihr als einem ,jungen Fache' väterlich auf die Schulter zu klopfen entfällt also. Sie ist
       keine junge, noch viel weniger ist sie eine neue, sie ist eine sehr alte Wissenschaft. So alt wie die
       Staatslehre (Politik), oder die Poetik, wenig jünger als die Philosophie," formuliert Dovifat im pro-
       grammatischen Aufsatz „Publizistik als Wissenschaft" zum Auftakt der neu begründeten Fachzeit-
       schrift „Publizistik" (Dovifat 1956: 3), vgl. auch ders.: 1968: 9.
58   Vgl. Bohrmann 1986: 95ff.; ders. 1981: 133f.; Baum 1994: 128f.
59   Ahrweiler nennt die Einsicht, „dass soziales Geschehen nicht als ,Taten großer Männer' begreifbar
       ist" (Ahrweiler 1994: 8) eine oft unterschlagene, kritische Implikation der Weberschen Handlungs-
       theorie.
60   Vgl. Hachmeister 1987: 81ff., 117; sowie Sösemann 1997.

persönlichen Sendung zum öffentlichen Wirken im Dienst der Gemeinschaft. Aus dieser Perspektive bewahrte er sich die Vorstellung auch des Journalismus als dem Wirken großer Persönlichkeiten aus der Ära der politischen Publizistik, während er zugleich den Journalismus seiner Zeit angesichts deutlicher Zeichen fortschreitender Rationalisierung und zunehmender Ökonomisierung der Presse jenseits aller ‚Edel-Federei' als in hohem Maße korrumpiert wahrnahm.

So bleibt das Journalismusverständnis der normativen Publizistik letztlich einem Persönlichkeitsjournalismus verhaftet, dem über eine normative Charakterologie beizukommen versucht wird. Eine Analyse des modernen Journalismus unterbleibt. Rahmenbedingungen des Journalismus, staatlich-politische und allgemein gesell-schaftliche Kontexte mögen historische Erscheinungsformen jeweiliger Publizistik mit bestimmen; aber sie müssen wie die technischen und organisatorischen Bedin-gungen dem Journalismus und der ‚Natur' des publizistischen Prozesses äußerlich bleiben, da sonst die These von deren überzeitlicher Gültigkeit nicht aufrecht erhal-ten werden könnte. Das Wissenschaftsverständnis dieses Ansatzes entbehrt der Selbstreflexion; erkenntnistheoretische Skrupel sind ihm fremd. Das Problem seiner ‚Theorieanlage' ist die Kombination einer idealistischen Konstruktion mit prakti-zistischen Anschauungen, die letztlich nichts anderes sind als gelehrsame, mitunter geistreiche Systematisierungen eines im Duktus akademischer Lehre auftretenden, zeitbedingten Alltagsverständnisses ihres Gegenstands.

2.2.2 Empirische Kommunikatorforschung

Die Hinwendung der Publizistikwissenschaft zu den empirisch-analytischen Sozial-wissenschaften in den 1960er und 70er Jahren, die durch einen allmählichen, aber nachhaltigen Import der Ansätze, Methoden und Befunde der US-amerikanischen Sozial- und Kommunikationsforschung ausgelöst wurde, läutete den Abschied vom Normativismus und dessen geisteswissenschaftlichen Wurzeln ein.[61] Sie erfasste auch die Journalismusforschung, die nun bevorzugt hypothesengeleitet mit empiri-schen Methoden arbeitete, wie sie innerhalb der Kommunikationsforschung jenseits des Atlantiks ab den 1940er Jahren zum wissenschaftlichen Standard gehörten. So näherte sich die deutschsprachige Journalismusforschung ihrem Forschungsgegens-tand (über Jahre zunächst lediglich der Pressejournalismus bzw. Journalistenberuf in Zeitungen und Zeitschriften) mit quantitativen Erhebungsmethoden, insbesondere standardisierten Befragungen. Wichtiger vielleicht noch als die Verwendung dort etablierter Methoden dürfte jedoch die damit einhergehende Übernahme wissen-

---

[61]   Vgl. Reimann 1989; Bohrmann 1986; Bruch 1980, 1987.

schaftlicher Problemstellungen und Vorstellungsweisen der US-amerikanischen Forschung sein.

Zum Teil in dezidierter Absetzung von der normativen Publizistik begann man,
sich der Berufstätigkeit von Journalisten zuzuwenden und Aspekte dieser Berufswirklichkeit ins Zentrum empirischer Fragestellungen zu rücken. Von den frühen
Journalistenstudien aus den fünfziger Jahren sind hier vor allem die Münsteraner
Untersuchung über „Die soziale Lage des deutschen Journalistenstandes" seit 1945
sowie die unveröffentlichte Journalistenbefragung des Berliner Presseverbands über
Lebenssituation und -stand der Journalisten und Schriftsteller Berlins zu nennen.[62]
Herausgehoben seien daneben die beiden vom „Spiegel"-Institut für Projektstudien
durchgeführten Untersuchungen „Der Autorenreport" von 1971 sowie der sechs Jahre später veröffentlichte „Journalisten-Bericht",[63] die sich mittels Befragung und Se-
kundäranalyse mit der sozialen Lage, dem Einkommen und der Alterssicherung
freier Autoren sowie mit der beruflichen Situation, dem Anstellungsverhältnis und
der Abhängigkeit von festangestellten Journalisten im Hinblick auf Arbeitsmarktan-
forderungen, berufliche Mobilität und das Gebot der „publizistischen Vielfalt" auseinandersetzen. Diese beiden durchaus um Repräsentativität bemühten Untersuchungen diskutieren auch erstmals grundsätzlich Probleme der Abgrenzung des
Journalistenberufs von anderen Kommunikations- und Kulturberufen sowie damit
einhergehende Schwierigkeiten einer berufsstatistischen Erfassung der Untersu-
chungsgruppe.[64]

Schließlich ist auf die 1977 erstellte und nur in Auszügen publizierte „AfK-Synopse: Journalismus als Beruf" der Münchener Arbeitsgemeinschaft für Kommunikationsforschung hinzuweisen, der 1974 eine umfangreiche repräsentativ angelegte
Journalistenbefragung vorausgegangen war.[65] In ihr wurden erstmals bilanzierend
die verschiedenen Aspekte der Berufsfeldforschung diskutiert und anhand empirischer Befunde vorliegender Journalistenstudien vergleichend sekundäranalytisch
ausgewertet. Auch wird dort dezidiert die ‚objektive' Dimension des journalistischen Berufs von der ‚subjektiven' Dimension geschieden, um Veränderungen der
Beschäftigungssituation, Berufs- und Arbeitsbedingungen mit den individuellen
Einschätzungen der Journalisten abzugleichen.[66] Wo jedoch – wie auch schon in den
Untersuchungen von Fohrbeck/Wiesand und Wiesand – das berufliche Selbstver-

---

[62]   Hagemann (o.J.) [1956], hier nach Böckelmann 1993: 183f.
[63]   Fohrbeck/Wiesand 1971; Wiesand 1977.
[64]   Vgl. Fohrbeck/Wiesand 1972: 25ff. sowie Wiesand 1977: 70ff.; vgl. auch Neuberger 1994: 37.
[65]   Weiß u.a. 1977; Arbeitsgemeinschaft für Kommunikationsforschung 1974. Teilveröffentlichungen
       finden sich in: Presse- und Informationsamt der Bundesregierung 1978: 27-42, 109-139.
[66]   Vgl. Weiß u.a. 1977: 474ff.

ständnis von Journalisten der Berufswirklichkeit gegenüber gestellt wird, droht sich diese Kontrastierung in der Diskreditierung eines vermeintlich noch der Begabungsideologie verhafteten Selbstverständnisses von Journalisten zu erschöpfen.

Im Wesentlichen blieben Untersuchungen jener Zeit begrenzt auf die empirische Analyse sozialer Merkmale von Journalisten sowie sozialstruktureller Dimensionen des Journalistenberufs. Dazu haben sicherlich die beobachtbaren Rationalisierungsprozesse und damit die weiter fortschreitende Verberuflichung des Journalismus und die Ausdifferenzierung seiner Berufsrollen beigetragen.[67] In der Rückschau hat Baum diese Phase soziologisch orientierter Berufsforschung im Anschluss an Rust als „,Entzauberung' eines bis dahin – ja gerade durch die Wissenschaft selber – verklärten Metiers" bezeichnet.[68] Sie konnte sich dabei zunehmend an den Ansätzen und Befunden einer sich in der Bundesrepublik etablierenden Berufssoziologie orientieren.[69] Während dort jedoch auch meso- und makrotheoretische Fragestellungen von Arbeit und Beruf verhandelt werden,[70] bleibt die journalistische Berufsforschung in erstaunlichem Maße auf die Beobachtung der Journalisten als der im Journalismus tätigen Personen bezogen. Das zeigt auch die folgende Übersicht über die in der empirischen Kommunikatorforschung analysierten Aspekte journalistischer Berufswirklichkeit:[71]

- demographische und andere relevante Merkmale wie Alter, Geschlecht, Herkunft, Bildung, Religionszugehörigkeit und Einkommen; sozialer Status und das Image von Journalisten;
- Vorbildung, Ausbildung, Berufseinstieg und Berufsweg bzw. Karriereverlauf von Journalisten; Fragen der Rekrutierung und Auswahl des Personals in einzelnen Medien- bzw. Unternehmensbereichen;
- berufliche Sozialisation bzw. Übernahme der Berufsrolle, sowie Fragen der Anerkennung berufs- und arbeitsbezogener Regeln, Normen, Organisationshierarchien; Berufswahlgründe, Berufsmotivation und -zufriedenheit von Berufsangehörigen;
- journalistisches Berufs- und Rollenselbstverständnis, Verhältnis von Selbst- und Fremdbild; Publikumsbild und Einstellung gegenüber dem Publikum, Fragen der Zielgruppenorientierung;

---

[67] Vgl. Baum 1994: 176.
[68] Ebd.: 195; vgl. Rust 1986: 57.
[69] Wobei die deutsche berufssoziologische Theoriebildung und Forschung ihrerseits wieder stark an US-amerikanischen Vorarbeiten anknüpfte; vgl. Tenbruck 1979; Luckmann/Sprondel 1972a.
[70] Vgl. Luckmann/Sprondel 1972b, hier 1972b: 17.
[71] Vgl. Pürer 1997: 94; Böckelmann 1993: 564; Fabris 1979: 43ff., 85-88.

• Merkmale und Prozesse der Professionalisierung des Journalistenberufs; Folgen von Ausdifferenzierungsprozessen bei den Kommunikationsberufen; technik- und medienentwicklungsbedingtes Hinzukommen neuer Berufe bzw. Berufsprofile und deren Nachfrage;

• Arbeitsbedingungen und -beziehungen von Journalisten; Formen der Redaktionsorganisation, Arbeitsteilung, Aufgabenkoordination und Funktionskontrolle; allgemeine und individuelle Berufs- und Arbeitsanforderungen an spezifische Berufstätigkeiten (seitens Vorgesetzter, Arbeitgeber, Kollegen); das Problem der inneren Pressefreiheit;

• Anstellungsverhältnis (oder Freiberuflichkeit) und deren Folgen; berufliche Aufstiegschancen und ihre Einschätzung, Bereitschaft zum Arbeitsplatzwechsel, berufliche Mobilität, intra- wie intermediäre Fluktuation, sowie Arbeitsmarktentwicklung und deren Einschätzung durch Berufsangehörige;

• Fragen des Organisationsgrades des Berufs, der Mitgliedschaft in Berufsverbänden und Gewerkschaften sowie Einstellungen zu arbeits- und sozialpolitischen, die eigene Berufsgruppe betreffenden Fragen;

• persönliche Einstellungen und Dispositionen sowie berufsgruppenspezifische Einstellungen zu politischen und gesellschaftlichen Fragen, politischem Selbstverständnis, Parteipräferenzen, -nähe oder -mitgliedschaften von Journalisten in den jeweiligen Medienbereichen.

Gegenüber Journalismusforschungsarbeiten dieser Zeit ist verschiedentlich der Vorwurf der Theorielosigkeit erhoben worden.[72] Nicht zu leugnen ist, dass sie auf die Entwicklung einer wissenschaftlich begründeten Vorstellung von ihrem Gegenstand verzichtete; von der Elaboration einer eigenständigen Theorie im Sinne eines kohärenten Aussagensystems ganz zu schweigen. Fragt man jedoch nach den theoretischen Vorstellungen, die diese Journalismusforschung vorstrukturiert und angeleitet haben, scheint erneut das Vorbild amerikanischer Kommunikationsforschung auf, adaptierte man doch in erster Linie deren Modellvorstellungen und Theoreme. Dazu gehörte neben der ‚Lasswell-Formel' und dem informationstheoretischen Kommunikationsmodell von Shannon/Weaver vor allem das Gatekeeping-Konzept sowie die Modellvorstellung vom Kommunikator als ‚Faktor' im Prozess der institutionalisierten Massenkommunikation, wie sie von Maletzke im „Feldschema der Massen-

---

[72]   So spricht Scholl vom „untheoretische[n] Charakter" empirischer Kommunikatorforschung; Scholl 1997: 471; vgl. auch ders. 1996: 332f.

kommunikation" unter Rekurs auf Ansätze der US-Forschung entfaltet worden war.[73]

Eigentlich lag Maletzkes Strukturierung des Feldes der Massenkommunikation, das aus einer integrativen Arbeit über psychologische und sozialpsychologische Ansätze und Einsichten US-amerikanischer Forschung hervorging, eine sehr viel prozesshaftere und dynamische Vorstellung der Phänomene öffentlicher und massenmedialer Kommunikation zugrunde, als es in der schematischen Vereinnahmung des Kommunikator-Konzepts durch die Journalismusforschung zum Ausdruck kommt. Aber das gilt auch bereits für Lasswells eigentliches Anliegen – entgegen der aus seiner berühmten Formulierung „Who says what in which channel to whom with what effect?" abgeleiteten Strukturierung des Forschungsfeldes,[74] auf die sich auch Maletzke ausdrücklich beruft, und in deren Anschluss die deutschsprachige Journalismusforschung über Jahre hinweg vor allem als ‚Kommunikatorforschung' firmierte.[75] Sie fokussiert auf den Aussagenden als den Sender einer Medienbotschaft, den Urheber eines Kommunikationsinhalts – oder in der bekannten Formulierung Maletzkes:[76]

„Kommunikator im Rahmen der Massenkommunikation ist jede Person oder Personengruppe, die an der Produktion von öffentlichen, für die Verbreitung durch ein Massenmedium bestimmten Aussagen beteiligt ist, sei es schöpferisch-gestaltend oder selektiv oder kontrollierend."

Von freier, schöpferischer Gestaltung kann im institutionalisierten Prozess der Aussagenentstehung allerdings gerade nicht mehr die Rede sein. Vielmehr rückt Maletzke „Einflussfaktoren" ins Zentrum des Interesses, die den Spielraum journalistischen Handelns gerade limitieren.[77] Mit der Modellvorstellung des Kommunikators im institutionalisierten Massenkommunikationsprozess scheint sich in gewisser Hinsicht eine Loslösung von der Personenfixierung abzuzeichnen, wenn journalistisches Handeln nun als hochgradig von medien- und institutionsspezifischen Strukturen

---

[73] Vgl. Lasswell 1960; Shannon/Weaver 1976 [1949]; Maletzke [1963] 1978: 37ff., 43ff.

[74] Zwar hatte Lasswell den rein analytischen Charakter der Unterscheidung einzelner Abschnitte des Kommunikationsprozesses betont und hervorgehoben, er sei „less interested in dividing up the act of communication than in viewing the act as a whole in relation to the entire social process" (ebd.: 118). Aber für Rezeption wie für Kritik spielte das keinerlei Rolle: Stets wurde von der formelhaften Beschreibung eines elementhaften, linearen, einseitigen und schematisch unterteilten Kommunikationsverlaufs ausgegangen. Vgl. hierzu auch: Schulz 1982, 51f.

[75] Vgl. etwa Pürer 1997; Böckelmann 1993, insbes. 21f.

[76] Maletzke [1963] 1978: 43.

[77] Wobei die Benennung des Verhältnisses zu den Strukturen der Medieninstitution auch semantisch an Deutlichkeit nichts zu wünschen übrig lässt, wenn vom „Zwang des Mediums", dem „Zwang der Aussage" und dem „Zwang des Programms" gesprochen wird, die beim Prozess der Aussagenentstehung auf den Kommunikator einwirken; vgl. Maletzke ebd.: 89ff.

bedingt erscheint. Baum entdeckt in dieser Vorstellung gar technokratische Züge und beklagt das damit einhergehende reduktionistische Journalistenbild der Forscher jener Zeit:

„Die von ihnen adaptierte Systematik der Massenkommunikation, zusätzlich unterlegt durch kyberneti-sche und organisationssoziologische Ideen (...), verlangt ein Bild des Kommunikators, das die Journalis-tInnen lediglich noch als *abstrakte Platzhalter* im Fluß des gesellschaftlichen Informationsaustauschs ansieht. In Abgrenzung zum zeitungswissenschaftlichen Normativismus der Nachkriegsjahre soll der Journalismus […] weder an handlungstheoretischen Maßstäben gemessen, noch über seine jeweilige kulturelle Tradition identifiziert werden."[78]

Damit wird deutlich, was bei allem Bemühen um Explikation der Kontextbedingun-gen journalistischer Aussagenproduktion weitgehend im Unklaren bleibt: das eigent-liche Journalismusverständnis. Entweder wird Journalismus einfach mit der institu-tionalisierten Massenkommunikation gleichgesetzt oder aber auf einen von allen Gestaltungsspielräumen und Verantwortlichkeiten bereinigten „Prozess der Aussa-genentstehung" verkürzt. Dabei bleibt die Frage, wie und nach welchen Kriterien Journalisten in solchen institutionellen und organisatorischen Bezügen journalisti-sche Beiträge erstellen, gänzlich offen. Und auch wenn Weiß mit dieser Modellvor-stellung der empirischen Kommunikatorforschung einen theoretischen Rahmen ge-ben möchte;[79] für die Forschung blieben sowohl die Betonung der Einbettung in den institutionalisierten Massenkommunikationsprozess als auch die herausgestellten organisatorischen und technischen Bezüge letztlich ohne Konsequenzen.

Ähnliches gilt bezeichnenderweise auch für das Gatekeeper-Konzept, das, ur-sprünglich von Kurt Lewin zur Analyse des Lebensmittel-Einkaufsverhaltens ame-rikanischer Hausfrauen in Kriegszeiten entwickelt, von dessen Schüler David Man-ning White 1949 für eine Analyse des Auswahlverhaltens eines Fernschreibredak-teurs (wire editor) in der Redaktion einer kleineren Tageszeitung im Mittleren Westen der USA genutzt worden war. White vernachlässigte jedoch gerade den von Lewin herausgearbeiteten Gruppenaspekt und die Frage der Sonderstellung der ‚Ga-tekeeper'.[80] Anhand einer simplen Input-Output-Analyse und persönlicher Notizen von ‚Mr. Gates' auf der Rückseite nicht verwendeten Agenturmaterials deutete er das Ergebnis des Selektionsprozesses als Folge eines individuellen Auswahlverhal-tens nach persönlichen Vorlieben, Abneigungen und Interessen.[81] Geht es im Modell des Kommunikators im Prozess der Massenkommunikation noch um die Entstehung von Aussagen, wird journalistisches Handeln in der Gatekeeper-Vorstellung (nach

---

[78]   Baum 1994: 192.
[79]   Vgl. Weiss u.a. 1977: 26ff.
[80]   Vgl. White 1950.
[81]   Vgl. White ebd.; siehe auch Joch-Robinson 1973; Shoemaker 1991: 10f.

der informationstheoretischen Modellierung von Kommunikation als Übertragung von Botschaften in einem Informationskanal) zum reinen Auswahlhandeln bereits fertig vorgegebener Nachrichten. Die Entscheidungen des als isoliert vorgestellten ‚Mr. Gates' erscheinen als persönliche Auswahl nach subjektiven Präferenzen, ohne dass dessen Eingebundensein in die Redaktion oder die den Entscheidungen zugrunde liegenden professionellen Normen in die Untersuchung eingegangen wären.

Diese Defizite bildeten zwar Anlass zu wissenschaftlicher Kritik und den Ausgangspunkt für weitere Gatekeeper-Studien. Doch so richtig es ist, dass diese individualistische Version schon bald durch immer komplexere Gatekeeping-Konzeptionen erweitert wurde, die in institutionale und schließlich kybernetische Untersuchungen mündeten,[82] so ist doch nicht zu übersehen, dass bei der Rezeption des Gatekeeping-Konzepts in der deutschsprachigen Journalismusforschung vor allem das Grundmuster des eigentlich als defizitär angesehenen individualistischen Modells von White überlebt hat. Zwar ließ sich nun auch nach Einflüssen der Zeitungspolitik, redaktionellen und professionellen Normen und ähnlichem fragen,[83] aber die Grundidee einer auswählenden Person, deren Verhalten sich beobachten lässt und die zu jeweiligen Gründen befragt individuell Auskunft geben kann, lebt mitunter bis auf den heutigen Tag fort.

Hatte das Gatekeeper-Modell ein aktives, wenngleich unproduktives Auswahlverhalten von Journalisten betont, während die Kommunikatorvorstellung auf einen zwar weitgehend entpersönlichten, aber gleichwohl produktiven Prozess der Aussagenentstehung in den Massenmedien abstellte, so greift Langenbucher in einer folgenreichen Publikation[84] auf eine Modellvorstellung von Westley und MacLean zurück, die beide Elemente in einem Modell integriert und dezidiert zwischen „purposive" und „non-purposive", absichtsvoller und nicht-absichtsvoller Kommunikation unterscheidet.[85] Dabei wird absichtsvolle Kommunikation den den Medien „vorgeschalteten" Akteuren oder Institutionen („advocacy roles"), nicht-absichtsvolle hingegen den Medienakteuren oder entsprechenden Einrichtungen („channel roles") zugeordnet, die die Aussagen ersterer auswählen, in bestimmter Weise aufnehmen,

---

[82] Vgl. Joch-Robinson ebd.
[83] Vgl. etwa Rau 1976, hier nach Böckelmann 1993: 238.
[84] Vgl. Langenbucher 1974.
[85] Vgl. Westley/MacLean 1957. Es wurde von den Autoren aus dem für interpersonale Kommunikation konzipierten ABX-Modell von Newcomb (1953) abgeleitet und zu einem Modell zur Strukturierung von Massenkommunikationsprozessen weiterentwickelt.

im Hinblick auf Publikumsinteressen aufbereiten und durch Veröffentlichung zugänglich machen.[86]

Langenbucher knüpft an diese Vorstellung an und zielt mit der Identifizierung einer „Kommunikator"- und einer „Mediator"-Rolle und deren Zuspitzung auf nicht-verberuflichte und verberuflichte kommunikative Rollen auf nichts Geringeres als eine „Tieferlegung" der theoretischen Fundamente der empirischen Kommunikatorforschung.[87] Dabei wird die Mediator-Rolle als die verberuflichte kommunikative Rolle des Journalisten gefasst, während die Kommunikator-Rolle für dem eigentlichen Medienprozess voran gestellte (Öffentlichkeits-)Akteure reserviert wird.[88] Langenbucher extrahiert diese kommunikativen Rollen aus einer Literaturdurchsicht der empirischen Kommunikationsforschung, verknüpft sie jedoch mit spezifischen Auslegungen zu verfassungsrechtlichen Normen der Presse- und Informationsfreiheit und daraus abgeleiteten Funktionsbestimmungen für Medien und Journalisten,[89] um sie mit tatsächlichen oder vermeintlichen Rollenselbstdeutungen von Journalisten zu kontrastieren, die sich nicht auf die Idee einer neutralen Vermittlung reduzieren lassen und von daher als „kommunikationspolitisch kritisch" eingestuft werden.[90] So wird aus der zunächst analytischen Unterscheidung von Mediator und Kommunikator eine normative Trennung in berufsgemäße neutrale Vermittlung einerseits und in Meinungsäußerung als notwendige „Chance von jedermann" im demokratisch-pluralistischen System andererseits, welche von der verberuflichten Rolle des Journalisten gerade abzukoppeln ist.[91]

---

[86] Vgl. Westley/MacLean: ebd. Wobei die Unterscheidung in „purposive" und „non-purposive" sich eigentlich auf die jeweiligen Rollenanforderungen, nicht aber auf die tatsächlichen Verhaltensweisen beider bezieht.

[87] Vgl. Langenbucher 1974: 258.

[88] Der Grundgedanke ist allerdings auch damals alles andere als neu: Otto Groth (auf den sich Langenbucher expressis verbis beruft) und die Münchener Zeitungswissenschaft hatten denselben Sachverhalt seit jeher mit den Termini des „Ausgangspartners" (gegenüber den Adressaten als den „Zielpartnern" gesellschaftlicher Kommunikation) und dem des „Vermittlers" beschrieben. Vgl. Groth 1960; vgl. hierzu auch Wagner 1978; ders. 1995.

[89] Dabei werden Presse und Journalismus nicht wie im ‚Spiegel'-Urteil des Bundesverfassungsgerichts „als Medium und Faktor" im Prozess der öffentlichen Meinungs- und Willensbildung verstanden, sondern ausschließlich Verfassungsinterpretationen herangezogen, die unter dem Aspekt des Jedermanns-Rechts auf freie Meinungsäußerung dem Journalismus „lediglich die Funktion" zuweisen, „allen Meinungen die Möglichkeit der Veröffentlichung zu bieten, alles zugänglich zu machen und in diesem Sinne einen allgemeinen Meinungsmarkt zu konstituieren" (zit. nach Roellecke 1971: S. 11), um so die verberuflichte kommunikative Rolle des Journalisten auf neutrale Vermittlung zurückzustutzen. Vgl. hierzu auch Baum 1994: 202f.

[90] Vgl. Langenbucher 1974: 271f.

[91] Vgl. ebd.: 265. In Wagners Journalismustheorie, in der die Grothsche Unterscheidung zur Grundlage des ‚Vermittlungsmodells' medial vermittelter gesellschaftlicher Kommunikation gemacht wird

Zwar gelingt es auf diese Weise, normative Verfassungsvorgaben und -interpretationen auf den bundesrepublikanischen Journalismus zu beziehen,[92] weil aber die normativen Forderungen hier nicht – wie etwa bei den Urteilen des Bundesverfassungsgerichts zum Thema – an die Institution einer freien Presse formuliert, sondern über Rollendeutungen an das berufliche Selbstverständnis der Journalisten gebunden werden, gilt auch die Aufmerksamkeit nicht mehr Möglichkeiten und Grenzen der Kontrolle der mit einer öffentlichen Aufgabe versehenen Presse, sondern der möglichen Steuerung der beruflichen Selbstverständnisse von Journalisten.[93] Durch die Interpretation von journalistischen Rollen als beruflichem Selbstverständnis von Journalisten wurde eine regelrechte Flut empirischer Selbstverständnis- und Rollenselbstdeutungs-Studien hervorgerufen.[94]

Abschließend lässt sich festhalten, dass die empirische Kommunikatorforschung ihr Arbeiten auf ein empirisch-sozialwissenschaftliches Fundament gestellt und sich damit von den normativen Wurzeln der Dovifatschen Publizistik gelöst hat. Mithilfe von aus der amerikanischen Sozialforschung übernommenen, empirischen Methoden hat sie sich daran gemacht journalistische Berufswirklichkeit zu erforschen und sich dabei allmählich von der Vorstellung eines gewissermaßen freischwebend handelnden Subjekts entfernt. So wurden zunehmend Strukturaspekte mit berücksichtigt, die Teil der medieninstitutionellen und redaktionellen Verfasstheit des Journa-

---

[92] (vgl. Wagner 1974: 55ff.), wird hieraus sogar der „prinzipiell parteiliche ‚Publizist' und der prinzipiell unparteiliche ‚Journalist'" (Wagner 1991: 51ff, hier 53). So kehrt die Dovifatsche Unterscheidung vom Journalisten einerseits und dem aus „innerer Überzeugung" agierenden Publizisten andererseits wieder, nur diesmal mit umgekehrten Vorzeichen: Sah Dovifat im ‚sendungslosen' Journalisten noch eine Verfallserscheinung des Journalismus, so wird jetzt der Journalist, der „aus seiner Vermittlungsfunktion aussteigt und in die Rolle eines (...) ungebetenen Kommunikationspartners eintritt", zum „Publizist am falschen Platz"; er gilt als *das* „Problem der Massenkommunikation" (Wagner 1991: 61f.). Siehe hierzu auch den folgenden Abschnitt.

[93] Wagner verlagert diese normativen Momente der neutralen Vermittlung und der Unparteilichkeit kurzerhand in den Journalismus und erklärt sie zu Merkmalen von dessen unwandelbarem Wesen (vgl. Wagner 1998).

Kontrolliert und gesteuert werden muss dann die sozialisationsbedingte Verfestigung eines berufliches Selbstverständnisses „qua Ausbildung (...), die die – sozusagen natürlicherweise vorhandenen – Elemente aus dem Anspruch der Kommunikator-Rolle zurückdrängt und Elemente der Mediator-Rolle in den Mittelpunkt rückt", so dass sich für ‚Mediatorberufe' wie den Journalismus die kommunikationspolitische Frage stelle, „inwieweit (...) wünschenswert, notwendig und realisierbar ist, was bei vergleichbar gesellschaftsrelevanten Tätigkeitsfeldern seit Jahrzehnten zur Selbstverständlichkeit gehört: soziale Kontrolle durch Regelung der Vor- und Ausbildung" (Langenbucher 1974: 271f.). Wagner zieht hieraus sogar den Schluss, dass das Postulat eines freien Berufszugangs für Journalisten nicht haltbar sei (vgl. Wagner 1998: 106ff.).

[94] Böckelmann verzeichnet in seiner Bilanz der empirischen Kommunikatorforschung von 1993 allein über 160 empirische Untersuchungen, die sich dem Selbstverständnis der journalistischen Berufsrolle zugewandt haben; vgl. Böckelmann 1993: 557.

lismus sind. In der Art und Weise, wie die empirische Kommunikatorforschung dabei jedoch auf die am Journalismus beteiligten Personen fixiert bleibt, erweist sie sich in gewisser Hinsicht als ein Erbe der Dovifatschen Journalismus-Vorstellungen. Selbst die Unterscheidung in Publizist und Journalist konnte die verschiedenen Entwicklungsstufen empirischer Kommunikatorforschung überleben, wenn auch mit inzwischen genau umgekehrten Vorzeichen.

In der Zusammenfassung der bereits angesprochenen Forschungssynopse „Journalismus als Beruf" hat Weiß eine zukunftsgerichtete Forschungsperspektive als leitend bezeichnet, der zufolge „journalistische Berufsforschung von reinen Berufsfeld- und Berufsrollenanalysen zur Analyse der Auswirkungen berufsspezifischer Charakteristika von Journalisten auf den öffentlichen Kommunikationsprozeß weiterentwickelt" werden sollte.[95] Eine solche Perspektive zielt darauf ab, die Merkmale von Journalisten und die Bedingungen journalistischer Arbeit und des journalistischen Berufs im Hinblick auf spezifische Folgen für journalistische Medienangebote zu analysieren. Damit ist der ‚Starting point' für eine wichtige Richtung innerhalb der personenorientierten Journalismusforschung benannt, auf die im Folgenden genauer einzugehen ist.

2.2.3   Wirkungsorientierte Journalismusforschung

Die zahlreichen Forschungsarbeiten, die hier unter dem Begriff der wirkungsorientierten Journalismusforschung zusammengefasst werden, und die vor allem von Mitarbeitern und früheren Angehörigen des Mainzer Instituts für Publizistik vorgelegt worden sind,[96] knüpfen an die Vorstellungsweisen der empirischen Kommunikatorforschung an und greifen in ihrer Argumentation selektiv auf deren Befunde zurück, um sie für eine spezifische Form der wissenschaftlichen Journalismuskritik[97] heranzuziehen. Die Integration unterschiedlicher Einsichten der empirisch ausgerichteten Forschung erfolgt aus einem Forschungsinteresse, bei dem die Beschäftigung mit dem ‚Journalismus als Beruf' mit Forschungsfragen verbunden wird, die auf journalistische Medieninhalte als Ergebnisse des Handelns von Journalisten ausgerichtet ist. Allerdings geht es dieser Forschung nicht so sehr um Erkenntnisse über spezifische Merkmale solcher Medieninhalte selbst, sondern dahinter liegend um mögliche Folgen, die sich durch Charakteristika journalistischer Wirklichkeitsbeschreibungen für Meinungen und Einstellungen des Publikums und der Öffentlich-

---

[95]   Weiß 1978: 112.
[96]   Verschiedentlich wird deshalb diese Forschungsrichtung auch unter dem Begriff einer „Mainzer Schule" innerhalb der Publizistikwissenschaft subsumiert; vgl. etwa Baum 1994: 208ff.
[97]   Vgl. Donsbach 1987: 106.

keit ergeben. Auf diese Weise wird die Kommunikatorseite mit der Analyse von Medieninhalten im Hinblick auf Effekte auf der Rezipientenseite verbunden – die klassische Perspektive der Wirkungsforschung.

Die Forderung nach einer wirkungsorientierten Journalismusforschung wird mit dem Argument begründet, dass nur solche Forschungsfragen für die Disziplin relevant sind, die (a) einen Beitrag zur Beschreibung und Erklärung des öffentlichen Kommunikationsprozesses leisten, und die (b) sich hinsichtlich normativer Erwartungen an den Journalismus auf die Realisierung zugrunde liegender kommunikationspolitischer Leitideen beziehen oder auf diejenigen Aspekte richten, die die Realisierung solcher Leitideen befördern oder behindern.[98] Damit wird die von Langenbucher eingeschlagene Perspektive wieder aufgenommen und auf spezifische Weise in die weitere Forschung integriert. Zur Bedeutung einer derartigen Neuorientierung der Forschung an den möglichen, für die Gesellschaft und das politische System erwünschten oder unerwünschten Folgen führt Donsbach aus:

„Der Journalismus ist als ein Forschungsgegenstand der Sozialwissenschaft nur insoweit von Interesse, als er der maßgebliche Produzent der in der Öffentlichkeit vermittelten Kommunikation ist. Unser eigentliches Forschungsinteresse gilt daher gar nicht dem Beruf an sich, sondern seinem Arbeitsprodukt und dessen Qualität vor dem Hintergrund gesellschaftlicher Anforderungen. Relevant ist dann alles, was dazu beiträgt, die Einflußfaktoren auf das journalistische Berufsverhalten zu identifizieren und im Hinblick darauf empirisch zu bewerten, wie funktional oder dysfunktional sie für die Realisierung der Leitideen sind. Journalismusforschung ist damit letztlich nur ein Teilbereich der Wirkungsforschung, aber als solcher von immenser Bedeutung, weil sie die Genese der Stimuli öffentlicher Kommunikation beschreibt."[99]

Der theoretische Rahmen für eine derart ausgerichtete Journalismusforschung liegt allerdings bereits seit der ersten Hälfte der 70er Jahre vor. Er ist von Elisabeth Noelle-Neumann im Zuge der Entwicklung eines Forschungsprogramms in verschiedenen Artikeln über Medien und deren Wirkungspotential entfaltet worden, das später in die Formulierung der „Theorie der Schweigespirale" einmünden sollte.[100] Hatte die amerikanische Kommunikationsforschung jener Zeit als Fazit zahlreicher empirischer Wirkungsstudien festgehalten, dass aufgrund vielstufiger Selektionsprozesse bei der Rezeption von den Massenmedien eine viel geringere Wirkung ausgehe als ursprünglich angenommen, so dass Medienbotschaften tendenziell eher bestehende

---

[98] Vgl. Donsbach 1987: 107f.
[99] Ebd.: 108f.
[100] Vgl. „Kumulation, Konsonanz und Öffentlichkeitseffekt" (Noelle-Neumann 1973; englisch im gleichen Jahr unter dem programmatischen Titel „The Return to the Concept of Powerful Massmedia" erschienen) und „Der getarnte Elefant" (1976a), beide zweitveröffentlicht in Noelle-Neumann [1976] 1979. Die „Theorie der Schweigespirale" liegt seit 1996 in einer vierten und erweiterten Ausgabe unter dem Titel „Öffentliche Meinung. Die Entdeckung der Schweigespirale" vor.

Meinungen verstärkten als einen Meinungswandel beim Rezipienten hervorzurufen, so konstatiert Noelle-Neumann, dass die Medien sehr wohl einen großen und überdies für die Gesellschaft bedrohlichen Einfluss auf die Meinungen und Einstellungen der Bevölkerung besitzen, weil

• nicht die einzelne Medienbotschaft, sondern die ständige Wiederholung der immer gleichen Ansichten zu kumulativen Effekten führt;
• dieser Kumulationseffekt umso größer ist, als Journalisten sich durch homogene Einstellungen und Meinungen auszeichnen, die überdies von den Meinungen und Einstellungen des Bevölkerungsdurchschnitts systematisch – weil ins linke Lager des Meinungsspektrums verschoben – abweichen; ein Umstand, der durch die Abschottung der Journalisten von der übrigen Bevölkerung und durch starke Kollegenorientierung noch verstärkt wird;
• diese Journalisten es sind, die festlegen, welche Themen überhaupt zur Kenntnis der Öffentlichkeit gelangen, womit sie vor allem großen Einfluss hinsichtlich der Meinungen und Einstellungen zu jenen Themen und Ereignissen ausüben, die der Bevölkerung bis dato nicht bekannt sind;
• beim Prozess öffentlicher Meinungsbildung die Bedeutung des Fernsehens im Vergleich zur Presse stark zugenommen habe; handelt es sich bei ihm doch um ein Medium, das die üblichen Selektionsbarrieren außer Kraft setze und aufgrund seiner Ubiquität auch zu Meinungs- und Einstellungsveränderungen jenseits der eigentlichen Medienrezeption führe, nämlich durch daran anknüpfende und sich auf Medieninhalte beziehende interpersonale Kommunikation.[101]

An diese Thesen anknüpfend wird die wissenschaftliche Beschäftigung mit dem Journalismus von den Mainzer Publizistikwissenschaftlern in zwei Forschungsrichtungen weiter verfolgt: einmal in kommunikatororientierten Studien, das andere mal im Rahmen von Medieninhaltsanalysen, die der Journalismusforschung zuzurechnen sind, weil ihre untersuchten Medieninhalte stets aus dem Bereich der aktuellen politischen Berichterstattung und Kommentierung stammen und mit den Aufgaben und möglichen Fehlentwicklungen des Journalismus in der Gesellschaft der Bundesrepublik verknüpft werden. Journalismus wird dabei wie in der übrigen traditionellen Journalismusforschung als Beruf von Journalisten verstanden.

Die den Medien aufgrund ihrer öffentlichen Aufgabe und ihrer konstitutiven Bedeutung im demokratisch-pluralistischen Gemeinwesen verfassungsmäßig und presserechtlich garantierten Sonderrechte und Schutzgarantien gegenüber staatlichen

---

[101]   Vgl. Noelle-Neumann 1973; 1976a; 1976b.

Eingriffen werden dabei vor allem akteursbezogen interpretiert: Aus institutionellen
Privilegien des Journalismus wird so die „besondere gesellschaftliche Stellung" von
Journalisten, und aus dem vermeintlich großen Einflusspotential der Medien werden
sogenannte „nicht-institutionalisierte Privilegien",[102] nämlich Einfluss auf Einstellungen und Verhalten von Rezipienten und politischen Akteuren ausüben zu können, was die „besondere politische Machtposition" von Journalisten begründet.[103]
Dazu gehört dann nicht nur die Möglichkeit, Karrieren von öffentlichen Personen zu
fördern bzw. zu behindern oder Wahlentscheidungen zu beeinflussen, sondern auch
soziale Normen zu verändern.[104] Selbst Fragen des sozialen Wandels werden anhand von Einstellungsmerkmalen der Journalisten zu erklären versucht: Große Teile
der Journalisten würden es als ihre Aufgabe ansehen, Vermittler neuer Ideen zu sein.
In der Folge setze das von den Medien vermittelte Wirklichkeitsbild die Gesellschaft
einem permanenten Wandlungs- und Anpassungsdruck aus.[105]

Im Zuge dieser Diskussion wird die Berufsgruppe der Journalisten als eine gesellschaftliche „Elite"[106] bestimmt, die sich dadurch auszeichne, dass Journalisten

- sich in ihren politischen Einstellungen vom Durchschnitt der übrigen Bevölkerung und den Einstellungen der politischen Akteure unterscheiden;
- sich für den Journalistenberuf häufig im Sinne einer Negativentscheidung gegen
  Tätigkeiten in Staat und Wirtschaft entscheiden (was unter anderem mit Studien-
  abbrecherquoten belegt wird);
- häufig aus geisteswissenschaftlichen Studiengängen kämen und entsprechend einen für geisteswissenschaftliche Orientierungen typischen (und von Naturwissenschaften, Volkswirtschaft oder Jura unterschiedenen) „individualisierend-
  interpretierenden Denkstil" pflegen würden;
- aufgrund ihrer geringen Bereitschaft zum Berufswechsel quasi als „geschlossene
  Gesellschaft" erscheinen, in der ein eng begrenzter Gruppenstandpunkt vertreten

---

[102] Donsbach 1982: 69, 75.
[103] Siehe Donsbach 1994: 89f.; vgl. auch ders. 1987: 124f. sowie ders. 1982: 74ff.
[104] Vgl. Donsbach 1994: 89f.
[105] Vgl. Wilke 1986: 9f. Zwar ist auch die gegenteilige These vertreten worden, dass Massenmedien
bestehende Strukturen durch die Praxis der Nachrichtenproduktion stabilisieren und so bestehende
politische und gesellschaftliche Verhältnisse eher verfestigen (vgl. Tuchmann 1978, 1982). Sie
könne jedoch „nicht überzeugen, weil sie zentrale – man könnte sagen: voluntaristische – Antriebs-
faktoren des Journalismus außer Betracht läßt" (Wilke ebd.: 6).
[106] Der Begriff ‚Elite' darf dabei weder im umgangssprachlichen Sinne „einer durch positive Eigenschaften herausgehobenen Gruppe" (Donsbach 1982: 276) noch im soziologischen Sinne verstanden werden, sondern meint eine nicht hinreichend legitimierte Machtelite (vgl. Kepplinger 1979b;
Donsbach 1982: 269ff.).

werde und Selbstselektionsmechanismen bei der Rekrutierung journalistischen Nachwuchses sowie „komplexe Anpassungsmechanismen" im Journalismus Veränderungen dieses Gruppenstandpunkts tendenziell verhindern.[107]

Entsprechend charakterisiert Kepplinger die Journalisten in einer Art Fazit auch hinsichtlich ihrer Stellung in der Gesellschaft als eine „durch Vorbildung, Berufswahl und Berufstätigkeit selektierte Gegenelite zu den Machtgruppen in Politik, Verwaltung und Wirtschaft."[108]

Natürlich weiß die wirkungsorientierte Journalismusforschung um die redaktionelle Eingebundenheit journalistischen Handelns und die Weisungsabhängigkeit der Journalisten von Verlegern und redaktionellen Vorgesetzten.[109] Aber der Blinkwinkel ist auch dort von der Frage geleitet, welche individuellen Freiheiten Journalisten trotz solcher Einbindungen haben. So bleibt der Dreh- und Angelpunkt des Forschungsinteresses die angenommene Relation zwischen individuellen Journalisten und den Wirkungen journalistischer Medieninhalte. Die entscheidende Frage lautet dann: Welche Faktoren haben einen Einfluss darauf, nach welchen Gesichtspunkten Journalisten Medieninhalte auswählen bzw. gestalten?[110] Zu ihrer Beantwortung führt Donsbach eine Unterscheidung verschiedener ‚Sphären' des journalistischen Berufs ein, denen jeweils relevante Einflussfaktoren zugeordnet werden.[111]

Zur *Subjektsphäre* werden alle Faktoren gerechnet, „die in der Person des Journalisten liegen":[112] individuelle Werte, politische Einstellungen, Berufsmotive und vor allem das Rollenselbstverständnis von Journalisten. Hierzu werden – wie auch in der empirischen Kommunikatorforschung – idealtypische Rollenkonzepte herangezogen, die nun aber zugespitzt werden auf die mögliche Beantwortung der Frage, „ob Journalisten bei der Nachrichtenauswahl bestimmte Wirkungsziele verfolgen oder möglichst neutral nach rein professionellen Kriterien vorgehen".[113] Dabei soll die empirische Ermittlung des beruflichen Selbstverständnisses von Journalisten mittels ländervergleichender Studien an Aussagekraft gewinnen. Die Ergebnisse dieser Untersuchungen stellen darauf ab, dass Journalisten in Deutschland ein von anderen westlichen Ländern abweichendes Selbstverständnis haben, das von Renate Köcher in der Dokumentation einer Befragung deutscher und britischer Journalisten

---

[107] Kepplinger 1979b; Donsbach 1982: 276f.
[108] Kepplinger, ebd.: 25.
[109] Vgl. Donsbach 1982: 279f.; ders.: 1994: 75ff.
[110] Vgl. Donsbach 1987: 111.
[111] Vgl. Donsbach 1987: 111ff.; ders. 1994: 80; ders. 1999a: 162ff.
[112] Donsbach 1994: ebd.
[113] Donsbach 1994: 81.

bekanntlich als das eines „Missionars" (gegenüber dem als „Spürhund", als „hunter for news" bei den englischen Kollegen) bezeichnet worden ist.[114] Mit diesem Selbstverständnis, das das Medienpublikum stärker erziehen möchte, als dessen Informationsansprüchen nachzukommen, ist für Köcher der Umstand verbunden, dass deutsche Journalisten deutlich weniger Wert auf eine gründliche Recherche legen als ihre englischen Kollegen und statt dessen darauf bedacht seien, ihre persönlichen Überzeugungen mitzuteilen. Entsprechend schätzten deutsche Journalisten die Kritikerfunktion deutlich höher ein als die des neutralen Berichterstatters und zeigten eine größere Bereitschaft, in Reportagen ihre subjektive Sichtweise einfließen zu lassen.[115] Im Vergleich zu amerikanischen und kanadischen Journalisten zeigten die Befragten einer deutschen Untersuchung, dass sie auf die Beeinflussung der öffentlichen Meinung und politische Entscheidungen deutlich größeres Gewicht legten.[116] Und als Fazit einer jüngeren international angelegten Journalisten-Studie hält Donsbach fest, dass die Nachrichtenentscheidungen der Journalisten in keinem anderen Land so häufig in einem signifikanten Zusammenhang mit der eigenen Meinung stünden wie bei deutschen Journalisten.[117]

Auf der zweiten Ebene, der *Professionssphäre*, werden Faktoren angesiedelt, die Merkmale der Journalisten als soziale Gruppe betreffen und von denen deshalb angenommen wird, dass sie bei den Journalisten im Wesentlichen gleich sind. Genannt werden Fragen der Einhaltung von Berufsnormen und der Anerkennung ethischer Prinzipien, Standards der Informationsbeschaffung, Nachrichtenfaktoren, Ausbildungsaspekte und die Kollegenorientierung. Allerdings darf der Fokus auf den Zusammenhang journalistischen Handelns und der Inhalte der Medien nicht vergessen werden. So formuliert Donsbach als für diese Sphäre typische Frage: „Welche Rolle spielt für Journalisten die Objektivitätsnorm bei der Gestaltung der Medieninhalte?"[118]

Auch die Faktoren der *Institutionssphäre*, der redaktionelle und technische Strukturen sowie Aspekte der Arbeitszufriedenheit und das Problem der inneren Pressefreiheit zugeordnet werden, lassen sich im Hinblick auf mögliche Einflüsse auf journalistisches Handeln explizieren, so dass hier der Frage nachgegangen wird,

---

[114] Vgl. Köcher 1985; 1986.
[115] Vgl. Köcher 1986: 107ff.; Donsbach 1982: 180.
[116] Vgl. Donsbach 1982: 140.
[117] Vgl. Donsbach 1999b: 509. Kritisch zu diesen Befunden dagegen Weischenberg 1989; Weischenberg/Bassewitz/Scholl 1989; Schönbach/Stürzebecher/ Schneider 1994: 139ff.; Scholl/Weischenberg 1998: 156ff.
[118] Donsbach 1987: 113, 123ff.

welchen Einfluss die privatwirtschaftliche Struktur der Presse auf die Gestaltungs-
freiheiten der Journalisten bei der Medienproduktion lässt.[119]

Unter der Kategorie der *Gesellschaftssphäre* schließlich werden Aspekte wie die
sozialen Bindungen von Journalisten und ihre Netzwerke, aber auch Faktoren wie
Pressefreiheit, politische Kultur, öffentliche Meinung und ‚Zeitgeist' verhandelt. Ihre Relevanz für die Journalismusforschung wird durch Verweis auf eine Studie belegt, der zufolge Journalisten eine beachtliche Stellung im lokalen Machtgefüge innehaben, so dass es zu Assimilationen zwischen Journalisten und lokalpolitischer E-
lite kommt. Auf überregionaler, nationaler und internationaler Ebene hingegen sei
die Bedeutung der Orientierung an den Berufskollegen wichtiger.[120]

Die in den zahlreichen Journalismusstudien ermittelten Befunde zu Aspekten
jeweiliger Sphären belegen stets aufs neue die großen Einflussmöglichkeiten von
Journalisten auf die Auswahl und Gestaltung von Medieninhalten und damit – so
der Schluss der Forscher – auf Vorstellungen und Einstellungen der Rezipienten und
Öffentlichkeitsakteure, die der Medienwirkung dieser Inhalte ausgesetzt sind. „Die
Einstellungen, Absichten und Verhaltensweisen einer einzigen Berufsgruppe haben
somit weittragende Konsequenzen für den Rest der Bevölkerung."[121] Jedenfalls
dann, wenn die journalistischen Wirklichkeitsbeschreibungen, die sich in der Realitätsdarstellung der Medien manifestieren, von dem was wirklich ‚der Fall ist', abweichen. Ob dem so ist, das ist die Fragestellung, der die zweite, auf Medien*inhalte*
fokussierende Forschungsrichtung innerhalb der wirkungsorientierten Journalismusforschung nachgeht.

Forschung, die sich daran macht, die in journalistischen Medien vorkommenden
Wirklichkeitsbeschreibungen („Medienrealität") mit dem zu vergleichen, was in der
gesellschaftlichen Wirklichkeit ‚der Fall ist' („objektive Realität"), muss angeben
können, auf welcher Grundlage solche Vergleiche durchzuführen sind. Sinnvoll sind
sie nur, wenn angenommen wird, dass journalistische Wirklichkeitsbeschreibungen
die Realität abbilden sollen ‚wie sie ist'. Grundsätzlich möglich aber sind solche
Vergleiche nur dann, und wenn offen gelegt wird, wie ‚objektive Realität' identifiziert werden kann bzw. anhand welcher Indikatoren sie erfasst und zur ermittelten
‚Medienrealität' ins Verhältnis gesetzt werden kann. Da in den Sozialwissenschaften
sowohl die Sinnhaftigkeit von Aussagen über eine beobachtungsunabhängige Realität als auch die eines Vergleichs von Medienrealität und ‚objektiver Realität' be-

---

[119]   Vgl. Donsbach ebd.: 133ff, 113.
[120]   Vgl. ebd.: 111, 137ff; 1994: 87f.
[121]   Donsbach 1994: 91.

zweifelt wird,[122] eröffnet Kepplinger die Diskussion mit der Unterscheidung dreier „Realitäts-Modelle", deren Modellvorstellungen er als „Konstruktivismus", „Expressionismus" und „Realismus" bezeichnet.[123]

Die Realitätsvorstellung des *Konstruktivismus* gehe davon aus, dass es so etwas wie objektive Realität nicht gebe, weshalb man diese nicht erkennen könne und die Medien auch nicht darüber berichten könnten; ein Vergleich zwischen beiden erscheint entsprechend sinnlos. Wenn journalistische Wirklichkeit als Konstrukt vorgestellt werde, das lediglich die journalistischen Arbeitsbedingungen reflektiere, besäßen Journalisten ein Monopol für die Definition von Realität: „Real und relevant ist, was sie als real und relevant darstellen, was sie nicht als real und relevant darstellen, ist nicht real und relevant."[124] Diese Auffassung wird abgelehnt, weil ihr zufolge ein Vergleich der Realität mit den Darstellungen in den Medien unmöglich ist.

Das interpretative Verständnis der als *Expressionismus* bezeichneten Realitätsauffassung leugne weder ‚objektive Realität' an sich noch deren prinzipielle Erkennbarkeit, halte aber den Vergleich zwischen Medienrealität und Realität für wenig sinnvoll, weil er nichts über die Qualität der Medienberichterstattung aussage, die Tatsachen beobachten und interpretieren muss und ihnen damit *soziale* Bedeutung verleiht. Auch dieses Verständnis wird zurückgewiesen, weil es von der Frage ablenkt, „was die Journalisten charakterisieren wollen, ihre eigenen Bewertungsmaßstäbe oder die dargestellte Realität"; es verhindere, nach der möglichen Kluft zwischen Realität und Realitätsdarstellung zu fragen sowie nach den individuellen und gesellschaftlichen Konsequenzen dieser Kluft.[125]

Der eigenen, als *Realismus* bezeichneten Position zufolge gibt es eine Realität, über die Journalisten berichten, und die man prinzipiell erkennen und mit journalistischen Wirklichkeitsdarstellungen vergleichen kann. Das Problem, dem sich empirische Forschung, die diesem Realitätsmodell folgt, stellen muss, besteht darin, brauchbare Indikatoren zu finden, an denen die Medienberichterstattung gemessen werden kann.[126] Voraussetzung sind also ein „realitätsbezogenes" Verständnis von Objektivität und valide „Objektivitätsmaße".[127] Unterschieden werden dabei:

- medienexterne Maße, bei denen Aussagen unmittelbarer Beobachter bzw. Teilnehmer des Geschehens der Medienberichterstattung gegenüber gestellt oder

---

[122] Vgl. Schulz 1989.
[123] Vgl. Kepplinger 1992: 54ff.
[124] Kepplinger 1989a: 14; ders. 1992: 56.
[125] Vgl. Kepplinger 1992: 57f.
[126] Vgl. Kepplinger 1989a: 15f.; ders. 1992: 58f.
[127] Donsbach 1990a: 20f.

Statistiken sowie Expertenmeinungen herangezogen werden, um sie mit der Medienberichterstattung zu vergleichen;

- medieninterne Maße, die auf Inter-Media-Vergleichen (Realitätsdarstellungen in verschiedenen Medientypen), Intra-Media-Vergleichen (etwa themenbezogene Berichterstattung in unterschiedlichen Tageszeitungen) und Synchronisationsstudien (Überprüfung der politischen Nähe von faktenorientierter Berichterstattung und Kommentaren in einem Medium) oder Input-Output-Studien beruhen;
- sogenannte „Objektivitätsmaße der Gleichverteilung", die in empirischen Studien (a) zur Ausgewogenheit der Berichterstattung im Hinblick auf die Gleichbehandlung von Personen, Institutionen oder politischen Standpunkten, (b) zum Berichterstattungsumfang im Verhältnis zur geographischen Ausdehnung bzw. Größe einer Ereignisregion sowie (c) des Vorkommens von Nachrichtenfaktoren im Blick auf eine ausgewogene Beachtung von ‚Ereignismerkmalen' in Anschlag gebracht werden sollen.[128]

Die Befunde dieser unterschiedlichen Studien stimmen in einem Punkt überein: „Die Medienberichterstattung weicht von den jeweiligen Realitätsindikatoren ab."[129] Nun hat Winfried Schulz in seinem Aufsatz über „Massenmedien und Realität" darauf hingewiesen, dass ein Abgleich zwischen einer Idealvorstellung ‚objektiver Wirklichkeit' und der Realitätsdarstellung in den Massenmedien notwendig zu dem Ergebnis kommen muss, dass letztere von ersterer abweicht, so dass journalistische Wirklichkeitskonstruktionen in solchen Vergleichen stets defizitär erscheinen.[130] Bereits in seiner Mitte der 70er Jahre durchgeführten Nachrichtenstudie hatte Schulz in seiner Kritik der klassischen Ansätze der Nachrichtenwertforschung herausgearbeitet, dass der „Versuch, Nachrichten mit dem, ‚was wirklich geschah', zu vergleichen, prinzipiell unmöglich ist,"[131] und dies nicht, weil es eine solche ‚objektive Realität' nicht gebe, sondern weil wir über ihre Existenz oder Nichtexistenz keine begründeten Aussagen machen können und Hypothesen über ‚Verzerrungen' der Realität folglich nie falsifiziert werden könnten.[132] Schulz hatte deshalb eine theoretische Neuorientierung der Forschung gefordert und für seine eigenen Arbeiten die Konsequenz gezogen, Nachrichtenfaktoren nicht mehr als ‚ereignisinhärent' zu verstehen, sondern stattdessen sich den Mechanismen und Prinzipien zuzuwenden, die sich bei der professionellen Nachrichtenproduktion beobachten und empirisch ana-

---

[128] Vgl. Donsbach 1990a: 21-23.
[129] Ebd.
[130] Vgl. Schulz 1989: 145.
[131] Schulz [1976] 1990: 26; vgl. auch ders. 1989: 143.
[132] Vgl. Schulz 1989: ebd.

lysieren lassen: die Bedeutung von Nachrichtenfaktoren in der Nachrichtengebung.[133]

Die Mainzer Journalismusforscher haben gegen eine solche Sichtweise den Vorwurf erhoben, mit der Leugnung der Existenz einer solchen Realität werde zugleich auch die Möglichkeit bestritten, „die Tätigkeit von Journalisten selbst als eine empirisch analysierbare Realität zu betrachten." Zudem werde den Journalisten in der Folge „ein Monopol für die Definition sozialer Realität zugesprochen, das ihre Tätigkeit gegen jede Kritik von außen immunisiert" – und zwar auch „gegen eine faktenorientierte Kritik" der Wissenschaft, wobei diese Immunisierung laut Kepplinger „genau jene Fakten aus der Kritik aus[schließt], über die die Mehrheit der Journalisten nach eigenem Selbstverständnis berichten, und die die Mehrheit der Leser, Hörer und Zuschauer von ihrer Berichterstattung erwarten."[134] In der Konsequenz würden solche Positionen zu einem „relativistischen Begriff von Objektivität" und so „letztlich auch zu einem generellen Verzicht auf empirische Sozialwissenschaft" führen, weil der Forschung selbst „dann keine Kriterien für die Angemessenheit ihrer Aussagen mehr zur Verfügung stünden."[135]

Stattdessen schlagen sie eine Erweiterung der Nachrichtenwertforschung um eine teleologische bzw. finale Komponente vor: Neben dem Kausalmodell, bei dem ein Ereignis als Ursache und die Berichterstattung als Folge angesehen würden, erklären sie die Einführung einer finalen Betrachtungsweise für notwendig, der zufolge Nachrichtenfaktoren „auch benutzt werden, um Selektionsentscheidungen zu legitimieren."[136] Dabei wird die teleologische Ausrichtung auf Berichterstattungszwecke innerhalb der Hypothese der „Instrumentellen Aktualisierung" auf subjektive Gründe der Nachrichtenauswahl zugespitzt. Medienberichterstattung soll jetzt durch Intentionen von Journalisten erklärt werden, „die völlig oder vorrangig auf Zwecke jenseits der Berichterstattung zielen."[137] Gemeint sind journalistische Handlungsmotive wie das Hoch- oder Herunterspielen von Themen oder Positionen, das bewusste Fördern oder Behindern politischer Akteure durch Nachrichtengebung. Wurde bis dahin zumindest offen gelassen, ob dies von den Journalisten unbewusst oder bewusst getan wird,[138] so wird in der Folge die Analyse aktueller politischer Berichterstattung auf deren „voluntaristische Grundlagen" hin untersucht und nach absichtlichen Strategien und Taktiken der instrumentellen Heranziehung von Bewertungen

---

[133] Vgl. Schulz [1976] 1990.
[134] Zitate aus Kepplinger 1989a: 16.
[135] Donsbach 1990: 19f.
[136] Kepplinger, ebd.; vgl. auch Staab 1990a, 1990b.
[137] Kepplinger 1989a: 11f.
[138] Kepplinger ebd.: 12; vgl. auch Kepplinger/Ehmig 1997.

gefragt, die den eigenen Interessen und Ansichten von Journalisten entsprechen. Letztlich zielt eine solche Forschung nicht auf die Analyse des journalistischen, sondern des „politische[n] Handeln[s]" von Journalisten.[139]

Festzuhalten bleibt, dass Journalismus in der wirkungsorientierten Journalismusforschung als ein Beruf aufgefasst wird, der – ausgestattet mit institutionalisierten wie nicht-institutionalisierten Privilegien – zu einer herausragenden politischen und gesellschaftliche Machtposition der Journalisten führt, die demokratisch nicht hinreichend legitimiert erscheint und zudem mit dem Problem behaftet ist, dass es an einer demokratisch geregelten Kontrolle der verfassungsgemäßen Handhabe dieser Privilegien mangelt. Da Journalisten sich (a) von der übrigen Bevölkerung hinsichtlich ihrer Meinungen, Einstellungen und Wertorientierungen systematisch unterscheiden, (b) eine homogene, nur aneinander orientierte und qua Rekrutierungsregeln geschlossene Gruppe darstellen, (c) ein eher missionarisches Selbstverständnis, und überdies (d) vergleichsweise große Freiräume und wenig redaktionelle Kontrolle in der journalistischen Arbeit genießen, kommt es bewusst wie unbewusst zu ‚verzerrten' Realitätsdarstellungen in den Medien. Diese Verzerrungen stellen wegen der Wirkungsmacht der Medien eine Gefahr für die Rezipienten und letztlich eine Bedrohung des politisch-demokratischen Systems dar. Weil dies in der Perspektive der wirkungsorientierten Forschung letztlich auf die Meinungen, Einstellungen und Absichten der handelnden Journalisten zurückzuführen ist, muss diesen das anhaltende und besondere Augenmerk der Journalismusforschung gelten.

2.3   Systembezogene Forschung

Der zunächst von einzelnen Autoren vollzogene Wechsel von einer personenbezogenen Forschung hin zu Versuchen, Journalismus als eigenständigen sozialen Zusammenhang zu analysieren, erfolgte durch die Hinwendung zu makrosoziologischen, d.h. auf gesellschaftliche Funktionen, soziale Strukturen und Prozesse abstellende Fragestellungen. Dies geschah im Anschluss an die soziologische Systemtheorie, wobei die Journalismusforschung – im Unterschied zur Entwicklung in der übrigen Kommunikationswissenschaft – ältere Systemvorstellungen gewissermaßen überspringt und relativ unvermittelt mit an Niklas Luhmanns funktionalstruktureller Systemtheorie anknüpfenden Arbeiten zum Journalismus einsetzt.[140]

---

[139]   Vgl. Kepplinger 1989b: 70; vgl. auch Kepplinger/Ehmig 1997; Kepplinger/Brosius/Staab/Linke 1989.
[140]   Zur Entwicklung des Systemdenkens in der Soziologie vgl. Willke 1993; Kneer/ Nassehi 1994.

Dabei hat solches auf *gesellschaftliche* Zusammenhänge abstellende Denken durchaus auch frühe Vorläufer innerhalb der historischen Wurzeln des eigenen Fachs.[141] Allerdings haben Journalismusforschung und -lehre zu Zeiten der Zeitungskunde wie der Publizistik nach Ende des Zweiten Weltkriegs an diese Vorläufer nicht angeknüpft, sondern – wie gesehen – eine andere Entwicklung genommen.[142]

Erst mit den Arbeiten von Manfred Rühl und schlussendlich durch die (selbst nicht mehr ausschließlich systemtheoretisch argumentierenden Arbeiten) der Münsteraner Journalismusforscher um Siegfried Weischenberg etablierte sich das neue Paradigma in der Teildisziplin, ohne dadurch bisherige Vorstellungsweisen traditioneller Journalismusforschung zu verdrängen. Natürlich sind neben der Studie über die „Zeitungsredaktion als organisiertes soziales System"[143] seit den 1970er Jahren eine Reihe weiterer Ausarbeitungen entstanden, die das Systemdenken für die Journalismusforschung fruchtbar gemacht haben.[144] Allerdings ist in keiner von ihnen das theoretische Fundament des Perspektivenwechsels so konsequent ausgearbeitet und dargelegt worden wie in den Arbeiten Rühls, weshalb seiner Konzeption im Folgenden besonderes Augenmerk geschenkt wird.

Im Anschluss an Rühl, aber auch in konkreter Abgrenzung zu dessen Konzeption haben in jüngerer Zeit eine Reihe von Autoren neuere Theorieentwicklungen der Luhmannschen Systemtheorie genutzt, Journalismus auf einer nochmals abstrakteren Ebene zu beobachten und zu beschreiben. Die zahlreichen Beiträge lassen, wie Rühl unlängst anmerkte, in der gegenwärtigen Journalismusforschung den Eindruck entstehen, „Niklas Luhmann könnte ihr Leitautor sein."[145] Denn dessen Hauptwerk, die „Theorie sozialer Systeme" von 1984, wurde zum ‚Starting point' einer ganzen Reihe systemtheoretischer Beiträge zur Journalismusforschung. Ihr theoretisches

---

[141] Ein solches Grundverständnis wird etwa für Kaspar Stielers „Zeitungs Lust und Nutz" von 1694 reklamiert, erörterte Stieler doch bereits Zeitungsproduktion und -rezeption im Hinblick auf deren „Notwendig- und Nutzbarkeit" für verschiedene Teilbereiche der Gesellschaft (Herrscherhof, Kaufleute, Militär, Kirche, Schulen und Universitäten, bürgerliche Stände etc.) und differenziert nach sozialen Anlässen (in Kriegszeiten, für Handeln und Gewerbe, oder etwa als Konversationsstoff und zur Förderung der Geselligkeit „beym Trunke und Zusammenkunften"); vgl. Stieler [1694] 1969. Das gilt auch für Franz Adam Löfflers Beobachtungen zur Presse im Verhältnis zum absolutistischen Staat (Löffler 1837) und insbesondere für die 1845 veröffentlichte Abhandlung „Geschichte des deutschen Journalismus" von Robert E. Prutz (1971), der erstmals nicht Presse, sondern Journalismus als Bezugspunkt wählt und dessen Entwicklung als „Zeitgespräch der Gesellschaft" in seinen Wechselbeziehungen zu Publikum, Volk und Nation zu beschreiben versucht (vgl. Rühl 1999, 1992: 120f.; Löffelholz 2000b: 33).

[142] Vgl. auch Hachmeister 1987; Weischenberg 1992; Rühl 1980.

[143] Rühl 1969.

[144] Vgl. etwa Dygutsch-Lorenz 1971, Eichinger 1975, Koller 1981.

[145] Rühl 2000: 73.

Bemühen ist vor allem darauf ausgerichtet, stringente System-, Funktions-, Leistungs- und Codebestimmungen zu Medien, Öffentlichkeit und Journalismus zu entwickeln, mit denen in Kommunikationswissenschaft und Journalismusforschung gearbeitet werden kann.[146]

2.3.1 Journalismus als soziales Handlungssystem

Für die Entwicklung der Journalismusforschung in der Bundesrepublik stellt die 1969 veröffentlichte Redaktionsstudie von Manfred Rühl eine markante Zäsur dar. In ihr wird Journalismus erstmals konsequent als ein sozialer Zusammenhang identifiziert und nicht mehr über als Journalisten beteiligte Individuen oder Personen bestimmt. Grundlage von Rühls Arbeiten ist ein wissenschaftliches Selbstverständnis, das auf der erkenntnistheoretischen Einsicht fußt, dass wissenschaftliche Forschung ein bewusstes Absetzen von alltagsvernünftigen Vorstellungen über die Sozialwelt zur Voraussetzung hat, und dass von daher der Gegenstand der Forschung nicht einfach aus Problemformulierungen außerhalb der Wissenschaft übernommen werden kann, sondern allererst hergestellt werden muss, d.h. dessen wissenschaftliche Konstruktion voraussetzt.

Zur theoretischen Fundierung seines Ansatzes greift Rühl als einer der ersten Journalismusforscher auf die funktional-strukturelle Systemtheorie Niklas Luhmanns zurück und nutzt das Instrument der System/Umwelt-Logik als „Ordnungsprinzip für eine allgemeine Theorie des Journalismus".[147] Journalismus wird dabei als soziales (Teil-)System innerhalb des funktional ausdifferenzierten Gesellschaftssystems gefasst, das es in seinen je spezifischen System-Umwelt-Beziehungen zu analysieren gilt, und damit stets auch in seinem Verhältnis zu einer soziohistorisch zu bestimmenden, weil sich wandelnden Gesellschaft. Wie jedes andere Teilsystem – Politik, Wirtschaft, Recht, Wissenschaft, Kunst etc. – erfüllt es für die Gesellschaft spezifische Funktionen und konkrete Leistungen, mit denen es zugleich seinen eigenen Fortbestand sichert bzw. die Anpassung an eine sich verändernde Systemumwelt ermöglicht.

‚Funktionen' sind dabei nach dem Verständnis des Äquivalenz-Funktionalismus nicht mit gegebenen Zwecken oder gar konkreten Aufgaben gleichzusetzen. Sie gel-

---

[146] Siehe hierzu weiter unten Abschnitt 2.3.3 und 2.3.4.

[147] Rühl 1992: 127. Während die frühere, strukturell-funktionale Theorie von Parsons nach den funktionalen Leistungen fragte, die von einem sozialen System erbracht werden müssen, damit es in seinen Strukturen erhalten bleibt, d.h. das Überleben des Systems sichert, geht es dem funktional-strukturellen Ansatz Luhmanns um die Frage der Systembildung durch den Aufbau eigener Strukturen in Differenz zu einer sich wandelnden komplexen Umwelt; vgl. hierzu auch Willke 1993: 5ff.

ten als „abstrakte Bezugsgesichtspunkte" zur Steuerung sozialer Systeme (Luhmann), als „strategische Rahmenvorstellungen",[148] die durchaus verschiedene, alternative Leistungen zulassen. Diese jeweiligen Leistungen wären dann wieder auf ihre spezifische Äquivalenz im Hinblick auf anstehende Problemlösungen zu analysieren.[149] So gilt es zunächst, die Primärfunktion zu bestimmen, bevor nach einzelnen journalistischen Leistungen gefragt werden kann.

Die Primärfunktion des Journalismus erblickt Rühl in der „organisatorische[n] Herstellung und Bereitstellung durchsetzungsfähiger thematisierter Mitteilungen zur öffentlichen Kommunikation".[150] Und die Leistung des Journalismus für die (Welt-) Gesellschaft wird darin gesehen, „die Komplexität und Veränderlichkeit der Weltereignisse" soweit zu reduzieren, dass ein sinnvolles Vermitteln und ein – hinsichtlich der Informationsverarbeitungskapazität der Öffentlichkeit – sinnvolles Verstehen, mithin öffentliche Kommunikation möglich und erleichtert wird.[151] Dem grundlegenden Prinzip der Komplexitätsreduktion folgt dabei auch die systemrationale Ausbildung der Strukturen des Journalismus. Denn zur Vereinfachung seiner Umweltbeziehungen und zur Kommunikationserleichterung hat der Journalismus systemintern (eher flexible, in der Praxis miteinander kombinierte) soziale, sachliche und zeitliche Strukturen gebildet und ausdifferenziert:[152]

• In der sozialen Dimension werden systeminterne wie -externe Strukturen in Form von Organisations-, Positions- und Rollenbildungen identifiziert. Als Strukturen innerhalb des Systems werden Redaktionen, Redaktionspositionen sowie Arbeits- und Berufsrollen bestimmt. In der Systemumwelt sind dies Kontrollorgane, Presse- und Informationsstellen, aber auch Publikums- bzw. Konsumentenrollen.

---

[148] Rühl 1980: 128; siehe auch ders. 1992: 129.

[149] Dieses Prinzip des Äquivalenz-Funktionalismus gilt nicht nur für das so konstruierte Objekt der Journalismusforschung, sondern auch für den Prozess wissenschaftlicher Journalismusforschung selbst; vgl. hierzu Rühl 1980: 126ff.

[150] Rühl 1992: 129. Prominenter wurde Rühls knappere Formulierung von der „Herstellung und Bereitstellung von Themen zur öffentlichen Kommunikation" (Rühl 1980: 129, 319). Kritisiert wurde diese Definition, da zum einen Themenherstellung und -bereitstellung zu allgemein sind, so dass Journalismus nur schwer und nur durch zusätzliche Kriterien etwa von PR abgegrenzt werden kann (vgl. Weischenberg 1995; Baum 1994), und da zum anderen die Bereitstellung nur eine notwendige Voraussetzung ist, die um öffentliche Verbreitung und dadurch erst prinzipiell mögliche Rezeption zu ergänzen ist. Unlängst wurde diese Funktionsbestimmung vom Autor um die Fassung als eine „organisatorische Produktion und schematische Distribution programmierter Programme zur öffentlichen Kommunikation" erweitert (Rühl 2000: 73).

[151] Rühl 1992: 128.

[152] Vgl. Rühl 1992: 129ff.

- Die sachlichen Strukturen beziehen sich auf journalistische Techniken und werden in ‚Symbolmedien' (Darstellungsformen, Genres etc.) und ‚Symboltechniken' (Recherchieren, redaktionelles Bearbeiten, mediale Aufbereitung etc.) unterschieden.

- Unter zeitlichen Strukturen schließlich sollen gesellschaftliche Werte und Normen verstanden werden, auf die der Journalismus zurückgreift, um mit journalismusinternen Normierungen wie auch mit von außen herangetragenen (normativen) Erwartungen umgehen zu können.

Bereits in seiner frühen Redaktionsstudie Jahre hat Rühl die Grundzüge seiner Konzeption vorgestellt und im Hinblick auf die Redaktion als den ‚Prototyp' des organisatorisch verfassten Journalismus entfaltet. In diese Beschreibung der „Zeitungsredaktion als organisiertes soziales System" fließen jedoch nicht allein empirisch gewonnene Erkenntnisse aus der von ihm durchgeführten Erhebung ein.[153] Vielmehr ist sie vorab bestimmt von den theoretischen Einsichten und Konstrukten, die er zur Modellierung systemfunktionaler Organisationsforschung neben Luhmanns frühen Schriften vor allem entscheidungstheoretischen Arbeiten der US-amerikanischen Organisationssoziologie entnommen hat.[154] Danach erfolgt redaktionelles Handeln als das „Herstellen von Zeitungen in einem industriell hochentwickelten Gesellschaftssystem [...] nicht nur durch einige Nachrichten sammelnde, redigierende und schreibende Redakteure, sondern vollzieht sich vielmehr als durchrationalisierter Produktionsprozeß in einer nicht minder rationalisierten und differenzierten Organisation", der modernen, arbeitsteiligen Redaktion.[155] Systemtheoretisch formuliert werden „Redaktionen [als] soziale Organisationen [gefasst], d.h. vorrangig formalisierte Interaktions- und Kommunikationssysteme eigener Typik, die eigene Probleme stellen und diese mit eigenen Strukturen, im Wechselspiel mit der sozialen Umwelt zu lösen versuchen."[156]

Wie hat man sich diese Strukturen vorzustellen? Ähnlich dem wenig starr gefassten Funktionsbegriff greift Rühl auch beim Strukturverständnis auf Luhmanns funktionale Bestimmung von Strukturen zurück und versteht darunter relativ stabile bzw. ‚generalisierte' (Handlungs- oder Verhaltens-)Erwartungen, die sich verfesti-

---

[153] Rühl führte (als passiv teilnehmender Beobachter) eine fünfmonatige Redaktionsbeobachtung bei einer mittelgroßen regionalen Abonnementzeitung durch, die er durch abschließende Leitfadengespräche mit 40 Redaktionsangehörigen ergänzte (vgl. Rühl 1969).
[154] Vgl. Rühl 1979: 67-79.
[155] Rühl 1969: 13.
[156] Rühl 1989: 257.

gen und so das System von der Umwelt abgrenzen, zugleich selbst organisieren und (weiter) stabilisieren. Für Rühl sind es Kennzeichen dieser Strukturen,

„daß sie bestimmte bzw. bestimmbare Umweltereignisse erwarten, daß sie ihre journalismusbezogenen Reaktionen darauf gleichermaßen erwarten, die Folgen dieser Erwartungen wiederum erwarten usw. Kurz: Strukturen sind begrenzbare Erwartungserwartungen (Niklas Luhmann), die das Kommunikationsgefüge zwischen Journalismus und sozialer Umwelt vereinfachen. Die Generalisierung dieser Erwartungserwartungen liegt darin, daß Strukturen des Journalismus vorausgedacht und typischerweise beibehalten werden".[157]

Handeln im journalistischen Zusammenhang ist solchermaßen strukturiertes Handeln. Sowohl der Journalismus als auch konkret die Redaktion werden folglich als ein System zusammenhängender, strukturierter Handlungsweisen der beteiligten Akteure begriffen.[158] Dieses System ‚besteht' aus faktischen Interaktionen und Kommunikationen, die danach unterschieden werden müssen, ob sie systemzugehörig oder der Systemumwelt zuzurechnen sind.[159] Von Interesse ist dann, welche aufeinander bezogenen Handlungsweisen sich systemintern beobachten und vor allem welche Handlungserwartungen sich identifizieren lassen, die von den Redaktionsangehörigen anzuerkennen und möglichst verlässlich zu erfüllen sind.

Die auffindbaren Regeln bzw. die von der Redaktion erwarteten Handlungsweisen werden über das Konzept der ‚sozialen Rolle' gefasst – hier erneut in dessen strikt systemfunktionaler Variante:[160] ‚Soziale Rollen' gelten als vergleichsweise flexible Erwartungen, zumal sie stets ein komplementäres Rollenhandeln anderer voraussetzen und erst durch kontinuierlichen Interaktions- und Kommunikationsvollzug als typische Rollen erlebt und damit relativ dauerhaft werden.[161] Unterschieden werden vor allem Mitgliedsrolle und Arbeitsrolle, wobei der Mitgliedsrolle zentrale Bedeutung zukommt, sind mit ihr doch Verhaltenserwartungen bzw. das Einhalten von Regeln verbunden, die jedes Redaktionsmitglied verbindlich erfüllen muss. Sie dient so der Integration der Beteiligten in das Redaktionssystem und der Abgrenzung der

---

[157] Rühl 1992: 129.

[158] Vor allem in diesem Punkt unterscheidet sich sein Ansatz von späteren systemtheoretischen Konzeptionen sowohl Luhmanns als auch verschiedener kommunikationswissenschaftlicher Autoren, in denen Kommunikation konsequent als elementare Reproduktionseinheit sozialer Systeme bestimmt wird, so dass nur Systeme Kommunikationen hervorbringen bzw. „nur die Kommunikation [...] kommunizieren [kann]", nicht aber Menschen oder ihr Bewusstsein (Luhmann 1988: 884). Siehe hierzu weiter unten Abschnitte 2.3.2 und 2.3.3.

[159] Vgl. Rühl 1992: 127; ders. 1979: 14.

[160] Denn es gibt nicht das eine Konzept der sozialen Rolle, so dass darunter je nach Theorietradition durchaus Verschiedenes verstanden wird (vgl. Joas 1998; Tenbruck 1961; 1973).

[161] Vgl. Rühl 1980: 65. Allerdings droht das Rollenkonzept in späteren Strukturbeschreibungen des Journalismus schematischer und starrer verwendet zu werden. Das deutet sich zunächst an in der formelhaften Darstellung in Rühl 1989: 254f; vgl. auch Blöbaum 1994: 228ff.

Redaktion nach außen. Als an die Mitgliedsrolle geknüpfte Handlungserwartungen, die sich zu redaktionellen Mitgliedschaftsregeln verdichten, nennt Rühl:[162]

- die Zustimmung zu den gegebenen Redaktionszwecken,
- die Anerkennung der Entscheidungs(vor-)rechte der Redaktionsleitung,
- die Informationsverarbeitung nach Redaktionsprogrammen,
- die Identifikation mit der Redaktion und die Art ihrer Darstellung nach außen,
- den Ausschluss der Mitarbeit bei Konkurrenzmedien,
- die Wahrung der redaktionellen Diskretion sowie
- die Orientierung an den presserelevanten Rechtsvorschriften.

Mit der verbindlichen Anerkennung dieser Mitgliedschaftsregeln entscheiden sich letztlich der Eintritt in die Redaktion und der (gegebenenfalls unfreiwillige) Austritt aus ihr. Deshalb stellt die Mitgliedsrolle im Prinzip auch die Voraussetzung für die Übernahme weiterer Rollen in der Redaktion dar, lassen sich alle anderen doch nur in Kombination mit ihr ausüben.[163] Zu den nachgeordneten Rollen gehören mit Status bzw. Redaktionspositionen verbundene Aufgabenbündel und formale Arbeitsrollen (als Lokal- oder Politikredakteur, als Reporter oder Ressortleiter) genauso wie informale Verhaltenserwartungen, deren Entsprechung für die Redaktion sinnvoll ist, deren Nichterfüllung jedoch nicht die gleichen Konsequenzen nach sich zieht wie bei formalen Rollenerwartungen.

Als weitere Strukturen zur Leistungssteigerung des Systems bildet die Redaktion im Zuge funktionaler Differenzierung interne Teilsysteme aus, die sich selbst nach außen, d.h. sowohl von der übrigen Redaktion wie auch gegenüber der Umwelt des Redaktionssystems abgrenzen. Die wichtigsten dieser Subsysteme sind Ressorts, die ihre Arbeit nach räumlichen (Lokales, Region) oder sachlichen Gesichtspunkten (Politik, Wirtschaft, Kultur) ausrichten, und die dabei zumindest Teilautonomie entwickeln. Komplementär zu dieser Binnendifferenzierung entwickeln sich Leistungseinheiten, die ‚Intermediärsysteme' genannt werden, weil ihnen die Aufgabe der notwendigen Integration der Subsysteme in die Gesamtredaktion zufällt. Als solche ‚Intermediärsysteme' werden neben der Redaktionskonferenz auch die (institutionalisierte) Volontärsausbildung identifiziert.[164]

Doch lässt sich redaktionstypisches Handeln über die beschriebenen normierten (Erwartungs-)Strukturen eines organisierten sozialen Handlungssystems allein offenbar nicht hinreichend bestimmen. Denn Rühl erweitert diese Vorstellung um eine

---

[162] Vgl. ebd.: 246-255.
[163] Vgl. Rühl 1979: 241; ders. 1989: 260.
[164] Vgl. ebd.: 262-272.

entscheidungstheoretische Konzeption und erblickt das „Spezifikum" der Zeitungs-redaktion „in einem durch systeminterne Prämissen gesteuerten Entscheidungshan-deln".[165] Mehr noch: „In diesem systemgebundenen, aber umweltorientierten Ent-scheidungshandeln erkennen wir die Eigenleistung der Zeitungsredaktion."[166] Die andauernde, an (im Lauf der Zeit entwickelten) Entscheidungsprämissen orientierte, redaktionelle Entscheidungstätigkeit kondensiert gewissermaßen in einem sich her-ausbildenden, wenn auch nicht kodifizierten „redaktionellen Entscheidungspro-gramm", das als Grundlage für typisch journalistische Handlungen wie Informati-onssammlung, Selektion und redaktionelle Aufbereitung dient, die den alltäglichen journalistischen Arbeitsablauf bestimmen. Die dazu erforderlichen Einzelentschei-dungen werden – so Rühl – auf der Grundlage zweier verschiedener Routinen ge-troffen: einem ‚Konditionalprogramm' und einem ‚Zweckprogramm':[167]

- Redaktionelles Entscheiden nach dem Konditionalprogramm erfolgt input-orientiert im Hinblick auf Ereignisse aus der Systemumwelt, die zeitlich der re-daktionellen Bearbeitung voraus liegen und als ‚Ursachen' wahrgenommen wer-den (wie die Nachrichtenlage an einem bestimmten Tag). Als Routineprogramm erlaubt es Entscheidungshandeln nach Wenn-Dann-Schemata; es soll der Entlas-tung und Vereinfachung angesichts der Vielzahl stets möglicher Entscheidungs-alternativen dienen.

- Entscheiden nach dem Zweckprogramm erfolgt dagegen output-orientiert im Hinblick auf Umweltereignisse, die zeitlich dem redaktionellen Handeln folgen und als mögliche ‚Wirkungen' wahrgenommen werden (etwa der Wunsch, über ein Ereignis umfangreicher oder früher als die Konkurrenz zu berichten; aber auch Ziele wie das Publikum ‚aufzuklären' oder mit einer ‚Enthüllung' aufzu-warten). Als generelles Verhaltensschema ist es vager als das Konditionalpro-gramm, so dass sich redaktionelles Entscheidungshandeln auch hinsichtlich zu erreichender Zwecke an beiden Programmen in Kombination orientiert.[168]

---

[165] Rühl 1979: 76; vgl. hierzu auch ders. 1980: 251ff. sowie 1989: 261f. Dieses Entscheidungshandeln wird von Rühl auch dadurch ‚unpersönlich' gehalten, dass es in seinen Beschreibungen bevorzugt das soziale System selbst, „die Redaktion" ist, die handelt bzw. entscheidet (ebd. 272ff.), und nicht etwa einzelne Redakteure. Hienzsch rät denn auch zu einer zurückhaltenden Interpretation des Ter-minus ‚Handlung' in der Systemtheorie: „Letztlich handeln Handlungssysteme nicht, sondern sie funktionieren" (Hienzsch 1990: 70).
[166] Ebd.: 77; vgl. auch Rühl 1989: 262.
[167] Vgl. Rühl 1980: 276ff.
[168] Vgl. ebd. 280. Nannte Rühl in seiner Zeitungsredaktions-Studie als Beispiel für Zweckprogramm-orientiertes Entscheidungshandeln noch das redaktionspraktische Einhalten der ‚Deadline' bzw. des Umbruchbeginns (Rühl 1979: 279), so fokussiert er in seinem späteren journalismustheoretischen Entwurf bei der Zweckprogrammierung in erster Linie auf „gesellschaftlich relevante Zwecke des

Weniger eindeutig ist Rühls Konzeption, wenn es um die Berücksichtigung der
journalistischen Akteure und deren Beitrag zum Funktionieren des Journalismus
geht. In erster Linie ist sie davon bestimmt, das System sozialer Handlungen zu fokussieren und die am Journalismus Beteiligten der Systemumwelt zuzurechnen.[169]
Gleichzeitig werden sie – wie angesprochen – über Berufs-, Mitglieds- und Arbeitsrollen zumindest teilweise ins jeweilige System (Berufsstand, Medienunternehmen,
Redaktion bzw. redaktionelles Teilsystem) inkludiert. Zunächst hatte Rühl die Fokussierung auf ,Personen', ,Individuen' oder gar ,Menschen' abgelehnt, weil diese
Termini (a) auf viel zu komplexe, d.h. kaum abgrenzbare, mithin theoretisch nicht
bestimmbare Größen verweisen. Auch würden sie sich (b) im Unterschied zu ,Hand-
lung' auf keine *sozialen* Entitäten beziehen.[170] Überdies führe (c) die Wahl des
„Abstraktum Einzelmensch" in das Dilemma, aus einer „psychischen, teilweise psychologischen Perspektive" für sozialwissenschaftliche Problemstellungen einen relevanten Beitrag liefern zu wollen.[171] Die beteiligten Personen werden also – in der
Tradition von Parsons und Luhmann – gegenüber der Sozialsphäre, die aus Handlungen und Kommunikationen ,besteht', in den Bereich des Psychischen abgewiesen.

Die theorienotwendige Trennung zwischen Journalismus und journalistischem
Akteur wird in der bekannten Unterscheidung von ,Sozialsystem' und ,Personalsys-
tem' vollzogen. Journalistisches bzw. redaktionelles Rollenhandeln ist dann dem
Sozialsystem, das übrige Handeln dem Personalsystem zuzurechnen.[172] Es ist leicht
einzusehen, dass die beteiligten Akteure nicht „mit der Gesamtperson" Journalisten

---

Journalismus", bei denen es sich letztlich um „pathetische Leerformeln" handele, die sich, was ihre
Umsetzung anbelangt, einer Konkretisierung entziehen würden (Rühl 1980: 412). Auch konstatiert
er nun nicht mehr die Kombination von Konditional- und Zweckprogramm in der redaktionellen
Praxis, sondern deren Kollision (ebd.).

[169] Aber wenn Journalismus als hochgradig umweltorientiertes Handlungssystem konzipiert wird, dann
ist nach der spezifischen Bedeutung der jeweiligen Systemumwelt für den Journalismus zu fragen,
und das heißt hier: nach dem Beitrag der journalistischen Akteure (Rühl 1979: 218f; 1980: 345f.).

[170] Vgl. Rühl 80: 61, 437.

[171] Rühl 1980: 44f. Die Argumentation ist zumindest ambivalent: Einerseits wird konzediert, dass sich
auf Individuen fokussierende (hier: ,psychologische') Theorieperspektiven und soziologische Theo-
rietypen wechselseitig befruchten könnten, da es beiden um menschliches Handeln und Kommunikation gehe (Rühl 1980: 45). Andererseits werden psychologische Perspektiven abgelehnt und ausdrücklich vor jedem transdisziplinären Vorgehen gewarnt (ebd.).

[172] Die Konsequenzen dieser Trennung werden am Beispiel der ethischen Verantwortung im Journalismus veranschaulicht, bei der auch faktisch getrennt werde zwischen der *sozialen* Verantwortung,
die in sozialen Systemen übernommen (und nach außen von der Redaktion getragen) wird, und der
persönlichen Verantwortlichkeit, die das beteiligte Personalsystem für jene Fehler übernimmt, die
es selbst verursacht hat. Vgl. Rühl 1979: 281ff; ders. 1980: 263ff. sowie Rühl/Saxer 1981: 482ff.
Kritisch hierzu Baum 1994: 338ff., 349ff.

sind, sondern zugleich Familienmitglieder, Bankkunden, politisch Interessierte, Konsumenten, Zahnarztpatienten etc. Sie handeln als Sohn oder Mutter, als Käufer, Wählerin, Autofahrer – und eben auch als Journalist.[173] Dennoch erlaubt das Konzept der sozialen Rolle keine abschließende Beantwortung der Frage nach der Zugehörigkeit des Handelns von Journalisten zum sozialen Systemzusammenhang. Zwar gelingt es, die beschriebene Trennung über Erwartungen (und wechselseitigen zu Erwartungserwartungen geronnenen, strukturierten Verhaltenserwartungen) auf der funktionalen Ebene beizubehalten, ohne sich in einer Beschreibung ‚faktischen‘ Handelns von Journalisten zu verzetteln.

Doch spätestens bei der empirischen Beobachtung journalistischer Handlungspraxis holt Rühl das Zurechnungsproblem wieder ein. Denn die Trennung in Sozial- und Personalsystem kann ja nicht bedeuten, dass einmal Personalsysteme kommunizieren oder handeln, ein andermal das Sozialsystem. Vielmehr handeln und kommunizieren *Journalisten* innerhalb redaktioneller Handlungszusammenhänge. Von daher gehören Handlungs- und Kommunikationsprozesse häufig „sowohl der Persönlichkeit eines Individuums als auch dem Journalismus als Sozialsystem [an] (...), und zwar gleichzeitig.“[174] Erst die unterschiedlichen „Systemreferenzen“ ermöglichen es (sowohl Beteiligten wie auch einem wissenschaftlichen Beobachter), Kommunikationsprozesse als persönlich oder als journalistisch zu identifizieren.[175]

Es zeigt sich, dass mit der der analytischen Unterscheidung in Sozial- und Personalsystem einem Wirklichkeitszusammenhang begegnet wird, der damit nur unzureichend erfasst ist. Denn was zunächst wie eine saubere Trennung wirkt, offenbart bei genauerem Hinsehen relative Unschärfen, die Rühl zu der Frage führen: „Wo aber sind Grenzen zu ziehen, jenseits derer dieselben Individuen nicht mehr journalistisch handeln?“[176] Und wo können umgekehrt Grenzen gezogen werden, wenn die beteiligten Akteure sich individuell in journalistische Handlungsweisen ‚einbringen‘? Denn obwohl persönliche Akteursmerkmale zunächst als irrelevant zurückgewiesen wurden, folgert Rühl aus dem Umstand, dass immer wieder Journalisten

---

[173] Vgl. Rühl 1979: 241; 1980: 61, 71f.

[174] Rühl 1980: 353.

[175] Vgl. ebd. Das gilt dann auch für die empirische Untersuchung der Zeitungsredaktion, bei der das Handeln redaktionell arbeitender Journalisten beobachtet wurde. Weil deren Handeln und Kommunizieren mit Handlungen und Kommunikationen des Redaktionssystems ‚zusammenfallen‘ können, kann nicht das Handeln der Akteure Aufschluss über das soziale Handlungssystem Redaktion geben, sondern nur dessen Zurechnung zu den relevanten Handlungsweisen des Journalismussystems. So gehören nicht nur Personen und ihre Persönlichkeit zur Systemumwelt, sondern auch ihr Handeln und Kommunizieren – solange es nicht funktional als systemzugehörig ausgewiesen werden kann.

[176] Rühl 1980: 51.

besondere journalistische Leistungen gelingen würden, dass es möglich sein müsse, „dieses ‚Mehr' durch die einzelnen Persönlichkeiten in das standardisierte journalistische Handeln einzubringen."[177]

Auf der einen Seite also war die Relevanz individueller bzw. persönlicher Unterschiede der Akteure mehrfach und mit einer gehörigen Portion Polemik zurückgewiesen worden.[178] Auf der anderen Seite kommen, wie Rühl beobachtet hat, durch den „Einsatz persönlicher Qualitäten" beteiligter Individuen Leistungen zustande, die in die journalistische Produktion eingehen. Zu solchen relevanten Merkmalen rechnet er „biographische Fakten", Ansehen und Auftreten des einzelnen, Intelligenz, Bildungs- und Ausbildungsfolgen, „seine Erfolge und Beziehungen sowie seine innere Unabhängigkeit, seine Sprachkompetenz und sein Stil, kurz: [...] persönliche Möglichkeiten und Qualitäten."[179] In die journalistischen Leistungen gehen also neben „sozialen (...) Aspekten journalistischen Handelns" dezidiert auch individuelle Merkmale und persönliche Qualitäten journalistischer Akteure ein.[180]

Wie aber ist das *theoretisch* möglich? Um solche Zugeständnisse mit der systemfunktionalen Argumentation in Einklang zu bringen, greift Rühl erneut auf die Unterscheidung zwischen formalen und informalen Rollen zurück. Waren mit ‚informalen Rollen' ursprünglich lediglich Verhaltenserwartungen benannt, die flexibler als formale Rollen sind und bei Nichterfüllung keine Sanktionen nach sich ziehen, so werden im Journalismus nun „neben den vielfältigen Möglichkeiten, die formalisierten Journalistenrollen individuell auszugestalten, (...) zahlreiche persönlichkeitsgebundene Merkmale der Beteiligten virulent", die „nicht hinwegzudefinieren" seien. Davon bestimmte Verhaltensweisen werden über das Konstrukt der informalen Rolle gefasst. Solche informalen Verhaltensweisen würden die Ausübung formaler journalistischer Rollen „entscheidend beeinflussen", indem sie das journalistische Handeln sowohl ‚behindern' als auch ‚stützen' und ‚fördern' können.[181] So entstehe „ein Wechselprozeß zwischen ‚Persönlichkeit' und ‚Redaktion'."[182]

---

[177] Ebd.: 52.

[178] So sei es zwar möglich, Journalisten anhand „unterschiedlicher ethnischer Herkunft, (...) verschiedene[r] Körpergrößen, Gewicht, Haarfarben und Pigmentierung zu unterscheiden", sowie danach, ob sie „Prothesen, Brillen oder kein[s] von beiden tragen" (Rühl 1979: 75). Solche personenbezogenen Merkmale seien für das redaktionelle Handeln genauso unerheblich wie die Frage, ob der Journalist „X katholisch ist oder die XYZ-Partei wählt, ob er Blockflöte spielt, seinen Farbfernseher bar bezahlt hat, ob er nur schafwollene Socken trägt oder seine Zähne täglich zweimal putzt" (Rühl 1980: 285).

[179] Rühl 1980: 52.

[180] Ebd.

[181] Vgl. Rühl 1980: 285.

[182] Ebd.: 284. Am Ende der Zeitungsredaktionsstudie hatte Rühl sogar herausgestellt, dass die vermittels informaler Rollen vollzogenen Handlungsweisen wohl den größten Teil des redaktionellen

Schlussendlich wird sogar von einer Korrespondenz zwischen sozialen Erwartungsstrukturen und individuellem Rollen(selbst)verständnis ausgegangen: „Journalistische Handlungsentwürfe sind in dem Sinne persönlich, als sie auf die individuellen Konstellationen sozialer Erwartungsstrukturen passen, sie ergänzen, erweitern und bereichern."[183] Mehr noch: In der Kritik an der Forschung zum journalistischen Selbstverständnis fordert Rühl, die Journalismusforschung müsse „ihre Fragestellungen an den Journalismus prinzipiell anlegen als bewußtseinsmäßige menschliche Wechselprozesse (...), die sich zwischen Personal- und Sozialsystem vollziehen".[184] Schließlich würden „Journalisten als Personen (...) in einer sinnhaft konstituierten Welt" leben – nur: „[D]ie Relevanz von Welt für den Journalismus wird nicht durch psychische Prozesse und/oder durch die Weltbetrachtung einzelner hinreichend definiert."[185]

Doch um eine Erklärung allein aus psychischen Prozessen beteiligter Akteure geht es ohnehin nicht, sondern um die Analyse jenes Zusammen- oder Wechselspiels zwischen journalistischem Handlungssystem und den Akteuren, die in redaktionellen Zusammenhängen handeln und kommunizieren.[186] Dass Rühl bei der Varianz akteursspezifischer Merkmale, die Journalisten in journalistische Kommunikationszusammenhänge einbringen, vor allem an persönliche Vorlieben oder Eigenheiten, nicht jedoch an *soziale* Dispositionen denkt, mag aus der subjekt- und personenkritischen Stoßrichtung seiner Argumentation zu erklären sein. Begründet ist es nicht, hatte er doch selbst angemahnt, auch Personalsysteme als umweltorientierte Systeme zu verstehen, die nicht in einem sozialen Vakuum existieren, und zu deren Analyse die notwendige Berücksichtigung relevanter gesellschaftlicher Umweltbereiche gehören würde.[187]

Insgesamt leistet Rühls Ansatz vor allem dreierlei: (a) Mit ihm gelingt es der Forschung, sich von Alltagsvorstellungen über einen in der Gesellschaft bereits vor-

---

Handelns ausmachen würden (Rühl 1979: 299). Nun schränkt er ein, dass die durch informale Verhaltensweisen „in Journalismus eingehenden Persönlichkeitsmerkmale (...) der Beteiligten verhältnismäßig gering sind" (ebd. 285).

[183] Rühl 1980: 53. Auf das Argument der ‚Passung' wird in Abschnitt 4.4 zurückzukommen sein.

[184] Ebd. 51.

[185] Ebd. 60.

[186] Schließlich wollte Rühl bereits in der Zeitungsredaktions-Studie die (‚veraltete') Fokussierung auf am Journalismus beteiligte Personen deshalb durch den Handlungsbegriff ersetzt wissen, weil „die alte Dichotomie Individuum – Gesellschaft auch in der Variation Journalist – Redaktion nicht weiterhilft" (Rühl 1979: 32). Und psychologisch argumentierenden Sozialwissenschaftlern warf er vor zu verkennen, „daß sich psychische und soziale Systeme nur sehr bedingt trennen lassen" (Rühl 1980: 173). Es gehe vielmehr „um menschliche Handlungszusammenhänge", die nicht „in Individuen einerseits und in soziale Gruppen andererseits" dichotomisiert werden dürften (ebd.: 174).

[187] Rühl 1980: 53.

findbaren Journalismus zu verabschieden und stattdessen Journalismus als Gegenstand der Forschung theoretisch begründet herzustellen. (b) Ihre bisherige Subjekt- oder Personenzentrierung wird überwunden, in dem nach dem *sozialen* Zusammenhang gefragt wird, den Journalismus in der modernen Gesellschaft bildet. (c) Dies konkretisiert sich in der Fokussierung auf die Redaktion und der Elaboration ihrer Strukturen, die der Journalismus im Hinblick auf das Erbringen spezifischer Leistungen für die Gesellschaft ausgebildet hat. Deutlich geworden ist jedoch auch, dass die theoriegeleitete Trennung in Sozial- und Personalsysteme bei der Frage des Beitrags journalistischer Akteure zum Handlungssystem Journalismus an Stringenz verliert: Je näher die theoretische Betrachtung an das konkrete Handeln von Journalisten ,heranzoomt', desto schwieriger scheint es, die definitorischen Grenzziehungen sinnvoll aufrecht zu erhalten.

2.3.2   Journalismus als autopoietisches Sozialsystem der Gesellschaft

Mit der ,autopoietischen Wende' zu einer Theorie selbstreferentieller, autopoietischer Sozialsysteme wird die soziologische Systemtheorie von Luhmann noch einmal entscheidend radikalisiert.[188] War die theoretische Basis für Rühls Ansatz der klassische Systemfunktionalismus mit dem logischen Beobachtungsschema der System-Umwelt-Differenz, steht nun nicht mehr dieses System-Umwelt-Verhältnis im Zentrum des Interesses, sondern die selbstbezügliche Operationsweise sozialer Systeme. Denn die frühere Systemlogik bedeutet gewissermaßen einen Beobachtungsstandpunkt von außerhalb, der nicht nur das Funktionssystem und dessen Strukturen in den Blick nimmt, sondern auch die Umwelt und die Funktionssysteme in dieser Systemumwelt. In der autopoietisch gewendeten Systemtheorie werden Umweltkontakte des Systems dagegen als von dessen eigener Operationsweise ermöglicht gedacht: Aus der ,externen' Unterscheidung von System und Umwelt wird die ,interne' Differenzierung und Handhabung von Selbst- und Fremdreferenz des Systems.[189] So lässt sich auch der Gedanke der ,Emergenz' des Sozialen präziser fassen als in der Vorstellung von sozialen Handlungssystemen. Allerdings ist es dann notwendig anzugeben, was soziale Systeme als Systeme konstituiert und mithilfe welcher Operationsweisen sie kontinuieren und sich wandeln können.

Dazu stellt Luhmann bekanntermaßen von der Beobachtung von Handlung auf die von Kommunikation um: Es geht nun nicht mehr um einen Handlungszusammenhang, sondern nur und ausschließlich um Zusammenhänge ,verketteter' Kom-

---

[188]   Vgl. hierzu Kneer/Nassehi 1994: 65ff.
[189]   Vgl. Luhmann 1987: 307ff.

munikationen: „Der elementare, Soziales als besondere Realität konstituierende Prozeß" ist „ein Kommunikationsprozeß."[190] Soziale Systeme operieren durch Kommunikationen und nur durch Kommunikationen, und umgekehrt kommt Kommunikation auch nur in sozialen Systemen vor: „Menschen können nicht kommunizieren, nicht einmal ihre Gehirne können kommunizieren, nicht einmal das Bewußtsein kann kommunizieren. Nur die Kommunikation kann kommunizieren."[191] Dies geschieht, indem Kommunikationen Anschlusskommunikationen auslösen bzw. indem Kommunikationen rekursiv an vorausgegangene Kommunikationen (und nicht etwa an Gedanken) anschließen.[192] Auf diese Weise können Kommunikation und Bewusstsein überschneidungsfrei operieren; soziale und psychische Systeme erweisen sich als „völlig getrennte, selbstreferentiell-geschlossene, autopoetisch-reproduktive Systeme."[193] Handlungen gelten demgegenüber lediglich als eine simplifizierende Verkürzung von Kommunikation, die sich durch die Zurechnung von Kommunikationen auf Akteure oder Institutionen ergibt.[194] Diese vereinfachenden Zuschreibungen sind notwendig, um dem System Anschlussselektionen, also die Fortsetzung von Kommunikation zu ermöglichen.

Das wird nur verständlich, wenn man sich vom traditionellen Kommunikationsbegriff verabschiedet und Luhmanns Konzeption von Kommunikation folgt. Während das traditionelle Verständnis Kommunikation als Übermittlung einer Information von Kommunikator zu Rezipient begreift, versteht Luhmann unter Kommunikation die – zunächst höchst unwahrscheinliche – Synthese dreier Selektionen: Information, Mitteilung und Verstehen.[195] Nur wenn jemand eine Information auswählt, sich für eine Form der Mitteilung entscheidet und ein Mitteilungsangebot macht, und nur wenn mindestens ein anderer dieses auswählt und (wie ‚richtig' oder ‚falsch' auch immer) versteht, lässt sich von Kommunikation sprechen. Eine Person oder ein Akteur selbst kann dann nicht kommunizieren, sondern Kommunikation erscheint als emergentes Produkt sozialer Systeme und kann nicht auf Absichten des einen Kommunikationspartners oder überhaupt auf Bewusstsein von Beteiligten zurückgerechnet werden. In Kommunikationen auftauchende Adressierungen, Zurechnungen, Ursache-Wirkungs-Annahmen etc. können nun laut Luhmann erst unter Be-

---

[190] Luhmann 1991: 193.
[191] Luhmann 1988b: 884.
[192] Gedanken als die grundlegenden und einzig möglichen Operationen psychischer Systeme können entsprechend nur an Gedanken anschließen und ihrerseits Anschlussgedanken (und nicht etwa Kommunikationen) hervorbringen (vgl. Luhmann 1992a).
[193] Luhmann 1988b: 893.
[194] Vgl. Luhmann 1991: 192f.
[195] Vgl. ebd.: 193ff.

rücksichtigung der Beobachterperspektive adäquat erfasst werden können. Denn Adressierungen und Zurechnungen ergeben sich erst durch Beobachtungsoperationen und konkretisieren sich dann in Vorstellungen von ‚Personen', ihrem ‚Handeln', ihren ‚Erwartungen', ihrer ‚Verantwortung' und ähnlichem. Diese Vorstellungen sind gewissermaßen „Systemfiktionen" bzw. Konventionen des Kommunikationssystems.[196] „Zurechnungsbegriffe" wie ‚Mensch', ‚Person', ‚Subjekt', ‚Individuum', die auf Akteure abstellen, sind letztlich „nichts anderes (...), als was sie in der Kommunikation bewirken. (...) Die Einheit, die sie bezeichnen, verdankt sich der Kommunikation."[197] Diese Adressierungen und Zurechnungen in der Kommunikation müssen aber als unerlässliche Konventionen sinnverarbeitender Systeme angesehen werden, weil sie – indem sie Kommunikationen als Mitteilungshandlungen auffassen und Personen zurechnen – Anschlüsse für weitere Kommunikation ermöglichen, durch die dann die Autopoiesis des sozialen Systems fortgesetzt werden kann.

Was bedeutet das für die Beobachtung des Journalismus als autopoietisches und selbstreferentiell operierendes Funktionssystem? Ganz offensichtlich lässt sich auch Journalismus als ein spezifischer Kommunikationszusammenhang begreifen. Beobachtet werden dann nicht Journalisten, auch nicht ihr Handeln, sondern ausschließlich systemspezifische Kommunikationen. Als „die reale Realität" des Journalismus, so könnte man in Anlehnung an Luhmanns Entwurf zu einem System der Massenmedien sagen, sind die in ihm „ablaufenden", ihn „durchlaufenden Kommunikationen anzusehen."[198] Journalisten, ihre Absichten, ihre Gedanken mögen Auslöser für Kommunikation sein, aber sie gehen nicht in Kommunikation ein, weil sie lediglich die erste der drei unerlässlichen Selektionen tangieren und damit nichts über das eigenständige *soziale* Phänomen der Kommunikation gesagt werden kann. Von Kommunikation des Journalismussystems lässt sich folglich erst sprechen, wenn aus dem Informationsanlass oder -auslöser ein journalistischer Beitrag (eine systemspezifische Information) wird, der innerhalb eines bestimmten Medienformats (in einer Mitteilungsform) öffentlich verbreitet wird und zugleich als eine bestimmte mitgeteilte Information vom Publikum selegiert und rezipiert wird (als wie auch immer geartetes ‚Verstehen').

Deshalb ist es notwendig, die Aufnahme journalistisch mitgeteilter Informationen durch Rezipienten mit zu beobachten. Journalismus hat dann nicht mehr allein die Funktion, Themen zur öffentlichen Kommunikation her- und bereitzustellen,[199]

---

[196] Vgl. Luhmann 1988b: 884.
[197] Ebd.: 901.
[198] Luhmann 1996: 13.
[199] Vgl. Rühl 1980: 129, 319; siehe weiter oben Abschnitt 3.2.1.

sondern muss diese auch öffentlich verbreiten, damit durch Lesen, Hören, Sehen
journalistischer Beiträge die Kommunikationen des Journalismus abgeschlossen
bzw. zum Auslöser für neue, daran anschließende Kommunikationen werden können. Da Rezipienten als die Adressaten solch journalistischer Mitteilungen nicht
unmittelbar ins Kommunikationsgeschehen eingreifen können, gewinnt Journalismus einerseits relative Freiheit auf der Seite der Mitteilungs- und der Vermittlungs-
selektionen, riskiert andererseits aber den ‚Ausstieg' bzw. Rezeptionsabbruch des
Publikums.[200] Deshalb entwickelt der Journalismus Strukturen zur Sicherung erfolg-
versprechender Selektionen bei der Auswahl von Themen und Mitteilungsgegens-
tänden sowie bei der Gestaltung journalismusspezifischer Mitteilungsformen.

Aufkommen und Entwicklung solcher Strukturen werden in Bernd Blöbaums
Analyse der „Geschichte, Ausdifferenzierung und Verselbständigung" des sozialen
Systems Journalismus herausgearbeitet.[201] Durch deduktive Anwendung systemthe-
oretischer Einsichten auf den ‚Gegenstandsbereich' Journalismus wird von ihm die
theoretische Konstruktion des Journalismus als rekursiv geschlossen operierendes
Sozialsystem der modernen Gesellschaft expliziert. Dabei erläutert er – unter Rekurs
auf die Differenzierungstheorie von Mayntz, Schimank und Stichweh – Genese und
historische Entwicklung dieses Funktionssystems im Blick auf Entwicklung und
Wandel der modernen Gesellschaft.[202] Vor allem aber wird durchdekliniert, welche
Strukturen das Journalismussystem im Laufe dieser Entwicklung ausgebildet hat,
wodurch Prozesse der Ausdifferenzierung und Verselbständigung des Journalismus
erhellt und anhand empirischer Beispiele illustriert werden. Ein Spezifikum der
Ausarbeitung liegt in der dezidierten Abstraktion von allen konkreten Interaktionszusammenhängen journalistischer Akteure,[203] was den Blick öffnet für eine gesell-
schaftsbezogene Analyse der Strukturen des Journalismus auf der Makroebene, die
durch die diachrone Perspektive das wissenschaftliche Bewusstsein für Dynamik
und Wandel eines sich (weiter) stabilisierenden Funktionssystems Journalismus
schärft.

---

[200] Vgl. Luhmann ebd.: 14. Dass alle Rezipienten dieselben journalistischen Mitteilungsangebote ab-
lehnen, ist natürlich unwahrscheinlich. Wenn jedoch Auflagenzahlen von Pressetiteln (oder Ein-
schaltquoten journalistischer TV-Angebote) zurückgehen, „bewirken" nicht Rezipienten Veränderungen im Journalismus. Vielmehr müssen solche Entwicklungen vom Journalismus selbst beobachtet werden, um ihnen nach journalismuseigenen Kriterien zu begegnen. Folglich bleibt auch
hier die autopoietische Operationsweise gewahrt, genauer: Sie wird durch die mitlaufende Fremdreferenz erst ermöglicht.
[201] Vgl. Blöbaum 1994.
[202] Vgl. ebd.: 78ff.
[203] Vgl. ebd.: 12.

Journalismus wird in Blöbaums Arbeit als ein eigenständiger „gesellschaftlicher Sinnbezirk" begriffen, der sich parallel zur gesellschaftlichen Entwicklung und Ausdifferenzierung seit dem 17. Jahrhundert herausgebildet hat, um „Informationen aktuell zur öffentlichen Kommunikation zu vermitteln,"[204] und der sich angesichts des Wandels dieser Gesellschaft auf der Strukturebene verändert, um seine Leistungsfähigkeit bei der journalismusspezifischen Informationsverarbeitung zu steigern – oder wie Blöbaum sagt: „Das System (...) ist lernfähig."[205] Besteht das Problem doch darin, angesichts der zunehmenden Verdichtung von Kommunikationen und einer rapide anwachsenden Quantität potentiell relevanter Informationen in der modernen Gesellschaft diese „zu strukturieren, den Informationsfluss zu organisieren und die gesellschaftsweite Bereitstellung von relevanten Informationen auf Dauer sicherzustellen."[206] Diesem Problem begegnet das Journalismussystem mit der Ausbildung und funktionsspezifischen Ausdifferenzierung von Organisationen, Programmen und Rollen.

Auf der Ebene der *Organisationsstrukturen* werden Entstehung und Entwicklung eigenständiger Medienunternehmen und ihrer Redaktionen im Hinblick auf deren wachsende Größe und Mitarbeiterzahl, zunehmende Auflagenstärke, Umfänge und Erscheinungshäufigkeit ihrer Medien und die Ausweitung ihrer Leserschaften beobachtet. Aus der Strukturierung des Informationsmaterials nach Sachgesichtspunkten entstehen in den journalistischen Redaktionen Ressorts, die innerhalb der Redaktion Selektionsentscheidungen erleichtern und so zu Routinisierungen in der journalistischen Produktion und innerhalb der Presse zu einer strukturierten Präsentation führen, die den Lesern Orientierung bei der Rezeption immer umfangreicherer Inhalte bieten. Dabei zeigt sich, dass sich die klassische Ressortbildung an gesellschaftli-

---

[204] Blöbaum 2000: 173; ders. 1994: 11f. Als die Primärfunktion des Journalismus bestimmt Blöbaum die „[a]ktuelle Selektion und Vermittlung von Information zur öffentlichen Kommunikation" (ebd.: 261). Journalismus wird dabei vor allem als (politischer) Informationsjournalismus verstanden und explizit mit einer aufklärerischen Tradition und den Ideen und Erfordernissen einer entstehenden und sich wandelnden bürgerlichen Öffentlichkeit verknüpft; vgl. ebd.: 116ff.

[205] Blöbaum 2000: ebd.

[206] Ebd.: 175. Dabei bildet das System ein zweiwertiges Beobachtungsschema aus, den sogenannten ‚binären Code', mit dem die einzelnen Elemente funktionsspezifisch relationiert werden können und alles, was nicht dem Wert des Codes entspricht, abgewiesen werden kann. Damit gelingt dem System zugleich seine operative Schließung. Blöbaum bestimmt als systemspezifischen Code für Journalismus Information/Nicht-Information bzw. „informativ/nicht informativ", was von verschiedenen Seiten kritisiert worden ist, weil Luhmann dieselbe Codebestimmung für das System „Massemedien" vorgenommen hat und weil die Unterscheidung über den Informationswert (oder dessen Fehlen) für jede Operation sinnhafter Systeme gilt und nicht als medien- oder journalismusspezifisch charakterisiert werden kann; vgl. Scholl 1995; Görke 1997: 263; Scholl/Weischenberg 1998: 73. Siehe hierzu auch den folgenden Abschnitt 2.3.3.

chen Teilbereichen (wie Politik, Wirtschaft, Kultur) orientiert, die selbst eine starke Publikumsorientierung aufweisen.[207]

Auf der Ebene der *Programmstrukturen* werden fünf verschiedene Typen unterschieden:[208]

- Ordnungsprogramme, die das Ereignisaufkommen strukturieren (und zu denen neben Rubriken auch die bereits angesprochenen Organisationsstrukturen der Redaktionen und der Ressorts gerechnet werden);
- Darstellungsprogramme, die zur allmählichen Etablierung unterscheidbarer Formen journalistischer Beiträge und Präsentationstechniken führen (wozu auch die Umstellung von chronologisch referierenden zu hierarchisch nach Relevanz strukturierten Darstellungen gehört);
- Informationssammelprogramme, mit denen der Wechsel von der passiven Registrierung bzw. dem bloßen Abdruck einlaufender Meldungen hin zur aktiven Informationsgewinnung gelingt (und worunter neben der Entwicklung von Recherchetechniken und -kompetenzen auch Aufkommen und Etablierung von Nachrichtenbüros und -agenturen sowie die Entstehung von Arbeitsrollen wie Korrespondenten und Rechercheuren verstanden wird);
- Selektionsprogramme, die im Hinblick auf Kriterien der Informationsauswahl und -verarbeitung „gewissermaßen Routinevorgänge in Programmform [bündeln] und (...) damit von permanentem Entscheidungsdruck [entlasten]"[209] (was für Nachrichtenwerte als Auswahlregeln gilt, die sich im Lauf der Zeit verändert haben, wie auch für die permanent mitlaufenden basalen Unterscheidungen ‚aktuell/nicht aktuell', ‚neu/bekannt', die sich mit kürzer werdenden Erscheinungs- bzw. Sende-Intervallen und größerem Informationsumschlag verschärfen); sowie schließlich
- Prüfprogramme, die ein notwendiges Vertrauen gegenüber Informationsquellen sichern und gegenüber dem Publikum im Prinzip Verlass auf die Richtigkeit der Information gewährleisten sollen (wozu neben Rechercheprinzipien wie dem ‚Gegencheck' auch die Angabe der jeweiligen Informationsquelle gezählt wird).

Auf der dritten Strukturebene werden *journalistische Rollen* identifiziert, die Blöbaum in Leistungsrollen (der Journalisten), die Komplementärrolle der Abnehmer journalistischer Leistungen, die sog. Publikumsrolle (der Rezipienten), sowie „angekoppelte Rollen" (wie Verleger, Drucker, Setzer, Anzeigen, Vertrieb, Verwaltung

---

[207] Vgl. Blöbaum 2000: 175ff.; ders. 1994: 285ff.
[208] Vgl. hierzu Blöbaum 1994: 277-284; sowie ders. 2000: 177ff.
[209] Blöbaum 1994: 282.

und Pressebüros) unterteilt. Aufgezeigt wird, wie sich die Verberuflichung des Journalismus in der Aufgaben-Spezialisierung und dabei der Abgrenzung von den bestehenden Berufen der Drucker und Verleger herauskristallisiert, im weiteren Verlauf etwa zur Trennung von Redaktion und Anzeigenbereich führt und innerhalb der
journalistischen Rollen vertikale (Leitungsrollen und Positionen in der Redaktionshierarchie mit unterschiedlichen Weisungsbefugnissen) wie auch horizontale Differenzierungen (mit jeweiligen Tätigkeitsprofilen wie Redakteur, Korrespondent,
Pressephotograph sowie nach Ressortkompetenzen: Wirtschaftsredakteur, Kulturre-
dakteur, politischer Redakteur etc.) hervorbringt.[210]

Damit operiert auch Blöbaum an der Schnittstelle zwischen Journalismussystem
und den beteiligten Journalisten mit dem Rollenbegriff. Während es in Rühls Konzeption eines journalistischen Handlungssystems jedoch um funktionale, generalisierte Verhaltenserwartungen der Redaktion auf der Mesoebene ging,[211] beschreibt
Blöbaum Entwicklung und Ausdifferenzierung dieser Rollen rein makrosoziolo-
gisch. Die Theoriefigur der „strukturellen Kopplung", die Luhmann zur Kennzeichnung der spezifischen Beziehung zwischen System und anderen sinnverarbeitenden
Systemen heranzieht, wird von Blöbaum nicht zur Bestimmung des Verhältnisses
zwischen Journalismus und seinen Akteuren genutzt, sondern ausschließlich in Anspruch genommen, wenn das Verhältnis zu anderen gesellschaftlichen Teil- bzw.
Funktionssystemen wie Politik und Wirtschaft beschrieben wird.[212]

Offen blieb bis jetzt, ob Journalismus sich in Abhängigkeit zu Veränderungen in
der Systemumwelt, etwa in Kultur, Politik und Wirtschaft wandelt, oder ob es tatsächlich die systemeigenen Operationen des Journalismussystems und die in diesen
Operationen mitlaufende Unterscheidung von Selbst- und Fremdreferenz ist, mithilfe derer sich der Journalismus eigenständig an gewandelten Umweltbedingungen o-
rientiert. Damit ist die Frage der Autopoiesis des Journalismussystems aufgeworfen,
die innerhalb der neueren Journalismusforschung für zum Teil heftige Irritationen
gesorgt hat. Die Palette der Theorieannahmen reicht von einer theorielogisch notwendigen, unumstößlichen Autopoiesis des Journalismus über Beobachtungen einer

---

[210] Dabei zeigt sich, dass die Entwicklung von Leistungs- und Publikumsrollen zu einer größeren ‚Ent-
       fernung' zwischen Journalisten und ihren Lesern führt: Bestand trotz Auflagensteigerungen und ge-
       nereller Anonymisierung bis weit ins 19. Jahrhundert eine weitgehende soziale Homogenität zwi-
       schen Journalisten und ihrer jeweiligen Leserschaft, so dass in dieser Zeit etwa Bildungsbürger für
       Bildungsbürger schreiben, werden solche Übereinstimmungen mit der zunehmenden Ausweitung
       des Leserpublikums infolge von Alphabetisierung, allgemeinen Bildungsanstiegs und der Verbilli-
       gung von Zeitungen durch aufkommende Werbeerlöse immer unwahrscheinlicher Vgl. Blöbaum
       1994: 291, 309. Siehe hierzu auch Raabe/Behmer 2002.
[211] Vgl. den vorhergehenden Abschnitt 2.3.1.
[212] Vgl. Blöbaum 2000: 171f.

„Autopoiesierung des Journalismus" (als zunehmende Abschottung gegenüber externen Umwelten) bis hin zu Vorschlägen, das Konzept der Autopoiesis für nichtlebende Systeme aufzugeben.[213] Blöbaum selbst verweist darauf, dass auf der Ebene der Strukturen diejenigen Elemente, die bei der Ausdifferenzierung von Organisationen, Programmen und Rollen vom Journalismus neu geschaffen werden, jeweils an bereits vorhandene Elemente journalistischer Strukturen anschließen,[214] was für eine autopoietische Operationsweise spreche. Auch würden „operative Geschlossenheit auf der Ebene des Codes, kognitive Offenheit auf der Ebene von Programmen, die aus Umweltereignissen Informationen herstellen, und Determiniertheit durch die Struktur"[215] Journalismus als ein autopoietisches Sozialsystem ausweisen. Andererseits beobachtet Blöbaum in der jüngeren Entwicklung des Journalismus das Auftauchen von Phänomenen, die auf einen Verlust an journalistischer Autonomie und Momente zunehmender Fremdsteuerung hindeuten.[216]

Führt Autonomieverlust zum Ende des spezifischen Eigensinns eines autopoietischen Journalismussystems? Während Autopoiesis die Ziehung der Systemgrenze nach systemeigenen Unterscheidungsoperationen beschreibt und zugleich operative Geschlossenheit des Systems bei der Handhabung von Selbst- und Fremdreferenz garantiert, liegt nach Kohring in diesem „stets neu auszuhandelnden Verhältnis von Selbst- und Fremdreferenz seine Offenheit gegenüber seiner gesellschaftlichen Umwelt begründet."[217] In der eigenständigen Regulierung von Selbst- und Fremdreferenz (und damit „von Unabhängigkeit und Abhängigkeit") erblickt er die Autonomie eines sozialen Systems: „Autonomie meint in diesem Verhältnis also nicht Unabhängigkeit, sondern bezeichnet weiterführend den *Prozess* des Austarierens von Unabhängigkeit und Abhängigkeit."[218] Für das Journalismussystem heißt das, dass die Frage der Anschlusskommunikationen, sei es in Form neuer Themen, die in journalistische Kommunikationen aufgenommen werden, sei es hinsichtlich (gewandelter) Publikumserwartungen, notwendig die Unterbrechung der selbstreferentiellen Operationsweise durch Fremdreferenz voraussetzt – selbst wenn es sich dabei lediglich um unterstellte bzw. vorgestellte Fremdreferenz handelt (wie bei ‚Mr. Gates', der sich auf angenommene, vermeintliche Leserinteressen beruft).

---

[213] Vgl. Kohring 2001; Blöbaum 2001; Weber 1999b; 2000a; 2000b: 79ff.; 2001; Pörksen 2001.
[214] Vgl. Blöbaum 2001: 68.
[215] Ebd.
[216] Vgl. ebd.: 68ff.
[217] Kohring 2001: 80ff.
[218] Ebd. (kursiv i.O.). Selbstreferenz ohne Fremdreferenz wäre danach Autarkie; allerdings könnte kein Sozialsystem autark, von selbst Kommunikationen an Kommunikationen anschließen (vgl. ebd.: 85).

So richtig es also ist, dass im System selbst nur die erfolgreiche Anschlusskommunikation beobachtbar ist, so sehr ist diese davon abhängig, dass sinnverarbeitende Systeme Kommunikationen von außen anstoßen, irritieren – oder wie Kohring es fasst: „Die Stabilität sozialer Systeme erweist sich darin, ob und wie sehr sie in der Lage sind, immer wieder neue Kommunikationen zu motivieren. Motiviert wird aber nicht das soziale System selbst, sondern psychische Systeme,"[219] etwa zur Annahme bzw. Rezeption journalistischer Berichte oder aber – auf der anderen Seite – zu Veränderungen der journalistischen Aufbereitung bzw. Präsentation. Das verweist auf die Bedeutung journalistischer Akteure (auf Seiten der Informationsauswahl und -aufbereitung) und der Rezipienten (auf der Publikumsseite) für den erfolgreichen Abschluss der dreistelligen Selektionssequenz journalistischer Kommunikation.

Damit ist klar, dass Autopoiesis entweder vorliegt oder nicht vorliegt und nicht gradualisiert werden kann:[220] Entweder das Sozialsystem kann die Grenzziehung selbst und nach eigenen systemspezifischen Unterscheidungen und Relationierungen durchführen, oder die Grenzen werden von außen bestimmt. Hinsichtlich der Autonomie hingegen besteht in der Journalismusforschung weiterhin Unklarheit. Während man im Anschluss an die Überlegungen Kohrings davon ausgehen müsste, dass Journalismus im Sinne eines mehr oder weniger erfolgreichen Abwehrens von Fremdsteuerung mehr oder weniger autonom sein kann, deuten Marcinkowski/Bruns und Blöbaum Autonomie als die Fähigkeit des Systems zur Durchsetzung seiner eigenen autopoietischen Operationsweise. Damit steht und fällt die Autonomie mit der Autopoiesis des Sozialsystems und kann nicht abgestuft werden.[221] Natürlich richtet sich Journalismus auch nach Anforderungen aus dem politischen System. Wenn dabei der Modus jedoch nicht mehr ein spezifisch journalistischer ist, wenn etwa die Aufnahme eines Zeitungsbeitrags durch politische Beziehungen des Lokalchefs zu einem örtlichen Parteifunktionär motiviert und folglich nicht das Ergebnis journalistischer Selektionsregeln ist, wäre dies ein Autonomieverlust der Lokalredaktion. Solange dies aber vom System selbst als ‚Grenzverletzung' wahrgenommen werden kann, würde das Sozialsystem dennoch seine Identität bewahren.

---

[219] Ebd.: 85.
[220] Vgl. demgegenüber Webers Bemühungen um Empirisierung und Gradualisierung des Autopoiesis-Konzepts; siehe weiter unten Abschnitt 2.4.2.
[221] Damit wird Marcinkowski und Bruns zufolge Autonomie für autopoietische Systeme „zu einer Frage von Sein oder Nichtsein", demgegenüber die relative Abhängigkeit des Journalismus von anderen gesellschaftlichen Teilsystemen in der Art und Weise der jeweiligen strukturellen Kopplung gefasst wird, die sich dann im Unterschied zur Autonomie gradualisieren lässt; Marcinkowski/Bruns 2000: 211; vgl. Blöbaum 2001: 75.

Marcinkowski ist Recht zu geben, wenn er auf die Frage, ob das Journalismussystem nun autopoietisch operiere oder nicht antwortet, dass sie in dieser Form falsch gestellt und gegen die Frage zu tauschen sei: „Welche Einsichten resultieren, wenn man sich entschließt, Journalismus und Medien als autopoietisches Sozialsystem zu beschreiben?"[222] Denn Fragen der Selbstreferentialität und Autopoiesis sind aufs engste mit der Grenzziehung des Systems verknüpft sind. Diese Systemgrenzen aber sind zuallererst davon abhängig, was genau als ein Sozialsystem beobachtet wird, weil die Fokussierung unterschiedlicher Systeme notwendig verschiedene Grenzziehungen nach sich zieht (sowohl durch den wissenschaftlichen Beobachter als auch hinsichtlich der vom vorgestellten System selbstreferentiell vollzogenen Abschließung gegenüber einer Systemumwelt) – ein Problem, das in der jüngeren Theoriendebatte unterschiedlich mit je eigenen Folgen für die wissenschaftliche Journalismusbeobachtung und bislang ohne Einvernehmen ‚gelöst' worden ist.

2.3.3   Zur Varianz systemtheoretischer Festlegungen

Je höher die Abstraktionslage, oder – in Luhmanns Worten – je konsequenter das theoretische Unterfangen „einem Flug über den Wolken" gleicht, bei dem man sich aufgrund geschlossener Wolkendecke „auf die eigenen Instrumente verlassen" müsse,[223] desto größer der Anteil theoretischer Unterscheidungen, die kontingent sind, d.h. vom Forscher so oder anders getroffen werden können. Diese Setzungen, die alle weiteren Beobachtungen strukturieren, müssen vom systemtheoretisch arbeitenden Journalismusforscher bereits zu Beginn des Forschungsprozesses, buchstäblich am Schreibtisch, und nicht aufgrund empirischer Einsichten entschieden werden.[224] Das gilt für die Identifizierung und Grenzziehung des Systems selbst, für die Bestimmung von dessen Primärfunktion, die Festlegung auf einen systemspezifischen binären Code und gegebenenfalls die Entscheidung für ein eigenes Medium. Wenn aber gilt, dass es dabei – wie Luhmann für die Theorie sozialer Systeme reklamiert hat – um die Analyse ‚realer Systeme' bzw. realer Zusammenhänge in der sozialen Wirklichkeit geht, und nicht nur um in sich geschlossene und logisch stringente Theoriekonstruktionen,[225] dann bedeuten diese Überlegungen kein ‚Glasperlenspiel', sondern sind für die theoriegeleitete Erforschung der Wirklichkeit des

---

[222]   Marcinkowski 2001: 105.
[223]   Luhmann 1991: 13.
[224]   Nach Görke und Kohring ist die damit einhergehende unterschiedliche Begriffswahl nicht mit „semantischen Vorlieben zu erklären, sondern auf grundlegende theoretische Vorentscheidungen zurückzuführen" (Görke/Kohring 1996: 18).
[225]   Vgl. Luhmann 1991: 30.

Journalismus von vitalem Interesse. Innerhalb des kommunikationswissenschaftlichen Diskurses systemtheoretischer Arbeiten finden sich folgende, nicht immer mit den journalismusbezogenen Ausarbeitungen kompatible theoretische Festlegungen:[226]

- Die zentrale Bestimmung gilt wie gesehen dem sozialen System selbst, das sich durch Grenzziehung in Differenz zu einer Umwelt ausbildet und stabilisiert. Mit ihr entscheidet sich, was von einem wissenschaftlichen Beobachter überhaupt wahrgenommen wird. Als Vorschläge für das zu beobachtende Funktionssystem konkurrieren in den verschiedenen Konzeptualisierungen „Publizistik" (Marcinkowski), allgemein „Massenkommunikation" (Spangenberg), „Massenmedien" (Luhmann), „Marktpublizistik" (Rühl),[227] „Öffentlichkeit" (Gerhards/Neidhardt, Görke, Kohring) sowie „Journalismus" (Rühl, Blöbaum, Weischenberg). Dabei wird dem Funktionssystem Publizistik (bei Marcinkowski) und dem Öffentlichkeitssystem (bei Görke und Kohring) ein „Leistungssystem Journalismus" zugeordnet.

- Entsprechend der Systembestimmung variiert die (Primär-)Funktion als „Herstellung von Öffentlichkeit" (Marcinkowski), „Synchronisation von Geschehen" (Spangenberg), „Selbstbeobachtung der Gesellschaft" (Luhmann), „Vermittlung zwischen politischem System und Bürgern bzw. anderen gesellschaftlichen Teilsystemen" (Gerhards/Neidhardt), „systemübergreifende Beobachtung von Ereignissen zur Ausbildung teilsystemischer Umwelterwartungen" (Kohring), „(momenthafte) Integration gesellschaftlicher Teilsysteme durch journalistische Synchronisation" (Görke), „Herstellung und Bereitstellung von Themen zur öffentlichen Kommunikation" (Rühl), „aktuelle Selektion und Vermittlung von Information zur öffentlichen Kommunikation" (Blöbaum), „Bereitstellung von Themen mit Neuigkeitswert und Faktizität für die öffentliche Kommunikation" bzw. „Sammeln, Auswählen, Bearbeiten von Themen aus diversen sozialen Systemen

---

[226] Vgl. Scholl/Weischenberg 1998: 63ff., 76; Blöbaum 2001: 67, Görke/Kohring 1996; dies. 1997; Weber 2000b: 52.

[227] In den 90er Jahren hat Rühl statt eines Journalismussystems ein System der „Marktpublizistik" bestimmt, das in den Ausführungen jedoch stark an seine Journalismuskonzeption angelehnt ist. Die Fokussierung auf Marktpublizistik erlaubt es Rühl zwar, marktwirtschaftliche Prozesse (das Bezahlen, die Knappheit von Gütern wie Zeit und Aufmerksamkeit) mit zu beobachten, die er bei der Beschreibung des Journalismussystems nicht eingehen konnten, aber er handelt sich das Problem ein, sein System der Marktpublizistik vom Wirtschaftssystem abzugrenzen, das ebenfalls mit dem (wirtschafts-)systemspezifischen binären Code zahlen/nicht zahlen operiert; was es nahe legen würde, Marktpublizistik als ein Leistungssystem innerhalb des funktionalen Sozialsystems Wirtschaft zu konzipieren, allerdings mit Folgen für die Rolle der Publizistik, die Rühl nicht beabsichtigt haben kann; vgl. hierzu Rühl 1993b.

und deren Zur-Verfügung-Stellen als Medienangebote für diese sozialen Systeme" (Weischenberg).

- Als binärer Code der jeweiligen Funktionssysteme, der als zweiwertiges Beobachtungsschema die systemspezifischen Relationierungen der Elemente und dadurch operative Schließung des Systems erlaubt, werden ausgemacht: „öffentlich /nicht öffentlich" bzw. „veröffentlicht/nicht veröffentlicht" (Marcinkowski), „aktuell/nicht aktuell" (Spangenberg, Görke), „Aufmerksamkeit/Nicht-Aufmerksamkeit" (Gerhards/Neidhardt), „Information/Nichtinformation" (Luhmann, Blöbaum), „mehrsystemzugehörig/nicht mehrsystemzugehörig" (Kohring),[228] „aktuell veröffentlichungswürdig/aktuell nicht-veröffentlichungswürdig" (Sievert).

- Als Medium des Systems Publizistik wird „Publizität" (Marcinkowski) und als Medium des Journalismussystems „Öffentlichkeit" (Blöbaum) sowie der Kunstbegriff „(Ver-)Öffentlichkeit" (Sievert) vorgeschlagen.

Solche definitorischen Festlegungen können, wie Scholl und Weischenberg herausgestellt haben, nicht richtig oder falsch sein, sondern als Definitionen bestenfalls ‚unbefriedigend' ausfallen.[229] Sie sind an ihrer jeweiligen Beobachtungsleistung zu messen. Zugleich aber ist nicht zu übersehen, dass sich durch ganz unterschiedliche und untereinander nicht kompatible Festlegungen Schwierigkeiten für die Erforschung des Journalismus und der Massenmedien ergeben, die sich dahingehend zusammenfassen lassen, dass

---

[228] Mit der „teilsystemübergreifenden" Selbstbeobachtung der Gesellschaft ist ein für die systemtheoretische Journalismusforschung zentraler Punkt angesprochen: Während das politische System nach dem Code Macht/Ohnmacht bzw. Regieren/Opponieren, das Wirtschaftssystem nach zahlen/nicht zahlen bzw. Gewinn/Verlust, das Recht nach Recht/Unrecht etc. beobachtet und operiert, ist eine funktional ausdifferenzierte Gesellschaft darauf angewiesen, dass noch einmal eine Beschreibung der relevanten Beobachtungen (aus den verschiedenen Teilsystemen) erfolgt, die deren Logik bzw. Systemrationalität gerade nicht unterliegt: So wird der Journalismus Wirtschaft oder Politik aus einer funktionslogischen Distanz beobachten können, weil er dabei der Funktionslogik der Massenmedien bzw. dem spezifischen Eigensinn journalistischer Aufmerksamkeit folgt und eben nicht der Frage nach Gewinn, Machterhalt etc. Deshalb sprechen Kohring und Hug vom Journalismus als einem Leistungssystem (des Funktionssystems Öffentlichkeit), das „ausschließlich über Ereignisse mit Mehrsystemzugehörigkeit bzw. Umweltrelevanz" kommuniziert (Kohring/Hug 1997: 13; 20-26). Ihre These orientiert sich an Marcinkowskis Erläuterungen zur Ermöglichung einer Selbstbeobachtung von Gesellschaft durch ein Funktionssystem Publizistik, welche die Funktion eines sozialen Korrektivs gegenüber Sonderperspektiven gesellschaftlicher Reflexion dadurch wahrnehme, „dass sie die teilsystemischen Sichtweisen auf die Gesellschaft (...) bündelt und für andere Subsysteme (...) rezipierbar macht" (Marcinkowski 1993: 128), was als Beitrag zu gesellschaftlicher Integration verstanden werden kann.

[229] Vgl. Scholl/Weischenberg 1998: 71.

- Journalismus, Publizistik und Massenkommunikation, aber auch Verbreitungs-
  medien und Medieninhalte nicht trennscharf gefasst werden und damit auch
  nicht in ihren jeweiligen Beziehungen zueinander gesehen und analysiert werden
  können;[230]
- das Verhältnis von Öffentlichkeit, Massenmedien und Journalismus zueinander
  unterbestimmt ist, wobei entweder Formen nichtmassenmedialer Öffentlichkeit
  vernachlässigt oder nicht zu jenen massenmedialer Öffentlichkeit ins Verhältnis
  gesetzt werden oder aber (Massen-)Medienöffentlichkeit und Journalismus in
  eins gesetzt zu werden drohen;
- die Einordnung und Abgrenzung von Public Relations, Unterhaltungsprogram-
  men und Werbung gegenüber dem Journalismus in der Folge der oben genannten Uneindeutigkeiten nicht oder nur unzureichend gelingt;
- das Verhältnis zwischen Journalismus und seinem Publikum uneindeutig bleibt,
  da es einmal als systemzugehörig, einmal als relevante Größe in der externen
  Systemumwelt konzipiert wird (womit die Frage der Selbstreferenz bzw. Fremdreferenz des Journalismus je unterschiedlich zu beantworten ist), und damit zusammenhängend die Bestimmung der spezifisch journalistischen Leistung variiert, die einmal mit der Her- und Bereitstellung von Themen, das andere mal mit
  der ‚Vermittlung'[231] journalistischer Inhalte abgeschlossen ist;
- die semantischen Dimensionen der zweiwertigen Codebestimmungen alle Bezüge zum Journalismus aufweisen, insofern es um Informationen bzw. Themen
  geht, die in einem spezifischen Sinne neu, aktuell, relevant und öffentlich sind,
  dem Kriterium prinzipiell unterstellter, allgemeiner Aufmerksamkeit genügen,
  als gesellschaftliche Teilsysteme und ihre Logiken übergreifend zu anzusehen
  sind und (post facto) als veröffentlichungswürdig gelten bzw. veröffentlicht sind
  – ohne dass auch nur eine dieser Bestimmungen den Eigensinn der Operationsweise des Journalismussystems hinreichend benennen würde.

Die genannten systemtheoretischen Setzungen führen in der Folge zu je unterschied-
lichen theoretischen Einsichten. Das lässt sich abschließend an Luhmanns knappen
Einlassungen zum Journalismus aufzeigen. Luhmann wählt wie angesprochen ein
System der „Massenmedien", worunter er „alle Einrichtungen der Gesellschaft" ver-

---

[230] Görke und Kohring versprechen sich von der Klärung der Frage der angemessenen System- und
Funktionsbestimmung gar eine eindeutige Abgrenzung des Forschungsfeldes der Publizistik- und
Kommunikationswissenschaft und verbinden letzteres mit der Hoffnung auf die Ausbildung einer
Identität als eigenständiger Disziplin; vgl. Görke/Kohring 1996: 15; dies. 1997: 4, 6f.

[231] Wobei nach systemtheoretischer Diktion eigentlich nichts ‚übermittelt' oder ‚vermittelt' wird; vgl.
Scholl 1995: 382.

standen wissen will, „die sich zur Verbreitung von Kommunikation technischer Mittel der Vervielfältigung bedienen."[232] Für die Bestimmung des gesellschaftlichen Funktionssystems, das ja einen eigenständigen Sinnbezirk innerhalb der funktional ausdifferenzierten Gesellschaft bilden soll, wird von Luhmann also das Kriterium eines technischen Verbreitungsmediums gewählt. Kennzeichen der Kommunikationen, die das System der Massenmedien ‚bilden', sind entsprechend (a) „die maschinelle Herstellung eines Produkts als Träger der Kommunikation – aber nicht schon Schrift als solche", (b) die Unmöglichkeit der „Interaktion unter Anwesenden zwischen Sendern und Empfängern"[233] und (c) die Bedeutung des Neuigkeitswerts von Informationen, die permanent bislang als neu geltende Informationen zu ‚alten' machen und damit als Information ‚entwerten'.[234] Damit ist der binäre Code des Systems der Massenmedien angesprochen, der von Luhmann als „Information/Nichtinformation" bestimmt wird, obwohl er selbst einräumt, dass Informationen natürlich von allen psychischen und sozialen Systemen verarbeitet werden, bilden sie doch einen notwendigen Bestandteil jeder Kommunikation und mithin aller Operationen sozialer Systeme. Das macht eine Näherbestimmung notwendig.

Das Spezifische jeder massenmedialen Kommunikation besteht nach Luhmann darin, dass nur das System der Massenmedien diese Differenz reflektiert, so dass Informationen hier ‚als Informationen' kommuniziert werden. Darüber hinaus ist alle Information auf Kategorisierungen angewiesen, um nicht „ins gänzlich Unbestimmte aus[zu]fließen" und die Erwartbarkeit künftiger Information nicht zunichte zu machen. Das erfordert zusätzlich „Programme (…), die das, was als Information erwartet werden kann bzw. ohne Informationswert bleibt", in Selektionsbereiche aufgliedern. Als wichtigste identifiziert Luhmann die drei Programmbereiche „Nach-

---

[232] Luhmann 1996: 10. Diese Bestimmung hat zum Teil heftige Kritik hervorgerufen; vgl. Görke 1997: 256ff., Görke/Kohring 1996, 1997, Kohring/Hug 1997; Scholl/Weischenberg 1998: 69f.; Kohring 2000 160ff. So widerspricht Kohring: „Es ist die Orientierung am Begriff der Massenmedien, die das technologische *Verbreitungs*medium als *Sinn*medium nimmt, um solchermaßen ein *soziales* Funktionssystem (...) zu konstituieren. Plötzlich soll die Technologie sein, die Sinn macht, eine Argumentationsfigur, die allem widerspricht, was in der neueren Systemtheorie, vor allem in Luhmanns Werken selbst, über die Grenzen sozialer Systeme und die Eigenart sozialer Kommunikation (...) ausgeführt wird." Im Hinblick auf die Erforschung des Journalismus würden „diese Entwürfe nicht nur keinen Erkenntnisgewinn [bringen], sondern (...) sogar noch hinter die bisherige Journalismusforschung zurück[fallen]" (Kohring 2000: 162; kursiv i. Orig.). Scholl spricht gar vom „in bezug auf Journalismus und Massenmedien (...) dilettantischen Vorbild Luhmann" (Scholl 1995: 383).

[233] Luhmann 1996: 11.

[234] „Informationen lassen sich nicht wiederholen; sie werden, sobald sie Ereignis werden, zur Nichtinformation. Eine Nachricht, die ein zweites Mal gebracht wird, behält zwar ihren Sinn, verliert aber ihren Informationswert" (Luhmann 1996: 41).

richten und Berichte", „Werbung" und „Unterhaltung",[235] die keine Subsysteme bilden, da alle mit dem gleichen Code Information/Nichtinformationen operieren.[236] Aber sie legen fest, was für das System der Massenmedien – bei prinzipieller Universalität der Themen – ‚informativ' ist.

Journalistische Kommunikationen lassen sich unschwer in Luhmanns Programmbereich der Nachrichten und Berichte ausmachen. Weil sich das System mithilfe dieses Bereichs an andere gesellschaftliche Teilsysteme strukturell ankoppelt, kann es deren thematische Kommunikationsangebote selbstreferentiell zu Nachrichten und Berichten verarbeiten.[237] Auch die Funktion des Massenmediensystems (die Selbstbeobachtung der Gesellschaft) bzw. die Art und Weise, in der Massenmedien anderen gesellschaftlichen Teilsystemen wie auch dem Publikum ihre spezifischen Realitätskonstrukte als „Welt- und Gesellschaftsbeschreibungen" zu deren Orientierung zur Verfügung stellen,[238] wird man am ehesten für den Programmbereich der Nachrichten und Berichte akzeptieren.

Doch nur an drei Stellen geht Luhmann dezidiert auf ‚Journalismus' ein: (a) wenn es um den notwendig zu erweckenden Eindruck der Massenmedien geht, das Vergangene interessiere noch, (b) wenn es um die gesellschaftlich notwendige Unterscheidung von Tatsachen und Fiktionen geht bzw. um die unerlässliche Annahme, es handle sich um die Vermittlung ‚wahrer' Informationen, und (c) wenn es um die Abwehr von Forderungen seitens Dritter aus der Umwelt der Massenmedien geht, die die Autonomie des Systems bedrohen könnten.[239] Mehr noch: Das Rekurrieren auf ‚Journalismus' erfülle im Prinzip die gleiche Funktion wie eine medienspezifischen ‚Ethik', die es Journalisten ermögliche, „ihre Mühen als Dienst an der Öffentlichkeit zu verstehen". Hier erscheint Journalismus nurmehr als kommunikative Konvention, als ein spezifisches ‚Ausflaggen' medialer Kommunikation zur sozialen Unterstellung von Faktizität, von Nicht-Partikularismus und der Orientierung an einer ‚öffentlichen Aufgabe'. Eine Institution, ein Programm, ein Produkt als ‚journalistisch' zu qualifizieren, dient dann der Steigerung gesellschaftlicher Legitimation und der Abwehr von Forderungen oder Ansprüchen aus der Systemumwelt.

---

[235] Vgl. Luhmann 1996: 38, 51. Allerdings nennt Luhmann diese Unterscheidung zugleich „rein intuitiv" und „[o]hne Absicht auf eine systematische Deduktion und Begründung" (ebd.).
[236] Luhmann nimmt das explizit auch für den Programmbereich Werbung in Anspruch, wo Werbung in der Regel doch gerade auf Wiederholung angelegt ist. Als Erklärung hierfür wird angeboten, dass die vermehrte Wiederholung „durch die Reflexivfigur des Informationswertes der Nichtinformation" als Indikator für die Wichtigkeit bzw. den Produktwert des Beworbenen benutzt wird (Luhmann 1996: 42f.).
[237] Vgl. ebd.: 53ff.
[238] Ebd.: 173f.
[239] Vgl. Luhmann 1996: 55, 104, 189, 210f.

Luhmann wörtlich: „Die Einschränkung auf Journalismus/Profession/Ethik hat einen guten Sinn, wenn es um eine Selbstkontrolle des Systems der Massenmedien geht."[240] Kommunikative Konvention meint folglich eine Art ‚Labelung' auf der Ebene von Adressierungen und Zurechnungen – ‚Selbstzurechnungen' inklusive –, die von einem (wissenschaftlichen) Beobachter auf ihre Systemfunktionalität hin untersucht werden kann. Das erinnert nicht zufällig an frühere Ausarbeitungen von Rühl und Saxer zur journalistischen Ethik,[241] mit denen der Journalismus normativen Forderungen, die aus der Gesellschaft an ihn herangetragen werden, begegnen kann. Hier aber wird diese Argumentation auf Journalismus insgesamt ausgeweitet und funktionalistisch radikal zugespitzt.

Abschließend bleibt festzuhalten, dass es erst der systembezogenen Journalismusforschung gelingt, Journalismus als einen *sozialen* Zusammenhang, als eine Einrichtung der modernen Gesellschaft zu begreifen, weshalb er auch nicht sinnvoll von den beteiligten Individuen aus erfasst und erforscht werden kann. Hierin liegt womöglich ihr theorieübergreifend wichtigstes Verdienst. Gleichzeitig hat sie das Bewusstsein der Journalismusforschung dafür geschärft, dass die Erforschung des Journalismus eine theoretisch begründete Vorstellung von ihrem Gegenstand voraussetzt. Dazu nutzt sie entweder die System-Umwelt-Logik oder aber die Theorie autopoietischer Sozialsysteme. Die Stringenz ihrer Journalismusbeobachtungen erweist sich vor allem auf der makrosoziologischen Ebene der ausdifferenzierten Gesellschaft und ihrer Funktionssysteme. Gleichzeitig wird deutlich, dass ihre Bemühungen in komplexe Theoriekonstruktionen mit einer Vielzahl theoretischer Festlegungen münden, die mit Schwierigkeiten für jede empirische Journalismusforschung verbunden sind. Denn diese Vorabfestlegungen bestimmen, was von der empirischen Forschung überhaupt beobachtet werden kann, und treffen Aussaugen über soziale Zusammenhänge, die eigentlich erst empirisch erforscht werden sollen. Das gilt nicht zuletzt für das Verhältnis zwischen dem sozialen Zusammenhang des Journalismus und dem Handeln journalistischer Akteure. Hatte Rühls Konzeption eines journalistischen Handlungssystems die strikt funktionale Zuordnung zu entweder sozialen oder aber psychischen Systemen kaum mehr aufrecht erhalten können, sobald das Handeln journalistischer Akteure genauer in den Blick genommen wurde, so tut sich die neuere systemtheoretische Forschung infolge ihrer makrosoziologischen Ausrichtung und wegen der ausschließlich Kommunikationen fokussierenden Perspektive schwer, das Verhältnis zwischen Journalismussystem und Akteurshandeln theoretisch zu fassen oder gar empirisch zu analysieren. An diesem für

---

[240] Ebd.: 189.
[241] Vgl. Rühl/Saxer 1981.

die empirische Journalismusforschung zentralen Problem setzen journalismustheoretische Arbeiten an, auf die im Folgenden genauer einzugehen ist.

2.4   Integrative Theoriekonzepte

Aus der Kritik an der personen- und der ausschließlich auf Funktionssysteme fokussierenden Journalismusforschung heraus sind in den vergangenen Jahren Theoriekonzepte entstanden, die deren Einseitigkeiten durch integrationstheoretische Überlegungen überwinden wollen. Sie stimmen trotz aller Unterschiedlichkeit darin überein, dass eine Rückkehr zu personenzentrierten Vorstellungen als Theoriebasis nicht infrage kommt. Vielmehr haben sie systemtheoretische Grundeinsichten wie die Vorstellung vom Journalismus als eigenständigen und eigensinnigen sozialen Zusammenhang in ihre Ansätze aufgenommen und möchten diesbezüglich nicht hinter den Kenntnisstand des Systemparadigmas zurückfallen. Gemeinsam ist ihnen das Bemühen, (a) die ‚Blindheit' der reinen Systemperspektive für die am Journalismus Beteiligten und deren Handeln zu vermeiden und (b) über den (Wieder-)Einbezug der journalistischen Akteure und die Beobachtung journalistischen Handelns die Abstraktionslage der Theorie zu senken, um die der Systemtheorie immer wieder vorgeworfene Empirieferne zu überwinden und (c) den spezifischen Zusammenhang zwischen dem Journalismus und seinen Akteuren auch empirisch zu erforschen.

2.4.1   Die Verbindung von Systemtheorie und Konstruktivismus

Die theoretischen Einsichten, die unter dem Rubrum ‚Radikaler Konstruktivismus' Ende der achtziger Jahre Einzug in die deutschsprachige Kommunikationsforschung hielten und mit dem damaligen Funkkolleg-Programm „Medien und Kommunikation" auch einer breiteren Öffentlichkeit bekannt wurden, sind in zahlreichen Arbeiten der vergangenen Jahre für die empirische Kommunikations- und Wirkungsforschung (Merten), für eine konstruktivistisch-systemtheoretische Medien- und Kulturtheorie (S.J. Schmidt) und eben für die Journalismusforschung fruchtbar gemacht worden. Dazu haben Siegfried Weischenberg und später Weischenberg und Armin Scholl einen Ansatz entwickelt, in dem eine systemtheoretische Grundlegung mit Einsichten des Radikalen Konstruktivismus verknüpft wird. Eine solche Verbindung scheint insofern nahe liegend, als sowohl die neuere Systemtheorie wie auch der Radikale Konstruktivismus Beobachtertheorien darstellen, d.h. erkenntniskritisch Wirklichkeit(en) nur noch als beobachtungsrelativ – aus der Perspektive eines Bewusstseins oder Sozialsystems – konzipieren und die Bedeutung von Beobachtungen zweiter Ordnung als dem Beobachten von Beobachtern ins Blickfeld rücken. Überdies gehen beide von der operativen Geschlossenheit psychischer und sozialer Systeme aus und stellen von der Fokussierung externer kausaler Einflüsse auf die Beobachtung von Selbststeuerung und -organisation um.[242] Die Verknüpfung von Systemtheorie und Konstruktivismus führt Weischenberg zu einer funktionalen Analyse, die „Angebote einer konstruktivistischen Systemtheorie nutzt", um „Einsichten in die Operationsweisen des Journalismus und ihre Bedingungen" zu gewinnen.[243]

Auch in dieser Konzeption wird Journalismus als spezifisches Funktionssystem der modernen Gesellschaft verstanden, das sich im Zuge des Prozesses gesellschaftlicher Ausdifferenzierung durch Ausbildung spezifischer Strukturen (in Form von Handlungs- und Kommunikationszusammenhängen) herausbildet, mit denen es sich zugleich von anderen gesellschaftlichen Teilsystemen abgrenzt.[244] Entsprechend folgt die Bestimmung der zentralen Funktion des Journalismussystems systemtheoretischen Modellierungen. Nach Weischenberg besteht sie darin, „aktuelle Informationsangebote aus den diversen sozialen Systemen (Umwelt) zu sammeln, auszuwählen, zu bearbeiten und dann diesen sozialen Systemen (Umwelt) wieder zur Verfügung zu stellen."[245] Durch diese auch als ‚Thematisierung' bezeichnete Funktion trägt das Journalismussystem zur jeweilige Systemgrenzen übergreifenden Selbstbeobachtung der Gesellschaft und im Hinblick auf einzelne gesellschaftliche Teilsysteme zur Beobachtung ihrer jeweiligen Umwelt bei.[246]

Allerdings darf das ‚Sammeln' und ‚Bereitstellen' von Informationsangeboten Weischenberg zufolge weder als Informationstransport, noch im Sinne von Medien als einer Relaisstation zwischen Informations- und Handlungssystemen verstanden werden. Denn Journalismus operiert selbstreferentiell, indem er aus der Beobachtung seiner Umwelt heraus und auf der Grundlage binärer Unterscheidungen aus Informationsangeboten aus der Systemumwelt nach eigenen Regeln eigene ‚Wirklichkeiten' konstruiert, und zwar in Form journalismusspezifischer Weltentwürfe bzw.

---

[242] Vgl. Scholl 2002b: 8.
[243] Weischenberg 1995a: 111; siehe auch ders. 1995b: 53.
[244] Weischenberg beobachtet eine weiter fortschreitende Ausdifferenzierung dieses Systems. Als Subsysteme des Journalismus, die sich dabei in jüngerer Zeit herausgebildet haben, werden journalistische ‚Leistungssysteme' mit spezifischen Medienangeboten identifiziert, wie Sportjournalismus mit der Leistung „Infotainment" oder Lokaljournalismus, der insbesondere Lebenshilfe und Orientierung in der Nahwelt bietet (vgl. Weischenberg 1995a: 110f., 124ff., 140).
[245] Weischenberg 1994: 429.
[246] Vgl. Weischenberg 1995a: 99f., 381.

‚Weltbilder'.[247] Zugleich gilt die Operationsweise des Journalismussystems als autopoietisch, da das System strukturierte (z.B. redaktionelle) Programme ausbildet und
diese systemeigenen Strukturen durch selbstreferentielles Operieren zugleich reproduziert.

Im Unterschied zu den systemfunktionalen Journalismus-Konzepten Rühls und
Blöbaums hält Weischenberg es für erforderlich, die Themen, die vom Journalismus
hervorgebracht und bereitgestellt werden, genauer zu qualifizieren. Er bestimmt sie
als ‚aktuelle' Informationsangebote und schlägt von daher als Leitdifferenz des Systems den binären Code „aktuell vs. nicht aktuell" vor.[248] „Aktualität" wird dabei –
Merten folgend – als relationale Größe gefasst: Sie ist an den Neuigkeitswert eines
Ereignisses wie auch an dessen Relevanz für die Rezipienten gebunden.[249] Das Journalismussystem stelle Themen zur öffentlichen Kommunikation zur Verfügung, denen neben Neuigkeitswert auch Faktizität zukomme, und – so die konstruktivistische Erweiterung – die „an sozial verbindliche Wirklichkeitsmodelle und ihre Refe-
renzmechanismen gebunden sind."[250]

Doch nicht nur hinsichtlich journalistischer Themenselektion gerät der Rezipient
ins Blickfeld dieser Konzeption. Denn es sind die Leser, Hörer und Zuschauer, die
anhand rezipierter journalistischer Angebote eigene Wirklichkeiten konstruieren,
und die zugleich mit ihren Erwartungen gegenüber dem Journalismus die Autonomie journalistischer Wirklichkeitskonstruktionen begrenzen.[251] Wird der dreistufige
Selektionsprozess journalistischer Kommunikation erst mit beim Rezipienten ablaufenden Verarbeitungsprozessen abgeschlossen, heißt das in konstruktivistischer Perspektive, dass der Sinn journalistischer Beiträge von den Rezipierenden selbst produktiv hergestellt werden muss. Wenngleich damit Luhmann in der Auffassung gefolgt wird, dass soziale Systeme aus Kommunikationen (und nicht aus Handlungen)
‚bestehen', bricht die konstruktivistische Journalismusforschung an dieser Stelle mit
der Luhmannschen Systemvorstellung: Geht es jener um die konsequente „Entsub-
jektivierung" des Systembegriffs, so ist der konstruktivistische Ansatz am Wieder-
einbezug der Journalisten als Akteure in die Theorie interessiert.[252] Denn die Rede
von Kommunikationen, die Kommunikationen hervorbringen, verschleiere, dass der
Anstoß zu Kommunikation von Kommunikatoren erfolgt:[253]

---

[247] Vgl. Weischenberg 1994: 429, 436.
[248] Vgl. Weischenberg 1995a: 110.
[249] Vgl. Merten 1973: 219.
[250] Weischenberg 1994: 429f.
[251] Vgl. Weischenberg 1994: 430.
[252] Vgl. Scholl 2002b: 8.
[253] Vgl. Scholl/Weischenberg 1998: 54.

„Kommunikation organisiert sich gerade nicht selbst, sondern wird organisiert von Kommunikatoren (Aktanten oder Institutionen), die ihre Motive und Interessen, Einstellungen, Überzeugungen und Bewertungen unausweichlich ins Spiel bringen."[254]

Weischenberg und Scholl nutzen das systemtheoretische Konzept der strukturellen Kopplung, um die journalistischen Akteure als relevante Größe in der Umwelt des Journalismussystems zu beobachten.[255] Zugleich wird die Forderung, Soziales nur aus Sozialem zu erklären, die der zentrale Grund für eine ausschließlich kommunikationstheoretische Explikation der Systemtheorie war, praktisch aufgegeben, wenn das spezielle Verhältnis der strukturellen Kopplung nun nicht mehr der Aufrechterhaltung einer strikten Systemtrennung dient, sondern dabei die ‚Verbindung' zwischen System und Umwelt herausgestellt wird.[256] Theorietechnisch wird dies möglich, indem Luhmanns konsequente Verlagerung von Handlungen auf die Ebene der Fremdzuschreibungen zur Adressierung und Ermöglichung von Kommunikationsanschlüssen zurückgenommen wird zugunsten der Möglichkeit, Kommunikation theoretisch als Handlung aufzufassen und zu beobachten,[257] um Akteur und Akteurshandeln in die systemtheoretische Konzeption von Journalismus zu integrieren. Und auch wenn erst das Verstehen auf der Seite der Rezipienten den journalistischen Kommunikationszusammenhang abschließt, fokussiert der Ansatz gleichwohl auf die „Produzentenseite" des Journalismus und wendet sich vor allem den „Handlungen der Kommunikatoren" zu.[258]

Die Beobachtung dieser Kommunikatorseite beginnt bei den konstruktivistischen Journalismusforschern – wie schon bei Rühl – mit der Kritik bzw. dem Zurückweisen von veralteten (ontologischen) Vorstellungen, die Journalismus letztlich auf das Tun und Lassen von Journalisten verkürzen würden und damit den Blick „auf die sozialen, rechtlichen, technologischen, politischen und ökonomischen Bedingungen verstellen, die jeweils festlegen, was Journalismus ist und welche Folgen Journalismus hat."[259] Doch werden diese Bedingungen nicht so sehr systemtheoretisch reflektiert. Vielmehr wird das Journalismussystem als ein institutionalisierter Zusammenhang mit unterschiedlichen Sphären modelliert, innerhalb derer diejenigen Faktoren

---

[254] Schmidt 1996: 119f.
[255] Vgl. Scholl/Weischenberg 1998: 156. Eigentlich kann das Journalismussystem nur mit (psychischen oder sozialen) Systemen strukturell gekoppelt sein, nicht aber mit Menschen oder Akteuren.
[256] Vgl. Scholl/Weischenberg 1998: 47f.
[257] Vgl. Scholl/Weischenberg 1998: 54. Gewählt wird deshalb ein „praktikabler" Systembegriff, der auf soziale Handlungen abstellt, da sich Systeme nur über komplexitätsreduzierende, d.h. ‚simplifizierende' Zurechnungen in Form von Handlungen beobachten lassen (vgl. Scholl/Weischenberg: ebd.; Weischenberg 1994: 430).
[258] Weischenberg 1994: 430.
[259] Weischenberg 1994: 429.

identifiziert und systematisiert werden sollen, die den Prozess der Aussagenentstehung beeinflussen. Dafür hat Weischenberg die prominent gewordene Metapher
vom Journalismus als einer ‚Zwiebel' gewählt, deren Schalenabfolge die abgestuf-
ten Einflüsse im Sinne einer unterschiedlichen Verbindlichkeit für den Journalismus
veranschaulichen soll.[260] Unterschieden werden dabei:

- ein ‚äußerer' Normenzusammenhang (auf der Ebene von Mediensystemen), unter den als Einflussfaktoren gesellschaftliche Rahmenbedingungen, historische
  und rechtliche Grundlagen, professionelle und ethische Standards sowie die
  Kommunikationspolitik subsumiert werden;
- ein darunter liegender Strukturzusammenhang[261] (auf der Ebene von Medieninstitutionen), worunter ‚Zwänge' ökonomischer, politischer, organisatorischer
  und technologischer Imperative verstanden werden, die auf die journalistische
  Arbeit einwirken;
- es folgt (auf der Ebene der Medienaussagen) der Funktionszusammenhang, innerhalb dessen es um das Zustandekommen der Leistungen und Wirkungen des
  Systems geht, was neben der Frage nach dem Zugang zu und Abhängigkeiten
  von Informationsquellen und Referenzgruppen sowie typischen Berichterstattungsmustern und Darstellungsformen explizit auch die Frage nach den „Effek-
  te(n) von Medienangeboten für Meinungen, Einstellungen und Handlungen" des
  Publikums umfasst;[262]
- sowie schließlich als ‚Zwiebelinneres' der Rollenzusammenhang (auf der Ebene
  der Medienakteure), bei dem es um die Produzenten des Journalismus geht, d.h.
  Arbeits- und Berufsrollen, soziodemographischen Merkmale von Journalisten,
  ihre Professionalisierung und Sozialisation, soziale und politische Einstellungen,
  Selbstverständnis und Publikumsimage.[263]

---

[260]   Vgl. Weischenberg 1990: 52f.; ders. 1992: 76-70; ders. 1994: 431f. Das Konstatieren hierarchisch
        abgestufter Einflüsse auf journalistisches Handeln steht allerdings in einem nicht zu übersehenden
        Spannungsverhältnis zur systemtheoretischen Funktionslogik. Auch kritisiert Löffelholz die unter-
        stellte zunehmende Verbindlichkeit jeweiliger Kontexte für den Journalismus sowie die einseitige
        Einflussrichtung, mit der die Chance vergeben werde, der möglichen Bedeutung von Sozialisation,
        Bildung und Einstellungen von Journalisten auf das Handeln in Funktions- und Strukturkontexten
        des Journalismus nachzugehen (vgl. Löffelholz 2000b: 50).
[261]   Die Terminologie ist insofern missverständlich, als im Prinzip alle vier Ebenen natürlich *Struktur-
        zusammenhänge* thematisieren, und es auf der Ebene der Institutionen oder etwa beim Rollenkon-
        text durchaus um Normen geht.
[262]   Weischenberg 1994: 431f.
[263]   Ebd.: 432. Noch darunter liegend ließe sich – ohne dass er selbst das getan hätte – ein weiterer Kon-
        text, der ‚Handlungszusammenhang' identifizieren, fragt Weischenberg doch im Anschluss an die
        Akteursebene nach den „konkreten Entscheidungssituationen", in denen „die sozialen und kogniti-

Es ist kein Zufall, dass das Zwiebel-Modell an Donsbachs Unterscheidung von vier Einfluss-Sphären (auf der gesellschaftlichen, der Institutionen-, der Professions- und der Subjektebene) erinnert.[264] Beide Modellvorstellungen weisen dieselbe Konzentrik auf, nach der gesellschaftliche Einflüsse am weitesten ‚außen' angesiedelt werden, Merkmale und Einstellungen von Journalisten hingegen als relevante Faktoren der innersten Sphäre erscheinen. Beide stellen ab auf mögliche Begrenzungen des Handelns journalistischer Akteure. Doch ist die Stoßrichtung jeweils eine völlig andere: Während Donsbach das Sphärenmodell nutzt, um darauf hinzuweisen, wie groß der persönliche Einfluss von Journalisten auf die Gestaltung von Medienaussagen ist, gelangt Weischenberg gerade zu dem Ergebnis, dass treffend gekennzeichnet werde, „wie relativ gering der Spielraum ist, den der einzelne Journalist hat."[265] Denn seine Identität gewinnt der Journalismus Weischenberg zufolge erst „unter den Bedingungen wirtschaftlicher Effizienz, großbetrieblicher Produktionsweise und rationeller Technik". Wie Rühl geht auch Weischenberg davon aus, dass journalistische Wirklichkeitsbeobachtung heute nur mehr „als organisiertes Handeln im Rahmen von Großbetrieben der Medien stattfindet."[266] Handeln werde dabei „in hohem Maße durch professionelle und institutionelle Standards und Regeln geprägt". Deren Anwendung beruhe „auf sozialer und beruflicher Erfahrung" der Journalisten und werde durch eine medientypische Sozialisation vermittelt.[267]

Die Betonung dieser *sozialen* Momente als journalismusspezifische Bedingungen des Akteurshandelns wird in ihrer Bedeutung jedoch stark relativiert, wenn von der konstruktivistischen Journalismusforschung die „im Prinzip autonomen" Konstruktionen von Journalisten in den Vordergrund gerückt werden. Einerseits gilt journalistisches als organisiertes Handeln, das stark von professionellen Standards und journalismus(system)spezifischen Regeln bestimmt sei, andererseits sind es autonome Subjekte, die Wirklichkeiten hervorbringen. Um möglichen Vorwürfen hinsichtlich relativistischer, subjektivistischer oder gar solipsistischer Konzeptualisie-

---

ven Prozesse der Wirklichkeitskonstruktion (...) zusammengeführt (werden)", sowie nach der Dimension der Verantwortung der Akteure „für das Handeln im System" (ebd.: 432).

[264] Vgl. Donsbach 1987: 111ff. Siehe weiter oben Abschnitt 2.2.3.

[265] Weischenberg 1990: 52. Allerdings darf nicht übersehen werden, dass Scholl und Weischenberg das Modell später systemtheoretisch zu reformulieren versuchen, um es „zur Analyse der Distinktionen von und in Journalismus-Systemen" heranzuziehen. Jetzt wird es als beispielhaft für eine konsequente Umsetzung der System-Umwelt-Perspektive in Anspruch genommen, insofern es „die diversen Umwelten, mit denen das System Journalismus in ‚Kontakt' steht, durchdekliniert und in Hinblick auf Formen ‚struktureller Kopplung' abklopft." Vgl. Scholl/Weischenberg 1998: 20ff., hier zitiert 22.

[266] Weischenberg 1994: 428.

[267] Ebd.

rungen des Konstruktivismus entgegenzutreten, betont Weischenberg: „Journalistische Wirklichkeitskonstruktion (...) wird in einem permanenten sozialen Prozeß mit anderen abgestimmt und durch intersubjektive Vereinbarungen (...) verbindlich.“[268] Gerade an solche Vereinbarungen würden sich Medien und Journalisten orientieren. Aber: „Letztlich bestimmen einzelne Journalisten, welche Weltbilder die Medien anbieten.“[269] All diesen stark subjektorientierten Formulierungen liegt die – zunächst erkenntnistheoretische – Einsicht des Radikalen Konstruktivismus zugrunde, dass Menschen aufgrund der Geschlossenheit ihres „kognitiven Apparats“ keinen direkten Zugang zu dem haben, was gemeinhin als ‚die Realität' bezeichnet wird.[270] Vielmehr gilt, dass die Wirklichkeit, in der Menschen leben, eigentlich Wirklichkei*ten* sind, die (sich) Menschen subjektiv – hier nicht im Sinne von willkürlich, sondern subjektabhängig – konstruiert haben.[271] Daraus folgt, (a) dass es so viele Wirklichkeitsentwürfe wie Menschen gibt, und (b) dass „Objektivität nur mehr den Rang einer operativen Fiktion besitzen kann", wenn auch einer Fiktion mit strategischen sozialen Funktionen.[272] Für eine konstruktivistische Journalismusforschung ergibt sich zusammenfassend:

- Das, was wir ‚Journalismus' nennen, ist Bestandteil einer sozial konstruierten Wirklichkeit bzw. verdankt seine ‚soziale Existenz' den Konstruktionen der Menschen in der Gesellschaft.
- Auch Journalismus hat es permanent mit subjektabhängigen Wirklichkeitskonstruktionen zu tun – etwa von Politikern, von Geschehensbeteiligten oder Betroffenen. Diese in der Medienkommunikation vermittelten Konstruktionen können innerhalb der journalistischen Aussagenproduktion zwar beeinflusst und verändert werden, aber:
- Für die Rezipienten bedeuten solche Modifizierungen bei der Produktion journalistischer Inhalte nicht, dass damit deren Verständnis vorab determiniert wäre, weil sie bei der Rezeption aus Medienangeboten eigene Wirklichkeiten konstruieren und so den medial vermittelten Konstruktionen erst bestimmte Bedeutungen beimessen bzw. Sinn verleihen.
- Auch für Journalisten gilt, dass sie wie alle anderen Wirklichkeiten „im Prinzip autonom" konstruieren.[273]

---

[268] Weischenberg 1995a: 111.
[269] Weischenberg 1992: 220.
[270] Vgl. Maturana/Varela 1979; Maturana 1982.
[271] Vgl. Schmidt 1994: 10; Merten 1995: 7.
[272] Merten: ebd.
[273] Vgl. Weischenberg 1992: 60, 219ff.

- Auch die Journalismusforschung bietet nichts anderes als Konstruktionen an, Modelle sozialer Wirklichkeit, die sich im Vergleich mit anderen wissenschaftlichen Konstruktionen zu bewähren haben – und nicht den Anspruch erheben können, die Realität ihres Forschungsobjekts abzubilden.[274]

Entsprechend besteht Weischenberg darauf, dass es für die Beurteilung journalistischer Angebote – sei es durch wissenschaftliche Beobachter, sei es durch die Öffentlichkeit – keine absoluten Maßstäbe wie ‚wahr' oder ‚falsch' geben kann, da sich solche Festlegungen nur innerhalb eines Referenzbereichs vornehmen lassen. Auch die Wirklichkeitsmodelle, die der Öffentlichkeit von den Medien angeboten werden, sind konsequenterweise stets subjektabhängig. Da es nur beobachterabhängige Wirklichkeiten ‚gibt', werden nicht nur alle an Abbildtheorien orientierten Forderungen an den Journalismus verworfen, sondern auch die möglichst weitgehende Annäherung an ein Objektivitätsideal. Stattdessen wird vorgeschlagen, an journalistische Wirklichkeitsentwürfe relative Maßstäbe wie den der ‚Nützlichkeit' der Informationsangebote oder den der ‚Glaubwürdigkeit' anzulegen.[275]

Damit rücken Weischenberg und Scholl in ihren Arbeiten Einsichten der Erkenntnistheorie über Bedingungen menschlichen Wahrnehmens und Beobachtens ins Bewusstsein der Forschung. Auch gelingt es ihnen, in ihrem integrativen Konzept das Handeln von Journalisten in die Theorievorstellung mit aufzunehmen und es zum Gegenstand empirischer Untersuchungen zu machen, wie mehrere, auch groß angelegte Journalismusstudien eindrucksvoll belegen. Fragen wirft jedoch die Akteursvorstellung der konstruktivistischen Journalismusforschung auf, wenn einerseits – aufgrund der konstruktivistischen Annahme einer Geschlossenheit des individuellen Kognitionsapparats – auf ‚im Prinzip autonome' Konstruktionen journalistischer Akteure abgestellt wird, andererseits aber von minimalen Handlungsspielräumen in journalistischen Systemzusammenhängen die Rede ist, und beides einander gegenübergestellt wird, ohne theoretisch zu klären, welche Relevanz der Autonomie-Annahme unter den Bedingungen journalistischer Handlungspraxis zukommt.

2.4.2 Journalismus und Akteurshandeln im empirisierten Systemmodell

In einer Reihe von Veröffentlichungen hat Stefan Weber einen theoretischen Integrations- und Syntheseversuch vorgelegt, der darauf abzielt, zentrale theoretische Konzepte der konstruktivistischen Systemtheorie empirischer Prüfung zugänglich zu

---

[274] Vgl. Weischenberg 1992: 85.
[275] Vgl. Weischenberg 1995a: 111; vgl. auch ders. 1995b: 54.

machen und einen Analyserahmen bereitzustellen, journalistische Wirklichkeit und
das Handeln journalistischer Akteure empirisch zu erforschen.[276] Ausgangspunkt der
Argumentation ist auch hier die systemtheoretisch-konstruktivistische Bestimmung
des Journalismus als autopoietisches Sozialsystem, konzipiert als ein aus Kommunikationen ‚bestehendes' Subsystem (eine Form im Medium) der Publizistik,[277] das im
Rahmen systemspezifischer Programme in Form von Berichterstattungsmustern mittels bestimmter Darstellungsformen aktuelle Beschreibungen sozialer Wirklich-
keit(en) hervorbringt und so ‚Ereignisse' konstruiert.[278] Doch ist der konstruktivistisch-systemtheoretische Startpunkt in Webers Integrationsvorschlag ein skeptisch-
kritischer: So fragt er (a) nach dem empirischen Status des Autopoiesis-Konzepts
für den Journalismus, dem mit systemtheoretischen Mitteln „lediglich (...) spekula-
tiv" begegnet werden könne.[279] Und er hinterfragt (b) den Status der Annahme von
Wirklichkeitskonstruktionen des Journalismus. Dazu trennt er von der epistemologischen eine zweite, ‚empirisch strategische' Frage nach der Konstruktivität journalistischer Berichterstattung.[280]

Zunächst werden die klassischen Theorievorstellungen mit folgenden empirischen Annahmen kontrastiert: Die Steuerung der Selbstbeobachtung der Gesellschaft, immerhin zentrale Funktion von Massenmedien und Journalismus bei Luhmann, erfolge immer weniger durch den Journalismus, vielmehr würden andere
Formen der Publizistik, vor allem Werbung und Unterhaltung, zunehmend die
Funktion gesellschaftlicher Selbstbeobachtung und -beschreibung übernehmen. Ü-
berdies erscheine Journalismus zunehmend weniger selbst gesteuert und werde heute vermehrt vom Wirtschaftssystem fremdgesteuert.[281] Diesen Annahmen ist systemtheoretisch nicht zu begegnen, da dort a priori festgelegt ist, dass Journalismus operativ geschlossen, selbstreferentiell und autopoietisch operiert. Kritisiert werden an
dieser theoretischen Modellierung dichotome Gegenüberstellungen wie Kommunikation statt Handlung, System statt Subjekt, Selbststeuerung statt Fremdsteuerung,
Autopoiesis statt Heteropoiesis etc. Kritisiert wird aber auch die Asymmetrierung
systemfunktionaler Differenzlogik, d.h. das Präferieren jeweils einer Seite bei zwei-
seitigen Unterscheidungsoperationen wie der Systembeobachtung in der System-
Umwelt-Logik. Diese Dichotomien und Asymmetrierungen der Systemtheorie sol-

---

[276] Vgl. v.a. Weber 1999a; 1999b; 2000a; 2000b; 2002.
[277] Dabei wird Publizistik ihrerseits als Subsystem der Medienkommunikation verstanden; vgl. Weber
       2000b: 16f., 58, 64.
[278] Vgl. Weber 2000a: 453.
[279] Vgl. Weber 2000a: 456.
[280] Vgl. ebd.: 457; Weber 1999b: 51f.
[281] Weber 2000b: 13f.

len durch theoretische Perspektivenerweiterung überwunden werden. Die Chance dafür wird in der Reformulierung systemtheoretischer und (radikal) konstruktivistischer Einsichten im Anschluss an Überlegungen aus der Philosophie des Non-Dualismus (nach Josef Mitterer) und der Distinktionstheorie (nach Rodrigo Jokisch) gesehen:[282]

Den *Non-Dualismus* möchte Weber als konsequente Weiterführung und Radikalisierung des Konstruktivismus verstanden wissen. Er läuft auf das Postulat eines wissenschaftstheoretischen Dualismenverzicht hinaus. Während im Konstruktivismus von erkennbarer Wirklichkeit und unerkennbarer Realität ausgegangen werde und aus der wirklichkeitsbedingten (realitätsabbildenden) Erfahrung erfahrungsbedingte (konstruierte) Wirklichkeiten würden, problematisiere der Non-Dualismus diese weiterhin bestehenden Dualitäten. Damit ließen sich Restbestände eines dualistischen, letztlich dem Subjekt-Objekt-Schema verhafteten Denkens auflösen und damit einhergehende versteckte Ontologisierungen vermeiden. Dies erlaubt – so Weber – zum einen den endgültigen Abschied von der Diskussion um das Verhältnis von Medienwirklichkeit und Realität, zum anderen die empirische Beobachtung von Entdualisierungprozessen im Journalismus. Als Beispiel nennt Weber „Faction" als Überwindung der Trennung von faktischem und fiktionalem Journalismus.[283]

In der *Distinktionstheorie* erblickt Weber ein theorielogisches Fundament auch der Systemtheorie. Aus ihr leitet er vor allem das Plädoyer für einen operativen Distinktionsgebrauch ab: Statt der Unterscheidung von System und Umwelt in der Systemtheorie wird die basale Distinktion, die dieser Unterscheidung zugrunde liegt, selbst beobachtet und aufgezeigt, dass solche Distinktionen entweder als Differenzen (wert- bzw. seitenneutral) oder als Unterscheidungen (seitenpräferierend, asymmetrisch) gehandhabt werden. Während die Systemtheorie mit Unterscheidungen operiere, die etwas bezeichnen bzw. wählen (und das andere ausblenden), verspricht sich Weber von wertneutralen Distinktionen eine Überwindung der Entscheidungen für System oder Umwelt, Kommunikation oder Handlung, objektivistischer oder voluntaristischer Konzepte etc.

Für die Journalismusforschung ergäbe sich dadurch die metatheoretische Möglichkeit, Journalismustheorien auf ihre Unterscheidungen dichotomer Vorstellungsweisen hin zu beobachten und durch den Einbezug der per Präferenz ausgeblendeten Seite deren Einseitigkeit zu überwinden. Dann ließe sich neben Kommunikation auch Handeln und Entscheiden im Journalismussystem beobachten, und an die Stel-

---

[282] Vgl. Weber 1999a: 162ff.; 2000a: 459ff.; 2000b: 26ff.
[283] Vgl. Weber 2000b: 28ff., 47.

le des „binär-dichotomen Autopoiesis-Begriffs" der Luhmannschen Systemtheorie
könnte ein „graduelle[r] Distinktions-Set" von mehr oder weniger Autopoiesis/Hete-
ropoiesis treten. Überdies ließen sich mit der Ersetzung der funktionalen Differenzierung durch die Beobachtung ‚reflexiver Differenzierung' auch Strukturausbil-
dungen über Systemgrenzen hinweg sowie Entdifferenzierungsprozesse in den Blick
nehmen, was neuartige theoretische Modellierungen erlaubt.[284]

        Dabei ist die Gradualisierung systemtheoretischer Konzepte, d.h. deren Überfüh-
rung in ein Kontinuum von mehr oder weniger Selbstreferenz, mehr oder weniger
Konstruktivität, mehr oder weniger Autopoiesis etc. als eine Operationalisierung
gedacht, die entsprechende Entwicklungen im Journalismus wieder empirisch zugänglich und messbar macht.[285] Natürlich ist eine solche Konzeptualisierung der
systemtheoretischen Journalismusforschung nicht mehr zuzurechnen. Die jedoch
bedarf Weber zufolge ohnehin einer grundsätzlichen Revision: Über notwendige
Ebenen-Differenzierungen, Gradualisierungen und Empirisierungen und mithilfe
von Non-Dualismus als „Proto-Philosophie" und Distinktionstheorie als „Theorielo-
gik" der Journalismustheorie lasse sich eine „Flurbereinigung" innerhalb konstruktivistischer und systemischer Ansätze durchführen. Sie führe zu einer Theoriearchitektur, die es erlaubt, Autopoiesis und Konstruktion bzw. Konstruktivität „als gra-
duell-kontinuierliche, empirisch-situative (und nicht kategorial-dichotome,
theoretisch-abstrakte) Größen" aufzufassen.[286]

„Journalismus wäre dann – nach einer distinktionstheoretischen und non-dualistischen Revision der (...)
[klassisch systemtheoretisch-konstruktivistischen] Definition – eine ± geschlossene, ± autopoietische
Form der Publizistik, deren Kommunikationen, Handlungen und Entscheidungen Beschreibungen mit
Hilfe der Dualitäten von Ereignis/Bericht(erstattungsmuster) und Ereignis/Darstellung(sform) ± konstruktiv erzeugen."[287]

So gelangt Weber zur Vorstellung eines Journalismussystems, das „zwischen steigender (operativ-inhaltlicher) Selbstreferenz und steigender (strukturell-kontextu-
eller) Fremdsteuerung oszilliert."[288] Gestützt auf eine Journalisten-Befragung zu
Einschätzungen journalistischer Selbst- und Fremdreferenz sowie zur These zunehmender Ökonomisierung und Fremdsteuerung des Journalismus erklärt Weber, dass
das Bewusstsein von Journalisten für steigende Ökonomisierung, Fremdsteuerung

---

[284] Vgl. Weber 2000a: 460f.; 2000b: 35ff, 47.
[285] Vgl. Weber 1999b. So unterscheidet Weber insgesamt dreizehn verschiedene „Konstruktionsgrade"
        von unbewussten (latenten) bis hin zu bewussten Konstruktionen „im Sinne reiner Erfindungen",
        die im Journalismus vorkommen (könnten); vgl. ebd.: 8-28.
[286] Vgl. Weber 2000a: 463ff.
[287] Ebd.: 466.
[288] Weber 2000b: 111.

und Entgrenzung des Journalismus „überraschend deutlich" vorhanden sei, was eine Revision der Befunde zur Autonomie des Journalismus notwendig mache; während das Bewusstsein für journalistische Selbstreferenz und Selbstbezüglichkeit der Medien deutlich geringer gewesen ausfalle. Insgesamt lieferten die Befunde starke Indikatoren für eine steigende Fremdsteuerung des Journalismus „und zumindest schwache Indikatoren" gegen steigende Selbstreferenz.[289]

Das Interesse an einer Verknüpfung theoretischer Einsichten und empirischer Forschungsmöglichkeiten ist auch bei diesem Integrationsvorschlag groß. Zweifellos gelingt die Operationalisierung erst einmal entdichotomisierter und empirisierter Kategorien und damit der Versuch, sie empirischer Prüfung zuzuführen. Doch hat sich der Ansatz nicht nur auf der Ebene der Begriffsbestimmungen damit weit von den ursprünglichen theoretischen Fundamenten entfernt. Entweder man argumentiert systemtheoretisch und beobachtet entsprechend systemlogisch[290] oder man wählt ein anderes Theorieinstrument für die Forschung. Systemtheorie verliert hier selbst den Status einer theoretischen Heuristik, wie er ihr in der konstruktivistischen Journalismusforschung zukommt, und wird zurückgeschnitten auf die Funktion eines Lieferanten für Ordnungsmodelle und Begrifflichkeiten, die aus dem theoretischen Kontext gelöst als eine Art empirischer Instant-Heuristiken benutzt werden.

2.4.3 Journalismus als systembezogene Akteurskonstellation

Einen eigenständigen Theoriebeitrag zur Verbindung von Systemtheorie und der Beobachtung journalistischen Handelns hat Christoph Neuberger vorgelegt, mit dem er der Problematik einer systemtheoretisch ‚halbierten' Journalismusforschung entgegentreten möchte. Journalismus wird von ihm unter Rückgriff auf soziologische Akteurstheorien und Theorien gesellschaftlicher Differenzierung (von Mayntz, Schimank und Stichweh) als eine Akteurskonstellation „zur institutionalisierten Lösung von Kommunikationsproblemen" und zugleich als funktional differenziertes Teilsystem der Gesellschaft vorgestellt.[291] Aufgespannt wird ein analytischer Bezugsrahmen, der Ebenen der Akteurs-, Institutionen und Systemtheorie miteinander verbindet und so den journalistischen Akteur in der Theorie wieder ‚aufwertet', oh-

---

[289] Vgl. ebd.: 105-150, hier 111f.
[290] Eine Systemlogik dürfte kaum teilbar und schon gar nicht zu gradualisieren sein. Das gilt auch für Autopoiesis, die als basale Selbstreferenz „Grundbedingung (...) für die Existenz des Systems [ist];" andernfalls zerfalle das System (Kohring 2001: 81). Vgl. auch Pörksen (2001: 61f.), der bei der Empirisierung von Autopoiesis einen Kategorienfehler fürchtet, obwohl er dessen Gradualisierung nicht grundsätzlich ablehnt. Aber „ein bisschen autopoietisch" ist so wenig möglich wie eine relativ systemlogische Argumentation.
[291] Vgl. Neuberger 1996, insbes. 293ff.; ders. 2000.

ne dass dies auf Kosten wichtiger systemtheoretischer Einsichten geht.[292] Auf der Akteursebene geraten Kommunikator und Rezipient als die an Kommunikation Beteiligten in den Blick, deren Handeln über ihre jeweiligen Interessen, Einflusspotentiale und Nutzenerwägungen im Sinne der Rational-Choice-Theorie erklärt werden sollen.[293] Dieser wechselseitige Handlungszusammenhang zwischen Kommunikator und Rezipient habe sich im Laufe der Zeit so weit stabilisiert und verfestigt, dass Journalismus heute institutionalisiert sei und ein gesellschaftliches Teilsystem der modernen Gesellschaft bilde.

Dabei wird die Argumentation gegenüber Luhmanns Systemtheorie gewissermaßen umgekehrt, wenn nicht mehr Kommunikationssysteme zur Vereinfachung und Zurechnung von Kommunikation auf Handeln und Akteure abstellen, sondern Akteure Handlungssituationen als Ausprägungen der spezifischen Logik eines gesellschaftlichen Teilsystems begreifen und sich daran orientieren – was Akteurshandeln selbst wiederum strukturiert und prägt.[294] Neuberger nutzt den von Schimank entwickelten Analyserahmen mit der Unterscheidung von Akteurs-, Institutionen- und Systemebene und überträgt ihn auf den Forschungsgegenstand Journalismus, um ihn „als Akteur[s]konstellation", „als institutionelle Ordnung" und „als teilsystemische[n] Orientierungshorizont" zu beschreiben und seine strukturellen Handlungsbedingungen zu identifizieren.[295]

Auf der obersten Ebene *teilsystemischer Orientierungshorizonte* geht es um den systemspezifischen Kommunikationszusammenhang, auf dem Handlungskontingenz durch binäre Unterscheidung reduziert, in dauerhaften Organisationsstrukturen stabilisiert und so Handeln von Journalisten strukturiert wird. Allerdings scheint aus dieser Perspektive die konstitutive Funktion des Systems nicht als fixes, von vornherein vorgegebenes Sinnkriterium, sondern ist – so Neuberger mit Mayntz – in sozialen Definitionsprozessen auszuhandeln. Auf den Journalismus gewendet werden deshalb verschiedene Leistungserwartungen diskutiert, die von anderen gesellschaftlichen Teilsystemen wie von Rezipienten an den Journalismus gestellt werden.[296]

Auf der mittleren Ebene *institutioneller Ordnungen* geht es um generalisierte Verhaltensmuster, normative Regeln und Sanktionsmechanismen, die das Wahrnehmen und Beurteilen der Handelnden anleiten und formulieren, wie in bestimmten Situationen gehandelt werden soll und womit bei Regelverstößen gerechnet werden muss. Im Journalismus sind sie nicht nur in die Ausformung journalistischer

---

[292] Vgl. Neuberger 2000: 276.
[293] Vgl. ebd.
[294] Vgl. Neuberger 2000: 277.
[295] Ebd.: 280.
[296] Vgl. ebd.: 278, 285ff.

Rollen eingegangen, sondern haben sich auch in Form etablierter (oft nicht mehr hinterfragter) Berufsnormen manifestiert. Aufgrund eines geringen Professionalisierungsgrades des Journalismus, mangelnder Reflexion der Berufsnormen und einer konkurrierenden ökonomischen Rationalität sei dabei von ambivalenten Handlungsorientierungen auszugehen.[297]

Geht es auf der teilsystemischen Ebene in erster Linie um evaluative, auf der institutionellen Ebene um normative, so auf der Ebene der *Akteurskonstellation* primär um kognitive Modalität, d.h. um das ‚Können' individueller und kollektiver Akteure. Die Akteure haben bestimmte Interessen, unterschiedliche Einflusspotentiale zu deren Durchsetzung sowie jeweilige Handlungsstrategien. Letztere erklärt Neuberger anhand des Rational-Choice-Prinzips einer rational kalkulierenden, egoistischen Nutzenmaximierung.[298] Kommunikation als spezifische Akteurskonstellation ist dann bestimmt von der Interferenz der Absichten der Kommunikationsteilnehmer, d.h. sie konstituiert sich in den Interessen der Beteiligten, der Orientierung aneinander und der gegenseitigen Begrenzung – ein Grundmuster, das auch auf den journalistischen Zusammenhang übertragen wird.[299] Journalistisches Handeln sei dabei nicht allein durch System- bzw. institutionelle Vorgaben gesteuert, wie die systemtheoretische Redaktionsforschung suggeriert. Vielmehr gebe es eine über die organisatorischen Strukturen hinausgehende Dimension journalistischen Handelns, die nicht komplett rationalisierbar und kaum durch formale Organisation standardisierbar ist. Neuberger wendet diese Einsicht jedoch erneut rationalistisch, wenn er dafür plädiert, handlungstheoretische Bezüge hinsichtlich Erwartungssicherheit und Folgenbewertung (wie sie derzeit lediglich auf der Rezipientenseite in Anschlag gebracht werden) auch auf Seiten der Journalisten heranzuziehen. Zwar könnten Journalisten sich ‚im Normalfall' damit begnügen, Informationen routinisiert, „ohne größere Prüfung oder Zusatzrecherche" weiterzugeben. Doch wenn das Wissen zur Situationsbestimmung nicht ausreiche oder das Interesse an Klärung aufgrund möglichen Schadens oder Nutzens groß sei, wäre ein explizites Handeln nach dem Prinzip der rationalen Wahl erforderlich.[300]

Neubergers journalismustheoretischer Beitrag behält die Ebene eines eigensinnigen Funktionssystems Journalismus im Blick, gewinnt aber mit der Übernahme von Schimanks Mehrebenenmodell, d.h. durch das Abrücken von strikt funktionslogischen Vorgaben theoretische Freiräume, die er zur Integration institutioneller Erwar-

---

[297] Vgl. ebd.: 278f, 283f.
[298] Vgl. Neuberger 1996: 22, 293; ders. 2000: 279.
[299] Vgl. Neuberger 2000: 281.
[300] Ebd.: 283.

tungsstrukturen im Journalismus und einer theoretischen Handlungsvorstellung journalistischer Akteure nutzt. In seiner Argumentation wird deutlich, dass danach zu fragen ist, ob (a) die organisatorische Bedingtheit das einzige Konstituens journalistischer Kommunikation ist und ob (b) systemtheoretische Zugänge der einzig problemadäquate Weg zur Analyse organisatorisch verfasster Handlungs- und Kommunikationszusammenhänge darstellen. Beides ist nicht der Fall. Daran ist dann aber auch die Überlegung anzuschließen, ob das Handlungskonzept der Rational-Choice-Theorien die angemessene theoretische Konzeption zur Analyse journalistischen Akteurshandeln darstellt, droht sie doch soziales Handeln auf eine ‚vernünftige‘ Wahl nach ‚Berechnung‘ rationaler Handlungsfolgen zu verkürzen, so als würden perfekt informierte Akteure zwischen verschiedenen Optionen mit jeweils fixen Bedeutungen auswählen. Überdies stehen in dem analytischen Bezugsrahmen soziale Journalismusstrukturen und individuelle Nutzenkalküle journalistischer Akteure letztlich unverbunden nebeneinander, so dass, selbst wenn Funktions-, Institutions- und Akteursebene (über den Fokus auf das Handeln) aufeinander bezogen werden, letztlich unklar bleibt, wie die jeweiligen Strukturdimensionen zusammenhängen.[301]

2.4.4   Neuere strukturationstheoretische Ansätze

Dass die vom Journalismussystem entwickelten Strukturen journalistische Arbeitsprozesse nicht komplett durchstrukturieren und so journalistisches Handeln für jeden Einzelfall vorbestimmen, ist – ähnlich der Kritik von Neuberger – auch der Ausgangspunkt einer integrativen Konzeption, die von Klaus-Dieter Altmeppen im Zusammenhang einer empirischen Redaktionsstudie entwickelt worden ist.[302] Auch wenn dem Typus des ‚Entscheidungshandelns‘ (Rühl) zentraler Stellenwert innerhalb des redaktionellen Handelns eingeräumt wird, lassen sich in journalistischen Arbeitszusammenhängen Unsicherheitszonen ausmachen, die sich durch zeitliche Risiken, wahrgenommene Ereignislagen und Kontingenzen bei der Themenauswahl ergeben, denen Journalisten zunächst routinisiert und damit nicht entscheidungsorientiert begegnen. Darüber hinaus ergeben sich jenseits der Strukturierung des Handelns durch Entscheidungsprogramme Freiräume, die es notwendig machen, „die erforderlichen Arbeitsschritte zuerst einmal abzustimmen und einen Konsens über die weitere Verfahrensweise herzustellen (...). In diesen Fällen dominiert eine Handlungsweise, die als koordinierendes Handeln bezeichnet" wird.[303]

---

301   Vgl. Löffelholz 2001: 13.
302   Vgl. Altmeppen 1999: 34, 52.
303   Altmeppen 2000: 295f.

Das Problem strikt systemtheoretischer Konzeptualisierungen von Journalismus erblickt Altmeppen in dem Umstand, dass Kommunikation als Letztelement von Systemen bestimmt wird und von daher Handlungen bei der theoretischen Beobachtung ausgeklammert werden. Spätestens bei empirischen Untersuchungen allerdings werde Handlung zu einer zentralen Kategorie, da erst die Fokussierung auf Handeln die empirische Beobachtung des Journalismussystems erlaubt. An dieser Stelle schließt Altmeppen seine Überlegungen an das Integrationskonzept von Weischenberg und Mitarbeitern an, wenn er von Journalismus als einem Handlungs- oder Leistungssystem spricht, dessen Strukturen durch das Handeln von Journalisten erkennbar werden.[304] Er erweitert deren Konzeption jedoch durch die Verknüpfung mit Theorieüberlegungen, die auf den Zusammenhang von Handlung und Struktur ausgerichtet sind. Vor allem Giddens' Strukturierungsansatz wird dabei für die Analyse des Zusammenhangs zwischen journalistischen Strukturen und dem Handeln von Journalisten in Anspruch genommen. Handeln lässt sich danach sowohl als strukturabhängige, wie auch als strukturbildende Kategorie verstehen. Über strukturelle Interdependenzen, die es zu klären gilt, sollen Handeln und System verbunden werden. Auf den Journalismus übertragen heißt das:[305]

„Journalistisches Handeln [ist] zunächst soziales Handeln aufgrund des handelnden Miteinanders (...) [von] Individuen. Zum journalistischen Handeln werden die Interaktionen der Journalisten, weil dieses Handeln durch journalistische Programme ermöglicht und restringiert wird. Journalistisches Handeln konstituiert sich, wenn es innerhalb journalistischer Organisationsprogramme (...) geschieht und wenn ihm die Arbeitsprogramme des Journalismus zugrundeliegen."

Handeln von Journalisten erweist sich als sinnvolles, zumeist absichtsvolles, doch nicht immer völlig durchgeplantes Handeln. Situationsangemessenheit und das Erfüllen redaktioneller Erwartungen ergeben sich nach Altmeppen aus dem erfahrungsgespeicherten Wissensvorrat von Journalisten und darin eingelagerten Deutungsmustern und Normvorstellungen, die auf Handeln bezogen werden und es strukturieren. Weil im Wissensvorrat Erfahrungen der Akteure sedimentieren, die so die Grundlage nachfolgenden Handelns bilden, strukturiert der Wissensvorrat der Akteure journalistisches Handeln. Hier zeigt sich die Rekursivität von Handlung und Struktur: „Indem die Journalisten auf ihre beruflichen Erfahrungen in ihrer Arbeit zurückgreifen, reproduzieren sie aufgrund des erfahrungsgeleiteten Handelns ihre berufliche Wirklichkeit."[306]

---

[304] Vgl. Altmeppen 2000: 294.
[305] Altmeppen 2000: 297.
[306] Ebd.: 299.

Doch greifen sie dabei nicht nur auf berufliche Erfahrungen zurück. In den Wissensvorrat von Journalisten würden neben den beruflichen sowohl vorberufliche (Sozialisations- und Bildungs-) wie außerberufliche (lebensweltliche) Erfahrungen eingehen, die nicht „an der Garderobe der Redaktion" abgelegt werden könnten, sondern mit in die journalistische Arbeit eingehen, dort genutzt und dabei von Strukturen journalistischer Organisation überformt würden. Auf diese Weise wird einerseits das soziale Handeln in Redaktionszusammenhängen „in das rekursiv organisierte journalistische Handeln" überführt und andererseits der Wissensvorrat der Akteure im Zuge beruflicher Sozialisation „um die Erfahrungen und Erwartungen der institutionellen, generalisierten Handlungsorientierungen" aufgestockt. In diesen Handlungsorientierungen, die nichts anderes sind als ein Bündel an Erwartungen und Anforderungen an journalistische Arbeit, erblickt Altmeppen die „journalistischen Programme", wie sie von der systemtheoretischen Journalismusforschung herausgearbeitet worden sind.[307]

Doch gilt es zu bedenken, dass journalistisches Handeln situativ erfolgt und von den Akteuren Situationsdefinitionen und Interpretationsleistungen in den jeweiligen Handlungskontexten erfordert. Die Situationsspezifität tritt also zum journalistischen Erfahrungshorizont und den Anforderungen journalistischer Programme hinzu. Sie ist „sozial (zum Beispiel durch die Anzahl der Journalisten), räumlich (durch deren Anwesenheit an einem spezifisch geordneten Ort) und zeitlich (zu einem bestimmten Zeitpunkt)" strukturiert.[308] Solche Handlungsbedingungen wie Zeitkontingente oder materielle wie infrastrukturelle Ausstattung sind als Ressourcen anzusehen, die journalistisches Handeln nicht nur limitieren, sondern auch ermöglichen. Sie bilden „Strukturmomente" – so Altmeppen im Anschluss an Giddens – „auf die sich die bewusst handelnden Subjekte in der Produktion ihres Handelns beziehen und die sie auch reproduzieren."[309] Neben den zeitlichen, sachlichen und sozialen Ressourcen unterscheidet Altmeppen allokative (Personal, Technik, Kapital) und autoritative Ressourcen (Organisationswissen, Führungskompetenz und Verfügungsgewalt bzw. Machtformen), womit objektive Ausstattungsmerkmale, formale Hierarchien wie auch informelle Macht- und Herrschaftsstrukturen als weitere wichtige strukturelle Faktoren des Journalismus in die Beobachtung mit aufgenommen werden können.[310] Zusammengefasst: Sozialisationsbedingte Deutungsmuster aus dem erfahrungsgespeisten Wissensvorrat von Journalisten, Situationsdefinition und Kon-

---

[307]   Siehe hierzu und zu den vorausgegangenen Zitaten ebd.: 299f.
[308]   Vgl. ebd.: 302f.; Zitat 303.
[309]   Giddens 1995: 67.
[310]   Vgl. Altmeppen 2000: 302ff.

textinterpretation, zeitliche, räumliche und soziale Situationsbedingungen, generalisierte Handlungserwartungen und -muster regelorientierter journalistischer Programmen bilden gemeinsam mit verfügbaren Ressourcen den sozialen Zusammenhang, in dem journalistisches Handeln sich vollzieht.

In einer Redaktionsbeobachtung von fünf Privatfunkredaktionen hat Altmeppen dieses Handeln empirisch untersucht. Dabei bestätigen die Untersuchungsergebnisse die theoriegeleiteten Annahmen über die Bedeutung von Koordinationshandeln in Redaktionen. Beobachten lassen sich institutionalisierte Koordinationsmechanismen wie regelmäßige Konferenzen,[311] aber auch spontane und informelle Formen der Koordination. Aufgrund flacher Redaktionshierarchien, durchlässiger horizontaler Organisationsgliederung ohne feste thematische Zuständigkeiten sowie fehlender Leitungs- und Kontrollinstanzen auf mittlerer Ebene erwies sich der Koordinationsbedarf in diesen Redaktionen als vergleichsweise hoch.[312] Dabei zeigte sich, dass Entscheidungshandeln nach journalistischen Programmen und Koordinationshandeln auch insofern komplementäre Formen journalistischen Handelns sind, als sich aus Programmen – strukturprägend – Formen der Koordination ergeben, wie auch umgekehrt Programme ihrerseits – strukturbildend – aus koordinierendem Handeln hervorgehen:

„Weil Arbeitsanforderungen unvollständig sind, bedürfen sie der deutenden, ergänzenden, entscheidenden und vermittelnden Eigentätigkeit der Journalistinnen und Journalisten – deshalb führen Programme zu Koordinationen. Und weil andersherum die Journalistinnen und Journalisten auch darauf bedacht sind, die Arbeitssituationen zu strukturieren und zu stabilisieren, entstehen Programme (oder, weniger tiefgreifend: Modifikationen von Programmen) durch Koordinationen.[313]

Auch wenn Altmeppens Analyse ihren theoretischen Ausgangspunkt bei Weischenbergs Konzeption eines sozialen Funktionssystems Journalismus nimmt, das sich empirisch als Handlungssystem beobachten lässt, so wird in der weiteren Arbeit nicht auf dessen vergleichsweise starres Konzept hierarchischer Strukturkontexte zurückgegriffen. Auch entfernt sie sich mehr und mehr von strikt systemtheoretischen Komponenten zugunsten der Beobachtung von Strukturierungs- und Restrukturierungsprozessen durch das Handeln journalistischer Akteure.

Hatte die Arbeit von Altmeppen bei der Beobachtung von Handlungs- und Strukturzusammenhang in redaktionellen Arbeitsabläufen Gestaltungsräume innerhalb bestehender Organisationsstrukturen fokussiert, um in der Koordination einen

---

[311] Sie wurden bereits von Rühl in seiner Zeitungsstudie in Form von Intermediärsystemen mit integrativen Funktionen ausgemacht; vgl. Rühl 1969: 173f. Siehe weiter oben Abschnitt 2.3.1.

[312] Vgl. Altmeppen 1999: 100, 143ff.; vgl. auch ders. 2000: 305ff.

[313] Altmeppen 2000: 309f.

eigenständigen und kreativen Handlungstypus im journalistischen Strukturzusammenhang zu identifizieren, so geht Thorsten Quandt in seiner Analyse des Handelns von Akteuren im Online-Journalismus noch einen Schritt weiter. Denn der von ihm gewählte Forschungsbereich zeichnet sich dadurch aus, dass bei dem gerade erst im Aufbau befindlichen Online-Journalismus redaktionelle Strukturen (noch) nicht vorliegen und von daher zunächst völlig offen ist, welchen Strukturmustern das Handeln von Online-Journalisten dort folgen könnte.[314] Wenn aber in neu entstandenen Online-‚Redaktionen' Verfahrensabläufe erst einmal völlig offen und noch keinerlei Routinen ausgebildet sind, dann interessiert neben dem Einzelhandeln von Online-Journalisten (und der Frage, ob es sich als spezifisch journalistisches Handeln darstellt oder grundsätzlich davon unterscheidet) vor allem die Ebene überindividueller Handlungsorientierungen angesichts von Organisationskontexten, die erst im Entstehen begriffen sind. Denn es fehlen nicht nur bereits verfestigte Strukturen, sondern auch ‚Vorbilder', an denen sich das Handeln von Journalisten und Neuzugängen in Online-Redaktionen orientieren könnte. Gefragt wird deshalb nach Formen der Selbstorganisation (auf der Ebene der Online-Redaktionen) sowie (auf der Handlungsebene) danach, auf welche Handlungsmuster Online-Journalisten in ihrem Arbeitsalltag zuückgreifen: journalistisch-redaktionelle oder eher technisch-gestalterische?[315]

Eine Möglichkeit der theoretischen Grundlegung für diese Forschung erblickt Quandt in der Inanspruchnahme ‚dualer Theorien', die sowohl handlungs- bzw. akteursorientierte als auch strukturelle bzw. systemische Komponenten nutzen, um die wechselseitige Bedingtheit von sozialem Handeln und Regeln zu erklären: Eine solche „zweiseitige Sichtweise – Handeln bildet Regeln, und Regeln präformieren Handeln – löst einerseits von reduktionistischem Individualismus und andererseits von allzu starrem Strukturdenken."[316] Gleichzeitig erlaube sie eine Verschränkung von Mikro- und Makroperspektiven und führe durch die Beobachtung der Gleichzeitigkeit der Handlungs- und Strukturmomente zur Verabschiedung vom Denken in strikt kausalen Zusammenhängen.

Die Übertragung der Einsichten in rekursive Handlungs- und Strukturierungsprozesse auf die empirische Analyse führt zunächst zu einer Art Modellvorstellung, die von unbekannten Kontextbedingungen ausgeht, die einen innovativen und kreativen Umgang mit der Handlungssituation erfordern. Daraus gehen individuelle Handlungsmuster hervor, die über Wiederholung und Nachahmung zu routinisierten

---

[314] Vgl. Quandt 2000: 484ff., 495ff.
[315] Vgl. Quandt 2001: 234, 238.
[316] Quandt 2000: 506.

Handlungsmustern werden (an denen man sich orientieren kann). Diese werden allmählich in überindividuelle, professionelle Verfahrensmuster überführt, welche sich
zu allgemein geteilten Regeln verfestigen, denen Online-Journalisten in zunehmen-
dem Maße folgen. Die Pointe besteht darin, dass – vorausgesetzt es kann die Eigenständigkeit und Abgrenzbarkeit eines solchen ‚online-journalistischen' Handelns
gezeigt werden – auf diese Weise Prozesse einer allmählichen Systembildung beobachtet und analysiert werden können.[317] Die Operationalisierung mittels Redaktionsbeobachtung erlaubt die empirische Ermittlung einzelner Handlungsschritte von
Online-Journalisten, die dann analytisch in einzelne Elemente von Handlungsse-
quenzen zerlegt werden können, deren Replikation und Verdichtung zu mehrdimensionalen Handlungsmustern sich empirisch verfolgen lässt.

Die integrativen Theoriekonzepte von Altmeppen und Quandt knüpfen beide an
Vorstellungen konstruktivistisch-systemtheoretischer Ansätze an, lösen sich dann
aber von der Beobachtung rein systemlogischer Strukturen, um einen Beitrag zur
Klärung des theoretischen Zusammenhangs von Journalismusstrukturen und dem
Handeln journalistischer Akteure zu leisten. Im Zuge seiner Analyse arbeitet Altmeppen dabei Strukturen heraus, die bislang kaum in den Analysefokus der Journalismusforschung geraten sind: (a) kognitive Strukturen in Form erfahrungsbedingter
Wissensvorräte von Journalisten, über die vermittelt journalistische Programme in
deren Handeln konkretisiert und aktualisiert werden, sowie (b) Ressourcen, die es
erlauben, Situationsspezifität und Handlungskontexte in die Analyse journalistischen Handelns mit aufzunehmen. Quandt hingegen nutzt vor allem die Idee der
Komplementarität von Handeln und Regeln und setzt – theoretisch wie empirisch –
bei den handelnden Journalisten an, um Prozesse sich allmählich generalisierender
Handlungsorientierungen als Strukturbildungsprozesse zu begreifen und empirisch
zu analysieren. Damit haben sich beide Konzepte jedoch bereits vergleichweise weit
von systemfunktionalistischen Vorstellungen entfernt.

2.5   Zusammenfassung

In diesem Kapitel wurden zentrale Ansätze der Journalismusforschung vorgestellt
um herauszuarbeiten, was für ein Verständnis vom Journalismus ihren Arbeiten
zugrunde liegt und welche Konzeption von den handelnden Journalisten in ihnen

---

[317] Vgl. Quandt 2001: 238ff. Allerdings ist dieser an Giddens angelehnte Systembegriff von dem der
Luhmannschen Systemtheorie deutlich unterschieden. Quandt weist denn auch darauf hin, dass Systeme, die sich durch regelmäßige soziale Praktiken von Akteuren konstituieren, variabel sind, keine
trennscharfen Systemgrenzen aufweisen und sich durch Variation der Praktiken verändern können;
vgl. Quandt ebd.: 243.

jeweils verwendet wird. Denn die Art und Weise, in der der Zusammenhang zwischen dem Journalismus und den journalistisch Handelnden in den Blick genommen und theoretisch gefasst werden kann, hängt zuallererst davon ab, welche *wissenschaftliche* Vorstellung sich die Forschung von ihrem Gegenstand, dem Journalismus, wie auch von den dort Handelnden erarbeitet hat und zur Grundlage ihrer empirischen Bemühungen macht.

Diejenigen Ansätze der Journalismusforschung, die hier unter dem Begriff des ‚Personenparadigmas' zusammengefasst wurden, scheinen damit keinerlei Schwierigkeit zu haben. Sie verstehen Journalismus in erster Linie als einen Beruf, dessen Berufsangehörige sich als Journalisten identifizieren lassen.[318] Im Zentrum des Forschungsinteresses stehen folglich die Journalisten selbst, sowie ihre personenbezogenen Merkmale und Einstellungen. Das gilt im Übrigen nicht nur für die deutschsprachige Forschungstradition. Als Begründung für ein solches Verständnis gibt beispielsweise der amerikanische Kommunikationsforscher Everette E. Dennis an: „The reason we care all about the nature, characteristics, and ‚mating habits' of [...] journalists, more than we seem to care about similar data on doctors, lawyers, accountants, or undertakers, is that we think it matters."[319] Das ist ein rein pragmatisches Motiv, das man so oder ähnlich in Einleitungen zahlreicher Studien empirischer Journalismusforschung finden könnte, auch wenn es selten so lapidar formuliert wird – aber ein theoretisches Argument für ein begründetes wissenschaftliches Vorgehen ist es nicht.

In der normativen Publizistik Dovifats ist diese Vorstellung noch diffus, wenn Journalismus zunächst als nur *eine* (gegenüber der ‚freien', gesinnungsmäßigen Publizistik gar defizitäre) Erscheinungsform unter verschiedenen Formen der Publizistik verstanden wird. Zwar verweist Dovifat auf Bedingungen journalistischer Praxis in Medienredaktionen, bezeichnet Journalismus aber dennoch als ‚Ruf' und ‚Berufung' und möchte die Journalisten auch angesichts ihres Eingebundenseins in berufliche und redaktionelle Zusammenhänge nicht von der normativen Verpflichtung zur ‚geistigen Einwirkung auf die Öffentlichkeit' entlassen.

Die Empirische Kommunikatorforschung hingegen begreift Journalismus expressis verbis als Beruf und nimmt entsprechend Aspekte der Arbeits- und Berufswirklichkeit in ihre Forschungsfragen mit auf. Vor allem mit der Modellvorstellung des Kommunikators im Feld der Massenkommunikation gewinnt sie allmählich

---

[318] Entsprechend schwer tun sie sich bereits mit der Differenzierung zwischen Journalisten und dem Journalismus. Mitunter wird beides gar in eins gesetzt; etwa wenn der Versuch Journalismus zu definieren lediglich in die Diskussion der Bestimmungen journalistischer Tätigkeit des DJV mündet (vgl. Kunczik/Zipfel 2001: 129ff.).

[319] Dennis 1996: IX.

komplexere Vorstellungen, die zur Berücksichtigung von immer neuen Kontextvariablen führen. Doch trotz aller Komplexitätsgewinne tradiert und pflegt sie ein Verständnis, bei dem die am Journalismus von Berufs wegen Beteiligten den unaufgebbaren Fluchtpunkt bilden. Nicht zufällig charakterisiert Böckelmann in seiner Bilanz der Kommunikatorforschung deren Bemühungen als ein Vorgehen, das inmitten eines „dichten Netzes von Interdependenzen" bei den Journalisten als „etwas Faßbarem" ansetze, und „nach einigen Kehrtwendungen und Saltos häufig zum Ausgangspunkt, zur Person zurückführt."[320]

Was das Handeln von Journalisten anbelangt, erweist sich die Vorstellung der personenbezogenen Forschung als nahe an alltagspraktischen Annahmen, bei denen soziale Phänomene an beteiligten Personen festgemacht und auf deren intentionales Handeln zurückgeführt werden. Es entsteht ein Bild vom journalistischen Individuum, das gemäß seinem freiem Willen absichtsvoll und zweckgerichtet handelt und so den Mittelpunkt bildet, um den herum verschiedene soziale Einflusssphären liegen. Exemplarisch zeigt sich dies in den Arbeiten der wirkungsorientierten Journalismusforschung, deren Fokus auf den subjektiven Meinungen und Einstellungen der als homogene Gruppe gefassten Journalisten liegt, und die dabei die voluntaristischen Grundlagen und die instrumentellen Strategien eines persönlich motivierten, zweckgerichteten publizistischen Handelns von Journalisten herausarbeiten will.

Die Folgen einer solchen Vorstellungsweise liegen auf der Hand: Die personenbezogene Journalismusforschung bekommt nur diejenigen Aspekte des Journalismus in den Blick, die sich aus der direkten Beobachtung der Journalisten und der Ermittlung ihrer Handlungsmotive ergeben. Damit drohen ihrer Aufmerksamkeit alle Aspekte zu entgehen, die sich quasi ‚hinter dem Rücken' der Akteure vollziehen und die die unmittelbaren Interaktionszusammenhänge der Beteiligten übersteigen. Oder sie läuft Gefahr, deren Erklärung in dem absichtsvollen Handeln von Journalisten zu suchen und den Akteuren entsprechende Handlungsmotive unterzuschieben.

Die Konzeptionen der dem Systemparadigma folgende Forschungsarbeiten erwiesen sich geradezu als ein Gegenprogramm: Journalismus soll nun nicht mehr von den beteiligten Individuen aus, sondern als ein eigenständiger und eigenlogischer sozialer Zusammenhang gefasst werden. Entsprechend werden alltagsvernünftige Vorstellungen zurückgewiesen zugunsten der wissenschaftlichen Konstruktion vom Journalismus als einem sozialen System. Während Blöbaum dabei die neuere Luhmannsche Systemtheorie nutzt, um Funktion und Strukturen des Journalismus ausdrücklich von einer makrotheoretischen Ebene aus zu analysieren, entwickelt Rühl

---

[320] Böckelmann 1993: 21.

einen Ansatz vom Journalismus als sozialem Handlungssystem, das aus ‚faktischen'
Kommunikation und dem ‚faktischen' Handeln der beteiligten Journalisten besteht.
Das Handeln journalistischer Akteure wird von ihm im Hinblick auf Anforderungen
und Erwartungen der Redaktionsorganisation thematisiert und anhand rollentheore-
tischer Überlegungen expliziert. So lässt sich Rollenhandeln dem ‚Sozialsystem',
das übrige Handeln dem ‚Personalsystem' zurechnen. Diese Unterscheidung führt
letztlich zu einer Dichotomie von Sozialem und Psychischem, die sich – wie gesehen – bei der detaillierteren Analyse des Handelns von Journalisten in redaktionellen Zusammenhängen kaum aufrechterhalten lässt. Forschungsansätze hingegen, die
der neueren, autopoietisch gewendete Systemtheorie Luhmanns folgen, müssen damit zurecht kommen, dass diese allein auf die Beobachtung von Kommunikationen
abstellt und den journalistischen Akteur aus der Theorievorstellung eskamotiert hat.
    Die integrativen Theoriekonzepte schließlich, die aus dem Bemühen heraus ent-
standen sind, Einseitigkeiten beider Forschungsparadigmen zugunsten einer theoriegeleiteten, gleichwohl praktikablen empirischen Journalismusforschung zu überwinden, münden in Theoriekonstruktionen, die der eigenständigen Bedingtheit journalistischer Funktionen und Strukturen Rechnung tragen will, ohne die theoretische
Berücksichtigung und empirische Beobachtung der journalistischen Akteure und ihres Handelns deshalb aufzugeben. Prominentestes Beispiel dafür ist journalismustheoretische Verbindung von Systemtheorie und Konstruktivismus. Auch sie geht
von der Vorstellung des Journalismus als einem autopoietischen Funktionssystem
der modernen Gesellschaft aus, das über Kommunikationen kontinuiert. Doch wird
gleichzeitig betont, dass Kommunikation sich nicht selbst organisiert, sondern von
Kommunikationsbeteiligten angestoßen und organisiert wird. Über die simplifizierende Zurechnung systemischer Kommunikation in Form von Handlungen und mithilfe des Konzepts der strukturellen Kopplung sollen journalistische Akteure als relevante Größe in der Systemumwelt des Journalismus beobachtet werden.
    Doch erweist sich das dortige Akteursverständnis für die Frage nach dem journa-
listischen Handeln unzureichend gerüstet, basiert es doch letztlich auf der konstruktivistischen Annahme selbstreferentiell geschlossener, autopoietischer Kognitionssysteme und operiert, wenn von der Kognitions- auf die Handlungsebene gewechselt
wird, mit der Theoriefigur von ‚im Prinzip autonomen' Wirklichkeitskonstruktionen
der Subjekte. Und sie muss – wie alle systemtheoretische Journalismusforschung,
die das Handeln journalistischer Akteure beobachten und analysieren will – mit der
theoretischen Schwierigkeit fertig werden, dass Strukturen nur und ausschließlich
systemfunktional (als Systemstrukturen) gefasst werden, womit alle handlungsrele-
vanten Strukturen ausgeblendet bleiben, die nicht als systemzugehörig ausgewiesen
werden können.
    An diesem Punkt entfernt sich folglich auch das integrationstheoretische Kon-
zept Altmeppens von der konstruktivistischen Systemtheorie, die zunächst die Basis
seiner theoretischen Überlegungen bildet. So gelingt es ihm, über die Bedeutung der

Handlungsspezifität und die Frage jeweiliger Handlungsbedingungen journalistischer Praxis nicht nur kognitive Strukturen wie Deutungsmuster und im Wissensvorrat der Akteure sedimentierte Erfahrungen, sondern vor allem auch zeitliche, materielle und autoritative Ressourcen in die Analyse journalistischer Handlungspraxis
mit aufzunehmen. Deutlich geworden ist jedoch auch, dass sowohl der Synthesevor-
schlag von Altmeppen als auch derjenige von Quandt sich von den Vorstellungen
des Systemparadigmas bereits vergleichsweise weit entfernt haben.

Fragt man schließlich nach den Handlungsvorstellungen, die in den verschiedenen Journalismusforschungsansätzen expliziert werden, so überrascht, dass nur wenige Theorieansätze Anstrengungen unternommen haben, eine *theoretische* Vorstellung vom Handeln journalistischer Akteure zu entwickeln. Mit dem Rekurs auf die
Theorie rationalen Wahlhandelns bildet Neubergers Ansatz, in dem Journalismus als
eine systembezogene Akteurskonstellation zur institutionalisierten Lösung von
Kommunikationsproblemen vorgestellt wird, eine der wenigen Ausnahmen. Dort
wird das Handeln von Kommunikator und Rezipient an jeweiligen Interessen, wechselseitiger Orientierung, Einflussmöglichkeiten und Handlungsstrategien festgemacht und durch das Rational-Choice-Prinzip einer rational kalkulierenden, egoistischen Nutzenmaximierung zu erklären versucht. Mit dem Handlungskonzept der
Rational-Choice-Theorien kann vor- und außerwissenschaftlichen Annahmen vom
Handeln entgegengetreten werden. Doch bleibt in der Verwendung des auf den
Journalismus übertragenen analytischen Drei-Ebenen-Bezugsrahmens letztlich offen, ob eine solche Handlungsvorstellung zur Klärung des Verhältnisses zwischen
journalistischem Funktions- und Strukturzusammenhang und dem Handeln journalistischer Akteure wirklich beitragen kann.

3 Zwischenbetrachtung

Im vorangegangen Kapitel wurden Ansätze der Journalismusforschung vor- und einander gegenübergestellt, deren theoretische Sichtweisen dem Personen- oder dem Systemparadigma zugeordnet werden können, oder die in kritischer Absetzung davon aus dem Bemühen um integrative Theoriekonzepte entstanden sind. Wenn im Folgenden erneut auf Aspekte unterschiedlicher Sicht- und Vorstellungsweisen der Journalismusforschung eingegangen wird, geschieht dies quer zu einzelnen Theorietraditionen. Gefragt wird auf wissenschaftstheoretischer Ebene nach ihrem epistemologischen Selbstverständnis sowie dem spezifischen Wirklichkeitsbezug und dessen Konsequenzen für die Forschung. Dazu gehört auch die Frage des theoretischen Status des Forschungsobjekts. Diskutiert wird darüber hinaus das Problem alltagsvernünftiger Anschauungen für die Ausbildung wissenschaftlicher Vorstellungen, was auf soziale Kontextbedingungen wissenschaftlicher Forschung verweist.

Anschließend wird auf der Ebene sozialtheoretischer Modellierungen nach Konzepten zur Beobachtung und Analyse von Strukturen, von Handeln und dem Zusammenhang von Handeln und Struktur gefragt. Im Zuge dieser Klärungen gewinnen bislang angesprochene Unterschiede der verschiedenen Forschungsansätze ein deutlicheres Profil. Ziel der Zwischenbetrachtung ist jedoch nicht so sehr die erneute vergleichende Diskussion von Traditionen der Journalismusforschung. Sie soll vielmehr dazu dienen, den Blick der Forschung zu öffnen für mögliche theoretische Alternativen, die sich für eine genauere Klärung des Verhältnisses zwischen dem sozialen Zusammenhang des Journalismus und dem Handeln von Journalisten als hilfreich und dadurch für eine empirisch-kritische Journalismusforschung als brauchbar erweisen könnten.

3.1 Wissenschaftstheoretische Klärungen

Bislang wurden die verschiedenen Traditionen der Journalismusforschung nach Personen- und Systemparadigma unterschieden, um ihre theoretischen Vorstellungsweisen deutlich werden zu lassen. Natürlich ist das nicht die einzig sinnvolle Unterscheidung, hätte man sie doch auch nach ihrem jeweiligen wissenschaftstheoretischen Selbstverständnis differenzieren können.[1] Die Kontrastierung eines ‚reali-

---

[1] Der Begriff des Paradigmas ist in anderen kommunikationswissenschaftlichen Untersuchungen genau für solche Unterscheidungen herangezogen worden. Vgl. Weischenberg 1993; Bentele 1993.

stischen' versus eines ,erkenntniskritischen' Paradigmas wurde in der Arbeit nicht als beobachtungsleitend gewählt, damit nicht aus der Zuordnung zu einem dieser Wissenschaftsverständnisse unter der Hand eine Gleichsetzung wird: Wenn system-theoretisch-konstruktivistische Forschung erkenntniskritisch fundiert ist, heißt das nicht, dass erkenntniskritische Journalismusforschung notwendig systemfunktionale Forschung zu sein hätte. Die Klärung wissenschaftstheoretischer Fragen ist für jede theoretisch begründete Journalismusforschung von zentralem Interesse. Wenn dabei Möglichkeiten und Bedingungen des Wirklichkeitsbezugs und des Realitätsver-ständnisses der Forschung reflektiert werden, ist dies nicht nur für die Theoriebil-dung, sondern gerade auch für das empirische Vorgehen der Forschung von ent-scheidender Bedeutung.

3.1.1 Der Wirklichkeitsbezug sozialwissenschaftlicher Forschung

In den Sozialwissenschaften hat in den vergangenen Jahrzehnten eine Entwicklung stattgefunden, die zum erneuten Nachdenken über Erkenntnisbedingungen und -möglichkeiten wissenschaftlicher Forschung geführt hat. Da sie den Abschied vom traditionellen Empirieverständnis bedeutet, hat man diese Entwicklung auch als ,postempiristische Wende' in den Sozialwissenschaften bezeichnet.[2] Folgende Eck-punkte eines wissenschaftstheoretischen Programms werden von den verschiedenen postempiristischen Wissenschaftsrichtungen geteilt: Ausgehend von der holistischen Struktur von Sprache[3] wird (a) das Argument von der Theoriegeladenheit jeder Be-obachtungssprache vertreten. Empiristen waren bemüht um eine Fundierung wissen-schaftlicher Theorien in sog. ,Basissätzen', die das ,unmittelbar Gegebene' zum Ausdruck bringen sollten. Sie galten als die fundamentalen, ,,nicht weiter hinter-fragbaren Sätze, die die Grundlage für alle weiteren Aussagen einer Theorie bilden sollten."[4] So wurde Wissenschaftssprache in eine Beobachtungssprache und eine Theoriesprache aufgeteilt: Sätze der Beobachtungssprache sollten sichern, dass wis-senschaftliche Aussagen tatsächlich von der Realität handeln, Sätze der Theorie-sprache – logisch strenger – über Hypothesen und Gesetze miteinander verbunden

---

[2]   Vgl. Vielmetter 1999: 50f.; Reckwitz 2000: 22ff.
[3]   Gemeint ist damit der von Quine erarbeitete Sachverhalt, das alle auf Sätze sowohl einer wissen-schaftlichen als auch einer vorwissenschaftlichen Sprache Bedeutung und Belege nur innerhalb ei-ner Theorie, einer bestimmten Auffassung haben, insofern sie nur innerhalb einer Verknüpfung mit anderen Sätzen Sinn ergeben, so dass ,Wahrheit' oder ,Bedeutung' solcher Sätze sich nur durch den rekursiven Bezug auf andere Sätze innerhalb eines sprachlichen Zusammenhangs ergeben; vgl. Qui-ne 1975: 112.
[4]   Vielmetter 1999: 58. Alle Theorieaussagen hätten dann in einem induktiven oder deduktiven Ver-hältnis zu diesen Basissätzen zu stehen; vgl. ebd.

sein.[5] Quine lehnt diese Zweiteilung und die Annahme einer vortheoretischen Beobachtungssprache mit dem Argument ab, dass wir gar nicht in der Lage seien, Aussagen zu formulieren, die in einem unmittelbaren Verhältnis zur Realität stehen oder diese exakt wiedergeben würden. Denn in Beobachtungsaussagen gehen immer schon nicht aus der Beobachtung gespeiste Vorannahmen, wissenschaftliche Theorien oder Alltagstheorien ein. Daraus ergibt sich (b) das Argument der Unterbestimmtheit empirischer Theorien durch Daten. Weil empirische Daten nicht direkt, gewissermaßen unter Umgehung von Beobachtungsaussagen in wissenschaftliche Theorien gelangen, sondern auf solche Aussagen angewiesen sind, diese aber unhintergehbar nichtempirische Elemente (etwa Klassifikationen) enthalten und selbst nur innerhalb eines Zusammenhangs mit anderen Sätzen Sinn ergeben, können Theorien nicht allein durch empirische Daten bestimmt werden.[6]

Seit der sogenannten ‚postempiristische Wende' gibt es ein Nebeneinander von traditioneller empirischer Forschung und verschiedenen Strömungen erkenntniskritischer Sozialwissenschaft, die zunächst nur ihr ‚Anti-Realismus' eint. In der Kommunikationswissenschaft ist die Auseinandersetzung um die damit verbundenen wissenschaftstheoretischen Positionen unter dem Label einer „Realismus-Konstruktivismus-Debatte" geführt worden.[7] Unterscheiden lassen sich folgende Grundpositionen:

Nach der Position des *naiven Realismus* ist Wirklichkeit nichts anderes als das, was wir als Wirklichkeit wahrnehmen und erfahren. Ausgegangen wird von der Existenz einer ‚objektiven', beobachtungsunabhängig gegebenen Realität sowie davon, dass diese Realität durch menschliche Wahrnehmung zweifelsfrei erkannt werden kann, wobei Wahrnehmungen als Realitätsabbildungen gelten (Abbildtheorie). Das entspricht dem erkenntnistheoretisch ‚naiven' Alltagsverständnis von Realität und ihrer Wahrnehmbarkeit. In den Sozialwissenschaften ist diese Position eigentlich nicht mehr vorfindbar. In der Diskussion wurden Empirismus und klassischer Positivismus als Formen eines naiven Realismus bezeichnet, insofern dort das Gegebene als unzweifelhafte Quelle menschlicher Erkenntnis angenommen wurde. Als Gegebenes galten ‚positive Tatsachen', die – so wurde argumentiert – über Sinneseindrücke unmittelbar wahrgenommen werden könnten.[8] Für empirische Wissen-

---

[5]   Vgl. ebd.
[6]   Vgl. Vielmetter ebd.: 61f. Dass jede Beobachtung theoretisch vorbestimmt ist, betont bereits Popper [1935] 1989: 31, 72ff., 278ff.
[7]   Exemplarisch etwa die Beiträge in Bentele/Rühl 1993.
[8]   Dies gilt für die Zeit des Empirismus noch vor den erkenntnistheoretischen Arbeiten des Wiener Kreises, die mit dem logischen Positivismus die Neuformulierung einer empiristischen Erkenntnis-

schaft wurde also vorausgesetzt, dass Realität unabhängig von deren Beobachtung
objektiv gegeben ist und von empirischer Forschung auch so erkannt werden kann.
Möglichst gesetzmäßige Aussagen über die Wirklichkeit sollten dabei durch empirische Tatsachen verifiziert werden. Theorien galten als wahr im Sinne einer Übereinstimmung mit dem, ,was der Fall ist'. Wollte man die Erkenntnisweise des Realismus schematisch abbilden, würde die Bewegungsrichtung des Erkennens von der
vorfindbaren Realität und ihren Gegebenheiten hin zum Beobachter bzw. von empirischen Tatsachen zu wissenschaftlichen Wirklichkeitsaussagen gehen.

Die Position des *aufgeklärten Realismus* geht ebenfalls von der Existenz einer
objektiven Realität aus, behauptet jedoch nicht mehr, dass es eine objektive Sicht
dieser Realität geben könne, weil Beobachtung stets subjektiv bzw. positionsgebun-
den erfolgt und vor allem einen aktiven Erkenntnisprozess voraussetzt. Wegen des
voraussetzungsvollen Beobachterstandpunkts wird die Idee einer Abbildung objektiver Realität aufgegeben und durch die Annahme einer Übereinstimmung zwischen
theoretischen Aussagen und empirischen Sachverhalten ersetzt (Korrespondenztheo-
rie). Dies wird über die Art des wissenschaftlichen Vorgehens zu erreichen und zu
sichern versucht: Die Qualifizierung wissenschaftlicher Aussagen über Ausschnitte
empirischer Realität erfolgt nun nicht mehr über empirische Evidenz in Form von
Verifikation, sondern über intersubjektive Nachprüfbarkeit und methodische Kontrolle wissenschaftlicher Aussagen, die als vorläufig gültig oder bewährt gelten, solange sie nicht empirisch widerlegt sind. Dieses von Popper im Kritischen Rationalismus entfaltete Falsifikationsprinzip[9] erlaubt es an der Idee festzuhalten, wahre
Aussagen über eine ,wirkliche', im Prinzip erkennbare Realität zu machen, ohne
weiter auf der problematischen Annahme eines direkten Zugangs zu ihr zu bestehen.
Bei der schematischen Darstellung dieser Position ginge die Richtung vom aktiven
Beobachter zu Ausschnitten empirischer Wirklichkeit. Der aufgeklärte Realismus
bildete lange Zeit das dominierende Wissenschaftsverständnis empirischer Sozialwissenschaften.

Hinsichtlich der Realismusdebatte richtet sich die Kritik, die im Zuge der postempiristischen Wende an der traditionellen Sozialforschung formuliert worden ist,
nun nicht ausschließlich gegen den klassischen Positivismus oder eine bestimmte
Spielart des Realismus, sondern gegen jede Form der Abbild- oder Korrespondenz-
annahme zwischen wissenschaftlichen Aussagen und einer unabhängig davon gedachten Welt empirischer Tatsachen:

---

theorie vorlegten, bei der die Erfahrung nicht mehr Erkenntnisquelle, sondern Bestätigungsinstanz
für empirische Aussagen ist (vgl. Prim/Tilmann 1983; Kromrey 1986).

[9]   Vgl. Popper [1935] 1989: 3ff., 47ff.

„Wissenschaftliche Theorien registrieren nicht unabhängig von ihnen selbst vorfindbare Bedeutungen der Welt, sie produzieren erst diese Deutungen auf kontingente Weise. Indem Theorien als Systeme von Begriffen ‚bedeutungsholistisch' strukturiert sind, ergibt sich der Sinn der einzelnen Theorieelemente nicht aus einer Wiedergabe der ‚Tatsachen', sondern aus dem Stellenwert des Theorieelements im Kontext des theoretischen Gesamtsystems. Reine, vorinterpretative ‚Beobachtungen' lassen sich somit nicht mehr plausibel machen: Wissenschaftliche Theorien erscheinen irreduzibel unterbestimmt durch die ‚Tatsachen'."[10]

Damit gewinnt die *erkenntniskritische Position* an Konturen. Das Problem, dass es keinen unmittelbaren Zugriff auf so etwas wie ‚objektive' Realität gibt und folglich Beweise durch empirische Tatsachen letztlich nicht möglich sind,[11] wird radikalisiert, insofern davon ausgegangen wird, dass die Art des Zugriffs Bedeutungen hervorbringt und so erst eine spezifisch sinnhafte Wirklichkeit schafft. Hinzu kommt, dass die Wirklichkeit, mit der es Sozialwissenschaften zu tun haben, selbst immer schon beobachtete und gedeutete Wirklichkeit ist. Da auch jedes Beobachten sozialwissenschaftlicher Forschung untrennbar mit Bedeutungszuweisung und Interpretation verknüpft ist, unterliegt sie der von Giddens so genannten doppelten Hermeneutik: Stets handelt es sich um sinnhafte (Be-)Deutungen von sinnhaften (Be-)Deutungen.[12] Der Abgleich mit einer vorgegebenen Realität muss ohnehin entfallen, weil er die Annahme eines voraussetzungslosen, nicht an Positionen und Vorverständnisse gebundenen und keinen Beobachtungsperspektiven verhafteten Beobachters – gewissermaßen einen göttlichen Beobachtungsstandpunkt – voraussetzen würde. Auch bei der schematischen Darstellung dieser Position ginge der Pfeil der Erkenntnisrichtung von Subjekten, Akteuren, wissenschaftlicher Forschung aus, führt jedoch nicht zu Ausschnitten der Realität, sondern zu empirischen, d.h. erfahrungsgeleiteten Wirklichkeitsvorstellungen über sie.

Unschwer lassen sich die verschiedenen Journalismusforschungstraditionen den genannten erkenntnistheoretischen Positionen zuordnen: Die dem Personenparadigma folgende Forschung hängt dem realistischen Wissenschaftsverständnis an. Das zeigt sich zunächst an der unproblematischen Identifizierung des Forschungsobjekts: Es ist ein in der Realität gegebenes bzw. vorfindbares Phänomen, das gemeinhin als ‚Journalismus' bezeichnet wird. Es zeigt sich aber auch im wissenschaftlichen Vorgehen, der Kausalanalyse von Einzelvariablen, über deren Wirkungsweise Hypothesen aufgestellt werden, die durch empirisch ermittelte Daten bewiesen werden können. Erkenntnistheoretische Fragen sind in dieser Forschungstradition kaum

---

[10] Reckwitz 2000: 23.
[11] Eigentlich werden auch im Kritischen Rationalismus empirische Tatsachen nicht zum Beweis der Wirklichkeit herangezogen, sondern fungieren lediglich als kritisches Prüfkriterium für die Gültigkeit von Theorien (vgl. Prim/Tilmann 1983).
[12] Vgl. Giddens 1995: 338.

Gegenstand wissenschaftlicher Reflexion. Von der wirkungsorientierten Journalis-musforschung werden sie lediglich im Zusammenhang der Frage nach dem Verhält-nis zwischen 'objektiver' Realität und journalistischen Realitätsdarstellungen thema-tisiert. Kepplinger selbst hatte die von ihm vertretene Position als 'Realismus' be-zeichnet, der zufolge man Realität „in Grenzen objektiv erkennen und mit der Berichterstattung der Massenmedien vergleichen" kann, wobei sich über 'Realitäts-indikatoren' ermitteln lasse, ob Medien die Realität „verzerrt oder unverzerrt wie-dergeben."[13] Maßstab für einen solchen Vergleich zwischen Realität und journalisti-scher Realitätsdarstellung aber bildet unzweifelhaft die Abbildtheorie.

Die erkenntniskritische Position lässt sich dagegen in den Ansätzen wiederfinden, die dem Systemparadigma folgen: Die journalismustheoretischen Arbeiten Rühls sowie die neueren Ansätze einer autopoietisch gewendeten, systemtheoreti-schen und konstruktivistischen Journalismusforschung folgen einem postempiristi-schen Forschungsverständnis. Der Abschied vom traditionellen Forschungsver-ständnis zeigt sich an der wissenschaftlichen Bestimmung des Forschungsobjekts, das – wie erstmals Rühl 1980 formuliert hat – von der Wissenschaft „mittels Begrif-fen, Theorien, Methoden und Techniken immer wieder neu 'herzustellen'" ist. Und er führt dazu, dass von der systemtheoretischen und der konstruktivistischen For-schung Journalismus nicht mehr auf die Wiedergabe oder Abbildung einer vorgege-benen Realität festgelegt wird und alle Vergleiche zwischen 'objektiver' Realität und journalistischer Berichterstattung abgelehnt werden.[14]

Systemtheorie und Konstruktivismus haben aus den Einsichten der neueren Er-kenntnistheorie die Konsequenz gezogen, sich von essentialistischen bzw. ontologi-schen Beschreibungen sozialer Wirklichkeit zu verabschieden, so dass keinerlei Aussagen mehr über eine an sich seiende Welt oder fertig vorgegebene Wirklich-keitsausschnitte gemacht werden. Beide führen das Projekt einer De-Ontologisie-rung in ihrem Theorieprogramm, im Zuge dessen von (ontologischen) Was-Fragen auf (epistemologische) Wie-Fragen umgestellt wird: Untersucht wird nicht eine ge-gebene Wirklichkeit, sondern die beobachtungsabhängige, d.h. in ihrer Theriespra-che 'systemrelative' Konstruktion von Wirklichkeit(en), die sich psychische oder soziale Systeme durch selbstreferentielle Unterscheidungen selbst ermöglichen. In beiden Fällen läuft dies auf eine strikte Dezentrierung von Welt hinaus: Statt der Einheit von Welt wird die Multiperspektivität von Wirklichkeit durch je selbst ge-schaffene Umwelten beobachtet. Nun kann das Verhältnis zwischen wissenschaftli-chem Beobachten und dem Beobachteten kein Abbildverhältnis mehr sein und der

---

[13]   Kepplinger 1992: 58f. Siehe hierzu auch weiter oben Abschnitt 2.2.3.
[14]   Siehe weiter oben die Abschnitte von 2.3 und 2.4.1.

Beobachtungsgegenstand nicht als ontisch Gegebenes vorgestellt werden. Damit ergibt sich jedoch das Problem, welcher Realitätsstatus den Forschungsobjekten zukommt.

3.1.2 Zum ,Realitätsstatus' des untersuchten Wirklichkeitsausschnitts

Kennzeichen jeder sozialwissenschaftlichen Journalismusforschung ist und bleibt ihr unaufgebbarer Wirklichkeitsbezug. Sie will wissenschaftlich ,wahre' Aussagen über Phänomene der empirischen Wirklichkeit machen und braucht auch als erkenntniskritische Forschung weder den Wahrheitsanspruch, noch den Wirklichkeitsbezug und schon gar nicht das Projekt einer empirischen Erforschung sozialer Wirklichkeit aufzugeben. Welcher Realitätsstatus kommt dann aber dem untersuchten Wirklichkeitsausschnitt zu? Der Radikale Konstruktivismus hat diese Frage mit der selbstkonstitutierten Realität des Beobachters beantwortet.[15] Doch bleibt auch der radikale Konstruktivismus seinem Selbstverständnis nach wirklichkeitsbezogene Wissenschaft. Sein Problem besteht folglich auch nicht – wie innerhalb der Kommunikationswissenschaft immer wieder befürchtet – im Relativismus oder in der Beliebigkeit der als grundlegend angesehenen Konstruktionen.[16] Das Gegenteil ist der Fall.[17] Das eigentliche Problem, um das es geht, ist für eine *sozialwissenschaftliche* (im Unterschied zu einer rein kognitionstheoretischen) Perspektive von erheblichem Interesse. Es lässt sich anhand der erkenntnistheoretischen Auseinandersetzung zwischen der neueren Systemtheorie und dem Radikalen Konstruktivismus illustrieren. Luhmann hatte bekanntlich mit provokanten Formulierungen im ersten Kapitel seiner Theorie sozialer Systeme vehemente Kritik herausgefordert. Er schreibt dort:[18]

---

[15] Vgl. Schmidt 1987b: 13ff.
[16] Vgl. etwa Saxer 1992b; Bentele 1993; Boventer 1992.
[17] Luhmann nennt es „absurd", dem Radikalen Konstruktivismus „ein Bekenntnis zur Beliebigkeit der Erkenntnis oder gar einen Flirt mit ,postmodernen' Zeitströmungen zu unterstellen" (Luhmann 1994: 8). Der Verdacht, es ginge ihm darum, „daß ein Freibrief für beliebige Meinungen ausgestellt werden sollte, die eine Fülle von fragmentierten, ghettoisierten Welt- und Gesellschaftsbeschreibungen zur Folge hätten", erscheint ihm abwegig (ebd.: 11). Letztlich sei der Radikale Konstruktivismus trotz aller erkenntnistheoretischen Skepsis dem klassischen Idealismus verhaftet geblieben, insofern er für seine wissenschaftlichen Beobachtungsoperationen einen Status reklamieren muss, der nach konstruktivistischer Theorie eigentlich ausgeschlossen ist: den eines externen Beobachters, wodurch das Subjekt-Objekt-Schema gerade konserviert und der Beobachterstandpunkt des radikalkonstruktivistischen Beobachters unter der Hand ,ontologisiert' würde; vgl. Luhmann 1988a: 24; ders. 1994: 7ff.
[18] Luhmann 1991: 30.

„Die folgenden Überlegungen gehen davon aus, daß es Systeme gibt. Sie beginnen also nicht mit einem erkenntnistheoretischen Zweifel. Sie beziehen auch nicht die Rückzugsposition einer ‚lediglich analytischen Relevanz' der Systemtheorie. Erst recht soll die Engstinterpretation der Systemtheorie als eine bloße Methode der Wirklichkeitsanalyse vermieden werden. Selbstverständlich darf man Aussagen nicht mit ihren eigenen Gegenständen verwechseln (...). Aber sie beziehen sich, jedenfalls im Falle der Systemtheorie, auf die wirkliche Welt. Der Systembegriff bezeichnet also etwas, was wirklich ein System ist, und läßt sich damit auf eine Verantwortung für die Bewährung seiner Aussagen an der Wirklichkeit ein."

Von daher sei der Weg, den die Systemtheorie notwendig einschlagen müsse, der einer „Analyse realer Systeme der wirklichen Welt".[19] Das hat Luhmann von Seiten des Konstruktivismus den Vorwurf einer kaum verhüllten Ontologisierung seiner Systemvorstellung eingebracht. Aus Sicht des Radikalen Konstruktivismus muss die Eröffnung dieses Theorieprogramms geradezu erkenntnistheoretisch naiv erscheinen.[20] Denn aus konstruktivistischer Perspektive ist die Beobachtung von autopoietischen Systemen notwendig eine selbstreferentielle Konstruktion psychischer Systeme und die Beschreibung *als* System entsprechend nichts anderes als eine wissenschaftliche Heuristik. Das ergibt sich aus dem kognitionstheoretischen Fundament des Radikalen Konstruktivismus und dem entsprechenden Verständnis von ‚Beobachtung' als kognitiver Unterscheidungsoperation eines operativ geschlossenen, psychischen Systems. Luhmann hat sich an verschiedenen Stellen entschieden gegen ein solch ‚psychisiertes' Verständnis von Beobachtung gewandt.[21] Beobachtung wurde von ihm vorgestellt als selbstreferentielles, unterscheidendes Bezeichnen mit einer Innen- und einer Außenseite. Die Aussage, dass das System damit überhaupt erst eine eigene Identität gewinnt, meint eine ‚Selbstsetzung' in Abgrenzung von etwas Unterschiedenem, das dadurch eine vom System unterschiedene ‚Identität' zugeschrieben bekommt. D.h. Selbstsetzung und Selbstidentifikation von Beobachtungssystemen bedeuten zugleich unweigerlich Fremdsetzung. Deshalb insistiert Luhmann darauf, dass in der systemrelativen, wissenschaftlichen Beobachtung und Beschreibung der Theorie sozialer Systeme nicht hinter den Sachverhalt einer ‚Setzung' sozialer Systeme zurückzugehen ist.[22]

---

[19]   Luhmann, ebd.
[20]   Vgl. Schmidt 1989: 30.
[21]   Vgl. Luhmann 1988b: 879. Nimmt man an, dass Luhmann damit den Beobachtungsbegriff von der engen Vorstellung einer an Akteure und ihre Kognitionssysteme gebundenen Beobachtung lösen wollte, um sie auch für soziale Systeme zuzurichten, erfasst man nur die Hälfte seines Arguments und würde Gefahr laufen, die Pointe für den Umgang mit dem epistemologischen Problem von Sozialtheorien zu übersehen.
[22]   Diese Setzung ist jedoch keine ontische, sondern eine systemrelative. In diesem Fall ist es das System der Systemtheorie, das in der selbstreferentiellen Unterscheidung von Systemtheorie und ihrer Umwelt empirische Wirklichkeitsausschnitte – und dabei ‚reale' Systeme – beobachtet. So wird

Deshalb werden Kommunikationen auch als einzig relevante Operationen sozialer Systeme gewählt. Denn die beobachtungsabhängigen Unterscheidungen gehen in kommunikations- und handlungsleitende ‚Setzungen' ein, die *im Vollzug* dieser sozialen Operationen soziale Wirklichkeit konstituieren und verändern können. Das heißt: Die Operation eines Beobachters konstruiert etwas ‚außerhalb' vom Beobachter, das bereits in der Beobachtungspraxis als Unterschiedenes ‚gesetzt' und als ‚real' unterstellt wird.[23] Im Hinblick auf zu erforschende soziale Wirklichkeit werden diese Konstruktionen sozial relevant (und damit sozialwissenschaftlich von Interesse) in dem Moment, in dem kognitive Unterscheidungen ein bestimmtes Handeln oder eine kommunikative Mitteilung auslösen und Handlung bzw. Mitteilung auch vollzogen werden. Erst dann lassen sie sich als einen Beitrag zur Konstitution sozialer Wirklichkeit begreifen.

Kurz: Der Radikale Konstruktivismus stellt ab auf die Innenseite der Unterscheidungsoperation, auf die kontingente und beobachterabhängige, selbstreferentielle Konstruktion kognitiver Systeme. Luhmann erweitert dies auf zweifache Weise, indem er erstens die Innenseite und die Außenseite dieser Konstruktion sieht, wobei die Außenseite die (durch selbstreferentielle Operationen gehandhabte Unterscheidung von Selbst- und Fremdreferenz und deshalb *selbst* ermöglichte) soziale Dimension dieser Konstruktion meint.[24] Die zweite und entscheidende Erweiterung aber besteht darin, dass das so und nicht anders Bezeichnete erst im Kommunikations- und Handlungszusammenhang, also nicht im operativen Vollzug kognitiver,

---

deutlich, „wie Systeme sich nicht nur selbst als real behandeln, sondern auch das, was sie aufgrund ihrer je immanenten Logik an Umweltsinn mitlaufen lassen. In der Kommunikation schlägt sich diese Technik der Invisibilisierung der eigenen Asymmetrierung in Seinssemantiken nieder. Die grammatische Verwendung des *‚ist'* strukturiert die Fähigkeit der Kommunikation, durch Asymmetrierung Existenzaussagen über Seiendes zu machen. Insofern operiert Kommunikation immer ontologisch, indem sie das Sein von etwas unterstellt, indem sie es kommuniziert; Ontologien erscheinen dann als ‚Nebenprodukte der Kommunikation' (...), als unterscheidungslose und damit unsichtbare Selbstfestlegung sozialer Systeme" (Nassehi 1992: 57ff., 61).

[23] Auch radikal-konstruktivistische Journalismusforscher gehen von einem von sich unterschiedenen Publikum aus, dem sie konstruktivistischen Ausarbeitungen als Gesprächsangebote offerieren. Die Konstruktion dieses Publikums mag eine selbstreferentielle Unterscheidung des konstruktivistischen Forschers sein, doch konstituiert er mit ihr etwas von sich Unterschiedenes (wodurch er seine Identität als konstruktivistischer Forscher gewinnt), das er als real behandelt, indem er etwa diese ‚Setzung' zum Ausgangspunkt seiner wissenschaftlichen Publikationstätigkeit macht.

[24] So sehr Luhmann der These zustimmt, dass kein kognitives System seine Umwelt operativ erreichen kann, so vehement hält er daran fest, „daß kein kognitives System auf Realitätsannahmen verzichten kann. Denn wenn alle Kognition als eigene Konstruktion geführt und auf die Handhabung der Unterscheidung von Selbstreferenz und Fremdreferenz zurückgeführt werden würde, würde diese Unterscheidung selbst als paradox erscheinen und kollabieren." (vgl. Luhmann 1996: 162-165, hier zitiert S. 165).

sondern sozialer Systeme soziale Wirklichkeit(en) konstituiert. Es ist die *soziale Praxis* im Sinne eines Handlungs- bzw. Kommunikationsvollzugs mit beobachtungsabhängigen Unterscheidungen, die für die Erforschung sozialer Wirklichkeit von Bedeutung ist.[25]

Stellt die konstruktivistische Journalismusforschung der konsequent entsubjektivierten Systemtheorie einen Konstruktivismus gegen, der erkenntnistheoretisch auf das beobachtende Subjekt und erkenntnispraktisch auf den beobachtenden Akteur setzt,[26] so lässt sich nun präziser formulieren, dass es der Journalismusforschung nicht um *beobachtende ‚Akteure'*, sondern um Handelnde und Kommunikationsbeteiligte in der sozialen Praxis von Handlungs- und Kommunikationszusammenhängen gehen muss. Das hat Konsequenzen für die Analyse der Praxis der sozialen Wirklichkeit des Journalismus, die es zu erforschen gilt, wie auch für die Reflexion des wissenschaftlichen Vorgehens selbst.

Beantworten lässt sich damit abschließend auch die Frage nach dem ‚Realitätsstatus' des zu untersuchenden Wirklichkeitsausschnitts. Mit der Reformulierung des erkenntnistheoretischen Problems gelingt es Luhmann, die dichotome Unterscheidung zwischen rein gedanklichem Konstrukt und ontologischer Setzung zu vermeiden. ‚Realität' lässt sich jetzt fassen als Ergebnis des operativen Vollzugs von Unterscheidungen in sozialer Praxis. Für die Journalismusforschung heißt das, dass sie in der Unterscheidung zu ihrer Umwelt selbst ihre Identität als Journalismusforschung gewinnt – und zugleich ihren Gegenstand als von sich Unterschiedenes hervorbringt: als „ein reales System in einer wirklichen Welt" (Luhmann), dessen wissenschaftliche Konstruktion dann auch dem Umstand Rechnung tragen muss, dass diese Setzung eine beobachterrelative ist, die auf die (praktischen) Bedingungen der Möglichkeit dieser Setzung befragt werden kann.

3.1.3   *Alltagsvorstellungen und wissenschaftliche Denkgewohnheiten*

Das Problem der Alltagsvorstellungen stellt sich grundsätzlich jeder sozialwissenschaftlichen Forschung. Es zeigt sich nicht nur bei der wissenschaftlichen Bestimmung des Gegenstands der Forschung, sondern auch an den Begriffen und Denkfiguren, die innerhalb wissenschaftlicher Argumentationen – oft weitgehend unbemerkt und entsprechend ungeprüft – herangezogen und verwendet werden. Eine Journalismusforschung, die sich unbeabsichtigt oder ungeniert solcher Vorstellungen des Common Sense bedient, droht als wissenschaftliche Beschreibung oder gar

---

[25]   Erst im Hinblick auf diesen Praxisaspekt von ‚Konstruktion' erhält die Formulierung von den „Unterschieden, die Unterschiede *machen*," spezifisch sozialrelevanten Sinn.

[26]   Vgl. Scholl 2002b: 8f.

Erklärung auszugeben, was im Prinzip eine Verdopplung alltagspraktischer Vorstellungsweisen ist, insofern dabei nichts anderes gemacht wird, als „ein verkürztes, als Abbild der Wirklichkeit ausgegebenes Bild der Erfahrung treu und brav erneut abzubilden."[27] Für diesen Sachverhalt wird von Rühl das Beispiel einer in gesellschaftlicher Praxis vorfindbaren Kategorie des ‚Berufs' angeführt, die – wenn unreflektiert ins wissenschaftliche Denken übernommen – dazu führt, dass Journalismus auch in wissenschaftlicher Forschung schlicht als Beruf oder gar Summe derjenigen Personen vorgestellt wird, die für sich in Anspruch nehmen, als Journalisten berufstätig zu sein.[28] Die Folge wären Journalismus-Vorstellungen, denen alles zu entgehen droht, was sich nicht an den Berufstätigen festmachen lässt. Das schließt unerkannte oder von Journalisten als fraglos gegeben hingenommene strukturelle Bedingungen des Journalismus mit ein.

Deshalb ist wissenschaftliche Begriffsarbeit für jede Journalismusforschung unerlässlich. Begriffe, mit denen die Forschung arbeiten will, sind zunächst mittels definitorischer Klärungen und begründeter Differenzierungen für den wissenschaftlichen Gebrauch zuzurüsten. Natürlich bleibt Forschung dabei unhintergehbar auf Sprache angewiesen, deren Erwerb und Verwendung zunächst vor- und außerwissenschaftlich erfolgt und deren Begriffe immer zugleich notorisch über- und unterbestimmt sind. Das Problem der Alltagsvorstellungen stellt sich jedoch nicht nur auf der Begriffsebene, sondern auch auf der Ebene eingefahrener Denkfiguren. Aus der Fülle der Beispiele solcher ‚Denkgewohnheiten', die Elias im Zuge seiner disziplinkritischen Analyse soziologischen Denkens benennt, seien im Zusammenhang der Diskussion empirischer Journalismusforschung an dieser Stelle angeführt:[29]

- sprachbedingte Substantivierung und Gegenstandsdenken, so als handelten auch die Sozialwissenschaften von physikalischen, menschenunabhängigen Objekten in Zeit und Raum;[30]
- die Annahme eines (ruhenden) Normal-„Zustands" gegenüber „Wandel" (als Abweichung von Zuständen), wobei die Beobachtung von „Wandel hin zu..."

---

[27]   Bourdieu/Chamboredon/Passeron 1991: 8.

[28]   Vgl. Rühl 1992: 124f.; ders.: 2000: 69f. Auch die normative Überhöhung alltagsnaher Vorstellungen in der Figur herausgehobener publizistischer Persönlichkeiten in der Journalismuslehre Dovifats leistete im Prinzip einer akademischen Verdopplung der berufspraktischen Begabungsideologie ihrer Zeit Vorschub.

[29]   Vgl. Elias 1986: 16ff., 51ff., 121ff.; ders. 1999: 48ff., 130ff., 209ff.

[30]   Vgl. hierzu auch Bourdieu 1995: 67.

lediglich als Phase zwischen Ruhezuständen gedacht und das sich Wandelnde nicht selten implizit als „vergänglich" konnotiert wird;[31]

- damit zusammenhängend das Problem, Veränderungen als Wirkung einer (quasi ruhenden) „Ur-Sache" erklären zu wollen;
- die Vorstellung fixer Strukturen statt dynamischer Prozesse sowie die Fokussierung auf einzelne Elemente statt auf Zusammenhänge und Relationen;
- die Unterstellung gesetz- oder scheinbar planmäßiger Zusammenhänge statt der Beobachtung ungeplanter und ungesteuerter Interdependenzgeflechte.

Mit der zuletzt genannten Denkgewohnheit spricht Elias einen für die theoretische Journalismusforschung wichtigen Aspekt an, der strikt systemfunktionalistische Konzepte der Journalismusforschung betrifft, wird dort doch alles einer einzigen, den gesamten sozialen Zusammenhang überwölbenden Funktion nachgeordnet. Entschieden wendet sich Elias gegen einen solchen *Monofunktionalismus*. Eine Vorgehensweise, bei der soziale Zusammenhänge danach identifiziert würden, dass sie als Institutionen oder Teilsysteme „diese oder jene Funktion *für* die Gesellschaft" erfüllen, sei aus zwei Gründen reduktionistisch und einseitig: Erstens, weil bei dem dort verwendeten Funktionsbegriff eine implizite Wertung zum Tragen komme, die darin besteht, dass unter einer solchen Funktion Aufgaben, Leistungen verstanden werden, die als ‚gut' gelten, „weil sie zur Aufrechterhaltung und Integrität" eines bestehenden Systems beitragen.[32] Und zweitens, weil Institutionen aus der Perspektive „derjenigen, die sie jeweils bilden, nie ausschließlich eine Funktion für das sogenannte ‚System'" haben, sondern „immer auch eine Funktion für diese Menschen selbst."[33]

So hält Elias jede „einperspektivische Sicht" auf gesellschaftliche Funktionen für eine „ziemlich grobe Vereinfachung," die überwunden werden könne, indem Funktionen relational als Beziehung gefasst werden, die aus der Perspektive mindestens zweier Pole der Beziehung (oder vieler eines Beziehungsgeflechts) analysiert werden müssten.[34] Auch Bourdieu lehnt Vorstellungen wie eine alles überwölbende gemeinsame Funktion, komplette interne Kohäsion und strikte Selbstregulierung als artifizielle Annahmen ab, die sozialen Zusammenhängen übergestülpt werden. Sozi-

---

[31]   „Selbst der Begriff des ‚sozialen Wandels' wird oft so gebraucht, als ob es sich um einen Zustand handele. Man denkt gewissermaßen vom Ruhezustand als dem Normalzustand her zu der Bewegung als einem Sonderzustand hin" (Elias 1986: 124).

[32]   Elias 1986: 80f. Er folgert: „Hier spielen offenbar in die wissenschaftliche Analyse gesellschaftliche Glaubensbekenntnisse hinein" (ebd.).

[33]   Elias 1986: 134.

[34]   Ebd.; zur Relationalität von Funktionen ebd.: 81.

ale Zusammenhänge, die sich als System betrachten ließen, seien immer auch ein System von Unterschieden und Auseinandersetzungen.[35] Überdies führen monofunktionalistische Perspektiven dazu, dass von der Forschung nur diejenigen Strukturen beobachtet werden können, die im Hinblick auf eine – von der theoretischen Beobachtung isolierte – (System-)Funktion relevant sind.

Eine fundamentale und die vielleicht folgenreichste Denkgewohntheit in den Sozialwissenschaften erblickt Elias jedoch in der unheilvollen Gegenüberstellung von Individuum und Gesellschaft, bei der aus einer notwendigen Unterscheidung eine künstliche Trennung in einerseits Soziales (Gesellschaft, Systeme, Institutionen, Organisationen) und andererseits Individuen (deren Denken, Wahrnehmen, Deuten und Handeln) werde, ohne sich zu vergegenwärtigen, dass es eine Gesellschaft der Individuen ist, die nur durch die Gesellschaft überhaupt zu Individuen werden können.[36] Diese dichotome Vorstellungsweise in Individuen bzw. psychische Systeme und Soziales bzw. Funktionssysteme findet sich quer zu den genannten Paradigmen in den theoretischen Vorstellungsweisen der Journalismusforschung.

So zeichnet die personenbezogene Journalismusforschung ein Bild vom Journalisten als individuellem Subjekt, das mit freiem Willen, intentional, gemäß subjektiver Meinungen und Einstellungen handelt. Dieses Subjekt bildet – exemplarisch in Donsbachs Sphärenmodell – den Mittelpunkt einer Modellvorstellung, um den herum sich verschiedene Einflusssphären, ‚Rahmenbedingungen', Kontexte, Normen wie konzentrische Kreise legen – ganz so, als würden alle sozialen Momente journalistischen Akteuren äußerlich bleiben und deren von persönlichen Absichten bestimmtes Handeln allenfalls von außen einengen. Entsprechendes gilt, wie gezeigt wurde, auch für Weischenbergs Zwiebelmodell zur Strukturierung der Einflussfaktoren beim Prozess journalistischer Aussagenentstehung.[37] Auch in der weiteren Argumentation der systemtheoretischen und konstruktivistischen Journalismusforschung zeigt sich diese Dichotomie. Sie wird manifest in einer Begrifflichkeit, die nicht nur vom Journalismus als einem Sozialsystem spricht, sondern diesem psychische Systeme bzw. Kognitionssysteme gegenüberstellt, die unter der Hand dann ‚erkenntnispraktisch' mit journalistischen Akteuren identifiziert werden, so als wäre

---

[35] Vgl. Bourdieu/Wacquant 1996: 134f.
[36] So der Grundgedanke in Elias [1939] 1999. Ähnlich auch Geiger [1932] 1987; sowie Tenbruck (1961) in seiner Kritik an Dahrendorfs ‚homo sociologicus'.
[37] Vgl. Donsbach 1987: 111ff.; Weischenberg 1990, 1994: 431f. Siehe weiter oben Abschnitt 2.2. sowie 2.4.1.

deren eigentliches und entscheidendes Merkmal die operative Geschlossenheit ihres psychischen Apparats.[38]

Journalismusforschung muss sich jedoch nicht nur dem Problem vor- und außerwissenschaftlicher Begriffe, Alltagsannahmen und sprachbedingter Denkgewohnheiten stellen, sondern auch der Gefahr einer unkritischen Übernahme und Verwendung von *wissenschaftlichen* Common-Sense-Bildungen. Sie bilden ein innerwissenschaftliches Äquivalent zu quasi selbstverständlichen Alltagsvorstellungen.[39] Denn wissenschaftliche Forschung und ihre Argumentation kann auch zum Opfer eigener, wissenschaftlicher Begriffsbildungen werden, wenn Termini und theoretische Konzepte, die früher einmal Kernprobleme wissenschaftlicher Theoriearbeit markierten, durch Diffusion in unterschiedliche Theorietraditionen auf ein allgemeines Minimalverständnis reduziert und damit ihres eigentlichen Profils beraubt, nur mehr als vorgefertigte Antworten auf ein nicht mehr wahrgenommenes Forschungsproblem herhalten. Ihre Verwendung führt zunächst dazu, dass Forschungsprobleme gar nicht mehr *als* Problem wahrgenommen werden, und hat in der Konsequenz den Effekt, dass der wissenschaftliche Erkenntnisprozess vorzeitig abgeschlossen wird, wenn ein Begriff oder Konzept bereits als Antwort erscheint und die klärende Analyse des zu untersuchenden Phänomens ersetzt.

Eine solche Entwicklung droht zumindest in der gegenwärtigen Journalismusforschung dem Rollenkonzept aus der soziologischen Rollentheorie.[40] Eigentlich bildet das Konzept der sozialen Rolle ein Schema zur begrifflichen Strukturierung eines ganzes Forschungsbereichs der Sozialwissenschaften: nämlich des interdependenten Zusammenhangs zwischen Handelnden und Verhaltenserwartungen der Interaktionspartner oder gesellschaftlicher Einrichtungen. Aber damit sind all die Implikationen und Fragen, die sich aus der begrifflichen Strukturierung ergeben, für die Forschung allererst aufgeworfen und eben nicht schon beantwortet.[41] In der Journalismusforschung werden mit dem Rollenkonzept so unterschiedliche Sachverhalte wie Ideal-, aber auch Realtypen journalistischen Selbstverständnisses, von außen an den Journalismus herangetragene normative Erwartungen, und vor allem

---

38   Siehe Abschnitt 2.3.3 und 2.4.1. Und dies obwohl Rühl bereits in seiner Redaktionsstudie die alte Dichotomie Individuum – Gesellschaft nicht „in der Variation Journalist – Redaktion" (Rühl 1979: 32) weitergeführt sehen wollte. So mahnte er an, dass es um „menschliche Handlungszusammenhänge" gehe, die kaum wirklich zu trennen seien und nicht dichotomisiert werden dürften (Rühl 1980: 173f.).

39   Bourdieu/Chamboredon/Passeron 1991: 28f, 31ff. Bourdieu geht es um die Verabschiedung von den „Vorannahmen des *common sense*, des gewöhnlichen wie des akademischen" (Bourdieu 1996: 278).

40   Vgl. für die Soziologie etwa Joas 1998.

41   Vgl. Nadel [1957] 1969; Tenbruck 1961: 2; Joas 1998: 142ff.

journalismus- und redaktionseigene Strukturen im Sinne generalisierter Erwartungen gegenüber journalistisch Handelnden gefasst. Bei deren genauerer Analyse findet man sich unversehens inmitten der sozialtheoretischen ‚structure and agency'-Debatte wieder.[42] Im Rollenkonzept zeigen sich in nuce die sozialtheoretischen Probleme des Zusammenhangs zwischen normativen Strukturen und der Handlungspraxis der Akteure, auf die im Folgenden genauer einzugehen ist.

3.2   Sozialtheoretische Klärungen

Grundsätzlich lassen sich zwei Vorgehensweisen unterscheiden, mit denen sozialwissenschaftliche Forschung sich ihrem Gegenstand als dem zu erhellenden Ausschnitt sozialer Wirklichkeit nähert: Während die eine bei den beteiligten Individuen startet und versucht, deren Handeln zu erforschen und zu erklären, beginnt die andere bei sozialen Interdependenzbeziehungen und den Regelmäßigkeiten sozialer Wirklichkeit, um zu klären, wie es zu einer solchen sozialen Ordnung kommen und wie man sie wissenschaftlich erklären kann. Kneer und Nassehi nennen die Auseinandersetzung um die rechte Zugangsweise zum Forschungsgegenstand den „konfessionellen Streit" soziologischer Theoriebildung.[43]

Empirisch ausgerichtete Forschung, die mit journalistischen Individuen und ihrem Handeln beginnt, hat es dabei mit einem Handeln zu tun, das durch den Journalismus erst seine Identität gewinnt und aus dem zugleich spezifische Ausprägungen des Journalismus resultieren. Das Interesse gilt folglich informativen Erklärungen journalistischen Handelns sowie der Ermittlung von Handlungsfolgen, die daraus resultieren. Forschung hingegen, die bei Interdependenzbeziehungen und Regelmäßigkeiten im Journalismus ansetzt, fokussiert von Beginn an auf einen sozialen Zusammenhang. Sie muss dann angeben, welches die relevanten Strukturen dieses sozialen Zusammenhangs sind, entscheidet sich damit doch die Frage der Bestimmung des Objekts ihrer Forschungsbemühungen. Und sie muss begründen, welche theoretische Vorstellung von diesen Strukturen ihrer Analyse zugrundeliegt, bestimmt die Strukturvorstellung doch „in entscheidendem Maße, was in ihr überhaupt sichtbar werden kann und was ausgeblendet bleiben muß."[44]

---

[42]   Vgl. Knorr-Cetina/Cicourel 1981.
[43]   Kneer/Nassehi 1994: 26.
[44]   Reckwitz 1997: 106.

3.2.1   Strukturvorstellungen

Was genau unter ‚Struktur' zu verstehen und wie sie konkret zu fassen sei, darüber
besteht in den Sozialwissenschaften kein theorienübegreifender Konsens. So arbeiten die verschiedenen Theorierichtungen mit unterschiedlichen, mitunter einander
ausschließenden Strukturvorstellungen. Auch besteht keine Einigkeit darüber, was
überhaupt als relevante Strukturen zu beobachten und zu analysieren sei. Grundsätzlich aber arbeitet jede sozialwissenschaftliche Theorieperspektive mit bestimmten
Strukturvorstellungen, selbst wenn diese in den Ansätzen mitunter vage bleiben oder
gar innere Widersprüche aufweisen. Häufig werden Strukturen wie gesehen als in-
dividuelles Handeln begrenzend gedacht. Einer solchen Vorstellung lässt sich die
Konzeption von Struktur als Handlungsermöglichung gegenüberstellen.

- *Struktur als Handlungsbegrenzung* zu fassen bedeutet von einem an sich freien
  Handeln auszugehen, das durch Strukturen limitiert und in seinem ‚Freiraum'
  begrenzt wird. Das reicht von der Einschränkung eines an sich als frei und unge-
  bunden gedachten individuellen Handelns über verschieden starke Restringie-
  rungen bis hin zu Zwang. Hinsichtlich des Handelnden bedeutet letzteres den
  Verlust jeglicher Handlungsalternativen, hinsichtlich der Handlung selbst läuft
  eine solch komplette Limitierung auf deren Determination hinaus.
- *Struktur als Handlungsermöglichung* zu begreifen heißt hingegen, Handeln im
  positiven Sinne als strukturbestimmt zu begreifen: Es könnte ohne dem konkreten Handeln vorausliegende, kontextübergreifende Strukturen nicht erfolgen.
  Hier erscheinen Strukturen nicht als Störung, Einschränkung oder Verhinderung,
  sondern als notwendige Voraussetzung eines bestimmten Handelns.

Geht man die journalismustheoretischen Ansätze auf diese Unterscheidung hin
durch, fallen im Zusammenhang der personenbezogenen Forschung zunächst vor allem Beschreibungen auf, in denen Strukturen als handlungslimitierend begriffen
werden. Bereits in Dovifats Konzept der publizistischen Persönlichkeit, die den
Journalismus hinüberretten wollte in die normative Provinz einer gesinnungsmäßigen Publizistik, scheint die Idee des Journalisten, der als Mitarbeiter eines Medien-
unternehmens ‚kollektiv gekoppelt' und in redaktionelle Strukturen eingebunden ist,
wie die Schattenseite eines an sich freien Überredungshandelns publizistischer Persönlichkeiten.[45] Ähnliches gilt für die Kommunikatorvorstellung, wie sie in Maletzkes Feldschema zum Ausdruck kommt, wenn das Handeln des Kommunikators dem

---

[45]   Vgl. Dovifat [1963] 1990: 160.

‚Zwang der Aussage bzw. des Programms' und dem ‚Zwang des Mediums' ausgesetzt ist.[46]

Die Konzeption des Journalismus als Handlungssystem schließlich kennt beide Momente: Da Journalismus gerade nicht über die beteiligten Personen erklärt werden soll, werden hier Strukturen erstmals als journalistisches Handeln ermöglichend betrachtet; andererseits wirken diese journalismuseigenen Strukturen in dem Moment restringierend, in dem die Beobachterperspektive gewechselt wird und die über Rollenanforderungen in den journalistischen Zusammenhang integrierten Handelnden in den Blick genommen werden. Dann ist von sanktionsbewehrten Erwartungen an die Redaktionsmitglieder die Rede, die deren Handlungsspielräume einengen. In den neueren systemtheoretischen Konzeptionen ist diese Spannung insofern überwunden, als dort Handeln zugunsten der Beobachtung von Kommunikationszusammenhängen eingeklammert wird. Kommunikationen erscheinen dabei als strukturbestimmt und -ermöglicht zugleich. Werden die journalistischen Akteure in der empirischen Analyse jedoch wieder einbezogen, taucht die genannte Spannung wieder auf. Das gilt nicht zuletzt für den integrationstheoretischen Ansatz der konstruktivistischen Journalismusforschung. Einzig die integrativen Konzepte von Altmeppen und Quandt thematisieren explizit den Doppelaspekt handlungsbestimmender und -ermöglichender Strukturen. Darauf wird weiter unten zurückzukommen sein.

Offen geblieben ist bislang, welche Art von Strukturen dabei in den verschiedenen theoretischen Richtungen in Anschlag gebracht werden und *wie* sie als sozial relevante Strukturen gefasst werden. Damit hängt auch die Frage zusammen, in welcher Form sich Strukturen in konkreten Handlungsprozessen aktualisieren. Zwei grundlegende Strukturarten gilt es voneinander zu unterscheiden.

• *Regelstrukturen*: Soziale Regeln werden von Akteuren in Handlungsprozessen angewandt, wobei der Aspekt der Anwendung darauf verweist, dass sie *sinnhaft* verwendet werden. Durch handlungsleitende Regeln werden soziale Praktiken erst hervorgebracht. Sie lassen sich als Kriterien der Handlungspraxis begreifen, auf die Akteure zurückgreifen müssen – was nicht heißt, dass sie sich ihrer ‚bewusst' sein müssen, über ihre Verwendung reflektieren würden und Rechenschaft über sie ablegen könnten. Beispiele für Regelstrukturen sind Konventionen, Normen, Rollenerwartungen, das Recht, allgemein Werte, aber auch Deutungsmuster, Weltbilder und Denkstile. Während die ersten Beispiele sich in präskriptiven oder normativen Erwartungen gegenüber den Handelnden manifes-

---

tieren, verweisen die zuletzt genannten auf Strukturen, auf die Akteure unbewusst immer schon zurückgreifen. Von daher lassen sich innerhalb der sinnhaften Regelstrukturen zwei Ausprägungen voneinander unterscheiden: *normative* Regeln auf der einen, *generative* Bedeutungs- und Wissensregeln auf der anderen Seite. Im Prinzip sind Regelstrukturen nichts anderes als kollektiv geteilte Sinnkriterien, die das Handeln der Akteure anleiten.[47] Ihre Bedeutung ist eine doppelte: „Über Regeln ist die soziale Welt schon sinnhaft und symbolisch vorstrukturiert, und durch Regeln wird sie zuallererst *erzeugt.*"[48]

- *Regelmäßigkeitsstrukturen* brauchen von Handelnden nicht erkannt zu werden, da sie jenseits einer sinnhaften Anwendung zu verorten sind. Sie können als konstitutiv für soziale Praktiken gelten, insofern sie ‚objektive' Rahmenbedingungen von Handlungssituationen bilden, dadurch Handlungsspielräume festlegen und die Chancen mitbestimmen, Handlungsziele auch zu erreichen. Klassische Regelmäßigkeitsstrukturen sind alle Arten von Ressourcen(verteilungen) wie verfügbare Zeit, materielle Ausstattung oder Personalstärke, aber auch Positions- und Statusunterschiede bzw. Hierarchien, also Macht- bzw. Herrschaftsstrukturen. Es sind dies Strukturen, die *an sich* keinen ‚Sinn' haben, sondern deren Bedeutung sich erst aus der Beobachterperspektive ergibt. Kriterium für ihre Berücksichtigung ist, ob sie in den zu analysierenden sozialen Konstellationen handlungsrelevant werden. Allgemein lassen sich institutionen- und organisationsbezogene, medienunternehmens-, redaktions- oder ressortspezifische Ressourcen sowie schließlich akteursbezogene Ressourcen in Form von Bildung, Vorwissen, Berufserfahrung oder Prestige unterscheiden. Da sie nicht sinnhaft verwendet werden, sind sie sozial- bzw. handlungsrelevant unabhängig davon, ob die Akteure von ihnen wissen oder ob diese sie, was auch der Fall sein kann, systematisch verkennen.[49]

Regelstrukturen und sozial relevante Regelmäßigkeiten bilden Konstituenten ein- und derselben sozialen Wirklichkeit. Deshalb ist die Frage, ob man soziale Zusammenhänge „aus der Sicht von Regelstrukturen oder aus der Sicht von Regelmäßigkeiten betrachtet, (…) keine Frage der Entscheidung zwischen zwei alternativen Optionen; beide Dimensionen müssen vielmehr gleichermaßen in die Strukturanalyse eingehen."[50] Nun lässt sich mit Reckwitz zu diesen beiden grundlegenden Struktur-

---

[47]   Vgl. Reckwitz 1997: 32ff., 111ff.
[48]   Ebd.: 34 (Herv. i. Orig.).
[49]   Vgl. ebd.: 32ff., 145ff.
[50]   Ebd.: 146.

typen eine sekundäre Differenzierung einführen: eine holistische und eine situationistische Sicht auf soziale Strukturen.[51]

In der *holistischen* Perspektive wird davon ausgegangen, dass kontextübergreifende Strukturen (unabhängig davon, ob es sich um Regel- oder um Regelmäßigkeitsstrukturen handelt) jedem kontextspezifischen Handeln vorausgehen und es gewissermaßen erst hervorbringen. Ohne diese Strukturen könnten Akteure nicht so handeln, wie sie das in sozialen Zusammenhängen tun: In der Handlungspraxis manifestieren sich prinzipiell situationsübergreifende Strukturen, so dass Handeln – holistisch gesehen – lediglich deren praktische Ausführung, ihren Vollzug bedeutet. Theoretisch werden diese Strukturen folglich als handlungsbeeinflussend oder gar handlungsdeterminierend gedacht; sie gehen als strukturelle *Handlungsbedingungen* in die Analyse ein. Die *situationistische* Konzeption hingegen startet mit den Handelnden in einer jeweiligen konkreten Handlungskonstellation und -situation. Sie sieht Strukturen nicht als Voraussetzungen des Handelns, sondern als Ergebnis sozialer Praxis – und dies unabhängig davon, ob das Ergebnis angestrebt wurde oder sich als unintendierte sowie unbeobachtete Handlungsfolge ergibt. In den Blick gerät dann, dass Strukturen durch Handeln hervorgebracht werden; es gilt, sie als *Handlungsfolgen* in die Sozialanalyse aufzunehmen.[52]

Auf analytischer Ebene kann nun eine Kombination von jeweils handlungsbestimmenden und handlungsabhängigen Regel- und Regelmäßigkeitsstrukturen zur Unterscheidung von vier idealtypischen Strukturkonzepten genutzt werden.[53] Es ergeben sich folgende vier Idealtypen:

- *Regeln als handlungsdeterminierende Strukturen*: Regelstrukturen gelten als Handlungsvoraussetzung, wenn gefragt wird, warum individuelle Akteure regelmäßig und koordiniert handeln. Die Antwort wird in einem System geteilter Normen im Sinne eines Geflechts gegenseitiger Erwartungen gesehen, die sich über Generalisierung zu Rollen verdichten. Kontrolle bzw. Sicherstellung regel-

---

[51] Vgl. hierzu auch Knorr-Cetina 1981: 47f., 63ff.; Kneer/Nassehi 1994: 23ff.

[52] Vgl. ebd.: 38ff. Doch dürfen situationistische und holistische Strukturvorstellungen nicht als Ergebnis einer individualistischen oder kollektivistischen Perspektive gedeutet werden. Der Unterschied zwischen beiden besteht in der Bedeutung, die den Handlungskontexten beigemessen wird: Während nach holistischer Vorstellung nicht die jeweilige Handlungssituation entscheidend ist, sondern einzig die Strukturen, die dort aktualisiert werden, ist Handeln in der situationistischen Vorstellung aufgrund der Reflexivität der Akteure sehr wohl kontextabhängig: Akteure reproduzieren nicht einfach vorgegebene Strukturen, sie schaffen sie im konkreten Handeln immer wieder neu.

[53] Weil sowohl in der sozialtheoretischen Diskussion wie auch in der Journalismusforschung der Gedanke handlungsermöglichender Strukturen (bislang) weitgehend vernachlässigt worden ist, werden diese aus Gründen der Übersichtlichkeit zugunsten der Berücksichtigung handlungsdeterminierender Strukturkonzeptionen ausgeklammert.

konformen Handelns wird durch institutionalisierte Normensystemen mit Sank-
tionspotential (Fremdkontrolle) oder mittels internalisierter Normen im Persön-
lichkeitssystem erklärt (Selbstkontrolle).[54] Aus dieser Perspektive stellt sich „das
gleiche Normensystem als Voraussetzung wie auch als Ergebnis von Handeln
dar: Handeln hat lediglich eine Katalysatorfunktion, um Normen zu aktualisieren; die Regelsysteme scheinen sich selbst zu reproduzieren."[55]

- *Regeln als handlungsabhängige Strukturen*: Regelstrukturen werden als Handlungsfolgen identifiziert, wenn darauf abgestellt wird, dass Regeln bei ihrer Anwendung der Auslegung bedürfen. Auch hier lassen sich Rollenerwartungen in
den Blick nehmen, doch geht es nicht um die simple Ausführung vorgegebener
Rollen, sondern um deren Interpretation durch die Handelnden in Handlungskontexten: Regeln sind einer permanenten ‚Redefinition' (Wilson) ausgesetzt.[56]
Regelstrukturen entstehen als Resultat einer ‚negotiated order'.[57]

- *Regelmäßigkeiten als handlungsdeterminierende Strukturen*: In Ansätzen, die
Regelmäßigkeitsstrukturen als Handlungsbedingungen beobachten, werden normative und kulturelle Strukturmomente als ‚subjektiv' zurückgewiesen, da sie
soziale Praxis nicht erklären könnten. Stattdessen wird den ‚objektiven', nicht-
sinnhaften Strukturen die größte Erklärungskraft zugeschrieben. Insbesondere
über welche Ressourcen Handelnde verfügen und welche ‚Positionen' sie innehaben, aber auch Statusunterschiede, Einkommen, Bildung oder Prestige legen
fest, welche Handlungspraxis Akteuren möglich bzw. verwehrt ist.[58]

- *Regelmäßigkeiten als handlungsabhängige Strukturen*: Regelmäßigkeitsstrukturen erscheinen als Ergebnis von Handlungsprozessen, wenn Normen, kulturelle
Muster und Situationsdefinitionen als zu vernachlässigende Randbedingungen
angesehen werden und Strukturen als kontingentes Produkt von Handeln begriffen wird. Beobachtet werden rationale Akteure mit bestimmten Handlungspräfe-
renzen, deren individuelle und bewusst angestrebte Kooperation (oder Konfrontation) in Handlungsakten auf der Mikroebene durch Aggregierung zur Entstehung von Regelmäßigkeitsstrukturen als unintendierten Handlungsfolgen auf
der Makroebene führen.[59]

---

[54]   Vgl. Giddens 1995: 27ff.; Reckwitz 1997: 48ff.
[55]   Reckwitz 1997: 48.
[56]   Vgl. Wilson 1973: 58ff.; Blumer 1973: 80ff.
[57]   Vgl. Reckwitz 1997: 39, 51ff.
[58]   Vgl. Reckwitz ebd.: 56; vgl. auch Bourdieu 1995.
[59]   Dieses Strukturverständnis dominiert in den Nutzentheorien, zu denen auch die Rational-Choice-
Theorie gehört. Vgl. Trapp 1986; Joas 1996: 56ff.

Die erste Konzeption von Regeln als handlungsdeterminierenden Strukturen lässt sich unschwer in Ansätzen finden, die Journalismus als ein System vorstellen, das Normen, Programme und Rollen ausgebildet hat, die dem Handelnden im Sinne generalisierter Erwartungen entgegentreten, die (wie im Falle der Mitgliedsregeln für Redaktionsmitglieder) als sanktionsbewehrt gelten.[60] Wird dabei jede eigenständige Leistung journalistischer Akteure ausgeblendet, reduziert sich deren Handeln auf den Vollzug gegebener normativer Regeln, was den Eindruck eines sich selbst reproduzierenden Systems verstärkt.[61] Natürlich hat die systemfunktionale Journalismusforschung die strukturfunktionalistischen Momente, die der Konzeption einer reinen Strukturreproduktion zugrunde liegen, theoretisch im Prinzip überwunden. Wird jedoch auf die Ebene der empirischen Beobachtung des Handelns journalistischer Akteure gewechselt, scheint ein strukturkonservatives (im Sinne von Systemstrukturen erhaltendes und reproduzierendes) Verständnis unvermeidlich. Damit sind zunächst nur jene handlungsdeterminierenden Regelstrukturen angesprochen, die auf normative Regeln abstellen. Zieht man kognitiv-symbolische Strukturen mit heran, zeigt sich, dass letztere als Handlungsvoraussetzungen in der Journalismusforschung bislang jedenfalls kaum eine Rolle spielen. Die sinnhaften Strukturen kognitiver bzw. psychischer Systeme aus der konstruktivistischen Theorie tragen zu einer informativen Erklärung sozial strukturierten Handelns wenig bei, da sie – wie gesehen – allein psychisch strukturiert und nur *beobachtungs*relevant vorgestellt werden und offen bleibt, in welcher Weise sie im sozialen Zusammenhang des Journalismus handlungsrelevant werden.[62]

Auch die zweite Konzeption von handlungsabhängigen Regelstrukturen lässt sich in der dem Systemparadigma folgenden Journalismusforschung makrotheoretisch zweifelsfrei wiederfinden. Fragt man jedoch nach handlungsabhängigen Strukturen, die sich einer aktiven Interpretation und einer wechselseitigen Bedeutungszuweisung der konkreten Handlungssituation ergeben, so erscheint der Gedanke ei-

---

[60] Vgl. Rühl 1969: 154ff.

[61] Damit ist die Gefahr eines drohenden ‚Objektivismus' angesprochen. Eine Theorievorstellung ist ‚objektivistisch', wenn sie von den Akteuren so weit abstrahiert, dass diese keinerlei Beitrag mehr zum Verständnis des sozialen Zusammenhangs leisten können. Ihr Handeln erscheint dann als bloßer Vollzug kontextübergreifender Struktur- und Funktionsbedingungen, ihre Primärerfahrungen gelten als zu vernachlässigende (und tendenziell wirklichkeitsverkennende) Rationalisierungen gegenüber eigentlich bewusstseinsunabhängigen, scheinbar ‚objektiven' Gesetzmäßigkeiten von Systemfunktionen und -strukturen (vgl. Bourdieu 1997a: 49ff.). Das Problem einer solchen Sichtweise ist, dass sie „in Ermangelung eines Generierungsprinzips" für soziale Realitäten dazu neigt, von theoretisch konstruierten, wissenschaftlichen Modellvorstellung „unmerklich zur Realität überzugehen und die von ihr konstruierten Strukturen zu verdinglichen, indem sie sie als *autonome handlungsfähige* Größen behandelt" (Wacquant 1996: 25f.).

[62] Siehe oben die Abschnitte 2.4.1 und 3.1.2.

ner Struktur(neu)schöpfung durch Handeln oder einer ‚negotiated order' als Ergebnis von Handlungsprozessen zumindest stark vernachlässigt. Dies ändert sich mit
der Umstellung von Handlung auf Kommunikation: Der Vorteil der Beobachtung
von Kommunikationszusammenhängen liegt ja gerade darin, dass er durch das Auf-
einandertreffen wechselseitiger Beobachtungen und eines vom Mitteilungshandeln
abgelösten Verstehens die Emergenz sozialer Prozesse hervortreten lässt. Theoretische Schwierigkeiten ergeben sich jedoch, wenn das Handeln journalistischer Akteure in die Systemvorstellung integriert werden soll. Denn infolge des systemtheoretischen Primats der Funktion vor der Struktur können Strukturen ausschließlich als
funktionale Systemstrukturen beobachtet werden. Möglicherweise relevante Strukturmomente jenseits der Systemgrenze würden sich nur wieder als binnensystemi-
sche Strukturen eines anderen (sozialen oder psychischen) Systems beobachten lassen, so dass die Frage nach relevanten Strukturen in der System*umwelt* systemtheoretisch widersinnig ist.[63]

Mit der Umstellung von Handlung auf Kommunikation und der strikten Trennung von psychischen und sozialen Systemen ist allerdings die Vorstellung eines
Akteurs, der aufgrund kontextübergreifender Regelstrukturen oder sozial relevanter
Regelmäßigkeiten handeln würde, obsolet geworden. Zwar sind Erwartungsstrukturen eindeutig sinnhafte Regelstrukturen, aber sie werden jetzt nicht mehr auf Handelnde, sondern auf die emergente Ebene sozialer Kommunikationszusammenhänge
bezogen.[64] Das Problem empirischer Forschung, die auf einer solchen Vorstellung
des zu analysierenden Strukturzusammenhangs fußt, ist: Sie kann nicht mehr erklären, „wie und warum bestimmte Kommunikationen oder Handlungen *entstehen*, warum sie *generiert, produziert* werden."[65] Erst wenn Kommunikationen als vom System bereits sinnhaft in Anspruch genommen beobachtet werden, kann man – mit
Luhmann – feststellen: „Sie tun, was sie tun. Sie reproduzieren das System."[66]

Empirische Journalismusforschung, die die Möglichkeit nutzen möchte, über das
Argument der ‚kommunikativ realisierten Selbstzuschreibung' (Schneider) Kom-

---

[63] Vgl. Luhmann 1991: 51ff., 242ff.
[64] Dadurch entledigt sich Luhmann auch eines Problems, das bei der Beobachtung von Strukturen als
      Handlungsvoraussetzungen auftaucht: der Frage nämlich, ob diese das Handeln letztlich nicht doch
      determinieren. Das Problem wird insofern umgangen, als Erwartungserwartungen nunmehr aus-
      schließlich Regelstrukturen des *Kommunikations*zusammenhangs sind, deren Erwartungsentspre-
      chung oder -nichtentsprechung theoretisch offen gelassen werden kann, da sie ohnehin erst ‚im
      Nachhinein', im Sinne eines funktionalen, Systemoperationen erfolgreich kontinuierenden An-
      schlusses beobachtet werden.
[65] Reckwitz 1997: 68 (kursiv i. Orig.).
[66] Luhmann 1988b: 896.

munikation als Handlung zu beobachten,[67] muss deshalb bedenken, dass Kommunikation immer schon durch systemeigene Strukturen bestimmt und entsprechend immer schon erfolgreich angepasst ist, da sie andernfalls nicht als Kommunikationsoperation im Funktionssystem vorkommen könnte. Handlungen, die im Anschluss an diese Konzeptualisierung von Kommunikation ‚beobachtet' werden können, sind folglich ausschließlich funktional angepasste Handlungen. Ihr Zustandekommen kann genauso wenig beobachtet werden, wie Antwort auf die Frage gegeben werden kann, was im Falle eines den Erwartungsstrukturen nicht hinreichend entsprechenden Handelns passieren würde. Als zuschreibende Beobachtung des kommunikativen Vollzugs des Journalismussystems kann journalistisches Handeln in dieser Theorieperspektive *per definitionem* nicht in Konflikt mit dem System geraten.

Im Unterschied zu den Regelstrukturen haben soziale Regelmäßigkeitsstrukturen wie Ressourcen und Positionen in den Ansätzen der Journalismusforschung wenig Beachtung gefunden. Zwar findet sich in der systemtheoretischen Forschung die Theoriefigur einer ‚sekundären Differenzierung', innerhalb der dann neben Positionen in Hierarchien etwa auch das Merkmal ‚Geschlecht' beobachtet werden kann.[68] Solche Merkmale kämen durchaus als Handlungsvoraussetzungen in Betracht, aber die Erweiterung um sekundäre Differenzierungen innerhalb der Systemtheorie erscheint eher als ein theorietechnischer Appendix, so dass sie zur Klärung des Zusammenhangs zwischen Struktur und Handeln keinen wirklichen Beitrag zu leisten vermag.

Ein vertieftes Verständnis der sozialtheoretischen Perspektiven, die in den jeweiligen Journalismusforschungsansätzen zur Geltung kommen, ergibt sich, wenn man sich komplementär zu den Strukturvorstellungen die Handlungsmodelle vor Augen führt, die sich den verschiedenen Ansätzen zuordnen lassen, selbst wenn sie dort nicht dezidiert angesprochen oder gar systematisch entfaltet werden. Das erscheint sinnvoll, auch wenn die Unterscheidung von Strukturbeobachtung und Handlungsbeobachtung nicht trennscharf sein kann, da jede Strukturvorstellung bereits Handlungsaspekte beinhaltet und umgekehrt jedes Handlungsmodell unweigerlich spezifische Strukturvorstellungen impliziert.

---

[67] Vgl. Schneider 1994: 172ff., 267f.; Scholl/Weischenberg 1998: 54.
[68] Vgl. Klaus 1998: 69ff.; dies. 2000: 337ff.; vgl. auch Lünenborg 1997: 34ff.

3.2.2   Handlungsvorstellungen

Die Art und Weise, in der die Journalismusforschung ‚Handeln' konzeptualisiert, ist
von besonderem Interesse, wird mit dem Handeln doch genau jenes Moment fokussiert wird, in dem Strukturen in der sozialen Praxis journalistischer Akteure relevant
werden. Zudem kommt keine theoretische Vorstellung ohne eine solche zumindest
implizite Handlungsvorstellung aus, will sie sich nicht mit reiner Deskription begnügen, sondern die sozialen Zusammenhänge des Journalismus *erklären*.[69] Zunächst lassen sich wissenschaftliche Handlungskonzeptionen in naturalistische und
sinnorientierte Handlungserklärungen unterscheiden. Während erstere auf die Analyse kausaler Ursachen des Handelns abzielen, leugnen letztere die Möglichkeit
strenger Kausalbeziehungen im Handeln und lehnen von daher eine gesetzmäßige
Erklärung des Handelns ab. Da naturalistische Handlungserklärungen in der Journalismusforschung praktisch keine Rolle spielen, werden im Folgenden lediglich sinnorientierte Konzeptionen des Handelns diskutiert. Sie lassen sich danach differenzieren, welche sinnhaften Elemente für das Handeln jeweils verantwortlich gemacht
werden bzw. als in welchem spezifischen Sinnzusammenhang eingebettet Handeln
gesehen wird.[70] Es sind dies:

- das *utilitaristische Handlungsmodell*: Handeln wird nach utilitaristischem Verständnis teleologisch gefasst, d.h. es gilt als zweckgerichtet im Hinblick auf die
  Erreichung subjektiver Handlungsziele.[71] Die Erklärung erfolgt über die Rekonstruktion des ‚subjektiv gemeinten Sinns' (Weber), der sich aus individuellen
  Absichten und Motiven der Akteure ergibt. In der neueren nutzentheoretischen
  Fassung des Modells werden aus subjektiven Wünschen und Motiven idealty-
  pisch konstruierte, hierarchisch geordnete Präferenzen, und aus Überzeugungen
  zur Zweckerreichung im Prinzip vollständige Informationen über die Handlungsbedingungen, sodass der Handelnde einer Maximierungsregel folgen kann,
  indem er vor dem Hintergrund der Präferenzenhierarchie und der Informationen
  über Handlungsbedingungen und verfügbare Ressourcen die erwartbaren Ergebnisse verschiedener Handlungsoptionen bewertet und sich für die subjektiv nut-
  zenmaximierende oder am ehesten befriedigende Option entscheidet.[72] Handeln

---

[69]   Vgl. Giddens 1995: 51ff.; Joas 1996: 14.
[70]   Die hier vorgenommene Systematisierung ist an eine Typologie verschiedener Handlungsmodelle
       von Reckwitz angelehnt, erweitert sie jedoch durch um ein kulturorientiertes Handlungsmodell, das
       bei Reckwitz nicht von der interpretativen Handlungsvorstellung unterschieden wird (vgl. Reckwitz
       2000: 119ff.).
[71]   Vgl. Reckwitz, ebd.; Trapp 1986; Esser 1996: 231ff.
[72]   Vgl. Esser 1996: 236f.

erscheint erklärt, wenn das subjektive Wollen der Akteure und ihr jeweiliger Informationsstand ermittelt sind.[73] Die Modellvorstellung dieses Handlungskonzepts kommt in der Figur des ‚homo oeconomicus' zum Ausdruck.

- das *normorientierte Handlungsmodell*: Aus der Kritik am nutzentheoretischen Handlungsmodell hat sich das normorientierte Modell entwickelt, führt die Beschreibung individuellen Wollens doch zu der Frage, was Handelnde dazu bringt, bestimmte Dinge zu ‚wollen' und auf spezifische Weise zu handeln. Deshalb wird der ‚Sinnfaktor' der subjektiven Handlungsziele durch denjenigen normativer Regeln ersetzt. Damit wird Handeln in einen normativen Sinnzusammenhang eingeordnet, es ist ‚rule-governed behavior' (Winch).[74] Die Erklärung erfolgt über die Rekonstruktion der dem Handeln zugrunde liegenden, kollektiv geteilten Normen und (Rollen-)Erwartungen, wobei die Befolgung normkonformen Handelns durch Fremdkontrolle über Sanktionsdrohungen oder (nach Internalisierung der Normen) durch ‚Selbstzwang' der Handelnden gewährleistet wird.[75] Die Modellfigur ist die des ‚homo sociologicus' (Dahrendorf).

- das *interpretative Handlungsmodell*: An der normorientierten Handlungserklärung hat sich Kritik entzündet, die dessen implizite Voraussetzungen und insbesondere die Idee eines bloßen Vollzugs vorgegebener Normen, die als Erwartungen von außen auf den Handelnden treffen, verwirft.[76] Das interpretative Modell versteht sich als informativere Handlungserklärung, da es normatives Handeln über das Verstehen bzw. die Deutungen der Handelnden erklären will. Aus dem bloßen Vollzug normativer Rollenerwartungen wird die aktive Übernahme und Ausdeutung von Rollenerwartungen, die sich durch wechselseitiges Anzeigen und Interpretieren in einem grundsätzlich reflektierten Interaktionsprozess verändern können.[77] Wollte man diesem Handlungsverständnis eine Modellfigur zuordnen, könnte man sie ‚homo interpretans' nennen.

- das *kulturorientierten Handlungsmodell*: Auch diese Modellvorstellung erweist sich als Versuch, über die vorherigen Handlungserklärungen hinauszugehen. Der Umstand, dass Handelnde den Dingen Bedeutung zuschreiben, führt hier zu der Frage, welche Bedeutungen bzw. warum keine anderen Bedeutungen von den Handelnden aktualisiert werden. Die Erklärung des Handelns erfolgt über die Rekonstruktion der kognitiv-symbolischen Organisation sozialer Wirklichkeit,

---

[73] Vgl. Reckwitz 2000: 122.
[74] Vgl. Joas 1996: 57.
[75] Reckwitz 2000: 126.
[76] Vgl. Wilson 1973: 55ff.; Blumer 1973: 80ff. Dieses Modell bildet das handlungstheoretische Komplement zu handlungsabhängigen Regelstrukturen (Siehe weiter oben Abschnitt 3.3.1).
[77] Vgl. Blumer 1973: ebd.

wie sie in der Handlungspraxis der Akteure unter Rückgriff auf kollektive symbolische Wissensregeln bzw. kulturelle Sinnmuster ständig vollzogen wird. Das Interesse verschiebt sich also von situationsbedingten und -spezifischen Interpretationen hin zu kontextübergreifenden Symbolsystemen, an denen Handelnde partizipieren. Modellfigur wäre das ‚animal symbolicum' (Cassirer) bzw. der ‚homo significans' (Barthes).[78]

Während die utilitaristische Handlungskonzeption in allgemein kommunikationswissenschaftlichen Ansätzen keine besondere Rolle zu spielen scheint, arbeitet die wirkungsorientierte Journalismusforschung im Prinzip mit dieser Handlungslogik, selbst wenn in ihren Arbeiten aufgrund der fehlenden Ausarbeitung einer theoretischen Handlungsvorstellung oft ein alltagsvernünftiges Verständnis von Handeln vorherrschen mag. Dies zeigt sich in der Analyse der Absichten von Journalisten, die auf Zwecke jenseits der eigentlichen Berichterstattung zielen würden, und der Unterstellung ‚voluntaristischer' Grundlagen ihrer Berichterstattungspraxis. Und es wird in der individualistisch-intentionalen Umdeutung von Erkenntnissen der Nachrichtenwertforschung manifest, wenn von der Analyse der Konstruktionsprinzipien redaktioneller Berichterstattung mit dem ‚Finalmodell' (Staab) auf die Suche nach der absichtsvollen, strategischen Verwendung solcher Nachrichtenfaktoren zur Legitimierung von Selektionsentscheidungen umgestellt wird und dabei nach ‚instrumentellen' Strategien und beabsichtigten Publikationsfolgen von Journalisten gefragt wird.[79]

Mit den Rational-Choice-Theorien hat das utilitaristische Handlungsmodell in jüngerer Zeit in den Sozialwissenschaften eine Art Renaissance erlebt,[80] die bis in Theorievorstellungen der Journalismusforschung hineinreichen. So findet sich in Neubergers integrationstheoretischem Ansatz vom Journalismus als einer systembezogenen Akteurskonstellation die Verbindung einer systemtheoretischen Journalismuskonzeption mit der Beobachtung von Journalisten als rationalen Wahlhandelnden. Ausdrücklich werden dort die interaktions- und kontextübergreifenden Strukturen auf der Makroebene über intendierte und unbeabsichtigte Handlungsfolgen des Akteurshandelns auf der Mikroebene zu erklären versucht.[81]

Legt man in Journalismustheorien das normative Handlungsmodell zugrunde, ergibt sich das Bild von journalistischen Akteuren, die auf der Grundlage normativer Verhaltenserwartungen handeln; journalistische Praxis erscheint als regelgeleite-

---

[78] Vgl. Reckwitz 2000: 129ff.
[79] Vgl. Kepplinger 1989b; ders. 1989a: 11f; Kepplinger/Ehmig 1997; siehe oben Abschnitt 2.2.3.
[80] Vgl. Wiesenthal 1987; Trapp 1986.
[81] Vgl. Neuberger 2000: 279.

tes Handeln. Entscheidend sind dann nicht individuelle Absichten und Motive von Journalisten, sondern dem Handeln vorausliegende (systemische) Regeln und Programme. Was Journalisten tun ,sollen', tritt ihnen als etwas von außen an sie Gerichtetes gegenüber. Solche Beschreibungen journalistischen Handelns finden sich in sozialisationstheoretischen Überlegungen der personenbezogenen Journalismusforschung wie in klassischen Rollentheorien, die in der empirischen Kommunikatorforschung aus der strukturfunktionalistischen Soziologie übernommen worden sind. Auch systemtheoretische Beschreibungen des Journalismus legen, wenn auf der empirischen Ebene das Handeln journalistischer Akteure beobachtet werden soll, mitunter eine solche Lesart nahe.[82]

Theoretische Erklärungen, die auf einer interpretativen Handlungsvorstellung gründen, sind der Kommunikationswissenschaft, denkt man an die Entwicklung in der Mediennutzungs- und Rezeptionsforschung, alles andere als fremd.[83] In der Journalismusforschung hingegen bilden Beschreibungen auf der Basis des interpretativen Paradigmas weitgehend eine Leerstelle, weil von ihr ein organisatorisches und Interaktionszusammenhänge gerade übergreifendes Handeln in den Vordergrund gerückt wird.[84] Doch zeigt das integrationstheoretische Konzept von Altmeppen, dass die theoretische Anerkennung systemischer Strukturen nicht notwendig zu systemfunktionalistischen Perspektiven für das empirisch beobachtbare Handeln von Journalisten führen muss, sondern sich Einsichten in die Notwendigkeit von Situationsdeutung und Bedeutungsbeimessung im Sinne aktiver Interpretationsleistungen zu eigen machen und in die Beobachtung journalistischen Handelns aufnehmen kann.[85]

Eine empirische Journalismusforschung, deren Beobachtung journalistischen Handelns von der kulturorientierten Handlungsvorstellung geleitet würde, könnte über die Berücksichtigung der genannten Handlungsaspekte hinaus danach fragen,

---

[82]   Dabei hatten systemtheoretisch fundierte und konstruktivistische Arbeiten der Journalismustheorie die frühen Entwicklungsstufen der Systemtheorie strukturell-funktionaler Provenienz eigentlich übersprungen zugunsten eines Anschlusses an die Luhmannsche Variante einer funktional-strukturellen und später autopoietisch gewendeten Systemtheorie, die sich vom Verständnis eines von äußerlichen Normen bestimmten Handelns längst verabschiedet hat.

[83]   Theorievorstellungen des interpretativen Paradigmas fanden in den 70er und frühen 80er Jahren Eingang in die Mediennutzungsforschung. Die Modellfigur des ,aktiven Rezipienten' ruhte auf Argumenten des Symbolischen Interaktionismus, Renckstorff und Teichert mühten sich um eine handlungstheoretische Grundlegung der Mediennutzungsforschung, und Früh und Schönbach integrierten die Modellvorstellung in den dynamisch-transaktionalen Ansatz. Vgl. Renckstorf 1973; ders. 1977; ders. 1989; Teichert 1972; ders. 1973; ders. 1975; Früh/Schönbach 1982; Früh 1991.

[84]   Eine Ausnahme bildet hier die interaktionistisch begründete Sozialisationsstudie von Gruber; vgl. Gruber 1975: 1f., 163ff.

[85]   Siehe oben die Ausführungen in 2.4.2.

wie Akteure dazu kommen, Sachverhalte auf bestimmte Weise zu interpretieren und bestimmte Bedeutungen zuzuweisen. Sie müsste die kollektiven Symbolsysteme, an denen Akteure partizipieren bzw. die kulturellen Sinnmuster, auf die sie in der sozialen Handlungspraxis (unbewusst) zurückgreifen, zu einem integralen Bestandteil ihrer theoretischen Vorstellung und, wo sinnvoll und notwendig, zum Gegenstand empirischer Forschung machen.

In gewisser Hinsicht tut dies der an die Cultural Studies anschließende Ansatz einer kulturalistischen Journalismusforschung, im Mittelpunkt von dessen Forschungsinteresse Kulturen des Publikums und die mit diesen Kulturen zusammenhängenden ‚selbstgesponnenen Bedeutungsgewebe' (Hepp/Winter) stehen. Zwar wird bei der journalistischen Textproduktion Bedeutung in diskursiven Formen (en-) codiert, aber die Decodierung dieser kulturellen, polysemischen Texte durch Publika bildet einen zweiten, eigenständigen Akt der Bedeutungsproduktion, insofern die ‚Lesarten' auf der Rezipientenseite nicht mit den auf der Produktionsseite codierten Bedeutungen übereinstimmen (müssen), sondern gesellschaftlich, d.h. durch Machtgefälle und distinkte soziale Erfahrung bedingt, von der medialen Bedeutungsproduktion gerade abweichen.[86] Bevorzugtes Objekt dieses Ansatzes der Journalismusforschung sind populärkulturelle Angebote der Massenmedien und deren Rezeption, während die Seite der journalistischen Aussagenproduktion weitgehend vernachlässigt wird.[87]

Demgegenüber wäre es für die Journalismusforschung gerade von Interesse, die kulturellen Orientierungen journalistischer Akteure in die Beobachtung journalistischen Handelns mit aufzunehmen. Sie lassen sich theoretisch über die Partizipation an distinkten Symbolsystemen und die Inanspruchnahme kultureller Sinnmuster im Rahmen symbolischer Wissensregeln bestimmen. Von Interesse ist dann, inwieweit es sich dabei um journalistische und/oder außerjournalistische, sei es vorberufliche, sei es allgemein lebensweltliche Wissensregeln bzw. Sinnmuster handelt. Denn journalistische Akteure partizipieren an verschiedenen kognitiv-symbolischen Wissensregeln bzw. -systemen. Das klingt in Altmeppens Redaktionsforschungsstudie an, wenn dort auf den erfahrungsbedingten ‚Wissensvorrat' von Journalisten und darin eingelagerte Sinnmuster hingewiesen wird. Es ist geradezu kennzeichnend für diesen Wissensvorrat, dass in ihn nicht nur berufliche, sondern auch vor- und außerberufliche (Sozialisations- und allgemein lebensweltliche) Erfahrungen eingehen, die das Wahrnehmen, Deuten und Handeln von Journalisten vorstrukturieren.[88]

---

[86] Vgl. Hepp 1999: 109ff.; Hepp/Winter 1997.
[87] Vgl. Renger 1997: 33ff.
[88] Vgl. Altmeppen 2000: 299f.; siehe auch weiter unten Abschnitt 4.3.

Im Prinzip kann auch der radikal-konstruktivistische Ansatz ein Theorieverständnis für sich reklamieren, das dem Aspekt der sinnhaften Bedeutungszuweisung aufgrund spezifischer Sinnmuster Rechnung trägt. Auf die Frage nach der Genese von Bedeutungen kommt er dabei theorienotwendig zu Selbstprogrammierungen des Kognitionssystems: Bedeutungen werden durch rekursive Vernetzung mit vorgängigen selbst erzeugten Bedeutungen generiert. Die sinnhafte Konstruktion von ‚Welt' erscheint nach systeminternen Kriterien, den eigenen (und selbst generierten) kognitiven Bedeutungsmustern organisiert, produzieren psychische Systeme ihre Kognitionen doch immer als Anwendung eigener kognitiven Muster. Erfolgt nach der kulturorientierten Konzeption die Erklärung über die Rekonstruktion der kognitiv-symbolischen Organisation von Wirklichkeit, ist es hier die Rekonstruktion derjenigen Wirklichkeitsorganisation, die sich das Kognitionssystem rekursiv und autopoietisch operierend selbst ermöglicht.[89]

Dafür zu plädieren, dass die Journalismusforschung kulturelle Momente des sozialen Zusammenhangs Journalismus nicht ausblenden, sondern die kulturorientierte Handlungsvorstellung nutzen sollte, um Fragen der spezifischen Strukturierung sinnhafter Handlungshorizonte journalistischer Akteure nachzugehen, heißt nicht, dass jede empirische Journalismusforschung sich mit Symbolsystemen und kulturellen Sinnmustern auseinandersetzen müsste. Doch sollte sie sich im klaren darüber sein, dass die kulturelle Dimension des Handelns von Journalisten nichts zu tun hat mit eigens ausgezeichneten Bereichen journalistischer Wirklichkeit, die dann als extraordinäre schöpferische Leistung von Journalisten im Sinne eines ‚Kulturjournalismus' qualifiziert werden,[90] sondern jedem journalistischen Handeln von vornherein kulturelle Momente inbegriffen sind.

3.2.3 Der Zusammenhang von Struktur und Handeln

Wenn man unter ‚Struktur' die Art und Weise versteht, in der die Elemente eines geordneten Zusammenhangs aufeinander bezogen sind, dann liegt die Betonung nicht auf dem ‚Vorhandensein' spezifischer Elemente, sondern auf deren Relationen untereinander. Schon deshalb darf man sich Strukturen nicht gegenständlich oder ‚dinghaft' vorstellen. Ihnen kommt keine Existenz sui generis zu. Zwar mögen

---

[89]   Neuere konstruktivistische Ausarbeitungen Siegfried J. Schmidts lassen jedoch eine Distanzierung von radikal-konstruktivistischen Grundpositionen erkennen und führen zu einem sozio-kulturellen Konstruktivismus, der Kultur als Form *kollektiven* Wissens konzipiert (vgl. insbesondere Schmidt 1996). Das Potential eines solchen sozio-kulturellen Konstruktivismus für die Journalismusforschung ist bislang noch nicht ausgelotet.

[90]   Vgl. Langenbucher 1993; Duchkowitsch u.a. 1998.

Strukturen dem Handeln voraus und zugrunde liegen, doch werden sie erst in dem Moment relevant, in dem sie im Handeln aktualisiert werden. Mehr noch: Die Aktualisierung von Strukturen erfolgt nur und ausschließlich in sozialer Handlungspraxis. In ihr werden sie von Akteuren in einen ereignishaften, zukunftsoffenen Handlungsstrom ‚hereingeholt'. Umgekehrt gilt, dass Handeln entgegen traditioneller Vorstellungen immer schon strukturiertes Handeln ist; es gibt kein strukturunabhängiges oder strukturloses Handeln. Die irrige Vorstellung eines an sich freien Handelns freier Subjekte, das durch Strukturen in seinem Handlungsspielraum begrenzt würde, ist immer mit einer dem Subjekt-Objekt-Dualismus verhafteten Strukturvorstellung verbunden, bei der Struktur „als eine Quelle von Einschränkungen der freien Spontaneität des unabhängig davon konstituierten Subjektes [erscheint]."[91]

Wie aber ist der Zusammenhang zwischen einem bestimmten Strukturzusammenhang und den Akteuren und ihrem Handeln theoretisch zu fassen? Auf der logischen Ebene – darauf weist Giddens hin – ist die Klärung dieser Frage nichts weiter als ein Gemeinplatz:[92] Denn offensichtlich hängt das (Fort-)Bestehen eines Strukturzusammenhangs wie der des Journalismus nicht vom situationsbedingten, subjektiven Handeln individueller Journalisten ab. Und genauso offensichtlich würde dieser Strukturzusammenhang augenblicklich zu existieren aufhören, wenn alle journalistischen Akteure verschwänden. Wenngleich also Journalismus nicht erst von ihnen hervorgebracht wird, würde er in dem Moment ‚zerfallen', in dem er nicht mehr in der Handlungspraxis von Journalisten (wie auch derjenigen von Informanten und Interviewpartnern, Lesern und Zuschauern) manifest würde. Jenseits dieser logischen Ebene aber sind damit Fragen aufgeworfen, die nur über eine hinreichend komplexe Vorstellung des Zusammenhangs von Struktur und Handeln in den Griff zu bekommen sind.

‚Hinreichend komplex' heißt dabei nicht so sehr einfach alle Strukturarten berücksichtigend, als vielmehr deren Vorkommen nicht einfach additiv zu registrieren, sondern in ihrem Verhältnis zur sozialen Handlungspraxis zu fassen. Das läuft auf die Überwindung des Schismas zwischen Ansätzen hinaus, die auf kontextübergreifende handlungsbestimmende Strukturen abstellen, und jenen, die auf kontextspezifisches Handeln als Voraussetzung von Strukturbildungen fokussieren.[93] Mit der Re-

---

[91]   Giddens 1995: 68. Eine solche Sichtweise aber ermöglicht keine Vorstellung des Zusammenhangs von Handeln und Struktur. Vielmehr werden dann „Struktur und Handeln (...) *nebeneinander* gestellt und zwar so, als ob Strukturen das Handeln immer bloß einschränken und die Individuen sich an ihnen andauernd die Köpfe einrennen würden" (Giddens in Kießling 1988: 290).
[92]   Vgl. Giddens 1995: 76.
[93]   Vgl. Reckwitz 1997: 75.

formulierung des Zusammenhangs von Struktur und Handeln ist also zugleich die Verabschiedung von falschen Extremen verbunden: der Erklärung sozialer Zusammenhänge aus präexistenten Strukturen, die Formen des Strukturwandels nicht recht in den Griff bekommt, und der Erklärung der Strukturhervorbringung durch Akteurshandeln, die kaum Gründe für die relative Stabilität dieser Zusammenhänge benennen kann.

Eine solche Vorstellung wird folgende Aspekte der Beziehung zwischen Struktur und Handeln beinhalten müssen: Sie wird dem Umstand der Zeitlichkeit und Ereignishaftigkeit des Handlungsflusses Rechnung tragen müssen, eines Handlungsflusses, der keinen Startpunkt kennt und zu stets ,neuen' Handlungssituationen führt (Temporalität).[94] Sie wird daneben die Rückbezüglichkeit des Handelns auf der Grundlage voraus liegender, kontextunabhängiger Regelstrukturen in zeitlich aufeinander folgenden Handlungssituationen in ihre Vorstellung aufnehmen müssen (Rekursivität).[95] Und sie wird in diese Vorstellung die bereits erläuterte Einsicht in die Notwendigkeit der Deutung und situationsspezifischen Anwendung von Regelstrukturen im jeweiligen Handlungskontext integrieren müssen, die ihrerseits auf der Basis vorausliegender strukturierter Erfahrungen erfolgt (Interpretationsabhängigkeit).[96] Der notwendige Einbezug handlungsrelevanter Regelmäßigkeitsstrukturen, mit deren Vorkommen auch die Stabilität und Dauerhaftigkeit von Regelstrukturen steht und fällt (Ressourcenabhängigkeit), sowie die Berücksichtigung von Wertschwankungen sozial relevanter Regelmäßigkeitsstrukturen[97] führt schließlich zu einem Zusammenhang von Struktur und Handeln, der der Überlagerung unterschiedlicher Strukturmomente in der sozialen Praxis Rechnung trägt (strukturelle Interferenz).[98]

Einer solch komplexen Konzeptualisierung des Zusammenhangs von Struktur und Handeln entspricht vor allem Giddens' Strukturierungsansatz mit dem zentralen Konzept der Dualität von Handeln und Struktur.[99] Danach meint die Konstitution von Handelnden und Strukturen nicht den ,Dualismus' zweier unabhängig voneinander gegebener Mengen von Phänomenen, sondern zwei Momente einer ,Dualität'. Strukturmomente sozialer Zusammenhänge erscheinen sowohl als Medium wie auch als Ergebnis der Praktiken, die sie rekursiv organisieren.[100]

---

[94] Vgl. Reckwitz 1997: 135ff.; Giddens 1995: 54f.; Giddens in Kießling 1988: 289.
[95] Vgl. Giddens 1995: 68f.; Reckwitz ebd.: 139f.
[96] Vgl. ebd.: 140ff.; siehe auch die Ausführungen in Abschnitt 3.2.2.
[97] Vgl. ebd.: 145ff.
[98] Vgl. ebd.: 167-178.
[99] Vgl. Giddens 1995: 77ff., 352ff.
[100] Vgl. ebd.: 77.

„Das eben ist mit der ‚Dualität von Struktur' gemeint: Daß sich die Strukturelemente sozialer Systeme und das Handeln der Subjekte nicht mehr äußerlich gegenüberstehen, sondern daß Struktur als chronisch in das Handeln selbst eingebettet erscheint. Die Begriffe ‚Struktur' und ‚Handeln' bezeichnen so die allein analytisch unterschiedenen Momente der Wirklichkeit strukturierter sozialer Handlungssysteme. Strukturen selbst existieren gar nicht als eigenständige Phänomene räumlicher und zeitlicher Natur, sondern immer nur in der Form von Handlungen oder Praktiken menschlicher Individuen. Struktur wird immer nur wirklich in den konkreten Vollzügen der handlungspraktischen *Strukturierung* sozialer Systeme."[101]

Im Zuge dieser Neufassung des Verhältnisses von Handeln und Struktur verschiebt sich das Interesse von Einzel-‚Handlungen' hin zur Verkettung einzelner Handlungen in sozialen Praktiken und damit zu einer kontinuierenden Handlungspraxis. Erst dadurch lässt sich die Frage der Dauerhaftigkeit und Stabilität, aber auch der Veränderung von Strukturen fassen. Die Konzepte von Struktur als Handlungsbedingungen und als Handlungsfolgen werden dabei zusammengeführt zur Beobachtung von Strukturbildungs- und -reproduktionszusammenhängen. Damit wird zugleich (a) die Entgegensetzung einer (subjektorientierten) Handlungstheorie und einer (objektivistisch ausgerichteten) Strukturtheorie aufgelöst und (b) die scheinbar unüberwindbare Kluft zwischen einer Mikroebene des Handelns und einer Makroebene sozialer Strukturen, die im Zentrum der sozialtheoretischen ‚structure and agency'-Debatte stand,[102] durchbrochen.

In der Journalismusforschung folgen die integrationstheoretischen Beiträge von Altmeppen und Quandt einem solchen Verständnis des Struktur-Handlungs-Zusammenhangs,[103] so dass es sich an ihren Arbeiten journalismusbezogen rekapitulieren lässt. In der Erläuterung der theoretischen Grundlagen seiner Redaktionsanalyse betont Altmeppen, dass journalistisches Handeln, obwohl durch journalistische Programme ermöglicht und restringiert, situativ erfolgt und von den Akteuren Situationsdefinitionen und Interpretationsleistungen in konkreten Handlungskontexten erfordert.[104] Zu den redaktionellen Handlungsbedingungen tritt folglich die Situationsspezifität, die ihrerseits gekennzeichnet ist durch strukturelle Bedingungen in Form von Ressourcen wie verfügbarer Zeit, Personalstärke, materieller und infrastruktureller Ausstattung etc.; Ressourcen, über die Redaktionen und ihre Journalisten in konkreten Handlungssituationen verfügen.

---

[101] Giddens in Kießling 1988: 290 (Herv. i. Orig.).
[102] Vgl. etwa die Beiträge in Knorr-Cetina/Cicourel 1981, und darin insbesondere den einführenden Überblick von Knorr-Cetina. Siehe auch Alexander 1987.
[103] Vgl. Altmeppen 1999, 2000; Quandt 2000, 2001. Siehe auch die Ausführungen in Abschnitt 2.4.4.
[104] Vgl. Altmeppen 2000: 298ff.

Um das situationsspezifische Handeln von Journalisten adäquat zu erfassen, muss jedoch auch deren jeweiliger Erfahrungshorizont in die Beobachtung mit aufgenommen werden, entscheidet sich mit ihm doch der kompetente Umgang mit journalistischen Handlungssituationen und ihren Bedingungen. So werden in der Konzeption von Altmeppen Regelstrukturen (wie journalistische Programme) und Regelmäßigkeitsstrukturen (wie gegebene Ressourcen, aber auch spezifische Wissensvorräte) als Handlungsvoraussetzungen und -ermöglichungen mit der Strukturierungsleistung durch interpretierende und reflexiv handelnde journalistische Akteure verknüpft. Handeln von Journalisten zeigt sich nun nicht mehr als bloßer Vollzug handlungsdeterminierender Entscheidungsprogramme, sondern bedarf der aktiven und kreativen Koordinierungsleistung durch die Handelnden. Dabei kommt es über die interpretative und jenseits der Programmfestlegungen kreative Eigentätigkeit von Journalisten auch zu Transformationen von Programmstrukturen.[105] Und diese kreative Eigentätigkeit lässt sich, wie Altmeppen aufzeigt, empirisch beobachten und analysieren.

Stärker als Altmeppen fokussiert Quandt auf der empirischen Ebene beobachtbarer Handlungspraxis struk*turgenetische* Aspekte, untersucht er doch Arbeitszusammenhänge in Redaktionen des aufkommenden Online-Journalismus, in denen sich bis dato kaum eigenständige Organisations- und Arbeitsstrukturen verfestigen konnten. Auch in seiner Untersuchung wird die Vorstellung reflexiv interpretierender Akteure um strukturierungstheoretische Einsichten erweitert, wenn die Umstände noch nicht verfestigter Arbeitsroutinen von den Akteuren einen innovativen und kreativen Umgang mit Handlungssituationen erfordern und zur Generierung von Handlungen führen, die über Wiederholung zu typischen Handlungsmustern werden, sich im Laufe der Zeit weiter stabilisieren und durch Routinisierung in Form von professionellen Verfahrensmustern allmählich zu allgemein geteilten Regeln verfestigen.[106] Quandt erkennt in diesen Prozessen einen Beitrag zur Systembildung in Online-Redaktionen. Zwar entfernen sich beide Integrationskonzepte durch die strukturationstheoretische Erweiterung von ursprünglich systemfunktionalistischen Theorievorstellungen, können infolge der Distanzierung aber sowohl ihr analytisches Potential als auch die Möglichkeiten der empirischen Erforschung infragestehender Prozesse deutlich steigern.

---

[105] Vgl. ebd. Siehe auch die Ausführungen in Abschnitt 2.4.4.
[106] Vgl. Quandt 2001.

3.3   Zusammenfassung

In diesem Kapitel ging es um eine Reihe epistemologischer und sozialtheoretischer
Klärungen, die zu einem vertieften Verständnis der diskutierten Ansätze der Journalismusforschung geführt haben, indem sie die Grundlagen ihres Vorgehens quer zu
den paradigmatischen Sichtweisen offen legten. Zugleich aber sollten diese Ausführungen dazu dienen, Optionen einer erkenntniskritischen empirischen Journalismusforschung jenseits des Personen- und Systemparadigmas sichtbar werden zu lassen.
Diesem Ziel diente auch die Unterscheidung der Journalismusforschung danach, ob
sie einem realistischen Wissenschaftsverständnis (in seiner abbild- oder seiner kor-
respondenztheoretischen Variante) verhaftet oder einem erkenntniskritischen Selbstverständnis verpflichtet ist. Dabei hat sich gezeigt, dass es der Journalismusforschung in Teilen gelungen ist, sich im Anschluss an epistemologische Einsichten der
Wissenschaftstheorie von einem ungebrochen realistischen Wissenschaftsverständnis zu lösen und ihr theoretisches Unterfangen auf das Fundament einer erkenntniskritischen Sozialforschung zu stellen.

Damit verschiebt sich das Forschungsinteresse von Beobachtungen über ,an
sich' vorfindbare Gegenstände hin zur Reflexion der Möglichkeiten und Bedingungen wissenschaftlicher Bemühungen um den Forschungsgegenstand. Das betrifft
den Wirklichkeitsbezug der Journalismusforschung und den Realitätsstatus des zu
untersuchenden Ausschnitts sozialer Wirklichkeit genauso wie den kritischen Umgang mit alltagsvernünftigen, außerwissenschaftlichen aber auch akademischen
Common-Sense-Vorstellungen über dort stattfindende Prozesse. Und es gilt für die
Inanspruchnahme theoretische Konzepte bei der begründeten Entwicklung einer
wissenschaftlichen Vorstellung vom Journalismus, wie sie im Abschnitt der sozialtheoretischen Klärungen diskutiert worden sind.

In der Folge werden von erkenntniskritischen Ansätzen der Journalismusforschung die Übernahme alltagspraktischer Vorstellungen vom Journalismus und die
Inanspruchnahme alltagsvernünftiger Erklärungen für dort stattfindende Prozesse
zurückgewiesen. Von den konkreten Interaktionszusammenhängen und den daran
Beteiligten soll gerade abstrahiert werden, ermöglicht doch erst solche Abstraktion
die Entwicklung einer theoretischen Vorstellung vom Objekt der Forschung. Bislang
hat die Journalismusforschung hat das erforderliche Theorievokabular für eine solche Konstruktion fast durchgängig in Niklas Luhmanns Theorie sozialer Systeme
gefunden. Damit hat sie eine voraussetzungsreiche und komplexe Theorie zur
Grundlage ihrer Erforschung des Journalismus gemacht, die aufgrund der Abstraktionslage, des strikten Funktionsprimats und der Einklammerung sozialen Handelns
zugunsten der Beobachtung sozialer Kommunikation nicht problemlos für empirische Journalismusstudien herangezogen werden kann. Was die neuere Systemtheorie jedoch zweifellos leistet, ist eine begründete Angabe des Realitätsbezugs ihrer
wissenschaftlichen Bemühungen, nämlich in dem durch eigene Unterscheidungen

selbst ermöglichten ‚Realitätskontakt' als Beobachtung ‚wirklicher' Sachverhalte der sozialen Realität. Damit lassen sich klassische Ontologisierungen vermeiden, ohne dass dies den Rückzug in Beobachtertheorien zur Folge hätte, denen nurmehr der Status mehr oder weniger fruchtbarer Heuristiken zukäme.

Die Einsicht in die notwendige theoretische Abstraktion und die wissenschaftliche Konstruktion des Gegenstands führt jedoch nicht zur prompten und einmaligen Erledigung des Problems der Abgrenzung von vorwissenschaftlichen Vorstellungen und alltagspraktischen Denk- und Redeweisen, wie sich bei der Diskussion der von Elias immer wieder kritisierten Verwendung eingefahrener Denkfiguren gezeigt hat. Als möglicherweise folgenreichste Denkgewohnheit auch der Journalismusforschung erwies sich die Dichotomie zwischen Sozialem einerseits und Individuen, ihrem Denken, Wahrnehmen, Deuten und Handeln andererseits, die sich in den theoretischen Vorstellungsweisen sowohl des Personen- als auch des Systemparadigmas wiederfinden ließ. Dass sich die theoretische Journalismusforschung von dieser Denkgewohnheit verabschiedet ist überfällig, hatte Rühl doch bereits in seinen journalismustheoretischen Arbeiten vor fünfundzwanzig Jahren eine Dichotomisierung von Handlungszusammenhängen in individuelle und soziale Komponenten abgelehnt.[107] Deshalb erscheint eine theoretische Konzeption notwendig, die sich bei der Beobachtung der journalistischen Akteure und bei der Analyse ihres Handelns von dieser dichotomen Vorstellung lösen kann. Das setzt die Entwicklung eines theoretisch begründeten Akteurskonzepts jenseits von Personen-, Mensch- oder Psyche-Metaphern voraus.

Bei der Diskussion der sozialtheoretischen Konzeptualisierungen von Struktur und Handeln konnten anhand der jeweils von den verschiedenen journalismustheoretischen Ansätzen verwendeten Strukturvorstellungen und Handlungskonzeptionen deren Einseitigkeiten vergleichend aufgezeigt und in Ansätzen auch erklärt werden. So zeigte sich, dass die Journalismusforschung bislang vor allem ein Strukturverständnis entwickelt und für die Erforschung des Journalismus in Anschlag gebracht hat, das Strukturen einseitig als Handlungsvoraussetzung und als handlungsbegrenzend begreift, während es den ermöglichenden Charakter von Strukturen weitgehend vernachlässigt. Und sie beschränkt sich in weiten Teilen auf die Berücksichtigung des Typus normativer Regelstrukturen, während konstitutive Regelmäßigkeitsstrukturen und generative Sinnstrukturen, jedenfalls wenn es um die Beobachtung der journalistisch Handelnden geht, bislang so gut wie nicht in den Aufmerksamkeitsfokus der Forschung geraten sind. Entsprechendes gilt hinsichtlich der Verwendung theoretisch begründeter Handlungsvorstellungen, werden diese doch auch in

---

[107] Vgl. Rühl 1979: 43; 1980: 173f. Sie weiter oben Abschnitt 2.3.2.

Forschungsansätzen, die sich dezidiert dem journalistischen Handeln zuwenden, nur in Ausnahmefällen expliziert. Zum Zuge kommen dabei wie gesehen in der Regel lediglich utilitaristische und normorientierte Vorstellungen journalistischen Handelns.

Schließlich ist im Laufe der Diskussion verschiedener sozialtheoretischer Optionen auch deutlich geworden, welche Strukturelemente, -momente und –relationierungen notwendig sind für eine hinreichend komplexe Fassung des Zusammenhangs von Struktur und Handeln. Somit erfüllen auch die sozialtheoretischen Klärungen die genannte Doppelfunktion: Mit dem Durchgang durch unterschiedliche Strukturtypen und Handlungsmodelle ergab sich zum einen die Möglichkeit, die Arbeiten der bestehenden Paradigmen entlang der getroffenen Unterscheidungen vergleichend zu diskutieren, und es schälten sich zum anderen die relevanten Dimensionen einer empirischen Analyse des Journalismus heraus, die ihre theoretischen Konturen jenseits des Personen- und des Systemparadigmas zu gewinnen sucht. Das folgende Kapitel wird zeigen, wie sich die Konsequenzen, die sich aus dieser Zwischenbetrachtung ergeben, in der Explikation der Grundzüge theoretisch begründeter, empirischer Forschung niederschlagen.

4   Grundzüge einer empirisch-kritischen Analyse des Journalismus

In den folgenden Abschnitten werden Grundanforderungen einer theoretisch begründeten, gleichwohl empirisch ausgerichteten Journalismusforschung jenseits der Vorstellungsweisen und Theorielogiken der personen- und der systembezogenen Forschungsansätze diskutiert. Das kritische Abrücken von den etablierten Vorstellungsweisen dieser Paradigmen kann selbstverständlich nicht bedeuten, bisherige Erkenntnisse der Journalismusforschung gering zu schätzen oder gar unberücksichtigt zu lassen. Man wird sie, wo möglich und sinnvoll, heranziehen und für aktuelle Analysen des Journalismus nutzen wollen. Schließlich führt die Distanzierung von bestehenden Paradigmen nicht automatisch zu einem alternativen oder gar elaborierten, in sich geschlossenen journalismustheoretischen Ansatz. Allerdings ist mit dem Abrücken von deren eingeführten und im disziplinären Diskurs selbstverständlich gewordenen Denk- und Vorstellungsweisen die Hoffnung auf Distanzgewinne verbunden, die journalismustheoretische Überlegungen jenseits eingefahrener Denkweisen erlauben und Freiräume schaffen für Optionen einer erkenntniskritischen, empirischen Analyse des Journalismus und seiner Akteure.

Die Überlegungen zielen folglich nicht darauf ab, eine eigenständige Journalismustheorie vorzulegen. Rühls Diktum vom Anfang der 90er Jahre, dass eine ‚Theorie des Journalismus' bislang nicht in Sicht ist,[1] gilt wohl auch heute noch ohne Einschränkung. Überdies wäre eine solche Theorie nach dem hier vertretenen Verständnis ohnehin nur als Resultat anhaltender Forschungsbemühungen denkbar und könnte nicht a priori als deren alles bestimmendes Fundament entwickelt werden. Erst recht geht es nicht um die Ersetzung bestehender oder das Ausrufen neuer Paradigmen, wie in der kritischen Auseinandersetzung mit Defiziten aktueller journalismustheoretischer Ansätze im Plädoyer für ein ‚Paradigma Kultur' geschehen.[2] Denn Paradigmen entwickeln sich im kollektiven ‚Denkverkehr' wissenschaftlicher Gemeinschaften (Fleck) und werden nicht von einzelnen wissenschaftlichen Akteuren hervorgebracht.[3] Von daher geht es in den folgenden Ausführungen lediglich darum, Möglichkeiten einer empirischen Journalismusforschung zu explizieren, die weder in die Fallstricke empiristischer Forschung gerät noch zum bloßen Appendix

---

[1]   Vgl. Rühl 1992: 117.
[2]   Vgl. Klaus/Lünenborg 2000; Klaus 2000: 344ff.
[3]   Vgl. Fleck [1935] 1980: 60, 111; Kuhn [1962] 1973; siehe auch Douglas 1991: 31.

von Journalismustheorien zu werden droht, zu deren Weiterentwicklung sie selbst nichts mehr beizutragen hätte.

4.1   Theoriegrundlage und Forschungsverständnis

Da die von der Forschung immer schon in Anspruch genommenen theoretischen (Vor-)Annahmen über den Gegenstand jede empirische Beobachtung und Analyse vorstrukturieren und anleiten, erscheint es unerlässlich, den Prozess der Entstehung und Übernahme solcher Annahmen in die Reflexion des wissenschaftlichen Vorgehens mit aufzunehmen und ihre Inanspruchnahme bei der Entwicklung einer theoretischen Vorstellung des Journalismus zu begründen. Deshalb sollen im Folgenden das wissenschaftliche Selbstverständnis und das theoretische Fundament offen gelegt werden, von dem aus eine empirisch-kritische Analyse des Journalismus und seiner Akteure erfolgen kann.

4.1.1   Der theoretische Ausgangspunkt

Empirische Journalismusforschung, die die im vorausgegangenen Kapitel erläuterten epistemologischen Einsichten der Wissenschaftstheorie ernst nimmt, kann nicht mehr als eine Art Fortsetzung alltagspraktischen Räsonierens über die Sozialwelt mit akademischen Mitteln betrieben werden, sondern bedarf eines theoretisch begründeten Vorgehens. Die epistemologischen Einsichten lassen sich dahingehend zusammenfassen,

- dass ein unmittelbarer ‚Zugriff' auf eine vorgegebene Realität nicht möglich ist, so dass Wirklichkeit stets als eine beobachtete, sinnhaft gedeutete und in sprachliche Begriffe gefasste Wirklichkeit verstanden werden muss,
- dass Beobachtungssätze jeder wissenschaftlichen wie außerwissenschaftlichen Sprache ‚theoriegeladen' sind, insofern sich ihr Sinn und ihre Bedeutung nur durch den rekursiven Bezug auf andere Sätze innerhalb eines Sprachzusammenhangs, einer Auffassung oder Theorie ergeben und keinerlei Aussagen formuliert werden können, die in einem unmittelbaren Verhältnis zur Realität stehen; sowie
- daraus folgend, dass wissenschaftliche Theorien nicht allein durch empirische ‚Tatsachen' bestimmt werden können, weil diese nicht direkt in Theorien eingehen, sondern nur über (durch Auffassungen bzw. Theorien vorstrukturierte) Beobachtungsaussagen.[4]

---

[4]   Vgl. Quine [1969] 1975; Kuhn [1962] 1973; Vielmetter 1999: 58ff.; siehe auch weiter oben Abschnitt 3.1.1.

Vor dem Hintergrund dieser Einsichten gibt es für die Journalismusforschung kein Zurück zur Idee eines auf bestimmte Weise ‚real' vorfindbaren Journalismus, an die einfach angeknüpft werden könnte. Wenn in wissenschaftliches Forschen immer schon Vorannahmen, Problemstellungen, Begriffe, Kategorien und Schemata mit eingehen, dann sollten diese Vorbedingungen als Teil des Forschungsprozesses mit reflektiert werden, damit vor- und außerwissenschaftliche Vorstellungen nicht ungeprüft in den Prozess der Erkenntnisgewinnung übernommen werden. In der Journalismusforschung passiert dies, wenn Journalismus als eine Ansammlung von Personen begriffen wird oder wenn ihr wissenschaftliches Unterfangen mit einer Konzeption startet, die Journalismus lediglich als den Beruf von Journalisten begreift. Mit der Übernahme solcher Alltagsannahmen läuft die Forschung Gefahr, auch deren vermeintliche Evidenzen zu übernehmen, die für den Forschungsprozess letztlich nichts anderes als Erkenntnislimitierungen darstellen und in der Konsequenz zu einem frühzeitigen Abschließen des wissenschaftlichen Erkenntnisprozesses führen.

Deshalb bildet den Ausgangspunkt der wissenschaftlichen Erforschung des Journalismus ein ‚epistemologischer Bruch' (rupture épistémologique) im Sinne Bachelards.[5] Gemeint ist damit ein bewusstes Brechen mit der Vertrautheit der sozialen Welt, wie sie aus der vor- und außerwissenschaftlichen Alltagswahrnehmung und deren Begriffen und Vorstellungen resultiert. Dieser ‚Bruch' ist gegen zweierlei Illusionen gerichtet: die Illusion einer Transparenz der Sozialwelt und die Illusion unmittelbaren Wissens.[6] Er erscheint in den Sozialwissenschaften umso dringlicher, als hier die Trennung zwischen Alltagsannahmen und wissenschaftlichen Vorstellungen weniger klar ist als in anderen Disziplinen. Schließlich ist der Forscher selbst Teil derjenigen sozialen Wirklichkeit, der er sich als wissenschaftlicher Beobachter

---

[5] „Der Weg zum Objekt ist nicht von Anfang an objektiv. Es muss also ein wirklicher Bruch zwischen der sinnlichen und der wissenschaftlichen Erkenntnis angenommen werden. (…). [D]urch unsere erste Auswahl bezeichnet eher das Objekt uns, als daß wir es bezeichnen würden, und was wir für unsere grundlegenden Gedanken über die Welt halten, sind oft vertrauliche Mitteilungen über die Jugendlichkeit unseres Geistes. (…) [Wir bilden uns] Überzeugungen, die den Anschein eines Wissens haben. Die anfängliche Quelle aber ist trübe: die erste Evidenz ist keine grundlegende Wahrheit. Tatsächlich ist wissenschaftliche Objektivität allererst möglich, wenn man mit dem unmittelbaren Gegenstand gebrochen, wenn man der Verführung der ersten Wahl widerstanden, wenn man die Gedanken, die aus der ersten Beobachtung entstehen, aufgehalten und ihnen widersprochen hat. Jede Objektivität (…) dementiert den ersten Kontakt mit dem Gegenstand. Zuerst muss sie alles kritisieren: die Empfindung, den gesunden Menschenverstand, selbst die dauerhafteste Praxis, und schließlich die Etymologie, denn das Wort, das gemacht ist, zu singen und zu verführen, begegnet selten dem Gedanken" (Bachelard 1974: 133f.); vgl. auch Bourdieu/Chamboredon/Passeron 1991: 14ff.

[6] Vgl. Bourdieu/Chamboredon/Passeron: ebd.

nähert. Auch unterhält er unweigerlich ‚natürliche' Beziehungen zu den Objekten der Forschung; Beziehungen, in die zunächst all seine vorwissenschaftlichen Primärerfahrungen eingegangen sind.[7] Hinzu kommt, dass die verwendete Sprache und die genutzten Begriffe in der Regel der Alltagssprache entnommen sind und nicht nur notorische Unschärfen aufweisen, sondern auch noch die scheinbare Glaubwürdigkeit mit transportieren, die ihnen ihre alltagsweltliche Herkunft verleiht.[8] Das macht nicht nur theoretische Begriffsarbeit notwendig, sondern auch die wissenschaftliche Konstruktion des Forschungsobjekts unerlässlich. Diese Einsicht wird mit den systemtheoretischen und konstruktivistischen Journalismusforschungsansätzen geteilt. Auch dort wird herausgestellt, dass Journalismus allererst theoretisch herzustellen ist.[9]

Andererseits hat sich gezeigt, dass sich für die empirische Forschungsarbeit Schwierigkeiten ergeben, wenn eine Theoriekonstruktion gewählt wird, die alles unter einer zentralen Funktion subsumieren möchte und damit alle funktionalen Beziehungen ausblendet, die sich *innerhalb* des Journalismus, also in den dauerhaften Beziehungen der beteiligten individuellen oder kollektiven Akteure wechselseitig ergeben.[10] Das gilt wie gesehen für die systemfunktionalistische Konzeption der autopoietisch gewendeten systemtheoretischen Journalismusforschung, die allein auf Kommunikationen abstellt und dabei das Handeln journalistischer Akteure komplett ausblendet. Deshalb ist der konstruktivistischen Forschung zuzustimmen, wenn sie darauf insistiert, dass die Akteure in die Theoriekonzeption einzubeziehen sind.[11]

---

[7]   So haben auch Journalismusforscher eigene Erfahrungen mit journalistischen Medien und ihren Angeboten gemacht, kennen Journalisten persönlich, haben nicht selten früher selbst journalistisch gearbeitet und mit einer Karriere im Journalismus geliebäugelt. Diese Erfahrungen – genauso wie ihre mögliche akademische oder intellektuelle Distanz zum Journalismus – bestimmen zunächst ihre vorwissenschaftlichen Beziehungen zum Gegenstand der Forschung.

[8]   Vgl. ebd., 24. Siehe auch weiter oben Abschnitt 3.1.3.

[9]   Vgl. Rühl 1980: 16. Siehe weiter oben Abschnitt 2.4.

[10] Vgl. Elias 1986: 81, 134; siehe auch weiter oben Abschnitt 3.1.3.

[11] Vgl. Schmidt 1996: 84f. Dort heißt es: „Wenn man – Luhmanns Vorschlag entsprechend – soziale Systeme *ausschließlich* aus Kommunikationen bestehend beschreibt, und wenn man dementsprechend Individuen, Kognitionen und Medienangebote kategorial in die Umwelt sozialer Systeme platziert, dann fragt sich (...), was im/als *Sozialsystem* noch als Konstituens von Kommunikation übrig bleibt außer der Feststellung der kommunikativen Grundkonstellation. Wenn die Medienangebote nicht produziert, aus Archiven selegiert, öffentlich präsentiert und kommentiert werden und die Herstellung von Medienangeboten provozieren, dann ‚läuft nichts' im/als Sozialsystem Kommunikation; Kommunikation *produziert* dann keine Kommunikation mehr" (Herv. i. Orig.). Vgl. auch Scholl/ Weischenberg 1998: 54.

Wenn ‚Systeme' sich nicht von selbst reproduzieren, kommt man nicht umhin, nach der Handlungs- und Kommunikationspraxis innerhalb solcher gesellschaftlicher Sinnbezirke zu fragen. Das führt im Falle der Journalismusforschung zur Beobachtung journalistischer Akteure und ihres Handelns. Dies ums so mehr, als sich auch in der systemtheoretisch-konstruktivistischen Forschung gezeigt hat, dass es das Handeln von Journalisten ist, das sich *empirisch* beobachten lässt, und weniger systemfunktionale Kommunikationszusammenhänge. Und es sind die Journalisten, denen sich die Forschung mit dem Instrument der Befragung nähern kann.[12] Doch auch die konstruktivistische Theoriekonstruktion weist für jede empirische Forschung, die ihre Einsichten als theoretisches Fundament für empirische Untersuchungen nutzen möchte, zwei nicht zu unterschätzende Schwierigkeiten auf:

Erstens meint sie, hinsichtlich der institutionellen und organisatorischen Zusammenhänge der monofunktionalistischen Systemtheorie folgen zu müssen, nur weil die operative Geschlossenheit des kognitiven Apparats des Menschen als epistemologischer Startpunkt ihrer Theorie weitgehende Analogien zu der Luhmannschen Konzeption autopoietischer Sozialsysteme aufweist,[13] die sich vor allem durch den gemeinsamen Rekurs auf die Arbeiten von Varela und Maturana zur Autopoiesis biologischer Systeme ergeben.[14] Sie hat dann das Problem, Akteure in die an sich akteursfreie Konzeption von allein über Kommunikationen kontinuierende Sozialsysteme zu (re-)integrieren. Und sie muss gleichzeitig damit fertig werden, dass die – zweifellos durch Akteure angestoßenen – Kommunikationen allein der Systemfunktion folgen sollen. In der Konsequenz hat sie damit den Systemfunktionalismus auch auf der Ebene der Kommunikations- und Handlungspraxis journalistischer Akteure immer schon mit übernommen.

Ihre zweite und hinsichtlich ihrer Verwendbarkeit für die Sozialforschung möglicherweise folgenschwerere Schwierigkeit ist jedoch, dass die Argumentation des konstruktivistischen Ansatzes auf der Konzeption psychischer Systeme bzw. Kognitionssysteme aufbauend eine rein kognitionstheoretische Konstruktion anbietet, mit-

---

[12] Vgl. Scholl/Weischenberg 1998: ebd. Dabei gehen die interessantesten Befunde von Journalisten-Befragungen ohnehin nicht auf die direkten Selbstauskünfte journalistischer Akteure zurück. Vielmehr sind es die aus Befragungsdaten zu gewinnenden Einsichten über Prozesse, die den Journalisten in ihrer routinegeleiteten Handlungspraxis nicht bewusst sind und die sich gewissermaßen ‚hinter dem Rücken' der Akteure vollziehen, von denen sich die empirische Forschung Aufschlüsse über die soziale Wirklichkeit des Journalismus erwarten darf.

[13] Vgl. Scholl 2002b: 8; siehe auch die Ausführungen weiter oben in Abschnitt 2.4.1.

[14] Dabei ist die Übertragung des Autopoiesis-Konzepts auf soziale Systeme ohnehin nicht unumstritten; vgl. den Themenschwerpunkt in Communicatio Socialis, 34. Jg. 2001, Hf. 1; darin insbesondere Pörksen 2001.

hin Aussagen über (psychische) Beobachtungen bzw. Beobachtungskonstruktionen trifft, nicht aber über soziales Handeln.[15] Darüber hilft auch die pragmatische Transformation des Konstrukts ‚Kognitionssystem' in die eines ‚Akteurs' als zu beobachtendem Handelnden nicht hinweg, fehlt diesem ‚prinzipiell autonom' konstruierenden Akteur doch bereits in der theoretischen Konstruktion alles, was ihn als Handelnden in der sozialen Praxis auszeichnet.

Mit der systemtheoretischen und konstruktivistischen Journalismusforschung wird folglich die wissenschaftstheoretische Einsicht geteilt, dass auch jede empirische Journalismusforschung einen theoretischen Ausgangspunkt nehmen und ihr Forschungsobjekt theoretisch konstruieren muss. Anders als dort wird jedoch auf eine allmähliche Theoriekonstruktion gesetzt, die mit dem fortschreitenden Forschungsprozess ihre Konturen gewinnt. Statt also auf Theoriebildung zu setzen, aus der dann alles weitere von oben nach unten, *top down*, abzuleiten ist, wird hier ein wissenschaftliches Vorgehen präferiert, das zwar die prinzipiell notwendige theoretischen Konstruktion schrittweise vornimmt, und die dabei in einem reflexiven Forschungsprozess sozusagen *bottom up* – das heißt *nicht*: von der Mikroebene ausgehend – zu gehaltvolleren theoretischen Vorstellungen des Journalismus gelangt.[16]

4.1.2   Bestimmung des Forschungsobjekts

So beginnt auch die Bestimmung des Gegenstands der Journalismusforschung nicht notwendig mit einer fertigen und umfassenden Definition des Journalismus. Stattdessen erscheint es angeraten, eine erste, vorläufige Konstruktion vorzunehmen, auf deren Basis die Forschung voranschreiten und zu komplexeren und in höherem Maße problemadäquaten Einsichten über ihren Gegenstand gelangen kann. So soll Journalismus zunächst einfach als ein eigenständiger sozialer Zusammenhang, d.h. nicht irgendwie feststehender Gegenstand, sondern ein Gefüge von aufeinander bezogenen sozialen Prozessen innerhalb der Gesellschaft verstanden werden. Die allmähliche Herausbildung dieses sozialen Zusammenhangs kann als Reaktion auf einen in den vergangenen drei Jahrhunderten stark angewachsenen Informationsbedarf und eine rapide zunehmende Kommunikationsverdichtung im Zuge der Entwicklung der modernen ausdifferenzierten Gesellschaft begriffen werden.[17]

Journalismus ist dabei weder das zufällige Ergebnis einer Reihe willkürlicher historischer Ereignisse noch das Resultat absichtlichen Handelns der beteiligten Ak-

---

[15]   Siehe hierzu weiter oben Abschnitt 3.2.2.
[16]   Vgl. Bucher 2000: 247f. Dort werden Bottom-Up-Theorien allerdings mit mikrosoziologischen Forschungsperspektiven in eins gesetzt.
[17]   Vgl. Blöbaum 1994: 83ff.

teure oder gar eines hinter der Entwicklung verborgenen ‚Masterplans'. Auch ist nicht davon auszugehen, dass es sich bei seiner allmählichen Herausbildung um die logische Abfolge von früheren, niedrigeren hin zu jüngeren, höheren Entwicklungsstufen handelt – jedenfalls nicht in dem Sinn, dass Journalismus dabei allmählich zu dem wird, was ihn ‚eigentlich' ausmacht.[18] Vielmehr gilt auch für den Journalismus, was Robert E. Park 1923 in seiner ‚Naturgeschichte der Zeitung' für die moderne Presse so formuliert hat:

„Die Presse, wie sie heute existiert, ist nicht (…) ein von irgendeiner kleinen Gruppe lebender Menschen bewusst geschaffenes Produkt. Sie ist im Gegenteil das Resultat eines historischen Prozesses, an dem zahlreiche Einzelne beteiligt waren, ohne vorauszusehen, was letztlich das Ergebnis ihrer Mühen sein sollte. [Sie ist] (…) ein nicht ganz rationales Produkt. Niemand hat sich bemüht, sie gerade zu dem zu machen, was sie ist. Trotz aller Bemühungen einzelner und Generationen von Menschen, sie zu kontrollieren und zu einer Sache ganz nach ihrem Herzen zu machen, hat sie nicht aufgehört, zu wachsen und sich auf ihre eigene, nicht vorhersehbare Weise zu verändern."[19]

Haben wir es beim Journalismus mit einem eigenständigen sozialen Zusammenhang zu tun, d.h. mit einem Netz spezifisch strukturierter sozialer Beziehungen, dann darf die Konstruktion einer wissenschaftlichen Vorstellung vom Journalismus schon deswegen nicht mit den Journalisten beginnen, weil das Netz von Beziehungen gerade nicht auf die daran Beteiligten oder gar auf deren Vorstellungen von diesen Beziehungen reduziert werden darf. Versuchen, den sozialen Zusammenhang des Journalismus aus dem Denken, den Meinungen oder Handlungsabsichten der Journalisten erklären zu wollen, ist das ‚Prinzip der Nicht-Bewusstheit' (Bachelard) entgegenzusetzen, das die Abstraktion von den Handelnden und die Konstruktion des Strukturzusammenhangs erfordert, in dem sich Journalisten wiederfinden und dessen Merkmale die Spezifika des Journalismus besser zum Ausdruck bringen als alle Meinungen und Absichten der journalistisch Handelnden.[20] Deshalb soll zunächst von den Handelnden wie auch von konkreten Interaktionszusammenhängen abstrahiert und der soziale Zusammenhang in einem ersten Schritt makrotheoretisch als ein Strukturzusammenhang in den Blick genommen werden. Das erfordert die Iso-

---

[18] Eine solche Betrachtungsweise würde dazu verleiten, sich abzeichnende Veränderungen im Journalismus allzu rasch als Krisen- oder gar Verfalls- bzw. Auflösungserscheinungen zu begreifen.

[19] Park [1923] 2001: 280.

[20] Am Beispiel von Organisationen erläutert Bourdieu, dass deren Funktionsweise sich auch nicht „aus der Beschreibung der Einstellungen, Meinungen und Bestrebungen der Individuen [erklärt]; vielmehr muß die objektive Logik der Organisation erfaßt werden, um zu jenem Prinzip vorzudringen, das überdies noch die Einstellungen, Meinungen und Bestrebungen zu erklären vermag" (Bourdieu/Chamboredon/ Passeron 1991: 21).

lierung der vergleichsweise regelmäßigen oder konstanten Muster, die ihn einem Beobachter als spezifisch geordneten erscheinen lassen.[21]

Gemeint sind damit diejenigen sozialen Strukturen, die für die relative Stabilität des sozialen Zusammenhangs Journalismus sorgen, nämlich alle journalismusspezifischen normativen Regelstrukturen. Allerdings beschränken sich die für die Analyse des Journalismus relevanten Strukturen nicht auf Werte, Normen, Programme und Rollenerwartungen in Form von Mitglieds- und Arbeitsregeln in der Redaktion. Weil Strukturen nur durch ihre Aktualisierung in sozialer Handlungspraxis wirkmächtig werden, gilt es auch diejenigen Strukturen zu berücksichtigen, die objektive Rahmenbedingungen journalistischer bzw. redaktioneller Handlungspraxis bilden. Damit sind die konstitutiven Regelmäßigkeitsstrukturen angesprochen, die individuellen wie kollektiven Akteuren des Journalismus ein bestimmtes Handeln ermöglichen und es zugleich in seinen Möglichkeiten begrenzen.

Auch wurde in der Diskussion der Strukturvorstellungen deutlich, dass die Aktualisierung normativer Regelstrukturen in der sozialen Praxis des Journalismus nur in der sinnhaften Anwendung durch journalistisch Handelnde erfolgen kann. Die Anwendung von Regeln im journalistischen Handeln mag im Vollzug sozialer Praktiken routinisiert, d.h. ohne explizites Nachdenken erfolgen. Trotzdem darf man sie sich nicht wie einen automatischen Nachvollzug oder die bloße Ausführung fix vorgegebener Regeln vorstellen. Denn die sinnhafte Regelanwendung verlangt deren situationsspezifische Interpretation und Verwendung unter den situativen Bedingungen sozialer Praxis sowie ein spezifisches Wahrnehmen und Deuten, d.h. Erkennen und Anerkennen solcher Regeln und ihres Sinns. Damit kommen die generativen Sinnstrukturen ins Spiel, die Handelnden überhaupt erst ein spezifisches Denken, Wahrnehmen und Deuten ermöglichen.

Weil davon ausgegangen werden muss, dass dieses Denken, Wahrnehmen und Deuten nicht in allen sozialen Zusammenhängen und bei allen Handelnden innerhalb der Gesellschaft dasselbe ist, werden Differenzierungen erforderlich: Zu unterscheiden ist dann (a) nach dem jeweiligen sozialen (Funktions-)Zusammenhang, in dem sich solche Praktiken sinnhaft ereignen, sowie (b) nach den sozialen Voraussetzungen, die die Handelnden für die soziale Praxis im jeweiligen (Funktions-)Zusammenhang ‚mitbringen' und die ihr Denken und Handeln auch dort auf spezifische Weise vorstrukturieren.

---

[21] ‚Geordnetsein' darf jedoch nicht mit einem ruhenden Zustand oder etwas Feststehendem verwechselt werden. Gemeint ist damit lediglich relative Stabilität innerhalb eines sich permanent verändernden sozialen Gefüges; vgl. Elias 1986: 121ff.; siehe weiter oben Abschnitt 3.1.3.

Zu (a): Was die Unterscheidung verschiedener sozialer Zusammenhänge im Hinblick auf funktionale Erfordernisse der Gesellschaft anbelangt, lassen sich darin zunächst lediglich Aufteilungen der modernen, arbeitsteiligen und ausdifferenzierten Gesellschaft erkennen. Dass sich dabei jeweilige Verfahren, Programme, Codierungen und Kommunikationen unterscheiden, kann nicht überraschen. Auch dass diese Teilbereiche gewisse Eigenlogiken entwickeln, weckt keinerlei Widerspruch. Das sollte jedoch nicht dazu verleiten, eine jeweilige Handlungsrationalität aus den Zielen eines solchen gesellschaftlichen Teilsystems abzuleiten.[22] Wenn etwa journalistisches Handeln darauf ausgerichtet ist, journalistische Beiträge über aktuelles und öffentlich relevantes soziales Geschehen zur Veröffentlichung in Print- oder Funkmedien herzustellen, dann sagt das noch nichts über die eigentlich interessante Frage der Handlungsstruktur und Funktionsweise der sozialen Praxis journalistischer Akteure innerhalb des journalistischen Zusammenhangs.

Denn die Annahme einer funktionsspezifischen Eigenlogik kann gerade nicht heißen, dass alle sozialen Prozesse innerhalb eines gesellschaftlichen Teilsystems nach der jeweiligen Funktion ausgerichtet wären. Neuere Forschungsbefunde der Wissenssoziologie belegen zwar die Funktionsdifferenzierung in gesellschaftliche Teilbereiche, widersprechen aber der theoretischen Festlegung auf eine spezifische Funktionsweise *innerhalb* dieser Bereiche, sofern sie aus der Gesamtfunktion abgeleitet werden sollen. Vielmehr zeigen sie, wie problematisch es ist, Mechanismen des internen Funktionierens gesellschaftlicher Teilbereiche aus dessen offiziellen Zielen abzuleiten.[23]

Zu (b): Die Berücksichtigung des Strukturtypus der generativen Sinnstrukturen, die Handelnden ein spezifisches Denken, Wahrnehmen und Deuten ermöglichen, erfordert in dem Moment, wo von unterschiedlichen Denk-, Wahrnehmungs- und Deutungsweisen gesellschaftlicher Akteure ausgegangen wird, eine genauere theoretische Vorstellung von denjenigen, die im sozialen Zusammenhang des Journalis-

---

[22] Vgl. Knorr-Cetina 1992: 410.

[23] Von daher fordert Knorr-Cetina der Versuchung zu widerstehen, „Aussagen über die Handlungs-, Organisations- und Kommunikationsstruktur derjenigen institutionellen Bereiche zu machen, die sie als Träger institutionell gesicherter Arbeitsteilung und Spezialisierung identifiziert", oder aber sich aufzumachen, die Merkmale spezifischer Rationalitäten – in Form bestimmten Handelns, bestimmter Programme oder Kommunikationen – zu definieren und dann bei der Analyse bereit zu sein, diese erstens auch in Institutionen anzutreffen, in denen sie theorielogisch nicht hätten vorkommen dürfen (wie etwa Politik in der Familie oder Macht und Ökonomie in der Wissenschaft), und zweitens ihr Vorkommen nicht von vornherein in den Systemen zu unterstellen, die der entsprechenden Funktion folgen, sondern mit deren Ausbleiben gerade auch dort zu rechnen (etwa andere, entscheidungsrelevante Unterscheidungen als ‚aktuell/nicht-aktuell' im Journalismus); vgl. ebd.: 413.

mus handeln. Das betrifft vor allem die sozialen Voraussetzungen, die sie für die journalistische Handlungspraxis mitbringen. So ergeben sich vor dem Hintergrund des Gesagten folgende Gründe, die den Einbezug der journalistisch Handelnden in die wissenschaftliche Vorstellung vom Journalismus nahe legen:

- Systemische Zusammenhänge wie der Journalismus reproduzieren sich nicht von selbst; ihre Strukturen überdauern nur und ausschließlich in den sozialen Praktiken der Handelnden;
- die Aktualisierung der Regelstrukturen des Journalismus in der Handlungspraxis erfolgt unter den strukturellen Bedingungen dieser Praxis, d.h. unter Bedingungen, denen journalistisch Handelnde ausgesetzt sind und die ihr Handeln zugleich ermöglichen und restringieren;
- der spezifische Umgang mit Anforderungen der sozialen Handlungspraxis (wie auch mit journalismuseigenen Regelstrukturen) erfolgt unter Rückgriff auf generative Sinnstrukturen bzw. die Teilhabe an symbolisch-kulturellen Sinnsystemen, die bei den gesellschaftlichen Akteuren je nach Sozialisation, ihrer Zugehörigkeit zu lebensweltlichen Milieus und ihrer spezifischen sozialen Position bzw. Stellung in der Gesellschaft differieren.

Deshalb ist die wissenschaftliche Konstruktion des Journalismus als einem spezifisch strukturierten sozialen Zusammenhang um eine theoretische Vorstellung von den journalistisch Handelnden als sozialen Akteuren zu erweitern. Die journalistisch Handelnden als soziale Akteure zu konzipieren heißt, sie als Akteure mit bestimmten Positionen im sozialen Raum, mit spezifischer Sozialisation und sozialer Erfahrung, mit daraus resultierenden distinkten Dispositionen und kulturellen Orientierungen in den Blick zu nehmen. Ihre Integration in die theoretische Journalismusvorstellung führt zur Konzeption des Journalismus als sozialem Feld. Mit einer solchen Konzeption wird es möglich, das Verhältnis zwischen dem Journalismus und seinen Akteuren präziser zu fassen und es auf der Basis dieser Theoriegrundlage zum Gegenstand empirischer Analysen zu machen. Auf diese hier knapp skizzierten Punkte wird im Laufe des Kapitels ausführlicher einzugehen sein.

4.1.3   Eine konstruktivistische Perspektive

Ein solches Vorgehen trägt erkennbar konstruktivistische Züge. Nun gibt es bekanntlich unterschiedliche Traditionen des Konstruktivismus und innerhalb von ihnen verschiedene konstruktivistische Ansätze, so dass von *dem* Konstruktivismus kaum sinnvoll die Rede sein kann.[24] Geteilt wird von den verschiedenen Spielarten des Konstruktivismus die Grundeinsicht, dass unser Wissen über die Welt sich nicht an der Struktur einer realen Welt orientiert, sondern auf der Grundlage kognitiver und/oder sozialer Prozesse konstruiert wird. Von daher ist ihnen auch die grundlegende Umstellung von (ontologischen) Was-Fragen auf (epistemologische) Wie-Fragen gemeinsam, denn wenn wir in einer Wirklichkeit leben, die durch unsere kognitiven und sozialen Aktivitäten bestimmt wird, erscheint es sinnvoll, bei der Erforschung von Wirklichkeit nicht von ‚Objekten' auszugehen oder von ‚der Natur', sondern von Operationen und deren Bedingungen.[25] Das gilt prinzipiell auch für das hier vertretene konstruktivistische Verständnis.

Zu dessen genauerer Bestimmung soll zunächst eine einfache, heuristische Unterscheidung vorgenommen werden, die unter abnehmendem Allgemeinheitsgrad danach differenziert, was als Basis der von der Wissenschaft beobachteten Konstruktionen angesehen wird: die Gesellschaft bzw. eine gesellschaftsweit geteilte Kultur, distinkte Formationen oder Gruppierungen innerhalb der Gesellschaft oder Individuen bzw. psychisch-kognitive Systeme:

- Die Konstruktion sozialer Wirklichkeit wird als gesellschaftliche Konstruktion konzipiert, d.h. Basis der Konstruktionen sind alle Mitglieder einer Gesellschaft oder Kultur; ihr Ergebnis ist eine gemeinsame, d.h. von allen hervorgebrachte und von allen geteilte gesellschaftliche Ordnung.
- Konstruktionen sozialer Wirklichkeit werden als teilgesellschaftliche oder subkulturelle Hervorbringungen von unterschiedlichen Formationen bzw. Gruppierungen innerhalb der Gesellschaft angesehen, d.h. Konstruktionsprozesse führen zu unterschiedlichen Vorstellungen sozialer Wirklichkeit, deren Basis teilgesellschaftlichen Eigenlogiken der ausdifferenzierten Gesellschaft sowie subkulturelle, stärker lebensweltlich bestimmte Kreise mit je typischen Sichtweisen, Deutungsmustern, Semantiken etc. sind.
- Wirklichkeitskonstruktion wird als prinzipiell individuelle bzw. psychisch-kognitive vorgestellt, d.h. die soziale Welt resultiert aus so vielen Wirklichkeitsvor-

---

[24] Angesichts der Vielzahl konstruktivistischer Ansätze in Philosophie, Soziologie, Psychologie, aber auch in den Naturwissenschaften spricht Schmidt von verschiedenen ‚Konstruktivismen', zu denen der kognitionstheoretische und der ‚Empirische Konstruktivismus', der ‚Erlanger Konstruktivismus', der differenzlogische Konstruktivismus Luhmannscher Prägung, der Sozialkonstruktivismus von Berger/Luckmann sowie der auch in der Journalismusforschung verbreitete und bereits diskutierte, an den kognitionstheoretischen Konstruktivismus anschließende Radikale Konstruktivismus zu zählen sind. Vgl. Schmidt 1996: 13ff.

[25] Vgl. ebd. Siehe hierzu auch weiter oben Abschnitt 3.1.1.

stellungen, wie die Gesellschaft Mitglieder hat, wobei Individuen als Konstrukteure der eigenen Wirklichkeit gelten.

Während die zuerst genannte Vorstellung, wie sie im Sozialkonstruktivismus von Peter L. Berger und Thomas Luckmann entfaltet worden ist, einen *sozialen* Grundsachverhalt benennt, nämlich dass die soziale Welt, die den Mitgliedern der Gesellschaft als eine ‚objektive' Welt gegenübertritt, gleichwohl eine von ihnen selbst hervorgebrachte ist,[26] formuliert die letzte eine philosophisch-erkenntnistheoretische Position, bei der zunächst offen bleibt, welche Bedeutung sie für die Konstruktionsprinzipien der sozialen Welt hat. Denn während der Sozialkonstruktivismus Mechanismen der Produktion gesellschaftlicher Wirklichkeit beschreibt, zielt der kognitionstheoretische Konstruktivismus, auf dem auch der Radikale Konstruktivismus fußt, primär auf Vorstellungen ab, die man sich *über* Wirklichkeit macht, nicht aber auf dieser Wirklichkeit inhärente soziale Prozesse.

Die mittlere konstruktivistische Konzeption teilt mit der ersten die Vorstellung sozialer statt individueller Konstruktionen, mit der letzten hingegen die Annahme einer *Pluralität* von ‚Basen' der Konstruktivität und der Perspektivierung sozialer Wirklichkeit(en). Sie erscheint als sozialwissenschaftliche Perspektive besonders fruchtbar, weil die Möglichkeit der Beobachtung eines Nebeneinanders distinkter Konstruktionen ein höheres Auflösevermögen hinsichtlich desjenigen Bildes verspricht, das sich die Forschung von gesellschaftlicher Wirklichkeit machen kann, und weil mit der Beobachtung von teilgesellschaftlichen und subkulturellen ‚Regionen' und ihren jeweiligen Konstruktions-‚Mechanismen' zugleich die Frage nach deren Überlappungen und wechselseitigen Durchdringungen gestellt werden kann.

Dazu ist es notwendig, über das Aufzeigen der Varianz sozialer Konstruktionen hinaus auch die *Genese* solch spezifischer Konstruktionen in den Gegenstandsbereich der Analyse hereinzuholen. Es geht dann nicht allein um unterschiedliche Teilbereiche und Subkulturen innerhalb der Gesellschaft mit je typischen Wirklichkeitsvorstellungen und ‚Weltsichten', die in die sozialen Praktiken der Handelnden konstitutiv mit eingehen, sondern weitergehend darum, *wie* solche Entwürfe, Vorstellungen, Sichtweisen zustande kommen. Es gilt also, ihre Generierungsmechanismen, d.h. die den sozialen Konstruktionen voraus und zugrunde liegenden Prozesse in den Katalog relevanter Forschungsaspekte mit aufzunehmen.

Wollte man das hier vertretene konstruktivistische Verständnis näher qualifizieren, könnte man den Ausdruck *sozialpraktischer Konstruktivismus* verwenden, weil die notwendigen und zu analysierenden ‚Setzungen' bzw. Konstruktionen stets ein-

---

[26]   Vgl. Berger/Luckmann [1966] 1980.

gebettet sind in den Vollzug sozialer Praxis. Sie zu erfassen, genügt es weder, psychische Operationen bzw. selbstreferentielle Kognitionsprozesse noch allein systemfunktionale Beobachtungsoperationen in den Blick zu nehmen. Stattdessen erscheint
es unerlässlich, die spezifischen Bedingungen zu beachten, denen soziale Praxis jeweils unterliegt. Eine solche konstruktivistische Perspektive hat Konsequenzen für
die wissenschaftliche Erforschung des Journalismus, und dies (a) auf epistemologischer Ebene im Blick auf den Realitätsbezug der Forschung und den Status des zu
analysierenden Wirklichkeitsausschnitts; (b) auf der Ebene der Forschung hinsichtlich der Reflexion des wissenschaftlichen Vorgehens selbst; sowie (c) auf sozialtheoretischer Ebene bei der Beobachtung und empirischen Analyse der sozialen Wirklichkeit des Journalismus als dem Gegenstand der Forschung.

Zu (a): Da jede Beobachtung unhintergehbar in *soziale Praxis* eingebettet ist und
damit den Bedingungen dieser Praxis unterliegt, erscheint die beobachtungsinhären-
te Subjekt-Objekt-Unterscheidung nicht mehr als Fiktion von etwas beobachterun-
abhängig Gegebenem, sondern als ein konstitutives Moment im praktischen Vollzug des Wahrnehmens, Denkens und Handelns – mithin auch im konstruktiven Erkenntnisprozess der Forschung. Denn *in actu*, im Vollzug der Praxis erfolgt
gewissermaßen beides: die ‚Abgrenzung' des Beobachters vom Beobachteten, wodurch er seine eigene Identität gewinnt, und die Setzung von letzterem als ein vom
Beobachter unterschiedenes ‚reales' Objekt. Folglich ‚gibt' es keine wirklichen Beobachter außerhalb sozialer Praxis, und ohne Beobachtungs*praxis* wirklicher Beobachter keine ‚realen' Objekte.

Wissenschaftliche Wirklichkeitsbeobachtung darf von daher weder als Genese
einer mentalen Repräsentation unmittelbar gegebener Wirklichkeit noch als bloße
theoretische Konstruktion eines wirklichkeitsblinden Operationalismus begriffen
werden. Vielmehr erscheint sie als in der *Praxis* theoretischer Forschung vollzogene
wirklichkeitssetzende Unterscheidung von Zusammenhängen, die sich dann auch
beobachten und deren Konstruktionsprozesse sich zum Gegenstand der Forschung
machen lassen. Oder, um es im Anschluss an Luhmann zu formulieren: Wissenschaft ermöglicht sich selbst den Realitätskontakt empirischer Forschung durch ihre
eigenen Unterscheidungen bzw. Konstruktionen.[27]

Zu (b): Wissenschaftler sind wie gesehen selbst als gesellschaftliche Akteure mit
einem spezifischen Hintergrund, entsprechenden Primärerfahrungen und daraus resultierenden eingelebten Denk- und Wahrnehmungsweisen anzusehen. Sie unterhalten zunächst ‚natürliche' Beziehungen zu den Objekten ihrer Forschung und haben

---

[27] Vgl. Luhmann 1991: 146; vgl. hierzu auch Nassehi 1992: 49ff.

bestimmte Positionen im sozialen Raum inne; Positionen, die dafür verantwortlich sind, dass sie quasi ‚von Hause aus' bestimmte Perspektivierungen auf Problemstellungen mitbringen und ihnen selbstverständliche Bedeutungen an soziale Objekte herantragen. So setzen sie ihre vermeintlich ‚natürliche' Umwelt spezifischen Konstruktionen und Bedeutungen aus, sind sie doch auch Teilnehmer derjenigen sozialen Welt, die sie als Forscher wie ein fremdes Objekt in den Blick nehmen.

Deshalb gilt es, die wissenschaftliche Beziehung zu den Objekten in der Sozialwelt *gegen* die sozialen Wahrnehmungen und die eingelebten primären Beziehungen zu diesen Objekten zu entwickeln.[28] Nur durch diesen Prozess, der das eigentliche wissenschaftliche Unterfangen bildet, lässt sich die Reproduktion alltagspraktischer Setzungen, Common-Sense-Vorstellungen und ihrer (Schein-)Evidenzen vermeiden, die die theoretische Erkenntnis behindern statt befördern. Doch wäre es trügerisch anzunehmen, der Forscher könne durch entschlossenes Zurückweisen sozial bedingten Verstehens dem Problem entgehen. Beim notwendigen Prozess der Objektivierung kann sich Wissenschaft nicht auf das Bemühen individueller Wissenschaftsakteure verlassen,[29] sondern setzt auf Objektivierungsstrategien in Form von Theorien, Methoden und Techniken und intersubjektiven Prüfverfahren.

Auch das soziale Unterfangen wissenschaftlicher Forschung selbst unterliegt den Bedingungen sozialer Praxis und ihrer Voraussetzungen.[30] Sie sollten wissenschaftlich reflektiert und kontrolliert werden, um nicht den grundlegenden Unterschied zwischen wissenschaftlicher Theorie und gesellschaftlicher Praxis einzuebnen, der in den gesellschaftlich-institutionellen Privilegien von Wissenschaft besteht und sich in der Praxisentlastetheit theoretischer Beobachtung manifestiert, die im Unterschied zur Praxis nicht den gleichen zeitlichen, ökonomischen und sozialen Zwängen und Zwecken unterliegt, und daraus resultierend der theoretischen (im Unterschied zur praktischen) Logik, die in ihr zur Geltung gebracht wird. Das heißt auch die Bedingungen der Möglichkeit theoretischer Erkenntnis mit zu reflektieren, um nicht die theoretische Erkenntnis als eine ‚allgemeine' und überlegene Erkenntnis der Sozialwelt auszugeben.[31]

Zu (c): Auch für die Analyse sozialer Wirklichkeit erscheint die Berücksichtigung sozialer Praxis von zentraler Bedeutung, sind es doch nicht nur funktionsspezifische Eigenlogiken, sondern auch die sozialen Bedingungen der jeweiligen Praxis, die zu distinkten Konstruktionen innerhalb der Gesellschaft führen. Das gilt für le-

---

28   Vgl. Bourdieu 1996: 269ff., 279ff.
29   Vgl. Bourdieu/Chamboredon/Passeron 1991: 86.
30   Vgl. Bourdieu 1998a.
31   Vgl. Schwingel 1995: 41ff.; Bourdieu 1997a: 49ff.

bensweltlich-kontextuell bedingte Konstruktionen wie auch für die konstruktive
Handlungspraxis der Akteure in spezifisch strukturierten Zusammenhängen gesellschaftlicher Teilbereiche, wie sie auch der Journalismus darstellt. ‚Konstruktionen'
dürfen dabei nicht als etwas Zusätzliches oder Artifizielles angesehen werden. Sie
beeinflussen keine natürlich gegebene Wirklichkeit, sondern machen diese allererst
aus. Oder wie Knorr-Cetina formuliert: „(Soziale) Realität hat keinen ‚Kern', keine
‚Essenz', die man unabhängig von den sie konstituierenden Mechanismen identifizieren könnte."[32] Deshalb bedeuten Konstruktionen auch keine Fakes im Sinne von
‚Fälschungen' oder gar Fiktionen der Wirklichkeit.[33] Sie erweisen sich vielmehr als
das ‚Natürlichste' der Denk-, Wahrnehmungs- und Handlungspraxis sozialer Akteure, denen die Welt erst durch ihre Konstruktionen zu einer sinnhaften Welt wird.

In der Perspektive eines solchen sozialpraktischen Konstruktivismus erscheint
schließlich auch die weiter oben diskutierte kommunikationswissenschaftliche Debatte über ‚Realismus' und ‚Konstruktivismus' in anderem Licht:[34] Der konstruktivistische Zugang der Forschung ist keine frei wählbare Option mit gleichwertigen
oder überlegenen Alternativen, sondern erweist sich als Notwendigkeit jedes erfah-
rungswissenschaftlichen Vorgehens. Denn nachdem es auch für empirische Wissenschaften keinen direkten oder privilegierten Zugang zu sozialer Wirklichkeit gibt,
kann Journalismusforschung theoretische Vorstellungen von ihrem Forschungsobjekt entweder auf der Basis alltagsvernünftiger, scheinevidenter Vorstellungen konstruieren, oder sie setzt auf einen von der Forschung in den Bereich der Reflexion
hereingeholten und damit wissenschaftlich begründeten und kontrollierbaren Prozess der theoretischen Herstellung und Zurüstung ihres Forschungsobjekts – um
Konstruktionen der Journalismusforschung handelt es sich allemal.

4.1.4   Theoriebedingtheit und Theorieoffenheit

Die bisherigen Ausführungen haben deutlich gemacht, dass empirisch-kritische
Journalismusforschung stets mit einer theoretischen Vorstellung von ihrem For-

---

[32]   Knorr-Cetina 1989: 92.
[33]   Den Eindruck, es ginge bei sozialen Konstruktionen der Medien und des Journalismus plötzlich um
       die Frage von Fälschungen, um mehr oder weniger konstruierte Berichterstattung in den Medien
       (im Sinne von weiter oder weniger weit ‚entfernt' von dem, ‚was ursprünglich war'), erweckt das
       gradualisierte Konstruktivismus-Schema von Stefan Weber (vgl. Weber 1999b: 8-38). Mit der von
       ihm gewählten graduellen Empirisierung von Konstruktivität scheint die Rückkehr zu einer impli-
       ziten Abbildtheorie unvermeidlich. Damit würde der Ansatz hinter die theoretischen Grundlagen zu-
       rückfallen, die Weber in seinen früheren Arbeiten gelegt hat; vgl. Weber 1995b: 21ff; ders. 1996.
[34]   Siehe hierzu weiter oben die Abschnitte 2.2.3 und 3.1.1.

schungsgegenstand beginnt. Doch gibt es keinerlei theoretische Notwendigkeit, die Konstruktion des Objekts durch die Explikation eines abgeschlossenen, komplexen theoretischen Aussagensystems zu leisten, einer fix und fertigen ‚Supertheorie‘,[35] die bereits eine abschließende Definition des Sozialsystems Journalismus liefert und sich theoretisch auf eine alles bestimmende Funktion festlegt, in deren Folge auch alle weiteren Unterscheidungen und Prozesse dieses Funktionssystems fixiert erscheinen.[36] Die Forschung scheint auch deshalb gut beraten, nicht auf solche ‚Supertheorien‘ zu setzen, weil dadurch angeleitete empirische Analysen keinen eigenständigen Beitrag zum Erkenntnisfortschritt mehr leisten können, sondern bestenfalls herangezogen werden, um deduktiv gewonnene Einsichten nachträglich zu bestätigen – zur Korrektur eines weitgehend geschlossenen Gebäudes von auf innere logische Stringenz angelegten Theoriekomponenten kann empirische Forschung dann jedenfalls kaum mehr etwas beitragen.

Damit ist die Gefahr verbunden, dass es zu einem vorzeitigen Abschließen des wissenschaftlichen Erkenntnisprozesses kommt. Denn mit zunehmender Komplexität der Theorieanlage wird es immer schwieriger zu vermeiden, dass in den empirischen Forschungsbemühungen Annahmen und Prinzipien aus dem theoretischen Modell dem zu analysierenden Ausschnitt sozialer Wirklichkeit untergeschoben werden – einer Wirklichkeit, die doch eigentlich erst erforscht werden soll.[37]

Ohnehin dient empirische Forschung nicht allein der Validierung und Bestätigung von Theorieaussagen, sondern soll einen eigenständigen Beitrag zur Erweiterung der wissenschaftlichen Erkenntnis über ihren Gegenstand leisten. Dies geschieht in einer Objektkonstruktion, die den gesamten, d.h. einzelne Forschungsarbeiten übergreifenden und andauernden Forschungsprozess durchzieht. Es gibt dann kein Theorieprimat gegenüber der Empirie in dem Sinne, dass letztere von der Theorie zu trennen wäre und erst im Anschluss an die Theoriebildung einen separaten Abschnitt wissenschaftlichen Arbeitens darstellen würde.[38] Vielmehr ist die Ausar-

---

[35] Vgl. Rühl 2000: 75ff. Zum Terminus der ‚Supertheorien‘ als universalistischen Theorien bzw. Theorien mit Universalitätsanspruch siehe Luhmann 1991: 19. Dort heißt es denn auch lapidar: „Systemtheorie ist eine besonders eindrucksvolle Supertheorie" (ebd.); siehe auch Kneer/Nassehi 1994: 44.

[36] Vgl. zu kritischen Anfragen an diese Position auch Knorr-Cetina 1992.

[37] Deshalb spricht sich Bourdieu auch gegen universalistische Sozialtheorien aus, die etwa mit der wissenschaftlichen Bestimmung von ‚Gesellschaft‘ einsetzen, und präferiert statt dessen ‚partielle Theorien des Sozialen‘, die im Laufe des Forschungsprozesses mehr und mehr in einen systematischen Zusammenhang gebracht werden; vgl. Bourdieu 1970: 7-41.

[38] Zumal sowohl ein striktes Theorieprimat als auch die Überbetonung „relativer Autonomie grundlegender theoretischer Annahmen gegenüber Empirie und Erfahrung" zu übersehen drohen, „dass auch Tatsachen zwar theoriegeleitet formuliert, durchaus aber in konkurrierenden Theorien gemeinsam anerkannt werden" können (Joas 1988: 277).

beitung einer umfassenderen, der Komplexität des Gegenstands in höherem Maße begegnenden Theorievorstellung als Ziel fortgesetzter Forschungsbemühungen aufzufassen, so dass Komplexitätssteigerungen der Theorie erneut davon angeleiteten empirischen Analysen dienen. Empirische Forschung, ohnehin nicht mehr verstanden als Untersuchung vorgegebener Wirklichkeitsausschnitte, sondern als auf den Forschungsgegenstand bezogene Erweiterung des Analysehorizonts wissenschaftlicher Forschung, ist in jedem ihrer Einzelschritte ‚theoriegeleitet': Das gilt vom Gebrauch sprachlicher Begriffe über notwendige Klassifizierungen bis hin zu den bekannten Methoden der Datenerhebung und -auswertung.

Wichtigste Bedingung für eine solche empirisch-kritische Forschung ist, dass das Vorgehen gerade hinreichend *theorieoffen* gehalten wird.[39] Auch gilt es die notorische Ungenauigkeit von Sprache und begrifflichen Festlegungen, die Vorläufigkeit theoretischer Bestimmungen und Konzepte und den ‚dienenden' Werkzeug-Charakter empirischer Methoden im Auge zu behalten.[40] Dabei kann und soll durchaus auf bestehende Einsichten und Konzepte der Journalismusforschung zurückgegriffen werden. Doch darf das nicht nach lediglich eklektizistischem Prinzip geschehen, sondern hat dem Grundsatz zu folgen, dass solche Einsichten und Konzepte *insoweit* in theoretische Überlegungen aufgenommen und integriert werden können, als sie nicht zu unnötigen Limitierungen der empirischen Forschung führen. Das würde für theoretische Festlegungen wie die einer einzigen Handlungserklärung (etwa Akteure nur als rationale Wahlhandelnde anzusehen) oder eines einzigen, allein theoretisch gewonnenen Generierungsprinzips sozialer Wirklichkeit (wie das Autopoiesis-Konzept) gelten. Es erscheint sinnvoll, die eigentliche Analyse nicht von vornherein bestimmten theoretischen Strukturkonzepten nachzuordnen, sondern jeweilige theoretische Figuren heranzuziehen und zu prüfen, welche Möglichkeiten sich durch sie im Hinblick auf Fortschritte der empirischen Analyse ergeben.

Damit wird auch ein zweiter, in der Forschungspraxis wohl unvermeidlicher ‚Bruch' nicht vermieden, aber er erhält eine andere Bedeutung im Forschungsprozess. Er ergibt sich bei jeder Forschung mit eindeutigem Theorieprimat aus der Diskrepanz zwischen theoretischer Konstruktion und empirischer Analyse und manifestiert sich darin, dass sich theoretische Konstrukte bei den einzelnen Operationalisierungen nicht ohne weiteres in empirische Kriterien für Forschungsentscheidungen umsetzen lassen, was immer wieder zur ‚Aufweichung' der theoretischen Konzepte

---

[39]   Vgl. Knorr-Cetina 1989: 92.
[40]   Vgl. Bourdieu 1997a: 7ff.; Bourdieu/Chamboredon/Passeron 1991: 37ff.; Bourdieu 1996: 251ff.

führt.[41] Dieser zweite Bruch bildet in der hier gewählten Perspektive ein *konstruktives* Moment innerhalb des anhaltenden Prozesses der Objektkonstruktion. Denn auch bei empirischen Untersuchungen auf dem Fundament einfacher Theorievorstellungen begegnet man etwa der Schwierigkeit, in Erhebungen Journalisten von Nicht-Journalisten und journalistische von nicht-journalistischen Medienbetrieben zu unterscheiden. Das sind kontingente Entscheidungen, die zum jeweiligen Zeitpunkt einer Entscheidung des Forschers bedürfen.[42] Natürlich sind Mitgliederlisten von Journalistengewerkschaften, ja selbst Personalaufstellungen der Redaktionen alles andere als hundertprozentig zuverlässige Indikatoren für solche Grenzziehungen. Das weiß man. Aber auch dieser Prozess sowie die weiteren empirischen Forschungsschritte werden gewissermaßen in die allmähliche Konstruktion des Objekts mit hinein genommen. Im Zuge weiterführender Analysen und einer von deren Befunden profitierenden theoretischen Vorstellung, die empirische Analysen auf einem dann elaborierteren Fundament ermöglichen, wird man sehen, welche der ermittelten Daten als nicht mehr zugehörig ausgesondert werden müssen oder welche bislang ausgeschlossenen Phänomene an vermeintlichen Randbereichen des Journalismus in weitere Untersuchungen mit aufzunehmen sind.[43] Kurz: Objektkonstruktion, Theoriebildung und empirische Untersuchungen bilden einen zusammenhängenden, wechselseitig sich befruchtenden und nicht abschließbaren wissenschaftlichen Erkenntnisprozess.

Das führt zu einem selbstreflexiven Prozess wissenschaftlicher Erkenntnisgewinnung durch eine parallel mitlaufende Analyse dieses Prozesses und seiner Konstitutionsbedingungen. Damit wird zugleich ein Moment in den Forschungsprozess aufgenommen, das nach traditionellem Wissenschaftsverständnis als dem eigentlich kontrollierten Vorgehen vorausgehend ausgeblendet bleibt: der Entdeckungszusammenhang. Gerade die neuere Wissenssoziologie hat darauf aufmerksam gemacht, dass die strikte Trennung in vorwissenschaftlichen Entdeckungszusammenhang und wissenschaftlichen Validierungskontext nicht aufrechterhalten werden kann.[44] Bourdieu spricht in diesem Zusammenhang gar von einer „ars invendi", ei-

---

41 Vgl. Scholl 1997: 483ff.
42 Da solche Operationalisierungen vorgenommen und Grenzziehungen getroffen werden müssen, gegenüber der Komplexität des zu analysierenden Wirklichkeitsausschnitts aber stets defizitär erscheinen und deshalb prinzipiell nicht unangreifbar sind, sollte man nicht mehr aus ihnen machen als sie sind: notwendige und unvermeidliche Festlegungen jeder empirischen Forschung, die im Forschungsverlauf deshalb reversibel bzw. korrigierbar sein sollten.
43 Die prinzipielle Möglichkeit einer Modifikation theoretischer Bestimmungen aufgrund empirischer Einsichten wird auch von der konstruktivistisch-systemtheoretischen Journalismusforschung nicht grundsätzlich ausgeschlossen; vgl. Scholl ebd.: 485.
44 Vgl. Knorr-Cetina 1984; dies. 1992: 411ff.

ner Art von „invention", also einer wissenschaftlichen Erfindung(skunst),[45] die nicht den Startpunkt eines wissenschaftlichen Unterfangens markiert, sondern die gesamte und schrittweise Konstruktion des Objekts durchzieht. „Der technologische Rigorismus", so Bourdieu weiter, „der auf dem Glauben an eine ein für allemal und für alle Situationen definierte Wissenschaftlichkeit basiert, d.h. auf einer unwandelbaren Vorstellung von Wahrheit und demgemäß des Irrtums als Übertretung bedingungslos geltender Normen, steht in diametralem Gegensatz zur Entwicklung spezifischer Formen von Wissenschaftlichkeit, die von einer Theorie der Wahrheit als Theorie des berichtigten Irrtums ausgeht. ‚Das Erkennen', heißt es bei Bachelard, ‚muss sich mit dem Erkannten entwickeln'."[46]

Normalerweise stellt empirische Forschung in erster Linie auf den Validierungskontext von Wissenschaft ab. Das zeigt sich in der traditionellen Journalismusforschung in Form methodengeleiteter Überprüfung von Hypothesen über die empirische Wirklichkeit des Journalismus, in der theoretisch begründeten Journalismusforschung systemtheoretischer Provenienz hingegen durch Stringenz der journalismustheoretischen Aussagen innerhalb des gesamten Theorie(aussagen-)systems. Der wissenschaftliche Entdeckungszusammenhang bleibt dem gegenüber gerade ausgeblendet. Bei dem hier vorgestellten Verständnis verschiebt sich das Interesse hin zum wissenschaftlichen Entdeckungszusammenhang: Wie kommt die Forschung dazu, ihren Gegenstand so und nicht anders zu konzipieren, und welche Objektivierungstechniken und -strategien werden eingesetzt bzw. lassen sich einsetzen, um im Zuge der Forschung zu einer mehr und mehr von Alltagsvorstellungen und ihren Verzerrungen abstrahierenden wissenschaftlichen Vorstellung von der Wirklichkeit des Journalismus zu gelangen?

Das verlangt neben dem epistemologischen Bruch als dem Ausgangspunkt für die theoretische Konstruktion des Objekts zunächst nur ein hinreichend theorieoffenes Forschen und eine mit den Erkenntnissen des Forschungsprozesses wachsende Theoriebildung. Bourdieu spricht sich deshalb nicht nur für ‚partielle Theorien des Sozialen' anstelle universalistischer Theorien aus, sondern auch für die Verwendung ‚offener Begriffe' und offener Konzepte, die im Laufe des Fortgangs wissenschaftlicher Erkenntnis an Profil gewinnen – und die ähnlich den Methoden der Sozialforschung nicht zu mehr gemacht werden dürfen als sie sind: ‚Werkzeuge' der Forschung.[47]

---

[45] Bourdieu/Chamboredon/Passeron 1991: 6ff.
[46] Ebd.: 11.
[47] Vgl. Bourdieu 1970: 7ff.; Bourdieu/Chamboredon/Passeron 1991: 40ff.

Zusammenfassend lässt sich festhalten, dass das hier entfaltete Verständnis weder auf eine Dominanz der Theorie gegenüber der Empirie, noch umgekehrt auf eine Vernachlässigung der Theorie zugunsten einer davon unbeschwerten Empirie setzt. Theoriekonzepte wie empirische Methoden sind in erster Linie Mittel zum Zweck, die sich dem Ziel aller sozialwissenschaftlichen Bemühungen unterzuordnen haben: der empirischen Erforschung sozialer Wirklichkeit. Das Verhältnis zwischen Theorie und Empirie wird dabei als das eines wechselseitigen und sich wechselseitig befruchtenden Entdeckungs- und Validierungszusammenhangs betrachtet.

4.2   Zu den journalismusrelevanten Strukturen

Empirischer Journalismusforschung kann es nicht um Einzelfallbeschreibungen gehen, wie dies etwa in historisch-ideographischer Forschung der Fall ist. Sie hat kein Interesse an der historistischen Deutung einmaligen Geschehens oder der Beobachtung außergewöhnlicher Schicksale bzw. Ruhmestaten einzelner Persönlichkeiten, wie die normative Publizistik dies hatte.[48] Überhaupt fragt sie nicht nach singulären, lediglich an einem bestimmten Ort, in einer konkreten Konstellation vorkommenden Sachverhalten. Vielmehr gilt ihr Interesse Phänomenen, die häufiger, dauerhafter bzw. geregelt auftreten. Sie interessiert sich insofern für die wiederkehrenden, räumlich und zeitlich übergreifenden und deshalb typischen Merkmale des sozialen Zusammenhangs Journalismus. Das zielt ab auf die Erfassung der Strukturen, die zur Beschreibung und Erklärung dieses sozialen Zusammenhangs relevant sind.

Dabei gilt es einem grundsätzlichen Problem aller strukturorientierten Forschung offensiv zu begegnen. Es besteht darin, dass es unsinnig ist von Strukturen zu sprechen ohne anzugeben, worauf diese sich beziehen. Es ist dies das Problem der Grenzziehung, der Angabe des Bezugsrahmens, innerhalb dessen erst sinnvoll überhaupt von Strukturbedeutungen gesprochen werden kann. Das mag im Hinblick auf die Analyse von Regelstrukturen nicht weiter schwierig erscheinen, weil Regeln wie gezeigt von den Akteuren immer schon sinnhaft angewandt werden, so dass sich bei diesem Strukturtypus die Relevanz aus dem Bezug zu den beteiligten Akteuren ergibt.[49] Bei den nicht-sinnhaften Regelmäßigkeitsstrukturen hingegen ist das Problem sofort einsichtig: Wie sollte man von sozialen Positionen sprechen können, wenn nicht klar ist, innerhalb welchen Referenzbereichs die entsprechenden Positionen zu

---

[48]   Vgl. weiter oben Abschnitt 2.2.1.
[49]   Das Referenzproblem taucht bei Regelstrukturen allerdings spätestens dann wieder auf, wenn Handeln Interferenzen verschiedener sich überschneidender Regelstrukturen ausgesetzt ist. Schließlich wird Handeln innerhalb teilsystemischer bzw. feldspezifischer Sinnbezirke nicht allein durch die Normen des Teilsystems bestimmt. Siehe hierzu weiter unten im vorliegenden Abschnitt.

verorten sind? Das gleiche gilt für alle vertikal differenzierten Regelmäßigkeiten wie Hierarchien, die nur Hierarchien innerhalb eines bestimmten Raums sein können, sowie für alle Ressourcenstrukturen, deren Bedeutungen sich erst durch ihr *relatives* Vorkommen (d.h. gegebenenfalls auch ihren Mangel) innerhalb einer bestimmten Konstellation ergeben.

Systembezogene Journalismusforschung hat mit der System-Umwelt-Logik dieses Problem zumindest *theoretisch* immer schon gelöst.[50] Alle Unterscheidungen, die dort vorgestellt werden, sind per definitionem systemrelative Unterscheidungen. Alle Strukturen, die beobachtet werden können, sind systemeigene Strukturen. Was nicht zum System gehört, wird als Umwelt identifiziert, die als zu komplex (und eben: ohne Grenze) erscheint, so dass dort keine Strukturen beobachtet werden können – es sei denn in Form von anderen Systemen, in denen sich dann erneut systemrelative Strukturen finden lassen.[51] Aber für die Journalismusforschung ergeben sich bei dieser theoretischen Konzeptualisierung Schwierigkeiten für empirische Analysen, weil sich alle strukturierten sozialen Zusammenhänge als soziale Systeme beobachten lassen und sich für den Forscher das Problem ergibt, auf welcher Systemebene das Forschungsproblem zu verorten ist und welche Strukturen welchen Systems dabei unter welchen Leitgesichtspunkten beobachtet werden sollen; zumal soziale Systeme als selbstreferentiell operierende und autopoietische Systeme vorgestellt werden.

Es bleiben dann nur zwei Möglichkeiten: Entweder die Forschung legt sich vorab darauf fest, etwa Phänomene des Journalismus *nur* auf der Ebene des Funktionssystems, eines Organisationssystems oder (eher unwahrscheinlich:) eines Interaktionssystems zu beobachten; oder aber anzugeben, wie Organisationssysteme innerhalb gesellschaftlicher Funktionssysteme (bzw. Interaktionssysteme innerhalb von Organisationen) ‚funktionieren'.[52] Welche theoretische Bezugsebene soll der Forscher wählen, wenn er Phänomene analysieren möchte, die sich nicht a priori eindeutig einer der drei Systemarten zurechnen lassen? Führt man hingegen Organisationen nicht als eigenständigen Systemtyp, der Luhmann zufolge ohnehin nicht auf

---

[50] Vgl. Rühl 1979, 1980.
[51] Vgl. die Ausführungen weiter oben in Abschnitt 3.2.1.
[52] Bekanntlich hat Luhmann in seiner Theorie sozialer Systeme drei Ebenen der Systembildung unterschieden: das Gesellschaftssystem (und dessen funktionale Teilsysteme), Organisationssysteme und Interaktionssysteme, die sich vergleichen und voneinander abgrenzen lassen (vgl. Luhmann 1991: 15-18; erstmals und ausführlicher hierzu Luhmann 1975). Allerdings wird in der Theorie sozialer Systeme dann nur die Differenz zwischen Gesellschaft und Interaktion ausgeführt (vgl. Luhmann 1991: 551ff.), Interferenzen zwischen gesellschaftlichen Teilsystemen, Organisations- und Interaktionssystemen aber theoretisch nicht geklärt. Vgl. auch Werner 1992: 204ff.

andere Systemtypen reduzierbar ist,[53] sondern als systemeigene Strukturbildung innerhalb funktionaler Teilsysteme der Gesellschaft ein, die mithilfe eines binären Codes im Blick auf eine alles bestimmende Systemfunktion prozessieren, muss alles, was innerhalb dieses Systems ‚passiert', sich nach dessen Logik ausrichten.

Eine solche Vorabfestlegung auf eine auch alle Prozesse innerhalb des sozialen Zusammenhangs Journalismus festlegende Funktion aber sollte ja gerade zugunsten der empirischen Beobachtung dieser Prozesse vermieden werden. Deshalb wird hier davon ausgegangen, dass sich solche Grenzen nur im Hinblick auf Problemstellungen der Forschung und entsprechende empirische Fragestellungen, d.h. bezogen auf je konkrete Analysekonstellationen sinnvoll bestimmen lassen. Gleichwohl bleibt es unerlässlich anzugeben, im Hinblick auf welche Konfiguration Strukturen beobachtet und ihre Funktionsweisen analysiert werden sollen.

4.2.1   Strukturen als Voraussetzung journalistischen Handelns

Der soziale Zusammenhang des Journalismus lässt sich im Hinblick auf relevante normative Regelstrukturen, aber auch infragestehende Regelmäßigkeitsstrukturen analysieren, die sich im Laufe seiner Entwicklung ausgebildet haben und heute Voraussetzungen der sozialen Praktiken im Journalismus bilden. Beide Strukturtypen, Regeln wie Regelmäßigkeiten, spielen in journalistischen Handlungszusammenhängen eine zentrale Rolle. Gleichwohl ist bei der Diskussion der bestehenden journalismustheoretischen Ansätze deutlich geworden, dass in der Journalismusforschung bislang vor allem die kollektiv geteilten sinnhaften Regelstrukturen als relevante Strukturen des Journalismus herausgearbeitet worden sind. Diese Ausarbeitungen vor allem der systemtheoretischen und der konstruktivistischen Journalismusforschung können und sollen bei der Diskussion der grundlegenden Strukturen des Journalismus herangezogen und in den Gesamtzusammenhang der dort erfolgenden sozialen Praktiken integriert werden.[54]

Normative Regelstrukturen:
Zu diesen Strukturen, die der soziale Zusammenhang des Journalismus im Laufe seiner Entwicklung ausgebildet hat, gehören einmal Organisationsstrukturen, die sich etwa in Form von Redaktionen, der Differenzierung nach verschiedenen Ressorts, Einrichtungen wie Redaktionskonferenzen etc. unterscheiden lassen. Hinzu

---

[53]   Vgl. Luhmann 1991: 551, Anm. 1.
[54]   Dies gilt mit der bereits weiter oben gemachten Einschränkung, dass forschungslimitierende theoretische Implikationen von Strukturverständnissen wie deren ausschließlich systemfunktionalistische Deutung nicht mit übernommen werden sollen.

kommt die Ausdifferenzierung verschiedener Arbeits- und Berufsrollen mit ihren generalisierten Rollenanforderungen und -erwartungen, als deren wichtigste sich in Redaktionsstudien die Mitgliedsrolle erwies. Sie geht einher mit speziellen Mitgliedsregeln für Redaktionsangehörige, deren Bedeutung sich vor allem darin erweist, dass mit ihnen die verbindliche Anerkennung bzw. Befolgung einer ganzen Reihe weiterer redaktionsspezifischer Anforderungen und Erwartungen verbunden ist.[55] Weitere journalismusspezifische Regelstrukturen konnten in den journalistischen Programmen und Techniken identifiziert werden, die sich in der Verfestigung einer begrenzten Anzahl von journalistischen Darstellungsformen und Genres sowie Arbeitstechniken des Recherchierens, Aufbereitens, Redigierens etc. niedergeschlagen haben. All diese sinnhaften Regelstrukturen, die innerhalb der systemtheoretischen Journalismusforschung in Form von Erwartungsstrukturen vorgestellt wurden, sind hinreichend bekannt und brauchen an dieser Stelle nicht noch einmal ausführlich diskutiert zu werden.

Die Bedeutung normativer Regelstrukturen besteht darin, dass sie den sozialen Zusammenhang des Journalismus überhaupt erst sinnhaft strukturieren; sie bilden eine *conditio sine qua non* des Journalismus. Denn durch diese handlungsleitenden Regeln werden die sozialen Praktiken des Journalismus allererst hervorgebracht. Auf die journalistisch Handelnden bezogen sind sie es, die die sinnhaften Kriterien der Handlungspraxis bilden: Journalisten müssen in ihrem Handeln den mit diesen Regeln verbundenen Erwartungen und Anforderungen Rechnung tragen. Zur sinnhaften Anwendung der Regeln in den sozialen Praktiken des Journalismus reicht es jedoch nicht aus, dass Journalisten von ihnen wissen bzw. dass sie sie kennen. Zur Kenntnis kommt notwendig die Anerkenntnis hinzu: Journalisten müssen die normativen Regeln des Journalismus auch in ihrer Gültigkeit anerkennen, um ihr Handeln danach auszurichten. Das heißt nicht, dass sie sich der Regeln im Vollzug der Handlungspraxis bewusst sein müssten, erfolgt ihre Anwendung in den sozialen Praktiken des Journalismus doch normalerweise routinisiert und ohne explizite Reflexion der mit ihnen verbundenen Erwartungen. Es bedeutet lediglich, dass die regelgeleitete Handlungspraxis von Journalisten die *implizite* Zustimmung zu den Regeln mit beinhaltet; eine Zustimmung, die – jedenfalls prinzipiell – auch nur eingeschränkt gegeben oder verweigert werden könnte.

Das ist auch der Grund dafür, dass sich empirische Journalismusforschung mit dem Konzept der sozialen Rolle schwer tut, das in den bestehenden journalismus-

---

[55] Vgl. Rühl 1979: 151ff.; ders. 1980: 251ff.; Blöbaum 1994: 277ff.; Siehe hierzu auch weiter oben die Ausführungen in Abschnitt 2.3.

theoretischen Ansätzen geradezu den Schnittpunkt des Verhältnisses von journalistischen Handlungspraktiken und den ihnen zugrundeliegenden Strukturen bildet. Problematisch wird dies, wenn mit dem Rollenkonzept die Frage des Struktur- und Handlungszusammenhangs als bereits beantwortet betrachtet wird. Zieht man das Rollenkonzept jedoch heran, ohne die theoretischen Implikationen eines normativistischen Handlungsverständnisses oder des Systemfunktionalismus mit zu übernehmen, muss offen bleiben, ob mit ,Rolle' die spezifischen Erwartungen (vom Journalismus aus) oder bereits die Rollen*performance* (von den Akteuren aus) gemeint ist. Denn der Rollenvollzug, die rollenbezogene Handlungspraxis hängt von der jeweiligen Interpretation und den situationsübergreifenden symbolischen Deutungen, den Sinnzuschreibungen der Handelnden ab.[56] Eine abgeschlossene Rollenvorstellung kann dies nicht erfassen; die soziale Praxis journalistischen Handelns lässt sich mit ihr nicht erklären.[57]

Denn was geschieht, wenn journalistische Akteure in Redaktionen von Rollenerwartungen nur leicht oder nur innerhalb eines bestimmten Rahmens abweichen, noch bevor ein Beitrag (wegen Nichterfüllung journalistischer Regelerwartungen) ,gekippt' wird, und letztlich: noch vor dem Ausschluss des Redaktionsmitglieds aus der Redaktion? Die Produkte der sozialen Praxis journalistischer Akteure sind Produkte der strukturellen Anforderungen des Journalismus und doch zugleich stets mehr als die bloße Reproduktionen bestehender Regeln im Journalismus. Gäbe es keine Abweichung von den normativen Anforderungen, keine Varianz in der Interpretation der Rollenerwartungen und in der praktischen Umsetzung dieser Anforderungen, wäre also das journalistisch-praktische Handeln nichts anderes als die strikte Ausführung solch vorgegebener Programme, wären Wandel und Veränderung im Journalismus lediglich durch Faktoren in der Umwelt des Journalismus zu erklären.

Zusammenfassend kann das Bedingungsverhältnis zwischen journalistischen Regeln und dem Handeln von Journalisten als ein wechselseitiges bezeichnet werden: Ohne solche Regeln wäre journalistisches Handeln nicht denkbar, aber ohne dieses Handeln würden die Regelstrukturen des Journalismus nicht zeit- und raumübergreifend überdauern. Sie können nur deshalb kontinuieren, weil sie in der Handlungspraxis journalistischer Akteure aktualisiert werden. Da die Anwendung journalistischer Regelstrukturen in der sozialen Praxis keinen Automatismus darstellt, darf das Handeln von Journalisten auch in der theoretischen Vorstellung nicht auf den bloßen Vollzug vorgegebener Regelstrukturen verkürzt werden.

---

[56] Vgl. bereits Tenbruck 1961: 14ff.; Joas 1978; ders. 1998.
[57] Darauf hat bereits George C. Homans hingewiesen, für den deshalb ,sozialen Rolle' letztlich eine „nicht-operable Definition" darstellt. Siehe Homans 1969: 25; 1972: 50; vgl. auch Esser 1996: 60.

Generative Sinnstrukturen:

Wenn die Anwendung von Regeln im Journalismus deren Anerkennung, Deutung und situationsspezifische Interpretation zur Voraussetzung hat, dann ist nach den Grundlagen eines sinnhaften Umgangs mit diesen Regeln zu fragen. Dadurch bekommt die Forschung einen weiteren Typus sinnhafter Regelstrukturen in den Blick. Die Theorieansätze übergreifenden theoretischen und auch terminologischen Klärungen zu dieser Art Strukturen sind in den Sozialwissenschaften bislang noch nicht allzu weit gediehen. Der mit ihnen gemeinte Sachverhalt wurde in der Vergangenheit mit so unterschiedlichen Begriffen wie ‚Basisregeln' (Cicourel) oder ‚Backround' im Sinne von ‚Hintergrundfähigkeiten' (Searle) zu fassen versucht.[58] Es handelt sich bei ihnen um kognitive Strukturen, die nicht auf das individuelle Vermögen oder die kognitiven Leistungen des einzelnen Handelnden zurückzuführen sind, sondern vielmehr auf dessen Teilhabe an sozial bedingten und sozial vermittelten Bedeutungs- und Wissensregeln. In Abgrenzung zu den normativen Regeln des Journalismus sollen sie als generative Sinnstrukturen bezeichnet werden.

Zeichnen sich die zuerst genannten Strukturen des Journalismus dadurch aus, dass sie als (normativ-)*regulative* Regeln ein sozial geordnetes und koordiniertes Handeln ‚verlangen' und so Journalisten ein spezifisches Handeln vorgeben, so handelt es sich nun um (symbolisch-)*generative* Regelstrukturen, die journalistische Akteure zu einer entsprechenden Handlungspraxis allererst ‚befähigen'. Es sind dies symbolisch-kulturelle Bedeutungs- und Wissensregeln, die als kultureller Hintergrund der Akteure eine spezifisch sinnhafte Wahrnehmung und einen sinnhaften Umgang mit der Wirklichkeit ermöglichen, indem sie vorstrukturieren, was den Akteuren als sinnvolle Beobachtungen und sinnhafte Praktiken überhaupt denkbar erscheint.[59] Von daher können subjektive Interessensverfolgung (wie bei der personenbezogenen Journalismusforschung) und Befolgung sozialer Normen (wie bei der systembezogenen Forschung) ihre Wirkung „nur vor dem Hintergrund dieser Wissensordnungen entfalten, mit denen sich die Akteure ihre spezifische ‚Wirklichkeit' konstituieren und sie handhabbar machen: Die kognitiv-symbolischen Strukturen

---

[58] Vgl. Cicourel 1973: 147ff.; Searle 1997: 137ff.
[59] Diese symbolisch-kulturellen Wissensregeln lagen den Ausführungen zur konstruktivistischen Handlungspraxis sozialer Akteure bereits implizit zugrunde. Denn die Sinnzuschreibungen (dadurch konstruierender) Akteure werden nur vor dem Hintergrund solcher Symbolsysteme verstehbar; siehe weiter oben Abschnitt 4.1.3.

ermöglichen bestimmte Verhaltensformen und schließen andere als ‚undenkbar‘ aus.‘‘[60]

Für die Journalismusforschung sind diese generativen Sinnstrukturen von Interesse, weil sie von den Handelnden in den Erfahrungen sozialer Praxis verinnerlicht werden und als Wissensvorräte, kulturelle Orientierungen, typische Deutungsmuster und ‚Weltsichten‘ ihr künftiges Denken, Wahrnehmen, Deuten und Handeln ‚von innen her‘ vorstrukturieren. Journalisten greifen in ihrer Handlungspraxis stets auf solche generativen Sinnstrukturen zurück. Letztlich ist der Umgang mit Regelstrukturen in den sozialen Praktiken des Journalismus ohne den Rückgriff auf internalisierte Bedeutungs- und Wissensregeln gar nicht möglich. Ihre Berücksichtigung erlaubt es der Forschung, nach den eingelebten, quasi-natürlichen, aber sozial bedingten Wahrnehmungs- und Deutungsweisen journalistischer Akteure bei der sinnhaften Erschließung der sozialen Welt und ihrer Aufteilungen zu fragen. Ihre theoretische Bedeutung für eine wissenschaftliche Vorstellung von den generativen Prinzipien sozialer Handlungspraxis ergibt sich aus dem Umstand, dass sie nicht allein auf die Verinnerlichung journalismusbezogener Erfahrungen verkürzt werden dürfen, sondern den Einbezug vor- und außerberuflicher, lebensweltlich bestimmter Erfahrungen notwendig machen. Darauf wird weiter unten zurückzukommen sein.

Konstitutive Regelmäßigkeitsstrukturen:
Journalisten wenden in den sozialen Praktiken des Journalismus die journalismusspezifischen Regeln also unter ständigem Rückgriff auf symbolisch-kulturelle Wissensregeln an. Bei der Analyse journalistischer Handlungspraxis dürfen jedoch keinesfalls die nicht-sinnhaften Strukturbedingungen dieser Handlungspraxis außer Acht gelassen werden. In Abgrenzung zu den Regelstrukturen werden sie als konstitutive Regelmäßigkeitsstrukturen bezeichnet, weil sie so etwas wie die ‚objektiven‘ Rahmenbedingungen sozialer Handlungspraxis im Journalismus bilden, insofern sie in konkreten Handlungssituationen ein bestimmtes Handeln nicht nur ermöglichen, sondern auch begrenzen, dabei Handlungsspielräume festlegen und auf diese Weise die Chancen der journalistisch Handelnden mitbestimmen, Handlungsziele auch zu

---

[60] Reckwitz 2000: 130. Die Begrifflichkeit zu diesen kognitiv-symbolischen Wissensregeln ist in den Sozialwissenschaften alles andere als einheitlich. In Arbeiten des interpretativen Paradigmas werden sie als ‚Deutungsmuster‘, ‚Wissensvorräte‘, ‚kulturelle Modelle‘ oder ‚Bedeutungsrahmen‘ vorgestellt, während sie in poststrukturalistischen Arbeiten als ‚symbolische Differenzsysteme‘, ‚bedeutungsgenerierende Regeln‘, ‚symbolisches Codes‘ oder auch ‚kulturelle Schemata‘ bezeichnet werden; vgl. Reckwitz ebd. Es erscheint sinnvoll, zumindest zwischen *kollektiven* Symbolsystemen bzw. kulturellen Sinnsystemen einerseits und den *individuell* dann aktualisierten Sinnmustern und kulturellen Schemata zu unterscheiden; siehe hierzu weiter unten Abschnitt 4.3.3.

erreichen.[61] Sie gelten als nicht-sinnhaft, da sie von den Handelnden nicht angewandt werden müssen und in Handlungssituationen wirksam sind unabhängig davon, ob die Handelnden von ihnen wissen oder nicht.[62] In den theoretischen Arbeiten der Journalismusforschung findet man nicht-sinnhafte Regelmäßigkeitsstrukturen nur rudimentär berücksichtigt. Eine Ausnahme bildet die Redaktionsanalyse von Altmeppen. In ihre werden Ressourcen, die für eine erfolgreiche praktische Umsetzung systemnormativer Vorgaben unerlässlich sind, in die theoretische Vorstellung journalistischer Handlungspraxis integriert und dann auch seiner Redaktionsbeobachtung in die Analyse der Arbeitsprozesse mit aufgenommen.[63]

Zu solchen Regelmäßigkeitsstrukturen sind neben Ressourcen auch soziale Positions- und Statusunterschiede, Hierarchien und allgemein Macht- und Herrschaftsstrukturen zu zählen. Unterscheiden lassen sich materielle (verfügbare Finanzen) von immateriellen Ressourcen (Zeitkontingenten), allokative (wie Personal, Technik, Kapital) von autoritativen (Organisationswissen, Führungskompetenz, Verfügungsgewalt bzw. Macht) und schließlich quantifizierbare bzw. gradualisierbare (wie technische Ausrüstung, aber auch Renommee) von nominal vorkommenden Ressourcen (etwa Geschlecht, soziale Herkunft etc.).[64] Letztere liegen in bestimmter Ausprägung vor oder nicht, lassen sich aber nicht akkumulieren erlauben entsprechend keine größen- bzw. mengenmäßigen Vergleiche. Auch sie sind für empirische Analysen der sozialen Praxis des Journalismus in dem Moment von Interesse, wo ihre jeweilige Ausprägung unterschiedliche Handlungchancen eröffnet. Man denke etwa an Aufstiegsmöglichkeiten und die Chance auf Einnahme von Führungs- und Leitungspositionen im Journalismus: Obwohl der Anteil der Frauen unter den Berufsanfängern mittlerweile über 60 Prozent beträgt und (bei einem Gesamtanteil von 33 gegenüber knapp 67 Prozent männlichen Journalisten) in den unteren Redaktionspositionen mit rund 40 Prozent immer noch hoch ist, sind die höheren und hohen Redaktionspositionen auch heute noch zu 80 Prozent mit Männern besetzt.[65]

---

[61] Siehe die Ausführungen weiter oben in Abschnitt 3.2.1.
[62] Dass sie von den Handelnden nicht erkannt werden müssen, heißt nicht, dass sie ihnen nicht bewusst werden (können), wenngleich das stets mit der Unterbrechung des eigentlichen Handlungsvollzugs verbunden ist.
[63] Vgl. Altmeppen 1999: 53ff., 99ff.; siehe hierzu weiter oben die Ausführungen in Abschnitt 2.4.2.
[64] Die Unterscheidung allokativer und autoritativer Ressourcen geht zurück auf Giddens (vgl. Giddens 1995: 84), diejenige quantifizierbarer und nominaler Strukturparameter hingegen stammt von Blau (vgl. Blau 1977; hier nach Müller 1992: 111ff.).
[65] Vgl. Klaus 1998: 151ff. Zu den aktuellen Größenordnungen des Geschlechterverhältnisses in journalistischen Redaktionen siehe die Befunde der eigenen Untersuchung im Anhang der Arbeit.

Bei der Analyse solcher Regelmäßigkeitsstrukturen ist es unbedingt erforderlich anzugeben, worauf sie sich beziehen. Das hängt vom konkreten Untersuchungsinteresse und dem entsprechenden Analysefokus ab. Innerhalb des jeweiligen Analyserahmens lassen sich generell institutionen-, organisationsbezogene, aber auch auf Medienunternehmen, einzelne journalistische Ressorts oder auf (Recherche-)Teams bezogene Ressourcen voneinander unterscheiden. Darüber hinaus kann es bei der Analyse journalistischer Handlungspraxis sinnvoll sein, akteursbezogene Ressourcen wie Bildung, Berufserfahrung, journalistische Fertigkeiten, Prestige etc. mit zu berücksichtigen. Haben Regelmäßigkeitsstrukturen wie Ressourcen einen strukturierenden Einfluss auf das praktische Handeln, gilt das nicht nur für individuelle Akteure. Entsprechend muss die Forschung ‚Akteure' nicht allein im Sinne von einzelnen handelnden Journalisten verstehen. Gerade bei empirischen Untersuchungen wie der Inhaltsanalyse journalistischer Berichterstattung, kann es von Nutzen sein, Redaktionen bzw. publizistische Unternehmen als ‚Akteure' zu konzipieren und, will man beispielsweise die Berichterstattung des Nachrichtenmagazins ‚Der Spiegel' oder des ‚Stern' mit derjenigen kleinerer Magazine und Publikumszeitschriften vergleichend untersuchen, neben der Analyse der journalistischen Produkte auch nach der ‚Kapitalausstattung' bzw. verfügbaren Ressourcen ihrer Redaktionen zu fragen.

Eine solche vergleichsweise theorieoffene Analyse erlaubt den Einbezug von externen Einflüssen auf die individuellen wie kollektiven Akteure des Journalismus. Wenn etwa von der Justiz gegenüber Medienunternehmen für Rechtsverstöße bei der journalistischen Berichterstattung Bußgelder verhängt werden, dann macht es sehr wohl einen Unterschied, ob es sich bei dem infragestehenden Medium um eine auflagenstarke Illustrierte innerhalb eines solventen Zeitschriftenkonzerns handelt oder um ein kleineres Magazin in einem Verlag mit geringeren ökonomischen Ressourcen. Selbst vermeintlich ‚objektive' Maße wie Geldbeträge erweisen sich also als relational je nach Positionen und Ressourcen der jeweiligen ‚Player' innerhalb des entsprechenden Analyseraums bzw. journalistischen (Teil-)Marktes. Während die große Illustrierte über Coverfotos hohe Reichweiten erzielen und dabei das Risiko einer Verurteilung wegen Verletzung des Rechts am eigenen Bild in die ökonomische Kosten-/Nutzen-Kalkulation einbeziehen kann, mag für *publizistische* Konkurrenten im Markt dieses Segments ein solches Vorgehen schon allein ressourcenbedingt ausgeschlossen sein.

Überhaupt kommt Regelmäßigkeitsstrukturen, und das gilt selbst für quantifizierbare Ressourcen, kein fixer und unveränderlicher Wert zu. Vielmehr unterliegen sie – neben ihrer relationalen Bedeutung innerhalb der infrage stehenden sozialen Konstellation – auch gewissen ‚Marktgesetzen‘: Man denke nur an die Ressource ‚Bildung‘, bei Bourdieu die wichtigste Form kulturellen Kapitals,[66] deren ‚Wert‘ – und d.h. auch deren Wirksamkeit in der sozialen Handlungspraxis – sich nicht nur in Deutschland im Zuge der Bildungsexpansion innerhalb weniger Jahre grundlegend gewandelt hat, so dass es zu der bekannten Entwertung von Bildungstiteln als Ressource der Akteure auf dem Arbeitsmarkt kam.[67]

Zugleich löst sich eine weitere scheinbare Dichotomie der theoretischen Vorstellungsweisen zum Zusammenhang von Struktur und Handeln auf: die dichotome Trennung von handlungsbestimmenden Strukturen als Restringierung und als Ermöglichung journalistischen Handelns. Wie gesehen hat die Journalismusforschung in der Regel den Schwerpunkt auf den Aspekt der Restringierung und des Zwangs gelegt und vor allem die (systemspezifischen) Erwartungen und Anforderungen thematisiert, so dass überwiegend institutionalisierte Erwartungen journalistischer Redaktionen gegenüber den journalistisch Handelnden im Mittelpunkt der Betrachtung standen. In der Folge erschien journalistisches Handeln durch die Strukturen des Journalismus zuförderst restringiert und eingeengt.[68] Vor allem wenn man von der Beobachtung handlungsbestimmender Regelstrukturen zu derjenigen von Regelmäßigkeitsstrukturen als Handlungsvoraussetzung wechselt, wird sichtbar, dass es nicht um die Entscheidung von entweder ermöglichenden *oder* restringierenden Strukturen geht, sondern dass Strukturen stets zugleich sowohl ermöglichenden (*enabling*) als auch restringierenden (*constraining*) Charakter haben.[69]

Nimmt man etwa die Ressource Prestige, Ansehen bzw. Renommee auf der Ebene kollektiver Akteure, lassen sich die journalistischen Redaktionen der verschiedenen Zeitungsunternehmen am publizistischen Markt der Tageszeitungen ohne weiteres als Akteure mit einer unterschiedlichen Ausstattung auch an symbolischem Kapital verstehen. So klagt eine Journalistin, die von der Stelle als Kulturredakteurin einer überregionalen Zeitung zu einem entsprechenden Posten in der Redaktion einer Regionalzeitung wechselte, auf die Frage nach Veränderungen ihrer journalistischen Tätigkeit, dass man sich etwa bei dem Versuch, den Intendanten eines Theaters für ein Interview oder ein kurzes Statement ans Telefon zu bekommen, am neu-

---

[66] Vgl. Bourdieu 1997b: 53ff.; Müller 1992: 274ff.; siehe hierzu auch weiter unten Abschnitt 4.3.1.
[67] Vgl. Geißler 1996: 249ff.
[68] Man denke nur an die ‚begrenzten Handlungsspielräume‘ der Journalisten, von denen Weischenberg im Zusammenhang des Zwiebelmodells spricht. Vgl. Weischenberg 1990: 52; siehe auch weiter oben Abschnitt 2.4.1.
[69] Vgl. Giddens 1995: 215f.

en Arbeitsplatz „schon mal die Finger wund telefonieren könne", und das dann „oft noch ohne Erfolg". Als sie sich am Redaktionstelefon noch mit dem Namen der überregionalen Zeitung gemeldet hatte, hatte die Ressource ‚Renommee' geholfen, Türen zu öffnen, Kontakte herzustellen, gesprächsbereite Informanten zu finden. Sie erweist sich nun am Arbeitsplatz in der Redaktion einer weniger renommierten Zeitung als ‚constraint', als begrenzend für die Möglichkeiten journalistischen Handelns.

Selbst ein- und dieselbe Strukturvoraussetzung erweist sich bei genauerem Hinsehen sowohl als einschränkend wie auch als ermöglichend. Sie kann das Handeln journalistischer Akteure auf bestimmte Weise einschränken, regelmäßig oder typisch werden lassen (etwa beim ‚klassischen' Aufbau einer Nachricht, einer Meldung, eines Berichts etc.) und *zugleich* dieses Handeln erst möglich machen. Man muss dabei gar nicht unbedingt an individuelle journalistische Akteure denken, die ohne solche journalistischen Programme möglicherweise viel stärker subjektiv gefärbte, in jedem Fall aber in höherem Maße kontingente Beschreibungen aktuellen Geschehens in die Produktion journalistischer Wirklichkeitsbeschreibungen einbringen würden.[70] Auch für kollektive Akteure gilt dieses Moment der Handlungsbestimmung, das wie ein Mangel an Handlungsalternativen wahrgenommen wird, während die gleichzeitige Ermöglichung der journalistischen Produktion von individuellen wie kollektiven Akteuren in der Regel für selbstverständlich gehalten (oder dem eigenen Vermögen zugeschrieben) und von daher in den seltensten Fällen reflektiert wird.

4.2.2   Strukturen als Folgen journalistischen Handelns

Es entspricht der Alltagswahrnehmung sozialer Praxis, dass den Handelnden die Strukturen, die sozialen Praktiken zugrunde liegen, scheinbar ‚objektiv' gegenübertreten. Vor allem journalistischen Berufsanfängern mag es scheinen, als seien diese Strukturen etwas, das ihnen von ‚außerhalb' ihrer selbst ein adäquates Handeln ‚objektiv' vorschreibt. Bei journalistischen Akteuren mit großer Berufserfahrung fällt die Vorstellung leichter, dass Strukturen alles andere als äußerlich sind. Der praktische Verstand verwendet für dieses Phänomen die Formulierung von Regeln, die „in

---

[70] Es sollte möglich sein, in frühen Dokumenten vor der Phase der gesellschaftlichen Etablierung und Professionalisierung des Journalismus solche Textproduktionen mit vergleichsweise großer Varianz und persönlicher Note ausfindig zu machen. Jedenfalls wären entsprechende Befunde der historischen Journalismusforschung ein Indiz für ein frühjournalistisches Handeln in weit weniger institutionell verfestigten Strukturzusammenhängen.

Fleisch und Blut übergegangen" sind.[71] Die Vorstellung von Strukturen, die Handelnden äußerlich sind, bleibt jedoch irreführend. Denn Strukturen kommt wie gesehen keine irgendwie geartete selbständige ‚Existenz' zu; nur im praktischen Vollzug innerhalb sozialer Konfigurationen werden sie überhaupt bedeutsam.

Journalistische Regelstrukturen wie Normen, Programme oder Mitgliedsregeln könnten also nicht kontinuieren, wenn journalistische Akteure sie nicht anerkennen und anwenden würden, und Regelmäßigkeitsstrukturen sowie Bedeutungs- und Wissensregeln wären nicht relevant, wenn nicht das praktische Handeln von Journalisten durch sie vorstrukturiert würde. Von daher wird die Dauerhaftigkeit der für die Erforschung des Journalismus relevanten Strukturen nur in der und durch die soziale Handlungspraxis der journalistisch Handelnden gewährleistet. Die mit den Strukturen verbundenen Anforderungen mögen in Lehrbüchern zur journalistischen Praxis niedergeschrieben und zu Texten ‚geronnen' sein, in praktischen Kursen unterrichtet werden oder sich in Anstellungsverträgen, Gehaltstabellen und ähnlichem niederschlagen – wodurch sie sich als das Produkt früherer Aktualisierungen in vergangener Handlungspraxis erweisen –, dem „Zustand des toten Buchstabens [entrissen]" werden sie nur durch ihre erneute Aktualisierung in den sozialen Praktiken des Journalismus.[72] Diese Strukturaktualisierung führt zu Resultaten, die sich als Folgen journalistischen Handelns begreifen lassen.

Zum einen geraten dabei die Ergebnisse strukturierter Praktiken in den Blick. Zum anderen zeigt sich, dass Handeln auch zur Veränderung bestehender und zur Entstehung neuer Strukturen beitragen kann. Exemplarisch ist das, wie weiter oben bereits angesprochen, von Quandt in seiner empirischen Studie zum redaktionellen Handeln journalistischer Akteure in Online-Redaktionen herausgearbeitet worden,[73] wenn er dort die wiederkehrende Replikation einzelner, zunächst nicht fest vorgegebener Handlungen beobachtet, die sich als typische Handlungen zu Handlungs*mustern* verfestigen, an denen man sich orientiert, bis sie schließlich zu journalistischen Arbeitsregeln gerinnen. Auf diese Weise – so Quandt – trägt die Handlungspraxis der Online-Journalisten zur Genese redaktioneller Strukturen und letztlich zur Sys-

---

[71] Die alltagspraktische Redewendung spricht wohlgemerkt nicht davon, dass Regeln oder Anforderungen ins Gehirn bzw. ins psychische System eingehen, sondern verwendet das Bild vom Eingehen in den Körper – eine Differenz, der theoretisch mit der Unterscheidung von Internalisierung und Inkorporierung von Strukturen Rechnung getragen werden kann; siehe hierzu weiter unten Abschnitt 4.3.2.

[72] Bourdieu 1997a: 107.

[73] Vgl. Quandt 2001: 238ff.; siehe auch weiter oben Abschnitt 2.4.4.

tembildung bei.[74] Der Sachverhalt gilt jedoch nicht allein für den Sonderfall von Handlungssituationen, die durch das Fehlen handlungsbestimmender Entscheidungsregeln gekennzeichnet sind, sondern kann auf allgemein auf journalistische Handlungspraxis bezogen werden.

So lassen sich insgesamt zumindest drei Arten von Strukturen als Folgen journalistischer Handlungspraxis unterscheiden: (a) Strukturen als Folgen journalistischen Handelns, die – wie in dem eben genannten Beispiel – den journalistischen bzw. redaktionellen Strukturzusammenhang selbst betreffen; (b) solche, die sich auf die publizistischen Ergebnisse in Produkten journalistischer Handlungspraxis beziehen;[75] sowie (c) Strukturfolgen im Hinblick auf Erfahrung und Hintergrundwissen der Akteure journalistischer Handlungspraxis,[76] sedimentieren diese Erfahrungen strukturierter Praktiken doch in den Wissensvorräten von Journalisten.

Da Handeln in sozialen Zusammenhängen immer schon strukturiertes Handeln ist, werden Strukturen bei ihrer Aktualisierung im Handeln also zugleich reproduziert, was die (relative) Dauerhaftigkeit dieser Zusammenhänge erklärt. In der Praxis handelt es sich jedoch keineswegs um Eins-zu-Eins-Reproduktionen bestehender Strukturen. Durch veränderte Rahmenbedingungen, sich wandelnde Verständnisse und Deutungen von Regeln sowie Variationen bzw. Regelabweichungen in der praktischen Umsetzung kommt es unweigerlich auch zu Strukturtransformationen. Damit erweist sich die Handlungspraxis journalistischer Akteure als das wichtigste Moment der Reproduktion (und damit der *Stabilisierung* und *Kontinuität*) wie der (Neu-)Produktion bzw. Transformation (und damit des *Wandels*) der Strukturen des Journalismus. Genau dieser Sachverhalt ist mit der von Giddens so genannten ‚Dualität von Struktur und Handeln' gemeint: Die Strukturmomente des sozialen Handelns werden aus den ihnen zugrunde liegenden Strukturen fortwährend neu geschaffen und stellen zugleich das einzige Mittel dar, die bestehenden Strukturen

---

[74] Dabei ist der von Quandt im Anschluss an Giddens verwendete Systembegriff von dessen Konzeption in der Luhmannschen Systemtheorie jedoch deutlich unterschieden; vgl. ebd.: 243.

[75] Dies ist wohl die einzige Form, in der Strukturen als Handlungsfolgen auch schon in früherer Journalismusforschung thematisch wurden, und zwar zum einen in der Nachrichtenwertforschung und ihrer Analyse von Strukturen der Berichterstattung gemäß der Nachrichtenwert-Hypothese (vgl. Schulz 1990), zum anderen in der wirkungsorientierten Forschung im Sinne von spezifischen (und dann kritisierbaren) Realitätsdarstellungen von Journalisten (vgl. Kepplinger 1989a, 1992).

[76] Dabei müssen auch ‚Erfahrung' und ‚Hintergrundwissen' von Akteuren nicht notwendig individualistisch verstanden werden. Denn natürlich kann auch eine Organisation aus ihren Aktionen ‚lernen', Erfahrungen sammeln, ein ‚Gedächtnis' (in Form von etablierten Verfahrenswegen und Koordinationsroutinen) ausbilden, das Aktionen in künftigen Entscheidungssituationen vorstrukturiert.

(wie Regeln, Institutionen, selbst die gesellschaftliche Einrichtung des Journalismus) zu reproduzieren und ihnen so relative Stabilität und Kontinuität zu sichern.[77]

Bezogen auf den journalistischen Struktur-Handlungs-Zusammenhang bedeutet das: Fertigt ein Journalist einen redaktionellen Beitrag handelt es sich dabei um ein bewusstes und vor allem regelgeleitetes Handeln (eine Struktur*produktion* mit der intendierten Handlungsfolge eines journalistischen Textes), bei der zugleich – und ohne dass es intendiert wäre oder vom Akteur reflektiert würde – das ‚System' journalistischer Regeln am Leben erhalten wird (Struktur*reproduktion*). Mit dieser Struktur-Handlungs-Vorstellung gelingt es, handlungsbestimmende (restringierende wie ermöglichende) und handlungsabhängige Strukturmomente in einer strukturierten und zugleich strukturierenden Praxis, die sich aus der Verkettung einzelner Handlungen zu sozialen Praktiken ergibt, zusammen zu denken. Ein solches Verständnis überwindet nicht nur die Kluft zwischen (subjektorientierter) Handlungstheorie und (objektivistisch ausgerichteter) Strukturtheorie, sondern zugleich die Dichotomie einer Mikroebene individuellen Handelns und einer Makroebene sozialer Strukturen.[78]

Was mit einer solchen Konzeption jedoch noch nicht gelöst ist, ist das Problem der Handlungserklärung. Wollte man Handeln aus zugrunde liegenden journalistischen Regeln erklären, liefe dies letztlich auf eine objektivistische Vorstellung hinaus, weil Handeln dann den Automatismus eines bloßen Regelvollzugs bedeuten würde. Einem solchen Diktat normativ-regulativer Regelstrukturen hat man mit einem interpretativen Handlungsverständnis entgegenzutreten versucht. Die mögliche Handlungsdeterminierung durch Erwartungsstrukturen wurde dadurch abgewehrt, dass Akteure in Handlungssituationen die Verhaltenserwartungen und -anforderungen im Lichte der Wahrnehmung und Deutung konkreter Handlungssituation interpretieren (‚be-deuten') und dann erfahrungsgeleitet in Handeln umsetzen. Deshalb erscheint es sinnvoll, nach den Grundlagen für die sozial spezifischen Wahrnehmungen und Deutungen zu fragen. Das führt zur Berücksichtigung der sinngenerierenden symbolisch-kulturellen Wissensregeln: Wahrnehmen und Deuten, allgemein Sinnzuschreibungen (und damit die sinnhaften Konstruktionen) der Akteure erweisen als abhängig von den symbolisch-kulturellen Wissensregeln, an denen sie partizipieren.

Zieht man diese jedoch zur Erklärung des Handelns heran, verschiebt man lediglich das Determinismusproblem: Nun würde journalistisches Handeln zum bloßen

---

[77]   Vgl. Giddens 1995: 37, 70ff.
[78]   Siehe hierzu auch weiter oben Abschnitt 3.2.3.

Automatismus des Vollzugs symbolisch-kollektiver Wissensregeln ‚degenerieren',
die festlegen, auf welche Art und Weise Akteure journalistische Regelstrukturen interpretieren und wie sie im praktischen Handlungsvollzug mit ihnen umgehen. Der
normativistische Objektivismus wäre lediglich von einem kulturalistischen Objektivismus abgelöst. Wie lässt sich diesem Problem entgehen? Auf der Ebene der Strukturvorstellungen kann es nicht gelöst werden. Erforderlich scheint ein anti-
deterministisches Korrektiv in der sozialtheoretischen Konzeption, das in der bisherigen Fassung des Struktur-Handlungs-Zusammenhangs nicht auszumachen ist. Es
wird von der Vorstellung abhängen, die die Journalismusforschung von den im
Journalismus Handelnden entwickelt.

4.3   Zu den Akteuren des Journalismus

Wenn die Journalismusforschung das Handeln in der sozialen Praxis journalistischer
bzw. redaktioneller Zusammenhänge analysieren will, muss sie dazu eine theoretische Vorstellung von den journalistisch Handelnden entwickeln.[79] Von daher geht es
im folgenden nicht um Journalisten als empirisch vorfindbare Individuen oder Personen, sondern um die wissenschaftliche Konstruktion einer Akteurskonzeption, die
die Integration der Handelnden in den theoretischen Struktur-Handlungs-Zusammenhang erlaubt. Betrachtet man unter diesem Aspekt die Theorieentwicklung in
der Journalismusforschung, so fällt auf, dass selbst theoretische Ansätze, die sich in
kritischer Absetzung von der neueren, allein Kommunikationen fokussierenden systemfunktionalistischen Forschung den Handelnden des Journalismus (wieder) zuwenden und sie in ihre Konzeption aufnehmen möchten, kaum Anstrengungen unternommen haben, eine wissenschaftliche Vorstellung von den journalistischen Akteuren zu entwickeln.

So greifen auch integrationstheoretische Ansätze, wenn sie auf die Analyseebene
journalistischen Handelns wechseln, nur allzu rasch wieder auf Alltagsvorstellungen
von den am Journalismus Beteiligten zurück. Dabei hatte Rühl bereits vor über 20
Jahren für jede erkenntniskritische Journalismusforschung angemahnt, dass es ihr
nicht um ‚Personen', ‚Individuen' oder gar komplette ‚Menschen' gehen kann. Sie
kämen als Bezugspunkte der Forschung nicht infrage, weil sie auf viel zu komplexe,
kaum abgrenzbare, mithin theoretisch nicht bestimmbare Größen verweisen.[80]

---

[79] Denn bis jetzt beruht die theoretische Objektkonstruktion auf einem lediglich infragestehende
Strukturen fokussierenden Zusammenhang. Zur Klärung der strukturellen Interferenzen, die sich aus
der Gleichzeitigkeit von normativen Regeln, konstitutiven Regelmäßigkeiten und generativen Wissensregeln in der sozialen Handlungspraxis ergeben, scheint der Einbezug der Akteure unerlässlich.

[80] Vgl. Rühl 1980: 61, 436f.

Der erläuterten Konzeption strukturierter Handlungspraxis im Journalismus korrespondiert eine theoretische Vorstellung von den Akteuren, die deren Handeln in den sozialen Praktiken der journalistischen Handlungszusammenhänge angemessen fassen kann. Denn der Einbezug der Akteure in die Theorievorstellung wurde bereits notwendig, weil Systemzusammenhänge nicht von selbst kontinuieren, sondern es das Handeln der Akteure ist, in der Strukturen aktualisiert und dabei reproduziert wie verändert werden. In der Handlungspraxis aber müssen normative Regelstrukturen wahrgenommen und gedeutet werden, müssen Handlungssituationen definiert werden, und im Handlungsprozess muss ein situationsspezifischer Umgang entwickelt und im Praxisvollzug umgesetzt werden. Dabei gilt es mit einzukalkulieren, dass nicht alle Akteure *gleich* wahrnehmen, deuten und sinnhaft handeln, sondern dass vielmehr mit je spezifischem Wahrnehmen, Deuten und daran anschließendem Handeln gerechnet werden muss.

Das läuft auf eine Akteurskonzeption hinaus, bei der das Interesse sich nicht auf individuelle Ausprägungen jeweiliger Sichtweisen und Verständnisse der Handelnden richtet, sondern auf Journalisten als *soziale Akteure*. Journalisten interessieren in dieser Perspektive also weder als intentional handelnde Individuen mit subjektiven Meinungen oder Wirkungsabsichten noch als bloße Rollenträger, deren Rollenverhalten dem Journalismus zugeschlagen wird, während die nicht von vornherein journalismusspezifischen, sozialen Grundlagen ihres Handelns ausgeblendet bleiben. Konstitutiv für das Geschehen im journalistischen Zusammenhang sind sie als Akteure mit spezifischen sozialen Positionen, mit unterschiedlichen Ressourcen, über die sie verfügen, aber auch mit distinkten sozialen Dispositionen, die ihnen einen sinnhaften Umgang mit den Anforderungen der Praxis des journalistischen Struktur-Handlungs-Zusammenhangs ermöglichen.

4.3.1   Journalisten als soziale Akteure

Um die distinkten Ausprägungen der grundlegenden sozialen Merkmale von Handelnden auf den Begriff zu bringen, wird hier und im folgenden der Ausdruck ‚Sozialität' verwendet. Journalisten als soziale Akteure zu beobachten soll nichts anderes heißen als sie in ihrer jeweiligen Sozialität in den Blick zu nehmen. Die grundlegende Sozialität der Akteure ergibt sich aus ihrem fundamentalen Eingebundensein in soziale (und je historisch-konkrete) Konstellationen der Gesellschaft, aus unterscheidbaren sozialen Positionen, die sie im sozialen Raum der Gesellschaft einnehmen, sowie aus den unterschiedlich verteilten Ressourcen innerhalb der Gesellschaft, auf die sie in ihrem Handeln zurückgreifen können. Sozialität erscheint vor diesem Hintergrund als Resultat vorgängiger sozialer Praxis unter spezifischen sozialen und historischen Bedingungen.

So weisen auch Journalisten eine je eigene soziale Herkunft auf, haben eine bestimmte Erziehung und Bildung genossen und einen sozialen Werdegang hinter sich. Damit einher geht eine spezifische soziale Erfahrung, die nicht nur (und vielleicht nicht einmal in erster Linie) das betrifft, was Eltern, Erzieher und Lehrer ihnen im Laufe ihrer Entwicklung mitgeben wollten, sondern was umfassend als die Gesamtheit verinnerlichten Erlebens sozialer Praxis begriffen werden kann. Sozialität erweist sich als Produkt eines anhaltenden, unabgeschlossenen Sozialisationsprozesses.[81] Entsprechend ist sie nicht als etwas ,Zusätzliches' zu verstehen, was wie ein Besitz oder ein persönliches Merkmal zu den Individuen hinzuzudenken ist. Eine solche Konzeption darf also gerade nicht auf die weiter oben kritisch diskutierte dichotome Alltagsvorstellung von hier Individuum und dort Sozialem aufbauen.[82] Von Interesse für die Forschung sind in der Folge die für die Handlungspraxis relevanten Unterschiede, die sich im Vergleich der Sozialität von gesellschaftlichen Akteuren ausmachen lassen.

Das macht es erforderlich, Indikatoren für die spezifische Sozialität von Akteuren anzugeben. In der Sozialstrukturforschung werden dazu vor allem die klassischen soziodemographischen Variablen herangezogen, also: Geschlecht, Alter, Bildung und Ausbildung, Beruf, Einkommen etc.[83] In der Sozialen Ungleichheitsforschung als derjenigen Forschungsrichtung, die sich zentral mit der Verschiedenheit der Lebensbedingungen und Soziallagen innerhalb der Gesellschaft beschäftigt, kommt den Indikatoren soziale Herkunft, sozialer Status und ,Laufbahn' besondere Bedeutung zu.[84] Mit Hilfe dieser Indikatoren kann bereits ein vergleichsweise differenziertes Bild der Sozialität gesellschaftlicher Akteure ermittelt werden. Vor allem die soziodemographischen Merkmale sind dabei zu denjenigen Faktoren zu zählen, die auch in der Journalismusforschung – insbesondere bei schriftlichen Befragungen – zum Standardrepertoire empirischer Untersuchungen gehören. Das gilt nicht nur für Alter, Ausbildung und Einkommen, sondern – denkt man an die Forschungsinteressen der journalismus- und medienbezogenen Genderforschung – auch für die Kategorie ,Geschlecht'.[85]

Das Merkmal der sozialen Herkunft bildete allerdings nur vorübergehend einen integralen Bestandteil journalismusbezogener Forschungsfragen. Es gab eine Reihe von Untersuchungen in den 70ern und Anfang der 80er Jahre, in denen man dezi-

---

[81] Unter dem Aspekt der Individuation als der sozialen Ausbildung einer individuellen Persönlichkeitsstruktur wäre schließlich selbst die Individualität von Akteuren als Sozialisationsergebnis und damit als Teil der Sozialität anzusehen.

[82] Vgl. Elias [1939] 1999; Geiger [1932] 1987; Tenbruck 1961. Siehe weiter oben die Ausführungen in Abschnitt 3.1.3.

[83] Vgl. Geißler 1996; Müller 1992.

[84] Vgl. Hradil 1992a; Berger/Hradil 1990; Berger 1986; Kreckel 1983a.

[85] Vgl. Dorer/Klaus 1999; Klaus 1998; Lünenborg 1997; Weischenberg/Keunecke/Löffelholz/Scholl 1994.

diert nach der sozialen Herkunft von Journalisten fragte.[86] Prototypisch für diese Studien dürften die Befunde von Langenbucher und Mahle von 1974 sein, die hinsichtlich der sozialen Herkunft von Journalisten damals festhielten:[87]

- „Der größte Teil der Befragten stammt aus typischen Mittelschichtsfamilien. Bei über 80% waren die Väter Angestellte, Beamte, Unternehmer oder hatten freie Berufe.
- Sehr hoch ist damit der Grad der schichtmäßigen Selbstrekrutierung. Nur ganz wenige Journalisten stammen aus Arbeiter- [oder] Landwirtfamilien. Die Bewegung vom Beruf des Vaters zum Beruf des Sohnes spielt sich (...) (aufgrund ihres Angestelltenstatus, ihres Einkommens, ihrer Ausbildung) [innerhalb der mittleren und oberen Mittelschicht ab]. (...)
- Journalistinnen unterscheiden sich hinsichtlich der Herkunftsfamilie nicht von Journalisten. (...)
- Nicht sehr groß sind die Unterschiede hinsichtlich der Schulbildung. Die Kinder aus Beamtenfamilien und aus freien Berufen haben überdurchschnittlich häufig das Abitur gemacht, während bei den wenigen überhaupt auftauchenden Arbeiterkindern der Weg eher über eine Fachschule führt.
- Wenig Einfluß scheint die Herkunft auf die Position im journalistischen Beruf zu haben. Zwischen dem Aufstieg in der Redaktionsleitung und der Elternfamilie gibt es keinen signifikanten Zusammenhang."

Die These von der Rekrutierung der journalistischen Akteure aus der mittleren und oberen Mittelschicht der Gesellschaft wurde in weiteren Untersuchungen bestätigt und gilt im großen und ganzen wohl auch heute noch.[88] Dabei hielten Saxer und Schanne Anfang der 80er Jahre die Frage nach der sozialen Herkunft von Journalisten für „insofern von erheblicher Bedeutung, als die dadurch bedingte Sozialisation

---

[86] Vgl. Weiß u.a. 1977: 291ff.; Fohrbeck/Wiesand 1972: 254ff.; Wiesand 1977: 137ff.; Langenbucher/Mahle 1974; Fabris 1979: 94ff.; vgl. auch die Forschungssynopse in Böckelmann 1993.

[87] Langenbucher/Mahle 1974: 21f.

[88] Allerdings erscheinen die Ergebnisse vergleichsweise undifferenziert. Ende der 90er Jahre stammen immerhin über 12 Prozent der Journalisten aus statusniedrigen Elternhäusern (Printjournalisten häufiger als Funkjournalisten). Mehr als ein Drittel aller Journalisten kommt aus Angestellten- und mittleren Beamtenfamilien mittleren Status, ein knappes Viertel aus statushöheren Familien, und immerhin fast 29 Prozent der Journalisten rekrutieren sich aus Familien mit hohem elterlichen Berufsstatus (Rundfunk-Journalisten häufiger als Printjournalisten). Siehe hierzu die Befunde im Ergebnisteil der empirischen Untersuchung im Anhang dieser Arbeit.

und sonstige Lebenserfahrung natürlich auch in die journalistische Tätigkeit einfließen kann, als internalisierte Weltperspektive zum Beispiel."[89]

Allerdings hielt die Beschäftigung der damaligen Kommunikatorforschung mit
vor- und außerberuflichen Aspekten wie sozialen Positionen von Journalisten in der
Gesellschaft und ihrer sozialen Herkunft nicht lange an. Allmählich verschwanden
diese Fragen wieder von der Agenda der Journalismusforschung; ihre Relevanz
wurde nur wenig später als gering eingeschätzt.[90] Denn auch in der Journalismusforschung setzte sich die Annahme durch, dass infolge der Bildungsexpansion, der
‚Fahrstuhleffekte' (Beck) des Wohlfahrtsstaates sowie aufgrund von Mobilitätspro-
zessen zwischen verschiedenen gesellschaftlichen Schichten[91] die soziale Herkunft
heute keine wichtige Rolle mehr spielen würde.

Erst in der jüngsten Vergangenheit haben international vergleichende Forschungsbefunde Teile der Wissenschaft überrascht und die Öffentlichkeit aufge-
schreckt, weil sich gerade für die Gesellschaft der Bundesrepublik Deutschland ein
signifikanter Zusammenhang zwischen sozialstrukturellen Unterschieden der Her-
kunftsfamilien und entsprechend divergierenden Bildungserfolgen ergeben hat.[92]
Zwar ist der Zusammenhang zwischen Bildungssystem und der sozialen Platzie-
rungsfunktion als Ermöglichung von sozialen Aufstiegschancen und des Zugangs zu
privilegierteren sozialen Positionen seit langem bekannt; und man weiß, dass die
Auslese durch das Bildungssystem „nie ausschließlich Auslese nach Leistung, sondern immer auch – gewollt, geduldet oder ungewollt – soziale Auslese" ist.[93] Aber
dass das Bildungssystem in Deutschland so wenig zur allgemeinen Chancenermög-
lichung und stattdessen zur Verstärkung sozialer Unterschiede beiträgt zeigt, dass
die Rede vom Ende der Bedeutung vertikaler Schichtungen der Gesellschaft ver-
früht gewesen ist. So ermitteln die Autoren der Studie einen substantiellen Zusammenhang zwischen sozialer Lage bzw. sozialem Status der Eltern und den schulischen Bildungserfolgen der Kinder, wobei Deutschland zu denjenigen Ländern gehört, „in denen (...) die engste Kopplung von sozialer Herkunft und Kompetenz-
erwerb nachweisbar ist."[94]

---

89 Saxer/Schanne 1981: 81.
90 Vgl. bereits das Urteil des Autorenteams des Modellversuchs Journalisten-Weiterbildung, entspre-
    chende Befunde seien „belanglos" (Modellversuch Journalisten-Weiterbildung 1984: 353).
91 Vgl. Beck 1983; ders. 1986; sowie die Beiträge in Hradil 1990.
92 So eines der zentralen Ergebnisse der deutschen Forschungsgruppe der OECD-Studie „Programme
    for an International Student Assessment" (PISA); vgl. Baumert u.a. 2001.
93 Geißler 1996: 249.
94 Baumert u.a. 2001: 402. Untersucht wurde von den Forschern der Zusammenhang von familiären
    Lebensverhältnissen, spezifischer Bildungsbeteiligung von Kindern aus unterschiedlichen sozialen
    Schichten und einem daraus resultierenden, divergierenden Kompetenzerwerb (vgl. ebd.: 323ff.).

Der eigentliche Grund, warum Fragen der sozialen Herkunft von Journalisten in der Journalismusforschung nicht weiter verfolgt wurden, ist jedoch theoretischer Natur. Der Hinweis auf mögliche ‚internalisierte Weltperspektiven' stellt zunächst lediglich eine Plausibilitätsannahme dar. Der traditionellen und personenbezogenen Forschung fehlte das theoretische Rüstzeug, um sich der Erforschung des Zusammenhangs zwischen der spezifischen Sozialität der Akteure und der Handlungspraxis in journalistischen Zusammenhängen zuwenden zu können. Die Modellierung von Journalismus als dem absichtsvollen und bewussten Handeln derjenigen, die von Berufs wegen als Journalisten arbeiten, reicht dafür nicht aus. Weder das utilitaristische noch ein ausschließlich auf Journalismus bezogenes normativistisches Handlungsverständnis erlauben die Integration einer theoretischen Vorstellung der Sozialität der Akteure.

Die systembezogenen journalismustheoretischen Ansätze hingegen haben solche Fragen gerade abgeschnitten, interessieren sie sich doch für Leistungen der journalistischen Akteure nur im Hinblick auf den systemfunktionalen Zusammenhang. Und die theoriebedingte Denkfigur von den journalistisch Handelnden als nichtsozialen Personalsystemen (die sozialen Systemen gerade gegenüber gestellt werden) führt dazu, akteursspezifische Voraussetzungen des Handelns von Journalisten in den Bereich des Psychischen abzuweisen. Welche spezifische Sozialität und damit zusammenhängend welche sozialen und kulturellen Hintergründe journalistische Akteure aufweisen und möglicherweise in die journalistische Handlungspraxis einbringen, bildet in dieser Perspektive keinen relevanten Aspekt der Forschung. Will die empirische Forschung solche Überlegungen begründet in die Analyse des Journalismus integrieren, muss sie die Sozialität der Akteure in die theoretische Objektkonstruktion mit aufnehmen. Dafür genügt nicht der Verweis auf frühere empirische Befunde zur sozialen Herkunft. Deshalb ist an dieser Stelle der Übergang von alltagsplausiblen Annahmen und empirischen Überlegungen hin zu einer theoretischen Modellvorstellung der im Journalismus Handelnden als sozialen Akteuren notwendig.

Vor allem durch das schulsystembedingte Auswahlverfahren am Ende der Grundschulzeit und beim Übergang auf weiterführende Schulen kommt es zu einer Verstärkung gravierender sozialer Disparitäten der Bildungsbeteiligung, die sich in der starken Abhängigkeit von sozialer Schicht und jeweiligen ermittelten Kompetenzen der Schüler erneut niederschlägt. Insgesamt belegen die Ergebnisse der Studie für das deutsche Schulsystem „einen straffen Zusammenhang zwischen Sozialschichtzugehörigkeit und erworbenen Kompetenzen über alle untersuchten Domänen hinweg" (ebd.: 372).

Mit seinem Kapitalkonzept hat Bourdieu ein solches relativ einfaches Modell vorgelegt.[95] Zur theoretischen Bestimmung der spezifischen Sozialität der Akteure nutzt er die analytische Konstruktion eines zweidimensionalen Raums, innerhalb dessen sich die relationale Bedeutung der Strukturen durch die Beziehung zwischen den verschiedenen Positionen im Raum ergibt. Zunächst wird den Akteuren je nach sozialstrukturellen Unterschieden vertikal eine bestimmte Position zugewiesen, wobei Ressourcenunterschiede der Akteure anhand ihrer Kapitalausstattung ermittelt werden. Je nach Quantität der Ressourcenausstattung lassen sich die Akteure weiter oben im Raum verorten, je nach *relativem* Vorkommen verschiedener Ressourcenarten werden ihnen entsprechende Positionen auf der horizontalen Achse der unterschiedlichen Kapital*verteilungen* zugewiesen. Damit sind die Akteure anhand ihrer relativen Stellung innerhalb dieses zweidimensionalen Raums definiert. Die dritte Dimension der Raumvorstellung würde den Einbezug einer diachronen Perspektive, d.h. die Berücksichtigung von Veränderungen über die Zeit erlauben, wodurch es möglich wird, Prozesse des sozialen Aufstiegs, Karriereverläufe und Prozesse der Deklassierung zu analysieren.[96]

Dabei darf der Kapitalbegriff nicht reduktionistisch im Sinne von Wirtschaftskapital verstanden werden; vielmehr geht es Bourdieu um einen „Begriff des Kapitals in all seinen Erscheinungsformen."[97] Es wird ganz klassisch als „akkumulierte Arbeit" gefasst, sei es in Form von Materie, sei es in ‚inkorporierter' Form. Kapital sorgt dafür, dass „nicht alles gleich möglich oder gleich unmöglich ist,"[98] in dem seine Verteilung über die Erfolgschancen akteursspezifischer Handlungspraxis entscheiden. Hinsichtlich verschiedener Kapitalformen differenziert Bourdieu vor allem in (a) ökonomisches Kapital, (b) kulturelles Kapital, (c) soziales Kapital sowie (d) symbolisches Kapital, und diskutiert es hinsichtlich seines Vorkommens, der un-

---

[95]   Vgl. Bourdieu 1995: 9ff.; ders. 1991: 195ff.
[96]   Vgl. Bourdieu 1995: ebd.
[97]   Bourdieu 1997b: 50. Bourdieu, der den Kapitalbegriff aus den Schriften von Marx aufgenommen hat, überträgt ihn über die Ökonomie hinaus auf alle gesellschaftlichen Bereiche. Dabei dürfen die unterschiedlichen Kapitalformen als soziale Ressourcen nicht mit der Funktionsweise wirtschaftlichen Kapitals gleichgesetzt werden, stammt der Begriff des Wirtschaftskapitals doch aus der ökonomischen Praxis, die selbst eine historische Hervorbringung (d.h. soziale Konstruktion) des Kapitalismus ist. Eine solche Gleichsetzung aber hätte zur Folge, dass die Gesamtheit gesellschaftlicher Austauschprozesse unter der Annahme von Prinzipien der Profitmaximierung und des ökonomischen Eigennutzes auf den Warenaustausch reduziert wird. Dadurch würden alle anderen Austauschformen sowie alle nicht-eigennützigen Prinzipien aus der Beobachtung sozialer Austauschprozesse ausgeschlossen (vgl. ebd.: 49ff.).
[98]   Ebd.

terschiedlichen Erscheinungsformen jeweiliger Kapitalarten, der Konvergierbarkeit und seines Schwundrisikos:[99]

- Zum *ökonomischen Kapital* sind die verschiedenen Formen des materiellen Besitzes und Vermögens, Einkommens wie auch sonstige Einkunftsquellen zu rechnen; es erweist sich – zumindest in Gesellschaften mit einer entwickelten Marktökonomie – als jederzeit relativ leicht in Geld konvertierbar und ist in Form von Eigentumsrechten institutionell abgesichert. Als verhältnismäßig flexible und leicht übertragbare Ressource ist es nur in Krisenzeiten von Schwundrisiko bedroht. Als grundlegendes Medium des gesellschaftlichen Tauschverkehrs erweist es sich – so Müller – als „Schlüssel, der Tür und Tor zur sozialen Welt (...) öffnet."[100]

- Beim *kulturellen Kapital* gilt es zumindest drei Erscheinungsformen zu unterscheiden: erstens *‚objektiviertes'* kulturelles Kapital in Form von Büchern, Tonträgern, Kunstwerken etc., dem auch ein materieller Wert (mit einem ökonomischen Preis) zukommt, dessen kultureller bzw. symbolischer Wert jedoch nicht übertragbar ist, sondern den zeitaufwendigen vorgängigen Erwerb der entsprechenden kulturellen Kompetenz – und das heißt erneut: Arbeit – voraussetzt; zweitens *‚inkorporiertes'* kulturelles Kapital im Sinne von verinnerlichten Fähigkeiten und Fertigkeiten (Bildung), das nicht übertragbar ist, sondern unter Zeitaufwand und stets körpergebunden erworben werden muss (sodass vom ‚Investor' immer *persönlich* zu investieren ist); drittens schließlich ‚institutionalisiertes' kulturelles Kapital, worunter vor allem Bildungstitel verstanden werden, die von (Aus-)Bildungsinstitutionen sanktioniert und allgemein rechtlich garantiert sind, und dies unabhängig vom Titelträger (d.h seinem aktuellen kulturellen

---

[99] Bourdieu hat den Kapitalbegriff im Laufe seiner Forschungsarbeiten geradezu inflationär verwendet, wenn – etwa in der Untersuchung des französischen Hochschulsystems – das kulturelle Kapital mit Begriffen wie ‚Schulkapital', ‚intellektuelles Kapital', ‚wissenschaftliches', ‚philosophisches', ‚universitäres', ‚linguistisches', allgemein ‚sprachliches Kapital' oder auch ‚politisches Kapital' bezeichnet wird (vgl. Bourdieu 1998a; siehe auch Schwingel 1995: 89). Überdies sind die Kapitaleinteilungen nicht immer trennscharf, zumal in manchen seiner Studien auch Stärke, Gesundheit, Schönheit (nach jeweiligen kulturellen Standards) als Ressourcen untersucht und dann mit Begriffen wie ‚physisches' oder ‚mentales' Kapital belegt werden (vgl. etwa Bourdieu 1991). Doch hat Bourdieu das Kapitalkonzept in all seinen Verästelungen eben nicht für den Aufbau eines komplexen Theoriegebäudes, sondern als ein heuristisches Konzept im Hinblick auf konkrete Forschungsprobleme entwickelt. Da sich diese Probleme und Fragen mit dem jeweiligen Untersuchungsgegenstand ändern, hat das Konzept über die Jahre zahlreiche Differenzierungen und Modifikationen erfahren.

[100] Müller 1992: 268; vgl. Bourdieu 1995: 10ff.; Schwingel 1995: 81ff.

Kapital, seiner derzeitigen Kompetenz etc.), so dass die Legitimierung durch Bildungstitel zu einer „offiziellen Kompetenz" führt, die – etwa im Unterschied zur Bildung des Autodidakten – nicht beständig unter Beweiszwang steht.[101]

- Unter *sozialem Kapital* wird die Gesamtheit aktueller und potentieller Ressourcen verstanden, „die mit dem Besitz eines dauerhaften Netzes von mehr oder weniger institutionalisierten *Beziehungen* gegenseitigen Kennens oder Anerkennens verbunden sind."[102] Es erscheint als ein Produkt individueller Investitionsstrategien zur Schaffung von Beziehungen, die früher oder später einen Nutzen versprechen, und erfordert von daher notwendig unablässige ‚Beziehungsarbeit' (die immer wieder neue Bestätigung durch gegenseitige Anerkennung); soziales Kapital erweist sich als nur begrenzt delegations- und repräsentationsfähig.

- *Symbolisches Kapital* schließlich lässt sich in Form von Ansehen, gutem Ruf, Ehre, Prestige, Renommee bzw. Reputation finden und gründet entsprechend auf Bekanntheit und (allgemeiner) Anerkennung; es bedeutet quasi einen ‚Kredit' an legitimer gesellschaftlicher Wertschätzung, so dass es die symbolische Dimension – d.h. Wahrnehmung und legitime Anerkennung – der vorgenannten Kapitalsorten mit umfasst. Dazu gehören etwa gegenseitiges Herausheben solventer Akteure und Organisationen durch ‚gemeinnützige' Spenden, Stiftungen, Auszeichnungen (Medien- und Journalistenpreise) etc., durch Medien vermittelte öffentliche Anerkennung von Politikern, Künstlern, Sportlern, Prominenten als ‚Stars', und ganz allgemein alle „symbolische Hervorhebung, die Akteure oder Gruppen durch Verwendung von Statussymbolen und Distinktionsmerkmalen praktizieren."[103]

Mithilfe der Kombination des Raum- und des Kapitalkonzepts lassen sich also die Positionen individueller wie kollektiver Akteure in einem von Differenzen und Ungleichheitsdimensionen bestimmten Sozialraum identifizieren und zu analytisch generierten ‚Klassen' innerhalb dieses Raums zusammenfassen. Zieht man die Befunde der eigenen Erhebung über Journalisten im sozialen Raum der Gesellschaft heran, so erweisen sich journalistische Akteure, was die Verortung ihrer sozialen Positionen in diesem Raum anbelangt, als Akteure mit mittlerem bis höherem ökonomischem Kapital; sie können als ‚besser gestellt, ohne gut gestellt zu sein' gelten. Im Hinblick auf ihr kulturelles Kapital – und damit wäre die Kapitalverteilung auf der horizontalen Achse angesprochen – zeigen sie sich bildungsbedingt als Akteure

---

[101]   Vgl. Bourdieu 1997b: 53ff.
[102]   Bourdieu 1997b: 63 (Herv. i. Orig.).
[103]   Schwingel 1995: 88; vgl. Bourdieu 1995: 11; ders. 1991, ders. 1997b: 57f.

mit teils mittlerer, großteils höherer und häufig auch hoher Kapitalausstattung. Hier zeigt sich deutlicher noch als bei den ökonomischen Ressourcen, dass die Gesamtheit der journalistischen Akteure in sich differenziert ist und keine homogene soziale Gruppe innerhalb der Gesellschaft bildet.[104]

Als gewinnbringend könnte sich eine Analyse der beruflichen Praktiken journalistischer Akteure vor dem Hintergrund der Ausstattung mit sozialem Kapital erweisen. Schließlich kann Journalismus als Paradebeispiel für soziale Austauschprozesse gelten, die auf einem möglichst dichten Netz guter Beziehungen und informeller Kontakte auch des wechselseitigen ‚Kennens und Anerkennens' beruhen. Analysiert werden könnte die ‚Arbeit', die Reporter, Korrespondenten, Agenturjournalisten, aber auch der einfache Lokalredakteur in die Beziehungspflege ‚investieren' müssen, weil sie auf ein intaktes soziales Netz aus Informanten, Beobachtern und Hintergrundakteuren geradezu angewiesen sind. Zu berücksichtigen wäre etwa auch, wie lange neu entsandte Korrespondenten benötigen, ein solches Netz aufzubauen, oder inwieweit Tipps und Empfehlungen vom Vorgänger sowie Einführen in die wichtigen Zirkel diese Arbeit erleichtern (und die aufzuwendende Arbeitszeit entsprechend verkürzen) können.

Doch zurück zum theoretischen Anliegen: Die analytische Konstruktion eines sozialen Raums erlaubt zunächst nur die Identifizierung verschiedener sozialer Positionen und Ressourcenausstattungen. Sie darf nicht zu dem Kurzschluss führen, aus einer solchen Sozialtopologie auf das praktische Handeln der Akteure zu schließen, denn mit der Bestimmung der jeweiligen Sozialität *kann theoretisch nichts* über das Denken oder Handeln der Akteure ausgesagt werden. Wo dies in der Literatur dennoch geschieht, erinnert es an vulgärmarxistische Annahmen vom ‚Sein', das das ‚Bewusstsein' bestimmt. Unerlässlich erscheint deshalb ein theoretisches Verbindungsstück zwischen sozialen Bedingungen einerseits und dem praktischen Handeln der Akteure andererseits.

Nun hat Bourdieu mit der Analyse des inkorporierten kulturellen Kapitals die Logik einer reinen Sozialtopologie bereits durchbrochen. Wenn die Ressourcen- oder Kapitalausstattung von den Akteuren verinnerlicht wird bzw. in ihren Körper ‚eingeht',[105] dann weicht der drohende soziale Determinismus einem *generativen*

---

[104] Vgl. die Erläuterung der Befunde in Abschnitt 5 der Untersuchung im Anhang der Arbeit. Die Annahme einer solch homogenen Gruppe, die Journalisten bilden würden, liegt den Studien der wirkungsorientierten Journalismusforschung generell zugrunde (siehe die Ausführungen weiter oben in Abschnitt 2.2.3).

[105] Die von Merleau-Ponty, Goffman, Taylor und Bourdieu betonte ‚Körperlichkeit' der Verinnerlichung, mit der sie sich von bewusstseinsphänomenologischen und mentalistischen Konzepten ab-

Prinzip, das die Genese spezifischer sozialer Handlungspraxis erhellt und diese nicht mehr als Automatismus sozialer Bedingungen erklärt. Bourdieu, an dem wir uns deshalb auch im folgenden orientieren wollen, hat die Inkorporierung sozialer Erfahrung und deren Folgen, wie am Beispiel des kulturellen Kapitals angeklungen, zu einem eigenständigen und für seine Forschungsarbeiten zentralen Theoriestück ausgearbeitet. Es ist das Konzept des Habitus, das deshalb in die Konstruktion einer problemadäquaten Theorievorstellung mit aufgenommen werden soll.

4.3.2   Das Habitus-Konzept

Der Begriff des ‚Habitus' hat eine überraschend vielfältige Tradition in der Soziologie und wird von zahlreichen Autoren bereits lange vor Bourdieu verwendet, wenngleich mit ihm bei den verschiedenen Autoren nicht immer dasselbe gemeint ist und er in deren Arbeiten eine unterschiedliche Rolle spielt. Doch gibt es eine Reihe von Übereinstimmungen und Ähnlichkeiten, die es sinnvoll erscheinen lassen, auf diese Parallelität hinzuweisen. Allgemein werden unter ‚Habitus' relativ dauerhafte Verhaltensdispositionen der Akteure verstanden, die sich im Zuge des Sozialisationsprozesses ausbilden, die den Akteuren als ‚zweite Natur' weitgehend unbewusst bleiben, und die sie zu einem spontanen, intuitiven, selbstverständlichen Handeln befähigen.

So spricht Arnold Gehlen von „Systemen stereotypisierter und stabilisierter Gewohnheiten", die nicht nur im praktischen, äußeren Handeln, sondern gerade auch bei „Gedanken- und Urteilsgängen, Wertgefühlen und Entscheidungsakten" zu „habituell gewordenen, eingeschliffenen Verhaltensfiguren" führen, die „wie von selbst" ablaufen.[106] Ihm geht es vor allem um ‚eingelebte' Gewohnheiten und deren Entlastungsfunktion bei der notwendigen Orientierung in der Sozialwelt. Ganz ähnlich erscheint die Verwendung des Konzepts bei Berger und Luckmann, die über wiederholte und verfestigte Handlungen zu dispositionalen Handlungsmodellen kommen, an denen sich Handelnde unbewusst orientieren. Die Gewöhnung bringe den psychologischen Gewinn der relativen Weltgeschlossenheit und Entschiedenheit sowie der Verringerung der Auswahlmöglichkeiten, was von der Bürde der Ent-

---

grenzen, hat nichts Mystisches. Sie zeigt sich klar beim Erwerb von Fertigkeiten, die körperliches Geschick erfordern: So bedeutet Fahrradfahren zu lernen nichts anderes als den Erwerb der kulturellen Kompetenz des Umgangs mit einem technischen Fortbewegungsmittel – und das geschieht eben nicht über die Befolgung von Anweisungen oder durch theoretisches Studium, sondern über körperliche Praxis. Das gilt aber viel weiterreichender für alle Formen des Sich-Gebens, des sozialen Auftretens, der Bewegung und Darstellung in der sozialen Welt; vgl. exemplarisch Bourdieu 1991.

[106]   Gehlen 1986: 19; ders. 1957: 104; hier nach Willems 1997: 183.

scheidung entlaste.[107] „[V]or dem Hintergrund habitualisierten Handelns öffnet sich ein Vordergrund für Einfall und Innovation."[108]

Bourdieus Ausgangsfrage ist: „Wie können Verhaltensweisen geregelt sein, ohne daß ihnen eine Befolgung von Regeln zugrunde liegt?"[109] Zu ihrer Beantwortung entwickelt er das Habitus-Konzept als eine Theorie der spezifischen Hervorbringung von Handlungsweisen, die ihn zu einer „Theorie der praktischen Erkenntnis der sozialen Welt" führt.[110] In einer der bekanntesten Definitionen bestimmt er ‚Habitusformen' als „Systeme dauerhafter Dispositionen, strukturierte Strukturen, die geeignet sind, als strukturierende Strukturen zu wirken, mit anderen Worten: als Erzeugungs- und Strukturierungsprinzip von Praxisformen und Repräsentationen."[111] Der Habitus der Akteure gilt als ein zentrales Erzeugungsprinzip ihres praktischen Handelns (wenn auch nicht als das einzige). Er erscheint sozial und historisch bedingt; nicht angeboren, sondern das Ergebnis individueller wie kollektiver Erfahrungen.

Denn die konkrete soziale Situiertheit und ihre praktischen Folgen des Erlebens sozialer Praxis werden von den Akteuren in Form von Erfahrungen verinnerlicht, was zur Inkorporierung dort aktualisierter Strukturen in den Habitus führt. Von daher ist die Bedeutung der Primärsozialisation gegenüber späteren Sozialisationserfahrungen, allgemein die fundamentalere Bedeutung vorgängiger sozialer Erfahrungen gegenüber späteren zu betonen, gehen doch aus früheren Erfahrungen bereits praxisrelevante Strukturen innerhalb des Dispositionssystems hervor, das seinerseits lebenslang neuen sozialen Erfahrungen und damit Modifikationen ausgesetzt ist. Anders herum: Der Habitus „gewährleistet die aktive Präsenz früherer Erfahrungen, die (...) die Übereinstimmung und Konstantheit der Praktiken im Zeitverlauf viel si-

---

[107] Vgl. Berger/Luckmann [1966] 1980: 57.

[108] Ebd. Man findet den Habitus-Begriff darüber hinaus bei Philosophen und Sozialtheoretikern wie Hegel, Durkheim, Max Weber, Marcel Mauss, Elias und Husserl (vgl. Bourdieu 1992: 30), auch wenn er in deren Theorien einen geringeren Stellenwert hat. Eine ähnliche Vorstellung wird schließlich im amerikanischen Pragmatismus expliziert, wenn Dewey mit dem Begriff ‚habit' (Gewohnheit) ein aktives und schöpferisches Verhältnis zur Welt meint und gleichzeitig sagen kann: „Über die im Verkehr mit den Menschen ausgebildeten Gewohnheiten (*habits*) bewohnen wir die Welt auch: Sie wird unsere Wohnung, und die Wohnung ist Teil all unserer Erfahrungen" (Dewey 1958: 104; hier zit. nach Bourdieu/Wacquant 1996: 155); vgl. auch Willems 1997: 181ff.; Bohn/Hahn 2002: 257f. Doch bei keinem der genannten Autoren wurde die Habitusvorstellung so weit elaboriert wie von Bourdieu, dessen Habitus-Konzept – über Jahre hinweg in verschiedenen Arbeiten verwendet und modifiziert – zum zentralen Baustein seiner sozialtheoretischen Konzeption wurde.

[109] Bourdieu 1987: 85.

[110] Vgl. Bourdieu 1976: 148, 164.

[111] Bourdieu 1976: 165.

cherer als alle formalen Regeln und expliziten Normen zu gewährleisten suchen."[112]
Die Inkorporierung der Erfahrung spezifisch strukturierter sozialer Praxis führt so
zur Ausbildung eines entsprechend strukturierten Dispositionssystems sozialer Akteure. Hinsichtlich der sozialen Dispositionen, die habitusbedingt ausgebildet werden, lassen sich analytisch folgende drei Dimensionen unterscheiden:

- *Wahrnehmungsschemata*, die die alltagspraktische Wahrnehmung der sozialen
  Welt strukturieren (und die den Akteuren dadurch als eine sinnhafte Welt erscheinen);
- *Denkschemata*, die zur Interpretation und Einordnung sozialer Wirklichkeit beitragen; hierbei sind *kognitive* Schemata zur Ausbildung von Klassifikationsmus-
  tern, *ethische* Schemata zur impliziten moralischen Einstellung gegenüber gesellschaftlicher Praxis und *ästhetische* Schemata als Maßstäbe zur Beurteilung
  kultureller Objekte und Praktiken zu unterscheiden;[113] sowie
- *Handlungsschemata* im Sinne von Dispositionen, die die spezifischen sozialen
  Praktiken der Akteure vorstrukturieren und so handlungsleitend wirken.[114]

---

[112] Bourdieu 1997a: 101. Habitusbildung erweist sich gewissermaßen als Inkorporierungsprozess dessen, was von Berger/Luckmann für die Entstehung einer selbstverständlichen Gesellschaftsordnung
auf der Ebene sozialer Institutionen ausgearbeitet worden ist. Und er weist als generisches Prinzip
eine Parallele zur Autopoiesis psychischer Systeme im Konstruktivismus auf, insofern auch dort
Wahrnehmung und Verarbeitung von Neuem stets auf die Rückbindung an vorgängige Kognitionsprozesse (Gedanken, Vorstellungsweisen) angewiesen bleibt und erst dadurch sinnhaft an frühere
Beobachtungen und Erfahrungen angeschlossen werden kann.

[113] Entsprechend kann die habitusgeleitete Praxis sozialer Akteure unter dreierlei Gesichtspunkten analysiert werden: (a) *kognitiv* im Hinblick auf diverse Klassifikations- und Repräsentationsweisen der
Akteure, (b) *evaluativ* hinsichtlich gruppenspezifischer Einstellungen (etwa ästhetischer Ge-
schmacksnormen) sowie (c) *expressiv*, was die Hervorbringung differenter Lebensstile anbelangt.
Müller hat bei Lebensstilen dann noch einmal zwischen folgenden Dimensionen unterschieden: *ex-
pressives* Verhalten der Akteure (Freizeitaktivitäten, Konsumverhalten), *interaktives* Verhalten
(Formen der Geselligkeit, Heiratsverhalten, aber auch Medienverhalten; wobei die Ausbildung typi-
scher Interaktionsmuster zu gruppenspezifischen Lebensstilen führt), *evaluatives* Verhalten (Wertorientierungen, Einstellungen, religiöse Bindungen, Traditionen, aber auch Wahlverhalten) sowie
kognitives Verhalten (Ermöglichung der Weltzugehörigkeit und der Selbstidentifikation); vgl. Müller 1992: 355ff.
Die Erforschung habitusbestimmter ästhetischer Urteile in Bourdieus „Die feinen Unterschiede" wie
auch die Analyse expressiver Dimensionen einer ästhetischen Stilisierung in der Milieu- und Lebensstilforschung der 90er Jahre hat dazu geführt, das theoretische Habitus-Konzept allzu rasch mit
der Analyse ‚feiner Unterschiede' des kulturellen Geschmacks in Klassengesellschaften in eins zu
setzen. Im vorliegenden Zusammenhang geht es jedoch um die sozialtheoretisch relevanten Denk-,
Wahrnehmungs-, Deutungs- und Handlungsmuster sozialer Akteure.

[114] Vgl. Schwingel 1995: 56.

Allerdings sind die Wahrnehmungs-, Denk- und Handlungsschemata im Praxisvollzug unauflöslich miteinander verflochten. Sie lassen sich unter dem Begriff der ‚kulturellen Sinnmuster' oder ‚Deutungsmuster' (Oevermann) zusammenfassen. Sie leiten nicht nur die konstruierende Praxis der Akteure an, sondern führen gleichzeitig dazu, dass diese Praxis den Akteuren sinnhaft, natürlich und selbstverständlich erscheint. Die Schemata bzw. Sinnmuster selbst bleiben implizit und den Akteuren vorbewusst, d.h. sie erreichen normalerweise nicht oder nur „höchst bruchstückhaft" die Ebene des diskursiven Bewusstseins.[115] Vorbewusst meint dabei nicht nur, dass Akteure über diese Dispositionen im Normalfall nicht reflektieren, sondern vor allem auch dass ihre Genese, die Geschichte ihres Zustandekommens in früheren sozialen Praktiken, systematisch ‚vergessen' wird.[116]

Da die sozialen Erfahrungen von den jeweiligen Positionen der Akteure innerhalb der Strukturen des sozialen Raums abhängen, ist der Habitus letztlich sozialstrukturell bedingt. Deshalb lassen sich Habitusdispositionen als ‚klassen'- oder milieuspezifisch, aber auch etwa geschlechtsspezifisch ausgebildet begreifen. Die jeweiligen soziokulturellen Existenzbedingungen der Akteure (oder Gruppen) bilden über die Inkorporierung ihrer Erfahrungen zugleich auch die Grenzen ihres Wahrnehmens, Denkens und Handelns. Somit muss der Habitus als beides zugleich gelten: als Ergebnis vorausgegangener und als Grundlage künftiger sozialer Praktiken.

Aus diesem Grund ist dem Habitus-Konzept verschiedentlich vorgeworfen worden, auf einen sozialen, genauer auf einen strukturalistischen Determinismus hinauszulaufen.[117] Das ist aus drei Gründen nicht der Fall: Erstens bedeutet dieses generierende Prinzip gerade eine „generative, um nicht zu sagen kreative Kapazität"[118] und kein bloß reaktives Vermögen. Man könnte es als ein Prinzip begreifen, das mit einer endlichen Anzahl von ‚Festlegungen' eine unendliche Fülle sozialer Praktiken erlaubt – wenn auch innerhalb des Rahmens, der von den Habitusdispositionen abgesteckt wird.[119] Denn vorstrukturiert wird nicht, *was* gedacht wird, *was* wahrge-

---

[115] Bourdieu 1991: 283.
[116] Vgl. Schwingel 1995: 57.
[117] Vgl. Bohn 1991: 94ff.; Janning 1991: 167ff.; Reckwitz 1997: 91f.
[118] Bourdieu/Wacquant 1996: 154.
[119] Hahn bringt es auf den Punkt, wenn er feststellt: „Die [...] Habitus-Theorie erklärt gleichzeitig, warum uns das Handeln der Individuen niemals wie ein ausgeklügelt' Buch erscheint, aber auch nicht wie eine Serie völlig freier Entscheidungen eines Wesens, das nur zu einem gezwungen ist, nämlich dazu, frei zu sein. Der Habitus ist ein klassenspezifisch erworbenes Schema zur Erzeugung immer neuer Handlungen. Das erklärt gleichzeitig die Spontaneität, mit der die Handelnden für sich definieren und auf sie antworten, weshalb sie sich also nicht einfach als Normvollstrecker aufführen, sondern strategisch im Feld der gegebenen Möglichkeiten operieren. (...) Andererseits er-

nommen, gedeutet und getan wird, sondern *wie* etwas sinnhaft gedacht, wahrgenommen oder im praktischen Handeln umgesetzt werden *kann*. Zweitens ist darauf zu verweisen, dass der Habitus nicht das einzige Erzeugungsprinzip sozialer Praktiken ist. So wird beispielsweise in Krisen- und Ausnahmesituationen, in denen der ,Schleier der Gewohnheit' durchbrochen wird, das praxisgenerierende Prinzip des Habitus außer Kraft gesetzt.[120] Und drittens entgeht die habitusgeleitete Praxis schon deshalb dem Circulus vitiosus einer reinen Strukturreproduktion, weil er stets und unvermeidlich auf neue und andere Konstellationen und Anforderungen gegenwärtiger sozialer Praxis trifft, die sich von den historischen Gegebenheiten unterscheiden. So bildet der Habitus „ein offenes Dispositionssystem, das ständig mit neuen Erfahrungen konfrontiert und damit unentwegt von ihnen beeinflusst wird. Er ist dauerhaft, aber nicht unveränderlich. (...) [Dieses] System von Dispositionen (...), das heißt von Virtualitäten, Potentialitäten (...) wird erst im *Verhältnis* zu einer bestimmten Situation manifest."[121] Der Habitus stellt also keine sozialkulturelle ,Universal-Grammatik' (im Sinne Chomskys) dar, die alles weitere festlegen würde, sie ist weder ein starres noch ein ausschließliches, sondern – im Rahmen sozial und damit auch kulturell gesetzter Grenzen – schöpferisches Prinzip.[122]

Damit ist unsere theoretische Vorstellung komplex genug, um das kulturorientierte Handlungsmodell zu integrieren. Denn nun muss nicht mehr von einer wie auch immer zu denkenden ,Existenz' kultureller Sinnsysteme *jenseits* sozialer Funktionszusammenhänge oder denkender und handelnder Akteure ausgegangen werden – so als gäbe es etwas Drittes, Transzendentes. Der Verweis auf abstrakte Sinnsysteme ließ offen, warum und wie Akteure an ihnen teilhaben. Jetzt lässt sich präziser fassen, dass es die der Praxis der Akteure zugrunde liegenden, in ihrem Habitus situierten Denk- und Wahrnehmungsmuster sind, die dazu führen, dass die Sozialwelt als eine sinnhafte erlebt wird, und dass es die der Handlungspraxis zugrunde liegenden praktischen Handlungsmuster sind, die Aufgegebenes und Gewünschtes als möglich, machbar, sinnvoll oder selbstverständlich erscheinen lassen. Aus abstrak-

---

klärt diese Theorie aber auch die Begrenzung der Willkür des Einzelhandelns und die Tatsache, daß nur Menschen mit gleichem Habitus auf *neue* Situationen ohne Absprache ähnlich reagieren" (Hahn 1995: 803; Herv. i. Orig.).

[120] Vgl. Bourdieu 1989: 397.

[121] Vgl. Bourdieu/Wacquant 1996: 168.

[122] Eine analoge Theoriefigur findet sich etwa in Oevermanns Deutungsmuster-Ansatz, in dem „soziale Deutungsmuster als Weltinterpretationen mit generativem Status gedacht werden, die prinzipiell entwicklungsoffen sind" (Oevermann 1973: 8f.; hier zit. nach Willems 1997: 275). Willems vergleicht die verschiedenen Habitustheorien überdies mit der Rahmentheorie Goffmans und den verschiedenen Skript- und Schematheorien. Allen gemeinsam ist die strukturierende Leistung der Aktualisierung vorgängiger Strukturen im Handeln. Vgl. Willems 1997, insbes. 181ff., 245f.

ten symbolisch-kulturellen Wissensregeln sind in dieser Konzeption also soziale Dispositionen geworden, deren Genese aus den sozialpraktischen Erfahrungen und deren Verinnerlichung erklärt wird.

Im Hinblick auf den Journalismus und seine Akteure erlaubt das einen veränderten Blick auf Sozialisationsprozesse. Es geht dann nicht um vor- bzw. außerberufliche *oder* berufliche Sozialisation von Individuen, sondern um die beruflichen (feldspezifischen) *und* außerberuflichen (lebensweltlichen) Prozesse einer lebenslangen Habitusprägung. Es dürfte einleuchten, dass dabei den strukturierenden Erfahrungen der Früh- und Primärsozialisation das größte Gewicht zukommt, da die ‚Formbarkeit' des Habitus mit zunehmender Lebenserfahrung (d.h. vorausgegangenen Strukturierungen) abnimmt.[123] Dennoch müssen die berufs- und feldspezifischen Erfahrungen als anhaltend und so einschneidend gelten, dass auch Bourdieu von berufsbedingten Habitustransformationen spricht.[124] Der Habitus journalistischer Akteure darf also keinesfalls als allein vor- und außerberuflich erworben gedacht werden. Die Kehrseite solch professionsbedingter Habitusprägungen ist unter dem Stichwort der ‚déformation professionel' bekannt: Schemata, die sich in der beruflichen Handlungspraxis bewährt haben, drohen von den Akteuren auch in außerberuflichen Zusammenhängen aktiviert und angewandt zu werden.[125]

Zu betonen ist, dass das Habitus-Konzept ein rein theoretisches Konstrukt darstellt, das man bei der Entwicklung einer wissenschaftlichen Vorstellung des Forschungsobjekts nicht notwendig zu übernehmen braucht. Aber eine an diesen Fragestellungen interessierte Forschung muss dann auf anderem Wege eine begründete Vorstellung davon entwickeln, wie aus abstrakten symbolisch-kulturellen Sinnsystemen konkrete Sinnmuster der Akteure werden und wie diese handlungsrelevant werden können.

---

[123] „Alle Stimuli und alle konditionierenden Erfahrungen werden in jedem Augenblick über Kategorien wahrgenommen, die bereits von früheren Erfahrungen konstruiert wurden. Daraus ergibt sich ganz unvermeidlich eine Bevorzugung dieser ursprünglichen Erfahrungen und, als Folge davon, eine *relative* Geschlossenheit des für den Habitus konstitutiven Dispositionssystems" (Bourdieu/Wacquant 1996: 168; Herv. i. Orig.).

[124] Lettke unterscheidet gar zwischen einem Primär- und gegebenenfalls mehreren Sekundärhabitus, wobei letztere seiner Konzeption zufolge in De- und Rehabitualisierungsprozessen entstehen und auch wieder vergehen können, während der Primärhabitus auf Lebensdauer angelegt ist. Der berufliche Habitus ist für Lettke der zentrale Sekundärhabitus; vgl. Lettke 1996, hier ebd.: 44f. Die Annahme einer Pluralität unterschiedlicher Habitus für den einzelnen Akteur ist jedoch theoretisch äußerst fragwürdig.

[125] Klassisch für solche Vorstellungen wäre die Führungskraft aus der Wirtschaft, die bei der alltagspraktischen Organisation von Familie und häuslichem Zusammenleben glaubt, mit Managementmethoden reüssieren zu müssen.

4.3.3   Kulturelle Orientierungen und ‚Weltsichten' der Akteure

Symolisch-kulturelle Bedeutungs- und Wissensregeln lassen sich also als habitusbe-
dingte Sinn- und Deutungsmuster verstehen. Mit ihnen korrespondieren distinkte
Perspektiven einer sinnhaften Wahrnehmung und Deutung sozialer Wirklichkeit, für
die hier der Begriff ‚Weltsichten' verwendet wird, mit dem die Perspektivität und
Konstruktivität der sinnhaften Erschließung von Welt zum Ausdruck gebracht werden soll.[126] ‚Weltsichten' können als Teil der kulturellen Orientierungen sozialer
Akteure gelten und lassen sich als sozialkulturell bedingte Sichtweisen begreifen,
aus denen heraus soziale Wirklichkeit wahrgenommen, gedeutet und eingeordnet
wird. Diese drei Momente der Wirklichkeitserfahrung sind zugleich Momente der
Konstruktion einer sinnhaften, be-*deuteten* Wirklichkeit, die sich in der Praxis nicht
voneinander trennen lassen: Wahrnehmen ist stets deutende und klassifizierende
Wahrnehmung, kurz: Konstruktionsarbeit.

Wie aber lassen sich solche kulturellen Orientierungen oder ‚Weltsichten' sozialer Akteure empirisch ermitteln? Sie sind nicht sichtbar und deshalb nicht offen zu
beobachten; es gibt für Forscher keinen unmittelbaren Zugang zu ihnen. Auch können Probanden nicht direkt danach befragt werden oder von selbst Auskunft darüber
geben, wie sie dies über ihr Alter, Geschlecht oder Einkommen tun können, da ihnen die eigenen kulturellen Orientierungen und eingelebten Weltsichten natürlich
scheinen, d.h. so selbstverständlich sind, dass sie vorbewusst bleiben. Deshalb nutz-
te die eigene Untersuchung über Journalisten im sozialen Raum der Gesellschaft die
Forschungslogik der soziographischen bzw. kultursoziologischen Milieuforschung,
die mit einem Modell sozialer Milieus arbeitet, das die kulturellen Orientierungen
von Menschen ähnlicher Lebensauffassung und Lebensweise (d.h. der Angehörigen
eines sozialen Milieus) empirisch erfassen und dann auch ausweisen kann.[127]

Die Ergebnisse der Analyse von Journalisten als Angehörige sozialer Milieus
zeigen, dass Journalisten sich vor allem aus Milieus rekrutieren, die mit höheren sozialen Lagen verbunden sind. Mittleren Milieus mit niedrigerer sozialer Lage gehören Journalisten dagegen kaum an, und das relativ unabhängig davon, ob es sich da-

---

[126]   Der in der Literatur mitunter synonym verwendete Ausdruck ‚Weltanschauung' wird wegen seiner
ideologischen Konnotation abgelehnt, da Weltsichten keine Frage der Ideologie sind, sondern der
Kultur. Folglich gibt es keine wahren oder falschen Weltsichten, sondern lediglich typische und un-
typische; vgl. Geiger [1932] 1987: 77.

[127]   Siehe auch die Erläuterungen in Abschnitt 1.3 der Untersuchung im Anhang der Arbeit. In der Milieuforschung, an die die eigene Studie anknüpft, werden diese Orientierungen als ‚Wert-' oder
‚Grundorientierungen' bezeichnet und bilden ein zentrales Element milieuspezifischer Syndrome;
vgl. Flaig/Meyer/Ueltzhöffer 1994: 51ff.; Ueltzöffer/Flaig 1993: 61ff.

bei um weniger moderne oder modernere Milieus handelt.[128] Zu den sozialen Milieus, denen Journalisten in wirklich nennenswertem Umfang angehören, zählen neben dem Konservativen und dem Aufstiegsorientierten Milieu vor allem das Moderne Arbeitnehmermilieu sowie mit deutlichem Übergewicht das Liberal-intellektuelle und das Postmoderne Milieu.[129] Knapp zwei Drittel aller Journalisten gehören somit sozial höher rangierenden Milieus mit modernen, eher postmaterialistischen, aber auch dezidiert postmodernen Grundorientierungen an.

Dabei lässt eine differenziertere Analyse erneut deutlich werden, dass Journalisten auch hinsichtlich der kulturellen Orientierungen keine homogene Gruppe darstellen. Denn zwischen den Akteursgruppen verschiedener Medienbereiche ließen sich deutliche Unterschiede in der Milieuzugehörigkeit ausmachen. Das zeigen die zum Teil markanten Differenzen der Milieuzusammensetzung von Journalisten bei Printmedien und dem öffentlich-rechtlichen Rundfunk einerseits und bei den privatkommerziellen Medien andererseits. Während die Journalisten aus Redaktionen der Printmedien gegenüber ihren Kollegen des öffentlich-rechtlichen Rundfunks nur unwesentlich konservativere (und materialistischere) Orientierungen aufweisen, was vor allem auf die Dominanz von Milieuangehörigen des Liberal-Intellektuellen Milieus im öffentlich-rechtlichen Rundfunk zurückzuführen ist, dominieren in den Privatfunk-Redaktionen Angehörige der ‚jungen' Milieus mit sehr viel stärker postmodernen Orientierungen.[130]

Diese empirischen Befunde über die kulturellen Orientierungen von Journalisten geben einen ersten Hinweis auf distinkte Perspektiven der Wirklichkeitswahrnehmung und -deutung journalistischer Akteure. Es wäre Aufgabe daran anknüpfender empirisch-qualitativer Studien, weiteren und genaueren Aufschluss darüber zu gewinnen. Aber die hier genannten Ergebnisse bilden zumindest einen illustrierenden Hintergrund für die vorgestellte theoretische Konzeption, vor dem es möglich wird, auch diejenigen sozialen Voraussetzungen journalistischer Handlungspraxis in die Analyse aufzunehmen, die nicht von den Regelstrukturen des Journalismus vorgegeben oder von ihnen kontrolliert werden können, da sie der Sozialität journalistischer Akteure geschuldet und als Produkt ihres Habitus nicht Gegenstand des diskursiven Bewusstseins der Beteiligten werden.

---

[128] Siehe hierzu die Erläuterung zu den insgesamt zehn sozialen Milieus und deren graphische Darstellung (Abb. 1) in Abschnitt 1 der Untersuchung im Anhang der Arbeit. Zur Illustration der milieutypischen Syndrome siehe die Dokumentation der Kurzcharakterisierung sozialer Milieus, die ebenfalls in den Anhang der Arbeit aufgenommen wurde.
[129] Siehe die Darstellung der Befunde in Abschnitt 5 der Untersuchung im Anhang der Arbeit.
[130] Siehe ebd.

Gleichwohl wird das Handeln der Akteure *nicht* aus dem Habitus *erklärt.* Zur Erklärung des Handelns ist es notwendig, den Habitus auf die jeweilige soziale Praxis zu beziehen, d.h. seine wahrnehmungs- und handlungs*praktischen* Aktualisierungen zu analysieren. „Als Konstitutionstheorie sozialer Praxis richtet sich die Habitustheorie nicht, wie rationalistische Theorien des (instrumentellen, strategischen oder kommunikativen) Handelns auf das von den gesellschaftlichen Bedingungen losgelöste, nur seiner individuellen Ratio verpflichtete Subjekt, sondern auf den durch seine Position und seine spezifische Laufbahn innerhalb der Sozialstruktur einer Gesellschaft geprägten sozialen Akteur" und die von seinem Habitus ermöglichten Praktiken *unter den Bedingungen* sozialer Praxis.[131]

Sofern damit nur Handeln in lebensweltlichen Zusammenhängen gemeint wäre, würde es genügen, sich das Verhältnis von Habitus und Praxis, d.h. seine Wirksamkeit unter den allgemeinen Bedingungen sozialer Praxis vorzunehmen. Doch betonen die systemtheoretische und konstruktivistische Journalismusforschung völlig zurecht, dass die Analyse journalistischen Handelns den *eigenständigen* Strukturen des Journalismus Rechnung zu tragen hat. Deshalb erscheint es notwendig – und dies bildet den letzten Schritt der theoretischen Konstruktion einer forschungsermöglichenden Vorstellung des zu analysierenden Gegenstands –, Habitus oder kulturelle Sinnmuster der Akteure auf die *spezifische* soziale Praxis im Struktur-Handlungs-Zusammenhang des Journalismus zu beziehen. Er wird hier in Anlehnung an Bourdieus theoretische Konzeption als ein ‚soziales Feld' gefasst.

4.4   Journalismus als soziales Feld

Journalismus lässt sich als ein spezielles soziales Handlungsfeld begreifen. Ein soziales Feld stellt einen eigenständigen Teilbereich gesellschaftlicher Wirklichkeit dar, der sich auf spezifische Weise von anderen Bereichen der Gesellschaft abgrenzt. Solche sozialen Praxisfelder sind typisch für moderne, funktional ausdifferenzierte Gesellschaften. Insofern bildet das journalistische Feld nur einen von mehreren gesellschaftlichen Teilbereichen wie Politik, Wirtschaft, Recht, Kunst, Religion, die sich ebenfalls als Felder beobachten lassen. Sie unterscheiden durch ihre jeweilige Eigenlogik, durch feldeigene ‚Gesetze', die das Handeln der Akteure in diesen Strukturzusammenhängen mit bestimmen, aber auch durch ein spezifisches Denken und Handeln der Akteure im Feld. Gleichzeitig entwickeln gesellschaftliche Felder eine relative Autonomie gegenüber ihrer Umwelt.

---

[131] Schwingel 1995: 67f.

Damit weist die Feld-Konzeption einige Nähe zur systemtheoretischen Vorstellung vom Journalismus als gesellschaftlichem Teilsystem hat.[132] Was sie jedoch von dieser unterscheidet ist, dass nicht angenommen wird, dass es ein Einheitsprinzip dieses systemischen Zusammenhangs gibt. Auch wird nicht davon ausgegangen, dass die Prozesse in diesem Feld autologisch oder gar sich aus sich selbst hervorbringend zu konzipieren sind. Bourdieus Theorie sozialer Felder teilt zwar mit der Wissenssoziologie die Idee distinkter ‚Sinnprovinzen' der Gesellschaft (Schütz) bzw. unterschiedlicher ‚Wertsphären' (Weber), die auch der Konstruktion gesellschaftlicher Funktionsysteme vorausgehen. Aber sie gibt sich nicht mit der Konstatierung eines spezifischen Sinns in diesen Feldern zufrieden, sondern fokussiert die Prozesse der *Hervorbringung* und des *Geltendmachens* solchen Sinns.[133]

In Bourdiues Sozialtheorie bildet die Konzeption sozialer Felder das zentrale Theoriestück zu einem methodologischen Programm: der mit dem substantialistischen Denken brechenden relationalen Methode – einer Denkweise, die Bourdieu nicht nur mit Cassirer und Elias, sondern interessanterweise auch mit einem anderen Feldtheoretiker, dem Psychologen Kurt Lewin teilt.[134] Das Denken in Feldbegriffen erfordert Bourdieu zufolge „eine Umkehrung der gesamten Alltagssicht von sozialer Welt, die sich ausschließlich an Dingen festmacht."[135] Erreicht werden soll dies durch das Aufspannen eines nicht-territorialen, mehrdimensionalen Analyseraums *relationaler* Strukturen. Sie lassen sich identifizieren über Positionen, deren Bedeutung sich nur in Relation zu Vorkommen und Stellung aller übrigen Positionen innerhalb des Feldes (oder eines Teil- bzw. Unterfeldes) bestimmen lässt, und mit spezifischen Merkmalen oder Kräften, die ihre Wirkung nur relational zu den anderen Merkmalen bzw. Kräften in dieser Konstellation entfalten. Ein solches Feld ist für Bourdieu mehr als das bloße „Nebeneinander [...] zusammengereihter Elemente. Es bildet vielmehr nach Art eines magnetischen Feldes ein System von Kraftlinien: Die in ihm wirkenden Mächte bzw. deren Wirkungsgruppen lassen sich als ebenso

---

[132] Siehe die Ausführungen weiter oben in Abschnitt 2.4.1 und 2.4.2.

[133] Vgl. Bohn/Hahn 2002: 261f.

[134] Vgl. Kretschmar 1991: 567ff. Wie Kretschmar zu Lewins Feld-Konzept ausführt, ist es gegen „ein Denken sozialer Phänomene in Form von allgemeingültigen, ahistorischen Kategorien" gerichtet, „also in begrifflichen Formen, die gegenüber dem empirischen Inhalt apriorisch fixiert sind und das analysierte Phänomen dominieren" (Kretschmar 1991: 569). Lewin zielt mit dem Feld-Konzept darauf ab, menschliches Handeln aus der Gesamtkonstellation eines flexiblen, sich ständig neu erzeugenden Spannungsfelds heraus zu analysieren, „anstatt das eine oder andere Element einer Situation [herauszugreifen], dessen Bedeutung ohne Berücksichtigung der Gesamtsituation nicht beurteilt werden kann" (Lewin 1963: 104, hier zit. nach Kretschmar 1991: 570).

[135] Bourdieu 1995: 71.

viele Kräfte beschreiben, die dem Feld zu einem beliebigen Zeitpunkt kraft ihrer Stellung, gegeneinander und miteinander, ihre spezifische Stellung verleihen."[136] Bislang gibt es keine ausgearbeitete Theorie des journalistischen Feldes und eine solche Ausarbeitung soll hier auch nicht geleistet werden. Statt dessen sollen im folgenden die wichtigsten Prinzipien sozialer Felder genannt und mit Bezug auf den Journalismus das Verhältnis zwischen den Strukturen des Feldes und dem praktischen Handeln journalistischer Akteure erläutert werden.

4.4.1 Die Bedingungen des Feldes

Auf den ersten Blick stellt Bourdieus Feld-Konzeption nichts anderes dar als eine erweiterte Raumvorstellung, wie sie bereits weiter oben dargelegt wurde.[137] Denn ein soziales Feld wird als ein Raum konzipiert, in dem Akteure spezifische Positionen einnehmen und in unterschiedlichem Ausmaß über verschiedene Ressourcen verfügen, die in die feldspezifische Handlungspraxis eingehen und von den Akteuren auch für die Auseinandersetzungen innerhalb des Feldes eingesetzt werden. Die Akteure müssen folglich als konstitutiv für das Feld gelten. Im Falle des journalistischen Feldes können solche Akteure Individuen, aber auch Gruppen sein; selbst Medienunternehmen kommen für die Beobachtung ihres Handelns in Betracht, solange man sie als publizistische Unternehmung, nicht als wirtschaftliche Unternehmen fasst. Insgesamt wird man unter den Akteuren des Feldes all diejenigen fassen können, die als ‚Player' im Feld des Journalismus auftreten, zu den Produkten des Feldes beitragen und feldspezifische ‚Effekte' erzeugen können.[138] Doch werden wir uns im folgenden weitgehend auf die Beobachtung journalistischer Akteure im Sinne der redaktionell Handelnden konzentrieren.[139]

---

[136] Bourdieu [1966] 1970: 76.
[137] Vgl. die Ausführungen weiter oben in Abschnitten 4.3.1.
[138] Für die konkrete empirische Analyse der sozialen Praxis des journalistischen Feldes wird man je nach Fragestellung der Untersuchung sich gegebenenfalls auf Teil- oder Unterfelder des Journalismus (etwa Nachrichtenjournalismus oder Unterhaltungsjournalismus, das Feld überregionaler ‚Qualitätszeitungen', aber auch einzelne Redaktionen) beschränken. In ihnen wären entsprechend je konkrete Konstellationen von Positionen und jeweilige Ressourcen der Akteure in diesem Feldausschnitt zu bestimmen. Was die unterschiedlichen Teil- und Unterfelder des Journalismus jedoch miteinander teilen, sind die feldspezifische Logik und die Kräfte des Feldes, mit denen die Zugehörigkeit zum journalistischen Feld steht und fällt.
[139] Welche Handelnden bei der empirischen Analyse des journalistischen Feldes zu den journalistischen Akteuren zu zählen sind – man denke an die Abgrenzung von redaktionellen zu nichtredaktionellen Tätigkeiten in journalistischen Unternehmungen –, kann sich letztlich erst zeigen, wenn man das Feld (oder ein bestimmtes Teil- bzw. Unterfeld) des Journalismus tatsächlich untersucht.

Auf diese Weise erhält man eine Konzeption, die dem Umstand Rechnung trägt, dass neben systemischen Regelstrukturen auch hierarchische Positionen und Ressourcenausstattungen im Feld die sozialen Praktiken der Akteure mit bestimmen. In diese Praktiken gehen zugleich die symbolisch-kulturellen Sinnmuster ein, mit denen die Akteure nicht nur Regeln und ‚Zwänge' des Feldes wahrnehmen (oder systematisch ‚verkennen') und feldeigene Strukturen im Handeln aktualisieren, sondern auch ihre eigenen Interessen als Angehörige des Feldes verfolgen. Aufgrund ihrer Positionen und entsprechend bestehender Regeln produzieren sie im Einklang mit den symbolisch-kulturellen Sinn- und Deutungsmustern, die ihrem Handeln zugrunde liegen, diejenigen ‚Objekte', um deretwillen sich das Feld überhaupt als solches herausgebildet hat. Die ‚Objekte', um die es im journalistischen Feld geht, sind die nach den Regeln des Journalismus hergestellten Beschreibungen aktuellen sozialen Geschehens, die sich aus der Beobachtung der Gesellschaft durch den Journalismus ergeben.

Die genannte Erweiterung der Raumkonzeption betrifft nun zum einen die eigenständigen Regeln und ‚Gesetze' innerhalb des Feldes, die den Akteuren wie Zwänge entgegentreten, die jedoch zugleich bewirken, dass den Akteuren ein bestimmtes Handeln im journalistischen Feld überhaupt möglich wird. Daneben bedeutet der Übergang vom Raum- zum Feldkonzept die Beobachtung der genannten raumspezifischen Relationen und Konstellationen *über die Zeit*: Das Feld des Journalismus erscheint als ein historisch gewordener und zugleich als ein in Entwicklung befindlicher sozialer Zusammenhang, der nicht als abgeschlossen betrachtet werden darf. Journalismus zeigt sich als Hervorbringung der Geschichte und hat sich im Laufe dieser Geschichte zu einem eigenständigen gesellschaftlichen Zusammenhang verfestigt, der sich mehr und mehr nach außen abgrenzt, autonomer wird und Eigengesetzlichkeiten ausbildet.[140]

Gleichzeitig verändert sich Journalismus beständig. Dieser Wandel ist nicht allein auf Änderungen in der Umwelt des Journalismus zurückzuführen, etwa geänderte politische oder rechtliche Rahmenbedingungen, Wandel der Publikumsinteressen und ähnliches, sondern gründet auch in veränderten Ressourcenbedingungen und Habitusdispositionen der Akteure, die durch den Eintritt neuer – und das heißt in aller Regel: jüngerer – Akteure mit anders geprägten Habitus ins Feld hervorgeru-

---

[140] Entstehung und Entwicklung des modernen Journalismus und seine Ausdifferenzierung innerhalb der Gesellschaft ist von Blöbaum unter Rückgriff auf Einsichten historischer Forschung und mithilfe eines weitgehend systemtheoretischen Vokabulars rekonstruiert worden; vgl. Blöbaum 1994: 93ff.

fen werden.[141] Zwar müssen sich auch neu heranwachsende Journalistengenerationen den Regeln des Journalismus ‚beugen'. Aber sie werden bei der Konfrontation mit ihnen diese Regeln und die Art ihrer Einhaltung anders wahrnehmen und deuten – und auch dadurch zu einer entsprechend veränderten Handlungspraxis gelangen. Eine Untersuchung des Journalismus als soziales Feld hätte gerade die Prozesse der Sicherung etablierter Regeln und Strukturprinzipien *in ihrem Spannungsverhältnis* zu jenen Prozessen zu analysieren, die auf die Überwindung der im Feld vorfindbaren orthodoxen Tendenzen durch Veränderung bis dato gültiger Prinzipien abzielen. Sie würde zu einer Analyse der auf Strukturerhaltung und -veränderung hinauslaufenden sozialen Praktiken der Akteure im journalistischen Feld führen.

Denn wie in allen sozialen Feldern müssen neu in das journalistische Feld kommende Akteure zunächst einen Legitimitätsnachweis (in Form eines Abschlusses, einer Ausbildung) liefern und den Preis für ihren Eintritt in das Feld zahlen – und das heißt auch ganz praktisch: ihre Beiträge zunächst für keine oder geringe finanzielle Entlohnung zu erbringen,[142] sich anzupassen und durch Arbeit die Regeln des Journalismus zu erlernen und sich anzueignen. Viele dieser Regeln mögen ihnen zunächst nicht einleuchten und antiquiert, unnütz oder gar sinnlos erscheinen. Letztlich stellen die Fälschungen eines Tom Kummer, seine Idee ‚gebastelter' journalistischer Beiträge im Magazin der ‚Süddeutschen Zeitung', nichts anderes dar als den Versuch, erfolgreicher als die Konkurrenten im Feld zu sein, indem die Regeln für exzellenten Journalismus weniger außer Kraft gesetzt, als vielmehr unausgesprochen umdefiniert werden. Dieses Extrembeispiel zeigt denn auch, warum ein solches ‚Umkrempeln' der Grundregeln im sozialen Feld des Journalismus nicht funktionieren kann: Die etablierten Akteure des Feldes können die Entwertung ihres professionellen Handelns durch einfaches Umschreiben der Regeln nicht zulassen. Die Arbeit, die Akteure über Jahre investieren müssen, um zu ‚Profis' ihres Metiers zu werden, führt dazu, dass sie das einmal Erreichte durch möglichst korrekte Regelauslegungen absichern: So entsteht in jedem sozialen Feld der Konflikt zwischen Orthodoxie und Heterodoxie.[143]

---

[141] Siehe hierzu im Hinblick auf das berufliche Selbstverständnis von Journalisten die Generationenstudie von Ehmig 2000.

[142] Vgl. Bourdieu 1993: 109. Eine subtilere Form des ‚Eintrittspreises' besteht jedoch in der Anerkennung desjenigen Wertes, um den es im journalistischen Feld geht. Die Selektion der Akteure für journalistische Redaktionen erfolgt nicht zufällig über Hospitanzen und Praktika: Wichtiger als die formale Qualifikation ist allemal die Frage, ob ein Aspirant ins Redaktionsteam ‚passt' bzw. ‚auf gleicher Wellenlänge' liegt; alles Indikatoren für eine stark kooptative Rekrutierungspraxis im Journalismus. Es gibt bislang keine empirische Studie, die diesem Zusammenhang nachgegangen wäre.

[143] Vgl. Bourdieu 1993: 197ff.

Aber gerade was das Verständnis der strikten Trennung von ,Fakten' und ,Fiktion' anbelangt, gälte es zu bedenken, dass die nachwachsende Generation journalistischer Akteure heute sozialisations- bzw. habitusbedingt möglicherweise ein ganz anderes Verhältnis zu Phänomenen der Virtualität und medialer Scheinwelten sowie einen eher spielerischen Umgang mit der Pluralität unterschiedlicher ,Realitätsebenen' entwickelt hat im Vergleich zu denen, die das journalistische Handwerk in einer anderen Zeit erlernt haben und unter völlig anderen (Medien-)Bedingungen aufgewachsen sind. Ein diesbezüglich verändertes Verständnis würde den Journalismus zentral treffen, ruht seine gesellschaftliche Akzeptanz und Kreditwürdigkeit doch genau auf der dichotomen Unterscheidung von Faktizität/Nicht-Faktizität.

Doch nicht nur an solchen Extrembeispielen wird deutlich, dass die Art und Weise, in der journalistische Regeln, Programme und Techniken in der Handlungspraxis umgesetzt werden, auch von den kulturellen Hintergründen der Akteure mitbestimmt werden. Sollte sich beispielsweise die Form des politischen Journalismus, wie er in der ,tageszeitung' (taz) entwickelt und gepflegt worden ist, bald überlebt haben, dann nicht notwendig und ausschließlich wegen abnehmenden Publikumsinteresses, sondern auch deshalb, weil man solchen ,links-alternativen' Journalismus nicht mit nachwachsenden Journalistengenerationen machen kann, für die die Studentenunruhen fremde Erinnerungen der Elterngeneration und etwa Brandts ,Kniefall in Warschau' ein bloßes Datum des schulischen Geschichtsunterrichts darstellen.[144]

Die Funktionsweise sozialer Praxisfelder wird von Bourdieu anhand der Spielmetapher veranschaulicht: Die Akteure des Feldes lassen sich als Spieler begreifen, die nach den feldspezifischen Regeln und entsprechend der verfügbaren Mittel (Ressourcen) ,spielen' und sich dabei optimal zu positionieren suchen. Im Hinblick auf die Regelstrukturen des Feldes ist zu beachten, dass die ,Spielregeln' nicht ein für alle mal festgeschrieben oder von außen vorgegeben sind, sondern innerhalb des Feldes selbst ,auf dem Spiel stehen'. Wer etwa *legitimerweise* als Journalist gelten kann, wer als Akteur zum Feld des Journalismus gehört, entscheidet sich nicht so sehr über ein *abstraktes* Sinnkriterium. Es ist das journalistische Feld selbst, das sich

---

[144] Mit der festen Einrichtung der Satireseite ,Wahrheit' in der ,taz' werden die soziopolitischen Transformationen dieses ehemals links-alternativen Journalismus manifest: Aus politischer Kritik wird anarchistische Blödelei. Soziologisch interessant ist, dass sich in diesem journalistischen Miniuniversum etablierte Akteure aus der Gründerzeit der ,taz' finden, die sich heftig gegen solche Formen der Boulevardisierung und Entpolitisierung der Zeitung wehren. Sie ließen sich als orthodoxe Hüter einer reinen alternativ-journalistischen Lehre identifizieren.

nach außen abgrenzt und gerade dadurch seine Identität gewinnt und verteidigt, dass es Auseinandersetzungen um die rechtmäßige Zugehörigkeit zum Feld führt.[145]

Ein zweites, spezifisches Merkmal solcher Felder ist der notwendige Glaube der Akteure an die Sinnhaftigkeit dieses Spiels. Er ist geradezu die Voraussetzung für die interessegeleitete Praxis der Akteure innerhalb des Feldes. Auch wenn soziale Felder historisch kontingent aus vergangenen Praktiken sozialer Akteure hervorgegangen sind und deshalb selbst eine spezifische Konstruktion sozialer Wirklichkeit darstellen, geht mit deren Etablierung und Institutionalisierung das Bewusstsein um ihre spezifische Hervorbringung verloren. So erscheint Journalismus heute nicht nur den Akteuren des Feldes, sondern auch allen, die als Leser, Hörer oder Zuschauer, als Informanten oder Experten mit Journalismus zu tun haben, ganz selbstverständlich als ‚objektiver', eigenständiger Bereich der Gesellschaft mit ‚objektiven' Regeln und Gesetzmäßigkeiten. Doch gilt für die journalistischen Akteure in besonderer Weise, dass für die sozialen Praktiken im journalistischen Feld der Glaube an die Sinnhaftigkeit des Feldes unerlässlich ist.[146]

Bourdieu verwendet hierfür den Begriff der ‚illusio' (von lat. *ludus*; sowie *illudere*: ‚hinspielen, sein Spiel treiben'). Die Illusio stellt für ihn das Gegenteil von Interesselosigkeit, Indifferenz und Unerschütterlichkeit dar: „Sie bedeutet, daß man involviert ist, im Spiel befangen und gefangen. Ein Interesse haben heißt, einem bestimmten sozialen Spiel zugestehen, daß das, was in ihm geschieht, Sinn hat, und daß das, was bei ihm auf dem Spiel steht, wichtig und erstrebenswert ist."[147] Sie bildet eine unerlässliche Voraussetzung zur Teilnahme am Spiel.

Ein wesentliches Moment dieser ‚Sinnhaftigkeit' des ‚Spiels' im journalistischen Feld liegt in seiner vermeintlichen Interesselosigkeit. Journalismus verdankt seine Kredibilität in der Gesellschaft gerade dem Umstand, dass journalistische Beobachtungen und Beschreibungen offiziell nicht aus einem spezifischen Eigeninteresse heraus erfolgen, sondern dem Interesse und Wohle der Öffentlichkeit dienen sol-

---

[145]   Der Sachverhalt ließe sich am Beispiel des Aufkommens von Public Relations in Deutschland veranschaulichen, der sich – zunächst als ‚subsidiärer Journalismus' klassifiziert – allmählich als ein Unterfeld des Journalismus ausgebildet hat, bevor die Abgrenzungsprozesse des Journalismus gegenüber PR einsetzten. Die in der Praxis vorfindbare Ungenauigkeit bei der Abgrenzung der Berufsbezeichnungen – man denke nur an die Berufsbestimmungen der Journalistenverbände – zeigt, dass diese Prozesse bis heute nicht abgeschlossen sind.

[146]   Natürlich geht auch jeder Zeitungsleser und Nutzer journalistischer Fernseh- und Hörfunkprogramme von der Sinnhaftigkeit der Produkte dieses Feldes aus. Hält er journalistische Beiträge für ‚überzogen', ‚einseitig' oder gar ‚erfunden', bestätigt er mit solchen Wertungen nur den Glauben an die grundsätzliche Angemessenheit der Erstellung und Verbreitung journalistischer Beschreibungen gegenwärtigen Wirklichkeitsgeschehens.

[147]   Bourdieu/Wacquant 1996: 148.

len.[148] Dass dabei feldinterne Konkurrenzen und Konflikte ausgetragen werden, dass etwa versucht wird, eine Geschichte früher als das Konkurrenzmedium zu bringen, publizistisch erfolgreicher zu sein als andere Medien, wird im Zuge dieser vermeintlichen Interesselosigkeit möglichst invisibilisiert. Aber es geht in allen sozialen Feldern, mithin auch im Journalismus, stets auch um feldinterne Auseinandersetzungen, Positionskämpfe und Rivalitäten.

Die Momente der Auseinandersetzung und der Konkurrenz dürfen deshalb nicht so verstanden werden, dass sie die Ordnung des sinnhaften Strukturzusammenhangs des journalistischen Feldes bedrohen; sie bilden vielmehr einen integralen und konstitutiven Bestandteil dieser Ordnung. Denn das journalistische Feld ist kein homogenes Gebilde, sondern zerklüftet in Teil- und Unterfelder, deren Akteure beileibe nicht ‚an einem Strang' ziehen. „Die Welt der Journalisten", schreibt denn auch Bourdieu, „ist eine zerrissene Welt, eine Welt voller Konflikte, Konkurrenz, Feindseligkeiten."[149] Solche Formen der Auseinandersetzung finden jedoch nicht nur innerhalb der Feldgrenzen statt. Die Ausdifferenzierung funktional verschiedener sozialer Felder in der modernen Gesellschaft ist nicht so reduktionistisch zu verstehen, als gäbe es nicht auch Formen der Konkurrenz und des Konflikts zwischen verschiedenen Feldern. Auch Journalismus muss sich stets gegenüber und in Auseinandersetzung mit anderen Feldern behaupten; das gilt in besonderem Maße für das Verhältnis zum Feld der Politik.[150]

Auch sind die Grenzen des Feldes nicht ein für alle mal eindeutig gezogen. Sie verändern sich in der Geschichte des Feldes und lassen Momente der Überlappung und Durchdringung unterschiedlicher Felder erkennen. Insbesondere der Ausschluss der ökonomischen Dimension aus dem ‚Sinnbezirk' Journalismus scheint eine zu stark vereinfachende Theorievorstellung zu sein. So können in der Feldkonzeption auch ökonomisch bedingte Momente im journalistischen Feld beobachtet werden. Denn wie in wissenschaftssoziologischen Forschungen herausgearbeitet worden ist, sind Akteure gesellschaftlicher Teilbereiche viel kreativer und findiger und können mit Grenzen der Teilbereiche durch Hinüber- und Herüberwechseln spielen, statt

---

[148] Das betrifft nicht unternehmerische Ziele und Zwecke privatwirtschaftlich geführter, gewinnorientierter Medienbetriebe, sondern gilt ausschließlich für journalistische Unternehmungen und das Handeln von Journalisten. Doch am Beispiel der Auseinandersetzungen um den öffentlich-rechtlichen Rundfunk kann man sehen, wie mit der vermeintlichen Eigeninteresselosigkeit verbundene Fragen auf die Medienorganisation durchschlagen können.

[149] Bourdieu 1998b: 30.

[150] Siehe hierzu weiter unten in diesem Abschnitt.

sich ihr Handeln von ihnen diktieren zu lassen.[151] Mit einer solchen Theorievorstellung lässt sich dann auch Phänomenen wie dem begegnen, dass Sendeanstalten in den vergangenen Jahren zunehmend kurze Filmbeiträge in Hauptnachrichtensendungen aufnehmen und als *journalistischen* Bestandteil der Nachrichten ausgeben, die keine andere Funktion erfüllen als die Leistung, Modernität, das karitative Engagement des eigenen Senders herausstellen, oder nur schlecht kaschiert auf Ereignisse und Events hinweisen, die Gegenstand des nachfolgenden oder tags darauf ausgestrahlten eigenen Unterhaltungsprogramms sind.

Generell hätte die Journalismusforschung stärker ihr Augenmerk auf den Umstand zu richten, dass journalistische Berichterstattung natürlich auch ökonomischen Regeln und Kriterien gehorcht. Der ‚Boom' der Börsenberichterstattung in den journalistischen Medien in den vergangenen Jahren kann nicht allein auf die zunehmende Inklusion der Bevölkerung in die Welt der Aktien erklärt werden (Andernfalls hätte das Ausmaß der Börsenberichterstattung in den Medien in der jüngsten Vergangenheit wieder sehr viel stärker zurückgehen müssen). Die Etablierung einer ausführlichen Berichterstattung über das Geschehen an den Aktienmärkten ist auch vor dem Hintergrund zu sehen, dass es von den Produktionskosten her unvergleichlich günstig ist, mit bestenfalls einem Journalisten ‚vor Ort' und von den Wirtschaftsdiensten komplett ausgewerteten und oft sogar bewerteten Daten einen fixen Bestandteil der täglichen Nachrichtenproduktion zu bestreiten.[152]

Das Zurückweisen einer strikten Sinngrenzziehung etwa gegenüber dem ökonomischen oder politischen Feld führt gleichzeitig dazu, dass sich mögliche Beeinflussungsversuche zwischen einzelnen Feldern in den Blick nehmen lassen. Natürlich hat der Journalismus zur Wahrung seiner Autonomie Mechanismen entwickelt, feldfremden Versuchen der Beeinflussung zu begegnen. Drängt sich ein Politiker in die Medien, um sie für seine PR-Zwecke zu instrumentalisieren, liegt es am Journalismus, diese Versuche in einer Weise aufzunehmen, dass dabei nicht der Logik der Politik, sondern derjenigen des journalistischen Feldes gefolgt wird, also: ein Interview geführt wird, das nach professionellen Kriterien aufbereitet und nach journalistischen Maßstäben der Relevanz aufgemacht und platziert wird. Aber natürlich gibt es Fälle, in den journalistische Akteure über Dinge berichten oder Beiträge mit aufnehmen, die nicht nach journalistischen, sondern wirtschaftlichen oder politischen Kriterien Eingang in den Journalismus finden. Eine funktionalistische Perspektive,

---

[151] Vgl. Knorr-Cetina 1992.
[152] Hinzu kommt, dass das Börsengeschehen den Kriterien der Frequenz als der Berichterstattungsrhythmen (mindestens tägliche Aktualisierung des Börsengeschehens) auf ideale Weise entspricht (vgl. Schulz [1976] 1990) und von daher ein hohes Maß an routinisierter Planbarkeit erlaubt.

die diese Fälle aus der Forschung ausblendet, weil es sich dann eben um wirtschaftliche oder politische Prozesse handelt, die der Umwelt des Journalismussystems zuzuordnen sind, rettet zwar die Funktionslogik des Systems, limitiert jedoch unnötig den Analysehorizont empirischer Forschung, die solche Probleme des Journalismus erforschen möchte.

Konsequenter ist es, die Autonomie des journalistischen Feldes auch theoretisch als *relative* Autonomie zu fassen, die bedroht wird, und gegen deren Bedrohung der Journalismus eigene Abwehrmechanismen entwickelt hat und einsetzt. Geschieht dies mal mehr, mal weniger erfolgreich, erweisen sich die Grenzen des journalistischen Feldes als weniger eindeutig, als es die Journalismustheorie oft glauben machen will. Ihre jeweilige Bestimmung bliebe Aufgabe der Forschung. Sie würde die empirische Analyse derjenigen praktischen Prozesse verlangen, die im journalistischen Feld und an seinen Rändern zu dessen Verteidigung geführt werden.

4.4.2   Feldlogik und Logik der Handlungspraxis

Bei der Analyse feldspezifischen Handelns unter den Bedingungen sozialer Praxis ist darauf zu achten, dass die feldeigenen Mechanismen der Hervorbringung einer spezifischen sozialen Wirklichkeit nicht in die Logik des praktischen Handelns sozialer Akteure hineinverlagert werden dürfen. Zwar kann das Handeln journalistischer Akteure nur gelingen, wenn sie die normative Fremderwartung und den Selbstanspruch des Journalismus, nämlich wiederzugeben, was wirklich geschehen ist, zum Programm ihres praktischen Handelns machen. Insofern hat Kepplinger völlig zurecht darauf hingewiesen, dass sich Journalisten auf ‚Fakten' und die ‚Faktizität' von Ereignissen berufen würden, die von der erkenntniskritischen Forschung als Konstruktionen qualifiziert worden sind, weil über eine ‚objektive' Realität, über das, was eigentlich (und beobachchtungsunabhängig) ‚der Fall ist', nichts ausgesagt werden kann.[153] Damit aber würde „die wissenschaftliche Kritik genau jene Fakten aus der Kritik aus[schließen], über die die Mehrheit der Journalisten nach eigenem Selbstverständnis berichten und die die Mehrheit der Leser, Hörer und Zuschauer von ihrer Berichterstattung erwarten." Doch schließt dies eine Beobachtung der konstruktiven Sinnmomente nicht aus: Wenn Journalisten (wie alle anderen gesellschaftlichen Akteure) die Welt ihres Handelns sinnhaft konstruieren, dann ist für das Handeln im journalistischen Feld gerade auch die sinnhafte Konstruktion einer Sinn machenden journalistischen Praxis konstitutiv. Der Glaube an eine beobachtba-

---

[153]   Kepplinger 1989a: 16; siehe hierzu weiter oben Abschnitt 2.2.3.

re und beschreibbare soziale Wirklichkeit erweist sich als Voraussetzung für jenes Handeln, das von den Akteuren des journalistischen Feldes erwartet wird. Das war in der theoretischen Vorstellung einer notwendigen ‚illusio' der Akteure ja bereits impliziert.

Gleichzeitig verfolgen Akteure des journalistischen Feldes aber auch praktische Interessen. Sie haben Ziele, die sie erreichen wollen, verfügen über bestimmte Ressourcen (etwa Zeit) und entwickeln jeweilige Strategien, ihre Ziele auch zu erreichen. Diese Formulierung entspricht genau dem utilitaristischen Handlungsmodell, das die implizite Handlungsvorstellung der wirkungsorientierten Journalismusforschung bildet.[154] Es kann nicht darum gehen, zu einem solchen Verständnis zurückzukehren, auch wenn der Rückgriff auf das utilitaristische Handlungskonzept hier einleuchtet. Würde man nach praktischen Interessen journalistischer Akteure fragen, stieße man auf Motive ihres Handelns wie: „einen möglichst guten Job zu machen", „einen Artikel rasch noch fertig zu bekommen", „den angefertigten Bericht in der Redaktionssitzung als Beitrag für die nächste Magazinsendung durchzuboxen" etc.[155] Sie mögen als Anfänger in der Redaktion die ihnen zugewiesenen Aufgaben erledigt bekommen wollen, als Freie das Ziel verfolgen, ein möglichst gutes Honorar herauszuschlagen oder als Jungredakteure die Absicht verfolgen, mit ihrem Handeln auf sich aufmerksam zu machen und Kollegen wie Vorgesetzte zu beeindrucken. Ganze Bündel äußerst heterogener subjektiver Handlungsabsichten und -ziele lassen sich unschwer ausdenken und verweisen doch lediglich darauf, dass diese intentionalen und strategischen Momente der Handlungspraxis journalistischer Akteure von den sinnhaften Momenten des journalistischen Funktionssinns zu unterscheiden sind, denen die Akteure durch eben diese Handlungspraxis zum Erfolg verhelfen, obwohl ihr Handeln dabei eigenen praktischen Handlungszielen folgt.

Eine der Stärken der Feld-Konzeption besteht darin, dass sie im Hinblick auf die feldspezifische Handlungspraxis nicht einfach von einem regelbestimmten *oder* individuelle Interessen verfolgenden Handeln der Feldakteure ausgeht. Wenn es weiter oben als ein ‚Kräftefeld' vorgestellt wurde, dann auch deshalb, weil in der feldspezifischen Handlungspraxis nicht nur die ‚objektiven' Kräfte des Feldes ihre Wirkung entfalten, sondern auch die inneren ‚Kräfte' der Handlungsträger, die wie abgestimmt mit den feldeigenen Regeln erscheinen. Das liegt daran, dass die Strukturen gewissermaßen ein Doppelleben führen, einmal als soziale Strukturen des Fel-

---

[154]   Siehe die Ausführungen weiter oben in Abschnitt 3.2.2.
[155]   Tuchman verweist auf das Motiv weniger erfahrener Redaktionsmitarbeiter, Beiträge liefern zu wollen, die möglichst wenig Korrektur durch Vorgesetzte erfahren und als professionellen Standards entsprechend ins Blatt aufgenommen werden (vgl. Tuchman 1978: 64ff.).

des in Form von Institutionen (als Produkte vorgängiger Handlungspraxis im Feld), das andere mal als Strukturen derjenigen Mechanismen, die auf die Reproduktion oder Transformation der ersteren ausgerichtet sind (als Dispositionen des Habitus der Feldakteure):[156] Es sind die symbolischen Strukturen, die wie eine Matrix der praktischen Erkenntnis und des praktischen Handelns fungieren. Bourdieu geht soweit zu sagen, dass ein Feld

„nur funktionieren kann, wenn sich Individuen finden, die sozial prädisponiert sind, als Verantwortliche Akteure zu handeln, die ihr Geld, ihre Zeit, zuweilen ihre Ehre oder ihr Leben riskieren, um das Spiel in Gang zu halten, der Gewinne wegen, die es verspricht, und die doch, aus einer anderen Perspektive, als illusorisch erscheinen können – was sie in der Tat immer auch sind, gründen sie doch auf der ontologischen Komplizenschaft zwischen Habitus und Feld."[157]

Was bedeutet das für das soziale Feld des Journalismus und seine Akteure? Die Inkorporierung der Erfahrung aus sozialen Praktiken im Journalismus führt bei den journalistischen Akteuren zur Ausbildung habitusbedingter Dispositionen bzw. kultureller Sinnmuster, die wie abgestimmt auf das journalistische Feld und seine Anforderungen wirken. Weil die Akteure jedoch in diese feldspezifischen Praktiken eingelebt sind und sie ihnen selbstverständlich erscheinen, verkennen sie die Ergebnisse ihres Handelns als individuelle Hervorbringungen, die sie sich persönlich zurechnen, während sie doch zugleich Produkte der Prinzipien und Hervorbringungsweisen eines feldspezifischen Habitus sind.

4.4.3   Zur kulturellen Dimension der sozialen Praxis des Journalismus

Gegenüber der kulturellen Dimension journalistischer Handlungspraxis und der Kulturbedeutung des Journalismus ist die Forschung – im Gegensatz zu früheren kulturtheoretischen Überlegungen in den presse- und journalismusbezogenen Arbeiten von Max Weber und Otto Groth – in den vergangenen Jahrzehnten weitgehend blind gewesen. Das liegt nicht zuletzt an der einseitigen Ausrichtung an einer strukturorientierten Sozialwissenschaft, die sich ausschließlich sozialen Strukturen in ihrem Geordnetsein als Organisationen, Institutionen bzw. in ihrer Systemhaftigkeit zuwandte[158] und die Erhellung kultureller Aspekte und Phänomene ausklammerte bzw. kulturwissenschaftlichen Forschungen überließ. Entsprechend war sie immer weniger in der Lage zu analysieren, „wie sich Verhalten, Struktur und Sinn gegenseitig konstituieren und durch die Formationen sozialen Handelns konstituiert

---

[156]   Vgl. Wacquant 1996: 24.
[157]   Bourdieu 1985: 87.
[158]   Vgl. Eisenstadt 1990: 14.

werden."[159] Gleichzeitig wich sie damit den Schwierigkeiten aus, denen jede kulturorientierte Forschung angesichts eines oft vagen und unterschiedlich konnotierten Kulturbegriffs sowie fehlender forschungs- und teildisziplinenübergreifender Begriffsarbeit in Form konzeptioneller und terminologischer Unklarheiten unvermeidlich begegnet.

Jedenfalls hat sie es bislang einer an die britischen ‚Cultural Studies' anschließenden kulturalistischen Forschungsrichtung überlassen, sich mit kulturellen Dimensionen des Journalismus auseinanderzusetzen. Diese aber ist

„weniger daran interessiert, wie journalistische Aussagen unter welchen Bedingungen gemacht werden, sondern begreift Journalismus aus der Rezipientenperspektive (...) als Alltagsressource, die der sozialen Zirkulation von Bedeutung und Vergnügen dient (...). Medien sind in diesem Zusammenhang nur Vermittler von Bedeutungskonstruktionen, wesentlich sind die Beziehungen der Leser bzw. Zuschauer zu den ‚Texten', nicht die Texte selbst, deren Objektcharakter durch das Warenhafte verkümmert ist."[160]

Entsprechend liegt der Fokus dieser Arbeiten ausschließlich auf Prozessen der Bedeutungs(re)konstruktion des Publikums, während der gesamte Bereich des journalistischen Handelns und der journalistischen Aussagenproduktion komplett unberücksichtigt bleibt. Dabei hätten Forschungsansätze, die der Einsicht folgen, dass die kulturelle Dimension infrage stehender Prozesse in die Analyse des Journalismus mit aufzunehmen ist, dies auf beiden Seiten ihres ‚Gegenstands' in Rechnung zu stellen: der Handlungspraxis journalistischer Akteure auf der Produktionsseite genauso wie jener des Umgangs der Rezipienten mit den journalistischen Produkten auf der Abnehmerseite des Journalismus.

Denn die soziale Praxis des Journalismus ist nur vor dem Hintergrund der sinnhaften Konstruktionen des journalistischen Feldes (in Form spezifischer ‚Wirklichkeitsbeschreibungen') wie auch der sinnhaften Konstruktionen journalistischer Akteure (in Form ihrer von kulturellen Sinnmustern angeleiteten Denk-, Wahrnehmungs- und Handlungspraxis) zu begreifen. Dabei werden Strukturen beobachtet, und als wahrgenommenen Strukturen wird ihnen stets ein bestimmter Wert, eine Bedeutung zugewiesen und ein Platz in der Sozialwelt eingeräumt.[161] Tenbruck hat diesen

---

[159] Ebd.
[160] Renger 2000: 480.
[161] Vgl. Bourdieu 1997a: 246ff. Die bestehende Ordnung, schreibt Bourdieu dort, trage zu ihrem eigenen Fortbestand insofern schon durch ihre bloße Existenz bei, als sie eine Symbolwirkung entfalte, wo sie wahrgenommen und öffentlich anerkannt (oder dadurch verkannt) werde. „Weil Individuen oder Gruppen nicht nur durch ihr Sein definiert sind, sondern auch durch das, was sie angeblich sind, also durch ein wahrgenommenes Sein (...), muß die Sozialwissenschaft die beiden Arten von Eigenschaften berücksichtigen, die objektiv mit jenen Seinsarten verknüpft sind: einerseits die materiellen (...) und andererseits die symbolischen Eigenschaften (...)." Sie führt zur theoretischen Vorstellung einer „in sich doppelte[n] Realität" (ebd.: 246f.).

Sachverhalt gemeint, als er der Sozialwissenschaft vorwarf, sie habe sich allein den Strukturen zugewandt und darüber das Kulturelle vergessen, während beides nicht anders zu begreifen sei als zwei Seiten ein- und derselben Medaille: „Schon um (...) [dem] Glauben an die deterministische Kraft der sozialen Momente zu entgehen, müssen wir den Kulturbegriff im Spiel halten, der uns an die kulturelle Bedingtheit aller sozialer Erscheinungen und damit an ihre historische Einmaligkeit erinnert." [162] Andernfalls können weder Strukturveränderungen *im* Journalismus noch diejenigen in der Gesellschaft, die *vom* Journalismus beobachtet und von dessen Wirklichkeitsbeschreibungen begleitet werden, adäquat erfasst werden, weil Veränderungen „kurzweg aus objektiven Strukturveränderungen" abgeleitet würden, „deren Wirkung (...) [doch] davon abhängt, wann und wie sie wahrgenommen werden." [163]

Damit lassen sich im Rahmen dieser Theorievorstellung Fragen aufnehmen, die in der frühen Kultur- und Wissenssoziologie schon einmal eine zentrale Rolle gespielt haben, [164] wenn auch mit zwei Einschränkungen: Erstens geht es – entsprechend der bedeutungstheoretischen konstruktivistischen Perspektive – nicht wie der damaligen Forschung um Kultur als gesellschaftsweites Phänomen, d.h. eine von allen Gesellschaftsmitgliedern geteilte, gemeinsame Kultur, sondern um kulturelle Unterschiede innerhalb der Gesellschaft, die sich sozial- und sozialisationsbedingt ergeben und zu differenten Wahrnehmungsweisen innerhalb der Gesellschaft führen. Das ist deshalb wichtig, weil der frühen Kultursoziologie mit ihrem holistischen Kulturkonzept implizit eine Konsensannahme zugrunde lag, der zufolge Werte und Bedeutungen von vornherein als gesellschaftsweit geteilt begriffen wurden. [165] Gegen die Konsensannahme wird also ein bedeutungsorientierter Kulturbegriff gesetzt und gegen die Alternative von Konflikt- *oder* Konsenstheorie ein Konzept sozialer Aushandlungsprozesse, die Elemente des Konfliktes wie der Konsensbildung beinhalten. Gesellschaftliche Kommunikationsprozesse sind dann nicht mehr so sehr vor

---

[162] Tenbruck: 1990: 28.
[163] Ebd.: 22.
[164] Vgl. Reckwitz 2000: 147ff., 173ff.
[165] Die Langlebigkeit des Konsensparadigmas, das nicht nur bis in die Theorien von Luhmann und Habermas überdauert hat und bis heute in den Sozialwissenschaften als dominierend angesehen werden muss, erweist sich auch als Erbe des Parsonsschen Strukturfunktionalismus, der soziale Ordnung und die Integration des einzelnen in die Gesellschaft letztlich über die von allen geteilten Wertvorstellungen, über das kulturelle System, garantieren wollte (vgl. hierzu Schwingel 1993: 171ff.). Auch bei Rühl findet sich die Annahme eines konsentierten Sinn- und Bedeutungszusammenhangs, bei dem unterschiedliche Grade der Gemeinsamkeit von Sinn und Bedeutung nicht mehr über kulturelle Differenzen, sondern nur noch als verschiedenartige Wissens- und Kenntnisstände der Akteure gefasst werden; vgl. Rühl 1980: 198ff., 225, 227.

dem Hintergrund eines von allen Gesellschaftsmitgliedern geteilten Sinns und ein-
heitlich vorgegebener Bedeutung zu analysieren, sondern gerade in ihren kulturellen
Unterschieden und den davon herrührenden Aushandelungsprozessen bei der
Durchsetzung legitimer und als legitim anerkannter Sichtweisen.

Zweitens und in Abgrenzung vor allem zur frühen Wissenssoziologie geht es
nicht um ‚Weltanschauungen' oder ‚Ideologien'.[166] Deshalb wurde weiter oben für
die spezifische sinnbedeutende Wirklichkeitswahrnehmung sozialer Akteure der
Begriff der ‚Weltsicht' und nicht derjenige der ‚Weltanschauung' gewählt.[167] Letzte-
rer ist stark ideologisch konnotiert und in der Wissenssoziologie gerade von nicht-
ideologischen Perspektiven abgegrenzt worden. Unter Ideologien aber sind Über-
zeugungsinhalte zu verstehen; sie können *wahr* oder *falsch* sein. ‚Weltsichten' hingegen sind nichts anderes als positions- und sozialerfahrungsbedingte Anschau-
ungsweisen, die (je nach spezifischer Sozialität) *typisch* oder *atypisch* sein können,
aber niemals wahr oder falsch.[168] Es ist wichtig, diesen Unterschied nicht zu verwi-
schen, weil man andernfalls von möglicherweise falschen oder zumindest verzerrten
Wirklichkeitssichten im Journalismus sprechen müsste. Das Interesse unserer Beschäftigung mit der kulturellen Dimension sozialer Praxis des journalistischen Feldes aber liegt in den typischen, feldspezifischen wie positionsgebundenen symbolischen Konstruktionen, die sie hervorbringt.

Ein solches Verständnis von Kultur erscheint sinnvoll, weil sich mit ihm Funktionen des journalistischen Feldes beobachten lassen, die jenseits der bloßen Informa-
tionsvermittlung und Thematisierung liegen. Deswegen muss die Idee der Informa-
tionsfunktion des Journalismus nicht geleugnet werden; es wäre dann aber zu fragen: Was wird an bestimmten Beschreibungen als informativ wahrgenommen, aus
welcher Perspektive erscheint es informativ und für wen? Und entsprechend kann
man sich nicht mit dem Sachverhalt der Thematisierung durch journalistische Medien zufrieden geben, sondern hätte zu fragen: Wie kommt es, dass Themen als bedeutsam ausgegeben werden? Aus welcher Perspektive und für wen erscheinen sie
bedeutsam? Nicht zu vergessen: Welche Themen erscheinen notorisch als nicht bedeutsam und bleiben von journalistischer Berichterstattung ausgeschlossen?

Die Bedeutung der symbolischen Dopplung sozialer Realität und der Einbezug
der Perspektive konstruierender sozialer Akteure ist nun eine zweifache: Sie bezieht
sich zum einen auf die Strukturen des Journalismus und deren Reproduktion und
Wandel; sie bezieht sich zum anderen auf die Beobachtungs- bzw. Wahrnehmungs-

---

[166] Vgl. Geiger [1932] 1987: 77.
[167] Siehe weiter oben die Ausführungen in Abschnitt 4.3.3.
[168] Vgl. Geiger ebd.: 78.

perspektiven, die in journalistische Kommunikationen eingehen, weil sie den journalistischen Beschreibungen sozialen Geschehens zugrunde liegen. Wenn hier vorsichtig und eher allgemein von ‚sozialem Geschehen' gesprochen wird und nicht von Ereignissen, dann weil erst die (be-)deutende Auswahl aus einem bloßen Datum des Geschehensstroms ein Ereignis macht. Das Ereignis als sinnhaft abgegrenzter und bewerteter Ausschnitt aus diesem Strom ist ein Beobachterkonstrukt. Journalistische Akteure machen nach den Regeln des Journalismus aus Geschehensausschnitten ‚Ereignisse', die das Rohmaterial der aktuellen Berichterstattung abgeben, weil ihre Konstruktion der strukturierten Beobachtung des journalistischen Feldes folgt.[169] Sie werden zum Anlass weiterer Berichterstattung, in der auch die sozialen Wahrnehmungsperspektiven und kulturellen Sinnmuster der Akteure wirksam werden.

Was nun aktuelles ‚soziales Geschehen' auszeichnet ist, dass die beobachteten Ausschnitte dieses Geschehens entweder noch nicht ‚benannt' bzw. ‚in Begriffe' gefasst worden sind, oder dass ihre ‚Benennung' im öffentlichen Diskurs noch keine wenigstens vorläufige Legitimität erfahren haben.[170] In dieser Hinsicht bildet Journalismus eine der zentralen Klassifikationseinrichtungen der Gesellschaft. Die Art und Weise, wie Ereignisse benannt und beschrieben werden, bedeutet zugleich ihre spezifisch sinnhafte Einordnung, die stets implizite Wertungen über die Aufteilungen der sozialen Welt enthalten. Das gilt bereits für die Frage, *welche* ‚Dinge' aus dem aktuellen Geschehensstrom aufgegriffen und *wie* sie journalistisch bearbeitet und in den öffentlichen Diskurs eingespeist werden. Das gilt jedoch auch für die sprachliche ‚Benennung' selbst. Die Bedeutung der Klassifikation sozialen Geschehens durch den Journalismus besteht darin, dass mithilfe journalistischer Beschreibungen Neues in die bestehende soziale Ordnung eingeordnet wird. Es geht damit zugleich um ‚legitime' Benennungen, die (a) vermittels Sprache gesellschaftliche Realität schaffen und (b) durch allgemeine Anerkennung dieser Benennung den in ihnen zum Tragen kommenden Sichtweisen Legitimität verschaffen. In der Folge werden dann auch die beobachteten und journalistisch beschriebenen ‚Dinge' anerkanntermaßen so gesehen und benannt.

---

[169] Vgl. die Einsichten der Nachrichtenwertforschung, insbesondere Schulz [1976] 1990; siehe auch Tuchman 1978.

[170] So mag ein politischer Akteur ein gesellschaftliches Problem formulieren und eine politische Entscheidung als Lösungsversuch in Aussicht stellen, erst wenn die Medien diese Stellungnahme in die journalistischen Kommunikationen aufgenommen haben, gehen sie in den gesellschaftsweiten öffentlichen Diskurs ein. Das gilt erst recht für journalistische Wirklichkeitsbeschreibungen, die nicht auf Konstruktionen anderer gesellschaftlicher Institutionen und Akteure beruhen.

Klassische Beispiele für solche Realität schaffenden Benennungen durch die Medien sind die Bestimmung von Bürgerkriegsparteien anderer Länder als Freiheitskämpfer oder Rebellen, die mitunter diffizile Unterscheidung von Regierung und Regime, Staatsoberhaupt und Diktator, oder die Bezeichnung schädlicher Umwelteinflüsse auf Bäume als ‚Waldsterben' (wobei der damit bezeichnete Prozess den von den Medien etablierten Ausdruck bei weitem überdauert hat). Das letzte Beispiel zeigt zudem, dass Journalismus sich als gesellschaftliche Klassifikationseinrichtung in Konkurrenz zu anderen gesellschaftlichen Teilbereichen befindet, die ein eigenes Interesse an solchen ‚Benennungen' haben.[171] Politik hängt in hohem Maße von ‚legitimen' Benennungen ab. Und die Erfolgsgeschichte der Public Relations der vergangenen Jahre beruht nicht zuletzt auf dem diesbezüglichen Vermögen, journalistische Kommunikation für ihre eigenen Zwecke einzuspannen.

Diese Klassifikationsfunktion steht in engem Zusammenhang zur Orientierungsfunktion des Journalismus. Denn Rezipienten und Öffentlichkeitsakteure orientieren sich nicht nur an journalistischen Informationen, sondern auch an den Deutungen und Sinnzuschreibungen, die in sie eingehen. Während jedoch in der Diskussion um die Orientierungsleistung des Journalismus auf eine von allen sozialen Bedingungen bereinigte ‚kommunikative Rationalität' abgestellt wird,[172] geht es hier um unhintergehbar sozial bedingte und kulturelle Rationalitäten gesellschaftlicher Teilbereiche und die praktischen Wahrnehmungsweisen und Deutungen ihrer Akteure. Natürlich kann Journalismus nicht vorgeben, wie journalistische Wirklichkeitsbeschreibungen von Rezipienten verstanden und gedeutet werden. Die ganze neuere Rezeptionsforschung bis hin zu kulturalistischen Medienanalysen basiert auf der Einsicht, dass Rezipienten Medieninhalte eigenständig mit Bedeutung versehen. Aber das Wissen um aktuelles soziales Geschehen erscheint vom Journalismus auf spezifische Weise vorstrukturiert.

In der sinnhaften Typisierung und Strukturierung der vom Journalismus ausgewählten und beschriebenen Ausschnitte aus dem Strom sozialen Geschehens liegt die kulturelle Bedeutung der Produktion journalistischer Wirklichkeitsbeschreibungen. In diese Beschreibungen gehen aber auch die der spezifischen Sozialität geschuldeten Weltsichten journalistischer Akteure als quasi ‚natürliche' und selbstverständliche Wahrnehmungsweisen mit ein. Sie spielen hierbei nicht nur eine Rolle, wenn es um explizite Wertungen in kommentierenden Darstellungsformen geht.

---

[171] So wurden aus dem ‚Waldsterben' (veranlasst durch das Landwirtschaftsministerium) damals ‚Waldschäden', und aus dem ‚Waldschadensbericht' innerhalb weniger Jahre der ‚Waldzustandsbericht' usw.

[172] Vgl. Gottschlich 1980; siehe auch Baum 1994.

Auch kommen sie nicht nur im Feuilleton oder in Formen des ‚Großen Journalismus' (Langenbucher) zum Tragen,[173] der sich vom tagesaktuellen Nachrichtengeschäft durch vergleichsweise große Gestaltungsspielräume abhebt. Es wäre empirisch zu untersuchen, wie sehr die geregelte journalistische Praxis und ihre Produkte von solcher Perspektivität durchzogen sind. Zu analysieren wären alle evaluativen und klassifizierenden Elemente journalistischer Textproduktion gerade auch in sogenannten ‚sachlichen' Darstellungsformen, die nach dem Alltagsverständnis vergleichsweise weit von solchen (vermeintlich subjektiven) Färbungen entfernt sind.

Die kulturelle Dimension der sozialen Praxis des journalistischen Feldes erweist sich in der deutenden Einordnung aktuellen sozialen Geschehens durch die perspektivische Wahrnehmung, Interpretation und Darstellung ausgewählter ‚Ereignisse' sozialen Geschehens, wobei Auswahl, Interpretation und Beschreibung zweierlei strukturellen Momenten folgt: denen journalistischer Programme sowie jenen der individuellen, aber sozial erworbenen und geprägten Sinnmuster und Weltsichten journalistischer Akteure.

4.4.4   Weltsichten der Akteure und die Grenzen redaktioneller Kontrolle

Journalistische Akteure bringen in die Handlungspraxis journalistischer Redaktionen ihre Bildung, Ausbildung und Berufserfahrung ein. Mit dieser Berufserfahrung haben sie die Regeln des Journalismus soweit internalisiert, dass sie wie selbstverständlich Nachrichten und Berichte schreiben, Interviews führen, Reportagen anfertigen, Kolumnen verfassen oder Sendebeiträge erstellen. Sie erfüllen die auf das journalistische Arbeiten bezogenen Redaktionserwartungen, da ihr Habitus zu einer weitgehenden Inkorporierung der Erwartungsstrukturen beruflicher Praxis führt.[174] Dass die Wirklichkeit des Journalismus mit den typischen Bedingungen des Aktualitätsdrucks, der Knappheit von Zeitressourcen, der täglich neuen Wichtigkeit von ‚Ereignissen' ihnen sinnvoll und den Einsatz von Arbeitskraft und Nerven wert scheint, ist nur vor dem Hintergrund der habitusermöglichten ‚Stimmigkeit' von feldbedingten Anforderungen und feldspezifischer Praxis denkbar.

Gleichzeitig bringen die Akteure habitusbedingt immer schon diejenigen symbolisch-kulturellen Sinnmuster mit in die sozialen Praktiken redaktioneller Arbeit ein, deren sozialspezifischer Erwerb gerade nicht berufs- oder ausbildungsbezogen ge-

---

[173] Vgl. Langenbucher 1993.
[174] „Wenn der Habitus ein Verhältnis zu einer sozialen Welt eingeht, deren Produkt er ist, dann bewegt er sich wie ein Fisch im Wasser und die Welt erscheint ihm selbstverständlich" (Bourdieu/Wacquant 1996: 161).

dacht werden darf. Deshalb gilt es auch jene Strukturierungen zu beachten, die sich – wie im vorausgehenden Abschnitt gesehen – auf die Wahrnehmung der sozialen Welt beziehen. Sie gleichen in ihrer ,Natürlichkeit' der sozial bedingten und vorwissenschaftlichen Wirklichkeitswahrnehmung wissenschaftlicher Akteure. Was für die Wissenschaft der theoretische Bruch mit den Alltagsvorstellungen und das methodisch kontrollierte Arbeiten ist, das sind für journalistische Akteure redaktionelle Programme sowie – bedingt durch Internalisierung beruflicher Erfahrung – der journalistische Blick auf die Dinge, die Frage nach der Story, das Erfassen tagesaktueller Bedeutung etc.

Weil jedoch journalistische Objektivierungsstrategien keinen Bruch mit der Alltagswahrnehmung und den Primärerfahrungen voraussetzen, gehen auch ihre ,Weltsichten' in journalistische Produktionen mit ein: ihr Gespür für das gesellschaftliche Oben und Unten, akzeptabel und inakzeptabel etc. Diese ,Weltsichten' dürfen also nicht als journalismusbedingte aufgefasst werden; auch dann nicht, wenn sich, wie anhand der Ergebnisse der eigenen Untersuchung illustriert,[175] in Unterfeldern des Journalismus *typische* im Sinne von gleichartigen Weltsichten journalistischer Akteure finden lassen. Es handelt sich um Produkte inkorporierter Erfahrung der vor- und außerberuflichen Sozialisation. Insofern teilen Journalisten solche ,Weltsichten' mit anderen Gesellschaftsmitgliedern vergleichbarer Sozialität.

Journalistische Akteure bringen folglich milieuspezifische kulturelle Orientierungen und damit einhergehende ,Weltsichten' in die sozialen Praktiken des Journalismus ein. Sie werden in den impliziten Klassifikationen und Benennungen, den Deutungen und Zuordnungen jenseits der Vorgaben journalistischer Programme aktualisiert. Zwar ist davon auszugehen, dass der Journalismus durch redaktionelle Regeln und Programme die Kontingenzen möglicher Wirklichkeitsbeschreibungen journalistischer Akteure soweit eindämmen kann, dass sie als Wirklichkeitsbeschreibungen des journalistischen Feldes durchgehen. Journalismus versucht also über die eigens ausgebildeten Strukturen Kontingenzen der Produktion journalistischer Wirklichkeitsbeschreibungen möglichst zu kontrollieren. Kein journalistischer Akteur wird umhin kommen, diesen Strukturen im Redaktionsalltag Rechnung zu tragen. Aber die spezifischen Deutungen und Einordnungen, die in journalistische Produktionen einfließenden ,Weltsichten', werden von den institutionalisierten (Prüf- und Kontroll-)Mechanismen journalistischer Organisationen und Programme nicht erreicht und sind der redaktionellen Kontrolle weitgehend entzogen. Zum einen, weil die redaktionstypischen Handlungserwartungen im Blick auf journalisti-

---

[175] Siehe weiter oben Abschnitt 4.3.3 sowie die Darstellung der Befunde in Abschnitt 5 der Untersuchung im Anhang der Arbeit.

sche Selektions-, Bearbeitungs- und Präsentationsformen diese akteursbezogene kulturelle Dimension journalistischer Handlungspraxis nicht oder nur begrenzt erfassen. Und zum anderen, weil sozial bedingte Wahrnehmungsweisen nur schwerlich zum Anlass innerredaktioneller Kontrolle oder Korrektur werden können, wenn die Akteure in den Redaktionen journalistischer Medien ähnliche kulturelle Orientierungen aufweisen, die ihnen als eingelebte Sichtweisen selbstverständlich und unhinterfragbar sind. Mögliche Abweichungen würden von den Akteuren ohnehin nicht als sozial bedingte, sondern subjektive Sichtweisen gedeutet.

Journalistische Redaktionen müssen mit der Unterschiedlichkeit der Sozialität der Akteure und damit einhergehenden distinkten kulturellen Orientierungen und ‚Weltsichten' rechnen. Wenn diese nicht vom journalistischen Feld standardisiert oder wenigstens kontrolliert werden können, stellt dies ein Einfallstor für Kontingenzen in der journalistischen Beschreibung sozialer Wirklichkeit dar. Wenn jenseits redaktioneller Kontrolle die Art der sinnhaften Wahrnehmung sozialer Welt durch die Akteure je nach Sozialität einmal so, einmal anders ausfallen könnte, und diese perspektivischen Sinnzuschreibungen zu entsprechend unterschiedlichen Wirklichkeitsbeschreibungen des Journalismus führen würden, dann muss im journalistischen Feld Vorsorge getragen werden, das dadurch bedingte Kontingenzspektrum so gering wie möglich zu halten.

Deshalb sichern Redaktionen durch die Rekrutierung journalistischer Akteure mit ähnlichen ‚Weltsichten' (weitgehend unbeabsichtigt) ein notwendiges Maß an Homogenität in den Wahrnehmungsweisen ihrer Akteure. Unsicherheiten im Blick auf zu weit divergierende Wirklichkeitsbeschreibungen, die sich aus den angesprochenen Grenzen der redaktionellen Kontrolle ergeben, werden bereits über die Auswahl des journalistischen Nachwuchses (ohne dass es geplant und den Akteuren bewusst wäre) so weit möglich kompensiert. Die Art der Rekrutierung redaktioneller Mitarbeiter über Formen der Kooptation und der Auslese nach ‚Passungsmomenten', die durch notwendige Redaktionspraktika und Probezeiten exploriert werden, spricht dafür, dass formale Bildungsqualifikationen bei der Auswahl des journalistischen Nachwuchses demgegenüber einen geringeren Stellenwert einnehmen.[176] Auf diese Weise kommt es in den Redaktionen zur permanenten Rekrutierung von Akteuren mit ähnlichen kulturellen Orientierungen bzw. Weltsichten – und damit aus der Sicht journalistischer Redaktionen zur Strukturreproduktion bewährter, akteursspezifischer symbolisch-kultureller Sinnmuster.

---

[176] Siehe die Ausführungen weiter oben in Abschnitt 4.4.1.

Damit kommen wir auf den eingangs der Arbeit angesprochenen „Vorbericht" von Webers „Enquête über das Zeitungswesen" zurück.[177] Weber hatte dort auch die Frage nach dem Zusammenhang zwischen der Presse als einer Kulturinstitution der Gesellschaft und den kulturellen Hintergründen der redaktionell Handelnden aufgeworfen. Er versuchte ihn in Richtung einer Vermittlung von Handelnden und Institutionen zu klären.[178] Webers Forschungsdesiderat, die wissenschaftliche Erhellung der kulturellen Dimension der Phänomene der modernen Presse und des Journalismus in ihrem Spannungsverhältnis zu den journalistischen Akteuren, lässt sich jetzt feld- *und* akteursbezogen reformulieren als Hervorbringung einer feldspezifischen, sozialen Praxis der deutenden Einordnung und Klassifikation aktuellen sozialen Geschehens, die sowohl der Logik des Feldes und entsprechend feldspezifischen Habitusprägungen journalistischer Akteure als auch deren sozialen Wahrnehmungsweisen oder ‚Weltsichten' folgt.

4.5   Zusammenfassung

Die Kritik an den Limitierungen und Einseitigkeiten personenzentrierter und systemfunktionalistischer Konzeptionen der Journalismusforschung hatte zu der Suche nach Optionen einer erkenntniskritischen, theoretisch begründeten, gleichwohl empirisch ausgerichteten Journalismusforschung geführt, die durch den Bruch mit vor- und außerwissenschaftlichen Alltagsvorstellungen einen theoretischen Ausgangspunkt nimmt und dabei eine wissenschaftliche Konstruktion gegen alltagspraktische Sichtweisen vom Journalismus als dem individuellen Handeln von Journalisten setzt. Zugleich sollte auf die Explikation einer allumfassenden theoretischen Journalismusvorstellung zugunsten eines schrittweisen theoretischen Vorgehens verzichtet werden, das empirische Forschung nicht nur ermöglicht, sondern bereit ist, sich von deren Einsichten bei der Ausbildung einer wissenschaftlichen Vorstellung vom Gegenstand auch korrigieren zu lassen. Ziel eines solchen Vorgehens sollte sein, über die schrittweise Entfaltung grundlegender Theoriestücke eine für die Forschung tragfähige Basis für theoretisch angeleitete empirische Analysen des Journalismus zu schaffen.

Deshalb sind in diesem Kapitel theoretische Vorstellungen von zentralen Aspekten des journalistischen Struktur- und Handlungszusammenhangs expliziert und in ihren Grundzügen erläutert worden. Dabei ist im Verlauf der Darstellung immer

---

[177] Vgl. Kutsch 1988; siehe die Ausführungen weiter oben in Abschnitt 2.1.
[178] Die Grundfragestellung führte Weber ja zu der soziologischen Aufgabe, die ‚subjektiven' Sinngebungen der Akteure als ein konstitutives Element der Schaffung und Veränderung der Sozialwelt im Verhältnis zur ‚objektiven' gesellschaftlichen Wirklichkeit zu erfassen; vgl. Käsler 1999: 209.

deutlicher zutage getreten, warum es nicht so sehr um das forschungspragmatische Argument geht, die einzelnen Theoriestücke additiv heranzuziehen und in die komplexer werdende Vorstellung vom Journalismus als dem Gegenstand der Forschung zu integrieren. Vielmehr zeigte sich die Notwendigkeit, diese Theoriestücke in ihren theoretischen Bezügen zueinander und – in der Konsequenz – die mit ihnen gemeinten Aspekte journalistischen Handelns in ihrem komplexen Zusammenspiel in der sozialen Praxis des journalistischen Struktur-Handlungs-Zusammenhangs transparent zu machen.

Erstmals hat sich das bei der Analyse journalismusrelevanter Strukturarten gezeigt. Zu ihnen dürfen nicht nur die normativen Regelstrukturen des Journalismus gerechnet werden, auch wenn sie für den spezifischen Sinnzusammenhang, den Journalismus auch bildet, zweifellos zentral sind. Zu berücksichtigen sind daneben die generativen Sinnstrukturen, die dem Denken, Wahrnehmen und Handeln von Journalisten zugrunde liegen und die eine sinnhafte Handlungspraxis (und damit auch eine sinnhafte Anwendung normativer Regeln) allererst ermöglichen. Weil diese Handlungspraxis jedoch unhintergehbar von den jeweiligen Bedingungen sozialer Praxis mit bestimmt wird, gilt es auch die konstitutiven Regelmäßigkeitsstrukturen in die Vorstellung mit aufzunehmen, als deren wichtigste wir soziale Positionen und Ressourcen wie verfügbare Zeit, finanzielle Ausstattung, Personal und Technik identifiziert haben. Aber auch autoritative Ressourcen wie Macht und Verfügungsgewalt sowie Prestige stellen wichtige Bedingungen journalistischen Handelns dar. Sie erweisen sich als Strukturen, die dieses Handeln im Praxisvollzug stets sowohl ermöglichen als auch begrenzen.

Für die sozialen Prozesse in einem solchen Strukturzusammenhang müssen die Handelnden als konstitutiv gelten, da ihr Handlungsvollzug in den sozialen Praktiken des Journalismus das entscheidende Moment und Mittel der Reproduktion wie auch der Transformation und Neuproduktion von Strukturen im Journalismus bildet; nur die Handlungspraxis der Akteure verleiht dem Journalismus relative Stabilität über die Zeit und trägt dazu bei, dass seine Strukturen in die Gegenwart hinein wirksam sind. Das macht eine wissenschaftliche Vorstellung von den im Journalismus Handelnden unerlässlich. Journalisten interessieren dabei jedoch nicht als biologische Individuen, Subjekte mit entsprechend subjektiven An- und Absichten oder unverwechselbare Persönlichkeiten; schon gar nicht sollen sie per Theoriekonstruktion auf ‚Automaten' der bloßen Ausführung von zu Strukturen geronnenen, journalismusspezifischen Verhaltenserwartungen reduziert werden. Von Interesse sind sie als soziale Akteure mit bestimmten Positionen, die sie einnehmen, Ressourcen, über die sie verfügen, und Dispositionen, die ihr Handeln sinnhaft vorstrukturieren. Journalistische Akteure werden also in ihrer spezifischen ‚Sozialität' in den Blick genommen, die sich analytisch mithilfe des Raum- und des Kapitalkonzepts Bourdieus fassen lässt. Danach nehmen Akteure aufgrund ihrer Ressourcenausstattung spezifische Positionen im Raum ein, wobei die verschiedenen Ressourcen sich als Kapitalarten in ökonomisches, kulturelles, soziales und symbolisches Kapital unterscheiden lassen.

Als entscheidende Erweiterung hat sich jedoch die theoretische Vorstellung der Verinnerlichung solch sozialer Strukturen im Zuge des Erlebens sozialer Handlungspraxis erwiesen. Diese Strukturinkorporierung führt zur Ausbildung eines Dispositionssystems, das als Matrix künftigen Denkens, Wahrnehmens und Handelns fungiert: dem Habitus. Bourdieus Habitus-Konzept ermöglicht es, ein generatives Prinzip strukturbestimmten und -ermöglichten Denkens, Wahrnehmens und Handelns in die Theorievorstellung zu integrieren, so dass das Handeln nicht strukturdeterministisch festgelegt erscheint. Vielmehr ist das Dispositionssystem des Habitus und seiner Denk-, Wahrnehmungs- und Handlungsschemata als Entfaltung eines Möglichkeitsraums (und seiner Grenzen) zu begreifen. Zugleich erlaubte uns das Habitus-Konzept theoretisch zu klären, wie aus abstrakten symbolisch-kulturellen Wissensregeln durch inkorporierte Erfahrung handlungsleitende kulturelle Sinnmuster werden. Sie sind von besonderem Interesse, weil wir als deren Ausfluss kulturelle Orientierungen und ‚Weltsichten' der Akteure identifiziert haben, mit denen sich die sozialspezifische Perspektivität und Konstruktivität des sinnhaften Wahrnehmens und Deutens journalistischer Akteure fassen lässt.

Die Einsicht, dass die genannten Aspekte jedoch erst in ihrem konkreten Zusammenspiel in sozialer Praxis ein adäquates Verständnis der im journalistischen Struktur-Handlungs-Zusammenhang ablaufenden Vorgänge ermöglichen, wird schließlich in der Konzeption des Journalismus als einem sozialen Feld manifest. Denn Journalismus als soziales Feld zu konzipieren, heißt nicht nur einen Analyseraum mit Positionen und Akteuren aufzuspannen, die nach Maßgabe verfügbarer Ressourcen handeln. Eine zusätzliche Qualität erhält die Analyse sozialer Felder, weil die theoretische Konzeption eines Praxisfeldes dessen konstitutive Eigenschaften in ihrer Zeitlichkeit in den Blick nimmt. Das bedeutet zweierlei: Zum einen erscheint das journalistische Feld als ein historisch gewordenes, dessen ‚objektive' Strukturen sich als Sedimentierungen vorgängiger sozialer Praktiken begreifen lassen, die in der gegenwärtigen Handlungspraxis aktualisiert werden, und deren Gegenwart zugleich auf die Unabgeschlossenheit (und Wandelbarkeit) des Journalismus und sein Ausgerichtetsein auf eine Zukunft verweist.

Zum anderen werden durch die Zeitlichkeit aus den theoretisch bestimmten ‚Kräften' des Feldes dynamische Momente, aus Konstellationen Bewegung, und aus dem Handeln der Akteure konstitutive Prozesse, die das Feld ‚am Laufen' halten und verändern. Kurz: Ein soziales Feld ist als ein *field in action* zu begreifen. Die Ordnung des Feldes, aus früheren Praktiken hervorgegangen und durch gegenwärtige Praktiken am Leben erhalten, ist dabei nicht nur das Produkt gleichgerichteter Handlungen entsprechend eines spezifischen Funktionssinns, sondern zugleich Ergebnis der im Feld stattfindenden Prozesse der Auseinandersetzung und des Konflikts, des Geltendmachens, Anerkennens, Abstreitens usw.

Der Zusammenhang zwischen den Strukturen des Feldes und dem Handeln der Akteure schließlich ließ sich nur vor dem Hintergrund des Aufeinandertreffens von ‚objektiven' Strukturen des Feldes und feldspezifischen Dispositionen der Akteure transparent machen. Deutlich geworden ist aber auch, dass journalistische Programme und mit ihnen korrespondierende feldspezifische Dispositionen der Akteure nicht den einzigen strukturierenden Einfluss auf journalistische Wirklichkeitsbeschreibungen ausüben: In die journalistische Handlungspraxis fließen auch die vor- und außerberuflich erworbenen, sozial bedingten Dispositionen ein, zu denen die kulturellen Orientierungen und ‚Weltsichten' der Akteure zu rechnen sind. Sie spielen im Zusammenhang der kulturellen Dimension des Journalismus eine besondere Rolle, welche wir in der deutenden Wahrnehmung und Einordnung sozialen Gegenwartsgeschehens identifiziert haben. Denn diese Klassifikation von Gegenwartsgeschehen folgt zum einen der Logik journalistischer Programme, zum anderen aber auch der sozial bedingten Perspektivität des Wahrnehmens und Deutens journalistischer Akteure. Deshalb schlagen sich in journalistischen Wirklichkeitsbeschreibungen und den darin enthaltenen impliziten Deutungen und Klassifikationen stets auch die sozial bedingten, typischen Wahrnehmungs- und Deutungsweisen der journalistischen Akteure nieder.

5   Schluss

„Hat die Journalismusforschung alles falsch gemacht?" fragt Armin Scholl – wenn auch rhetorisch – in seiner Replik auf einen kritischen Beitrag der journalismustheoretischen Debatte.[1] Wenn wir die Frage an dieser Stelle zum Anlass nehmen, die eingangs der Arbeit dargestellten und kritisch diskutierten Forschungstraditionen und ihre paradigmatischen Sichtweisen noch einmal anzusprechen, dann nicht um Urteile darüber zu fällen, was deren Theorieansätze ,richtig' oder ,falsch' gemacht hätten – ein Unterfangen, das ohnehin vermessen wäre. Leitend dafür ist vielmehr die Absicht, die Grundüberlegung vom Ausgangspunkt der Arbeit noch einmal aufzunehmen und anhand der Vorstellungsweisen der verschiedenen Forschungstraditionen noch einmal zu illustrieren. Diese Grundüberlegung bestand darin, dass das, was wissenschaftliche Forschung zu sehen bekommt, wenn sie Ausschnitte sozialer Wirklichkeit beobachten und analysieren möchte, in hohem Maße von (impliziten) Annahmen, Vorverständnissen und den jeweiligen theoretischen Vorstellungen abhängt.

Das zeigt sich in den Forschungsarbeiten, die dem ,Personenparadigma' folgen, wenn deren Beobachtung des Journalismus bei den Journalisten als den am Journalismus von Berufs wegen beteiligten Personen und ihrem Verhalten ansetzt. Die Spezifika journalistischen Handelns sollen über die Analyse personenbezogener Merkmale wie Meinungen, Einstellungen und berufliches Selbstverständnis von Journalisten erhellt werden. Letztlich läuft das darauf hinaus, Journalismus aus dem absichtsvollen und strategischen politisch-publizistischen Handeln journalistischer Individuen zu erklären. In der Folge bekommt diese Forschung nur diejenigen Aspekte journalistischer Wirklichkeit in den Blick, die sich aus der direkten Beobachtung der Journalisten und der Ermittlung ihrer Handlungsmotive ergeben, wodurch all jene Aspekte ausgeblendet bleiben, die sich ,hinter dem Rücken' der Akteure vollziehen. Eine solche Forschung hat dann zwei Möglichkeiten: Entweder sie hält das an den beteiligten Personen festgemachte Verhalten bereits für Journalismus, oder aber sie muss von den Personen und ihrem Handeln Rückschlüsse auf den journalistischen Gesamtzusammenhang ziehen. Als Grund für diese Defizite konnte eine Journalismusvorstellung ausgemacht werden, die sich nicht hinreichend von alltagspraktischen Annahmen über den Journalismus unterscheidet. Dem ,Personen-

---

[1]   So der Titel eines Diskussionsbeitrags von Scholl 2000: 405-412.

paradigma' zugehörigen Forschungsarbeiten haben es weitgehend versäumt, in der kritischen Absetzung von solchen Alltagsannahmen eine wissenschaftliche Vorstellung von ihrem Forschungsgegenstand zu gewinnen.

Die zweite große Forschungstradition, zu der Arbeiten zu zählen sind, die dem ‚Systemparadigma' folgen, versucht Journalismus gerade nicht über journalistische Individuen, sondern als eigenständigen und spezifischen sozialen Zusammenhang zu identifizieren und über die Analyse von dessen Funktionen und Strukturen Aufschluss über die Wirklichkeit des Journalismus zu gewinnen. In ihrem Selbstverständnis als erkenntniskritische Forschung distanziert sie sich von vor- und außerwissenschaftlichen Annahmen und beginnt ihre Theorievorstellung mit der bewussten Konstruktion des Forschungsobjekts. In den ersten Arbeiten innerhalb des ‚Systemparadigmas' wird Journalismus dabei als ein soziales Handlungssystem gefasst. Erstmals werden die vielfältigen Regelstrukturen herausgearbeitet, die den Journalismus zu einem eigenständigen Strukturzusammenhang machen. Das erlaubt die Fokussierung derjenigen Prozesse, die sich gerade nicht aus dem Wollen und absichtsvollen Handeln individueller Akteure erklären lassen. Journalisten werden dabei der Systemumwelt zugerechnet und als Personalsysteme gefasst, deren Handeln als Rollenhandeln unter systemfunktionalistischen Gesichtspunkten als ins System inkludiert gilt. Doch bekommt diese Konzeption mit der dichotomen Unterscheidung von Sozial- und Personalsystem Schwierigkeiten, wenn sie akteursspezifische Aspekte (wie lebensweltlich erworbene kulturelle Sinnmuster) einerseits in den Bereich des Psychischen verweist, andererseits aber ‚persönlichkeitsgebundene Merkmale' im journalistischen Handeln beobachtet, die zu ‚Wechselprozessen' zwischen Persönlichkeit und Redaktion führen würden.

Dieses Problem haben jüngere systemtheoretische Ansätze, die der autopoietisch gewendeten Systemtheorie Niklas Luhmanns folgen, nicht. Sie können mit der Konzeption des Journalismus als einem eigenlogischen Sinnbezirk in der Gesellschaft der funktionalen Differenzierung der modernen Gesellschaft Rechnung tragen, arbeiten vor allem makrotheoretisch die Bedeutung des Journalismus für diese Gesellschaft heraus und erweitern die Journalismusvorstellung um die Inklusion des Publikums. Der ‚blinde Fleck' ihrer Theorievorstellung besteht in der Ausklammerung der Akteure und ihres Handelns durch die ausschließliche Fokussierung auf Kommunikation als Letztelement sozialer Systeme, so dass das Handeln journalistischer Akteure nicht mehr beobachtet werden kann. Mit diesen Limitierungen muss jede Forschung im Anschluss an jüngere systemtheoretische Entwürfe zurechtkommen: Zunächst muss sie einen Weg finden, Journalismus *empirisch* zu erforschen, ohne sich auf die Deskription und Analyse von Makrophänomenen zurückzuziehen, sind es doch vor allem das redaktionelle Handeln von Journalisten und deren Selbstauskünfte, die empirischer Beobachtung und Analyse zugänglich sind. Und sie ist mit dem Problem konfrontiert, dass durch systemfunktionalistische Vorabfestlegungen in der wissenschaftlichen Objektkonstruktion kaum Möglichkeiten für empirische

Bemühungen bleiben, über die Post-facto-Bestätigung theoretischer Einsichten hinaus einen Beitrag zum Erkenntnisfortschritt der Forschung zu leisten. Vor allem das Problem, die journalistischen Akteure und deren Handeln theoriegeleitet aus dem Blickfeld verloren zu haben, wird zum Startpunkt integrativer Theoriekonzepte der Journalismusforschung. Sie versuchen Journalismus als einen sozialen Zusammenhang in der modernen Gesellschaft zu fassen und zugleich die journalistisch Handelnden in ihre Theorievorstellung zu integrieren, um die theoretische und empirische Beobachtung journalistischer Akteure und ihres Handelns wieder zu ermöglichen. Insofern die Mehrzahl dieser integrativen Theoriekonzepte an Einsichten des Systemparadigmas anschließt, handelt sie sich das Problem ein, die Festlegungen und Limitierungen einer systemfunktionalistischen Konzeption immer schon mit übernommen zu haben und gewissermaßen auf der Handlungsebene mit herumzuschleppen. Ist das Handeln von Journalisten in der Theorie erst einmal zur bloßen Residualkategorie geworden, kann nicht mehr angegeben werden, was die handelnden Journalisten jenseits der bloßen Ausführung von Strukturvorgaben zur Entstehung, Entwicklung, Fortdauer und den Veränderungen des journalistischen Gesamtzusammenhangs beitragen. Wo in diesen Arbeiten hingegen Vorstellungen des individuellen und absichtsvollen Handelns von Journalisten neben die Vorstellung eines sozialen Systems Journalismus gestellt wird, um beide miteinander zu verbinden, drohen sie die Schwierigkeiten, die eigentlich Auslöser ihrer Bemühungen waren, innerhalb der eigenen Theoriekonzeption zu duplizieren.

Im Zuge dieser Ausführungen ist jedoch auch deutlich geworden, dass ein Ende der Entwicklung theoretischer Perspektiven für die Journalismusforschung nicht in Sicht ist. Jüngere Ansätze beginnen mit komplexeren Struktur-Handlungs-Zusammenhängen zu arbeiten, die den Fortbestand und den Wandel der Strukturen des Journalismus nicht mehr aus einem systemfunktionalistischen, generischen Einheitsprinzip wie dem Konzept der Autopoiesis erklären wollen, sondern daran erinnern, dass die Regelstrukturen des Journalismus von den Akteuren in der Handlungspraxis des Journalismus aktualisiert und im Handeln reproduziert werden müssen, was – bei nicht-identischen (Re-)Produktionen – zu Veränderungen des Strukturzusammenhangs führt. Überdies wurde in diesen Ansätzen erstmals auch an die generativen Regelstrukturen erinnert, die als Hintergrund der Akteure diesen überhaupt erst ein sinnhaftes regelgeleitetes Handeln ermöglichen. Hinzu kommen in der jeweiligen Handlungssituation die in den bisherigen Journalismusanalysen nur allzu oft völlig vernachlässigten Ressourcenstrukturen, die restringierend wie ermöglichend den Rahmen abstecken, in dem konkrete Handlungspraxis auch in journalistischen Zusammenhängen stattfinden kann.

Die eigene Arbeit knüpfte an diese Überlegungen an. Dabei setzte sie weder bei den individuellen Journalisten und ihren Wünschen, Motiven oder Handlungsabsichten an, noch folgte sie der Modellvorstellung eines alles bestimmenden und aus sich selbst heraus reproduktiven Systems. Zwar wurde auch bei den hier vorgestell-

ten theoretischen Überlegungen mit den Strukturen begonnen, die der Handlungspraxis der Akteure zugrunde liegen, aber sie wurden im Laufe der stufenweisen
Entwicklung eines komplexeren Vorstellung des Struktur-Handlungs-Zusammenhangs mehr und mehr aus dem Blickwinkel derjenigen betrachtet, deren Handlungspraxis den Strukturen Dauer verleihen kann. Es zeigte sich die Notwendigkeit eines
Einbezugs der journalistisch Handelnden, da Regelstrukturen als normative Erwartungen von den Handelnden in der Handlungssituation je spezifisch wahrgenommen
und gehandhabt werden. Dies ließ sich sinnvoll mit der Konzeption von Journalisten
als sozialen Akteuren fassen: einmal im Blick auf akteursbezogene Ressourcen, die
ein bestimmtes Handeln möglich (oder unmöglich) machen, das andere mal als
symbolisch-kulturelle Sinnmuster, die das Denken, Wahrnehmen und Handeln sinnhaft vorstrukturieren und für eine ,stimmige', eingelebte soziale Praxis verantwortlich sind. Die Bedeutung dieser grundlegenden Strukturen erwies sich als eine doppelte: Sie leiten die soziale Handlungspraxis in den journalistischen bzw. redaktionellen Strukturzusammenhängen an, und sie kommen zum Tragen, wenn es um die
Wahrnehmung und Deutung sozialer Wirklichkeit geht, an der die Journalismusforschung ein Interesse haben muss, da Wahrnehmung und Deutung sozialen Geschehens Teil der sozialen Praktiken im journalistischen Zusammenhang sind.

Deshalb wurde mit der Konzeption von Journalisten als sozialen Akteuren eine
wissenschaftliche Vorstellung von den journalistisch Handelnden entwickelt, die deren Handeln unter Berücksichtigung ihrer sozialen Positionen, Ressourcen und Dispositionen beobachten kann. Sie lässt sich gewinnbringend mit der Konzeption des
Journalismus als einem sozialen Feld verbinden, für das die journalistischen Akteure
und ihr Handeln konstitutiv sind. In einer solchen Analyse des journalistischen Feldes werden dann auch die kulturelle Dimension journalistischen Handelns und journalistischer Kommunikationen evident, die in der Journalismusforschung der vergangenen Jahre (zumindest im Blick auf die Produzenten journalistischer Texte)
kaum eine Rolle gespielt haben. Dabei zeigte sich, dass Wirklichkeit von journalistischen Akteuren in Redaktionen auf spezifisch sinnhafte Weise wahrgenommen und
gedeutet wird, und dass über deren Wirklichkeitsbeobachtungen stets implizite Wertungen und Aufteilungen der sozialen Welt in diejenigen Kommunikationen eingehen, die als aktuelle und öffentlich relevante Wirklichkeitsbeschreibungen des Journalismus angesehen werden. Man kann dann sehen, was Journalismus *auch* bedeutet: die kommunikative Erschließung einer dadurch sinnhaften, bedeutungsvollen
und auf spezifische Weise geordnet erscheinenden sozialen Welt.

Doch ging es in der Arbeit nicht nur um die Entwicklung theoretischer Vorstellungen über den Journalismus und die journalistisch Handelnden, sondern aus der
Einsicht in Einseitigkeiten und Limitierungen bestehender Forschungstraditionen
um die Suche nach alternativen Möglichkeiten einer theoretisch begründeten,
gleichwohl empirisch ausgerichteten Journalismusforschung jenseits des Personen-
und des Systemparadigmas. Wir haben versucht, einen möglichen Weg mit der Ent-

faltung einer Forschungsperspektive aufzuzeigen, als deren wichtigste Merkmale zu nennen sind: Sie plädiert für ein erkenntniskritisches Vorgehen und lehnt ein empiristisches Forschungsverständnis ab, zielt aber gerade auf die Erweiterung der Möglichkeiten empirischer Beobachtung und Forschung. Sie versteht sich selbst als ein Unterfangen innerhalb des sozialen Feldes wissenschaftlicher Forschung, das die Bedingungen der eigenen Möglichkeit des Forschens selbstreflexiv in den Forschungsprozess aufnimmt, ohne einem wissenschaftlichen Relativismus das Wort zu reden. Sie argumentiert konstruktivistisch, weigert sich jedoch den Anspruch auf die Auseinandersetzung mit empirischer Wirklichkeit aufzugeben. Dabei wird aus dem notwendigen epistemologischen Bruch mit den Alltagsvorstellungen (über den Journalismus und die Journalisten) der Ausgangspunkt für eine theoretische Konstruktion des Objekts der Forschung, die mit begrenzten, gleichwohl begründeten Theoriestücken ihre Kenntnis über den Struktur-Handlungs-Zusammenhang des Journalismus sukzessive erweitert, mithilfe dieser Theoriestücke aber auch bereits vor Abschluss einer komplexen Objektkonstruktion empirische Forschung ermöglicht.

Als Voraussetzung für ein solches Vorgehen erwies sich, dass die theoretischen Bemühungen gerade hinreichend ‚theorieoffen' gehalten werden, um nicht theoretische Prinzipien infragestehenden Ausschnitten sozialer Wirklichkeit unterzuschieben, die doch eigentlich erst erforscht werden sollen. Empirische Ergebnisse von Journalismusstudien sollten ihrerseits solche theoretische Forschung anregen und gegebenenfalls korrigieren können. Insofern zielen empirische Bemühungen in dieser Perspektive nicht mehr nur auf die Bestätigung vorab getroffener Theorieannahmen, sondern letztlich auf eine Erweiterung des Analysehorizonts der Forschung. Wir hatten deshalb im Hinblick auf das Verhältnis zwischen Theorie und Empirie zumindest in der Zielvorstellung von einem wechselseitig sich korrigierenden und fördernden Forschungs- und Entdeckungszusammenhang gesprochen. Zu messen wäre die Theoriebildung einer solchen empirisch-kritischen Forschungsperspektive an ihrer forschungsermöglichenden, -leitenden und -kontrollierenden Leistung.

Belege für eine solche Leistung können natürlich erst empirische Studien liefern, die sich mit einem solchen Forschungsverständnis der empirischen Wirklichkeit des Journalismus und der journalistisch Handelnden zuwenden. Fragt man jedoch nach dem Ertrag der hier vorgestellten Perspektive für die Journalismusforschung, lassen sich dreierlei Aspekte unterscheiden: Der erste bezieht sich auf ihre *theoretischen Vorstellungen* und umfasst die Überwindung des Denkens in der bereits von Elias kritisierten Dichotomie von Individuum und Sozialem; die Abkehr von der Fixierung auf den Mikro-Makro-Dualismus durch Beobachtung sozialer Zusammenhänge in ihrem wechselseitigen Bedingungs- und Ermöglichungsverhältnis rekursiver Struktur-Handlungs-Prozesse in sozialer Praxis; und dabei gleichzeitig die Überwindung des Gegeneinanders objektivistischer und subjektzentrierter Theorietradi-

tionen. Die journalistischen Akteure interessieren dann nicht mehr als Individuen
mit persönlichen Handlungsabsichten, erscheinen aber auch nicht als bloße Voll-
zugsgehilfen bei der Realisierung systemischer Imperative. Und die Handlungspraxis dieser Akteure erweist sich nicht nur als Ergebnis, sondern zugleich als Grundlage des journalistischen Strukturzusammenhangs. Überdies gelingt es, auch die sozialen Grundlagen dieser Handlungspraxis in den Blick zu nehmen, zu denen nicht
nur äußere Handlungsbedingungen journalistischer Praxis, sondern auch die sozial
bedingten kulturellen Orientierungen journalistischer Akteure gehören.

Natürlich können solche theoretischen Überlegungen die erforderlichen Anstrengungen empirischer Forschungsarbeit nicht ersetzen. Nachdem aber theoretische Vorstellungen erst sichtbar werden lassen, was dann von empirischer Forschung beobachtet und untersucht werden kann, ermöglicht die vorgestellte Perspektive – zweitens – die *empirische Beobachtung* und Analyse von Zusammenhängen, die bislang von der Journalismusforschung nicht oder nicht in ausreichendem
Maße berücksichtigt und untersucht worden sind. Man denke nur an Journalismusanalysen, die – wie erstmals in Altmeppens Redaktionsanalyse geschehen – verstärkt die für die soziale Praxis des Journalismus konstitutiven Regelmäßigkeitsstrukturen in ihre Untersuchungen einbeziehen. Studien über die anhaltende Ökonomisierung der Medien und des Journalismus etwa würden an Vagheit verlieren
(was ihre Bearbeitbarkeit für die empirische Forschung erhöht), wenn sie stärker als
das bisher der Fall gewesen ist anhand konkreter und empirisch ermittelbarer Veränderungen der Ressourcenausstattungen in Redaktionen bzw. relativer Ressourcen-
verteilungen verschiedener journalistisch-publizistischer Unternehmen beobachten
würden. Oder man denke an Auswirkungen auf journalistische Leistungen, wenn infolge einer Werbewirtschaftskrise Medienunternehmen ihre Etats für das Redakti-
onspersonal kürzen, wenn für Recherchen weniger Zeit eingeräumt wird oder wenn
aus Kostengründen der Anteil an fremdrecherchierten, fertig zugelieferten und PR-
basierten Beiträgen zunimmt.

Ein interessantes Forschungsfeld könnte die Analyse journalistischer Teil- und
Unterfelder anhand der Ressource ‚Prestige' oder ‚Renommee' darstellen, deren un-
gleiche Verteilung wohl kaum ohne Folgen für die für die redaktionelle Handlungspraxis und daraus hervorgehende journalistische Produkte in verschiedenen Medien
sein dürfte. Mögliche Forschungsfragen könnten aber auch den Wandel journalistischer Unternehmungen im Zusammenhang des rekrutierten (und rekrutierbaren)
Redaktionspersonals betreffen, so dass solche Veränderungen nicht mehr kurzerhand und ausschließlich aus gewandelten Publikumsinteressen zu erklären wären.
Möglich wird auch die Frage nach Ähnlichkeiten in den kulturellen Orientierungen
von Journalisten und ihrem spezifischen Publikum, selbst wenn der ursprüngliche
Zusammenhang lebensweltlicher Kontexte von Journalisten und ihren Lesern, wie er
noch bis ins 19. Jahrhundert hinein durchaus typisch war, im Zuge der Ausdifferenzierung des Journalismus zunehmend aufgelöst wurde. Und wenn sich solche Kor-

respondenzen aufzeigen ließen: Wäre es die Frage der beruflichen Entfremdung, um die es in den letzten 30 Jahren recht still geworden ist, nicht wert, noch einmal unter dem Aspekt aufgegriffen zu werden, was es bedeutet, wenn journalistische Akteure gegen ihre eigenen lebensweltlichen Grundüberzeugungen für ein hinsichtlich kultureller Orientierungen völlig anderes Publikum arbeiten? Aus solchen und ähnlichen Fragestellungen könnten sich Anschlüsse für empirische Journalismusstudien ergeben.

Schließlich – drittens – rückt mit entsprechender Forschungsarbeit in dieser Perspektive möglicherweise der Gedanke näher, dass die differenten sinnhaften Konstruktionen und Aufteilungen sozialer Welt nicht allein den Eigenlogiken gesellschaftlicher Funktionssysteme geschuldet sind. Damit würde sich die Frontlinie entlang von System und Lebenswelt als eine Vorstellung herausstellen, die auch auf lebensweltlicher Seite weiterer Differenzierung bedarf. In eine solche Richtung ist in der Journalismusforschung bislang kaum gearbeitet worden. Doch ließ sich in der Arbeit zeigen, dass in diesem Zusammenhang das Anliegen Max Webers wieder aufgenommen werden könnte, das Verhältnis zwischen der Presse bzw. dem Journalismus als Kultureinrichtung der modernen Gesellschaft und den kulturellen Hintergründen ihrer journalistischen Akteure noch genauer zu untersuchen.

In diesem Sinne zielten die in der Arbeit vorgestellten Überlegungen nicht auf die Entwicklung einer eigenständigen Theorie des Journalismus ab, sondern vielmehr darauf, ein theoretisch begründetes Vorgehen zu entfalten, das für empirische Arbeiten der Journalismusforschung herangezogen werden kann und sich zur Analyse konkreter Probleme des Journalismus als nützlich erweisen könnte. Im besten Fall mag die Arbeit dadurch einen Beitrag dazu leisten, dass empirische Untersuchungen der Journalismusforschung aus der Defensive befreit werden, in die sie gerade auch durch die jüngeren journalismustheoretischen Arbeiten der vergangenen Jahre mehr und mehr geraten sind.

Anhang

Untersuchung: Journalisten im sozialen Raum der Gesellschaft

Die hier dokumentierte Studie[1] versteht sich als empirischer Beitrag zur Erforschung des Journalismus als einem spezifisch strukturierten Zusammenhang sozialer Handlungspraxis. Denn für diese Handlungspraxis müssen die journalistischen Akteure als konstitutiv gelten. Sie interessieren als *soziale Akteure* mit Positionen, die sie innehaben, mit Ressourcen, über die sie verfügen, aber auch mit sozialen Dispositionen, die einen sinnhaften Umgang mit den Anforderungen der Praxis des journalistischen Strukturzusammenhangs ermöglichen, indem sie Denken, Wahrnehmen und Handeln der Akteure auf spezifische Weise vorstrukturieren. Manifest werden diese Dispositionen in den kulturellen Orientierungen und ,Weltsichten' der Akteure. Für die empirische Studie ergeben sich von daher folgende untersuchungsleitenden Forschungsinteressen:

- Zunächst ist ganz allgemein von Interesse, welche Positionen Journalisten im sozialen Raum der Gesellschaft einnehmen. Von der Ermittlung dieser Positionen versprechen wir uns einen Aufschluss über die spezifische ,Sozialität' journalistischer Akteure.[2]
- Da Wert und Bedeutung dieser Positionen sinnvoll nur relational, d.h. in ihrem Verhältnis zu den übrigen Positionen im Raum zu bestimmen sind, interessiert zugleich, inwiefern sich die Positionen von Journalisten von jenen der übrigen Bevölkerung der Gesellschaft der Bundesrepublik unterscheiden.[3]

[1] Der Autor dankt Herrn Gerhard Böhm und der SZ-Studienstiftung des Süddeutschen Verlags für die Gewährung eines Stipendiums, das die Durchführung der Erhebung „Journalisten in Bayern" überhaupt möglich gemacht hat. Darüber hinaus gilt ausdrücklicher Dank Herrn Dr. Jörg Ueltzhöffer und Herrn Carsten Ascheberg vom Sozialwissenschaftlichen Institut für Gegenwartsfragen Mannheim (SIGMA) für die großzügige Forschungsunterstützung und eine reibungslose Kooperation mit dem Projekt.
[2] Zum Begriff der ,Sozialität' siehe die Erläuterungen in Abschnitt 4.3.1 der Arbeit.
[3] Dabei ist der Fehler zu vermeiden, soziale Positionen von Journalisten jenen der Gesamtbevölkerung so gegenüberzustellen, als handelte es sich um zwei verschiedene und voneinander getrennte

- Dies zielt gerade nicht auf die Identifizierung einer gemeinsam von allen Journalisten geteilten Sozialität, d.h. gemeinsamen kulturellen Orientierungen bzw. einheitlichen Weltsichten. Im Gegenteil wird davon ausgegangen, dass bei der Gesamtheit der Journalisten hinsichtlich ihrer Positionen im sozialen Raum der Gesellschaft differenziert werden muss, weil Journalisten unterschiedliche soziale
  Positionen einnehmen und entsprechend unterschiedliche kulturelle Orientierungen und Weltsichten aufweisen (die sie dann mit entsprechenden Bevölkerungssegmenten der Gesellschaft teilen). Deshalb sollen die Positionen von Journalisten im sozialen Raum gerade im Hinblick auf ihre Unterschiedlichkeit analysiert
  werden.

- Schließlich interessiert, ob die Entsprechung der Sozialität von Journalisten mit
  jeweiligen Bevölkerungssegmenten, die über die Zugehörigkeit zu sozialen Milieus ermittelt wird, quer über verschiedene Bereiche des Journalismus gleich
  verteilt ist, was für ein beliebiges oder zufälliges Vorkommen sprechen würde,
  oder ob sich nicht vielmehr innerhalb der einzelnen Bereichen journalistischer
  Medien (rekrutierungsbedingt) Journalisten mit ähnlicher Sozialität und entsprechend homogenen kulturellen Orientierungen und Weltsichten finden lassen.

Zur Ermittlung dieser Aspekte wurde im Frühjahr 1999 die Repräsentativ-Befragung „Journalisten in Bayern" durchgeführt, bei der mehr als 1.000 Journalisten aus
über 330 Redaktionen journalistischer Medien an einer schriftlichen Befragung teilnahmen. Die Basis für diese Befragung bildete eine im Winter 1998/99 durchge-
führte Ermittlung der Grundgesamtheit der festen und freien redaktionellen Mitarbeiter von insgesamt 341 Redaktionen aktuell arbeitender Medienunternehmen in
Bayern aus dem Print- und Funkbereich sowie von freien Produktionsfirmen. Von
knapp über 5.000 ermittelten Journalisten wurde mit 1.015 Befragten praktisch jeder
Fünfte aktuell arbeitende Journalist Bayerns per Zufallsstichprobe ausgewählt und
angeschrieben. Mit über 600 ausgefüllten und zurückgesandten Fragebogen betrug
der Brutto-Rücklauf über 59 Prozent. Er erlaubte eine Rekonstruktion der Milieuzugehörigkeit der Journalisten in 565 Fällen; das entspricht immer noch über 55 Prozent der Befragten. Die Ermittlung der Zugehörigkeit der Journalisten zu den sozia-

---

Größen. Ein solcher Fehler liegt unvermeidlich empirischen Studien der Meinungsforschung
zugrunde, die aggregierte Journalistenmeinungen und -einstellungen dem noch gröberen Konstrukt
einer auf allgemeinstem Niveau aggregierten Bevölkerungsmeinung gegenüber stellen. Denn natürlich sind Journalisten Teil der Bevölkerung, in der sich überdies so viele unterschiedliche Meinungen und Einstellungen finden, dass die Konstruktion einer einheitlichen Bevölkerungsmeinung
durchaus fragwürdig erscheint. Vgl. Raabe 2000a: 228; Bourdieu 1993: 212ff.

len Milieus der Gesellschaft der Bundesrepublik erfolgte in Kooperation mit dem Mannheimer Sozialforschungsinstitut SIGMA, von dessen Mitarbeitern das Forschungsinstrument der Sozialen-Milieu-Forschung in den 80er Jahren selbst mit entwickelt wurde.

Die Ergebnisse der Studie erlauben es erstmals, nicht nur Journalisten empirisch als soziale Akteure zu identifizieren, sondern in ihrer spezifischen Sozialität sowohl mit übrigen Bevölkerungsteilen zu vergleichen, als auch nach ihrer Zugehörigkeit zu den verschiedenen Medienbereichen und Ressortgruppen sowie nach ihrer Tätigkeit im Bereich des Informations- bzw. Unterhaltungsjournalismus zu differenzieren. Bevor die Untersuchungsergebnisse vorgestellt werden, soll die Untersuchungslogik der Studie erklärt und das praktische Vorgehen bei der empirischen Erhebung erläutert werden.

Eine Einschränkung ist an dieser Stelle jedoch zu machen: Da in der vorliegenden Untersuchung ausschließlich Journalisten von Medienredaktionen in Bayern befragt wurden, sollte man nicht einfach so tun, als würden die Befragungsergebnisse ohne weiteres als Befunde über Journalisten in Deutschland gelten können. Dazu müssen zwei Bedingungen erfüllt sein: Erstens sollte die Zusammensetzung der journalistischen Akteure in bayerischen Medien nicht grundlegend von derjenigen im übrigen Bundesgebiet abweichen. Wenn sich die Journalisten in Bayern nicht systematisch von ihren Kolleginnen und Kollegen in den übrigen Bundesländern unterscheiden, wäre das zumindest ein Hinweis darauf, dass die Befunde *im Prinzip* für Redaktionen deutscher Medien insgesamt gelten können.[4]

Da der Fragebogen der Untersuchung sich vor allem in den soziodemographischen Teilen an denjenigen bundesweiter Repräsentativbefragungen von Journalisten orientierte, können die Ergebnisse zur Soziodemographie der Journalisten bayerischer Medienredaktionen mit denjenigen bundesweiten Untersuchungen verglichen werden und als Indikator dafür dienen, dass von den Befunden der bayernweiten Erhebung auf die Sozialität journalistischer Akteure in der Gesellschaft der Bundesrepublik geschlossen werden kann. Bei der deskriptiven Statistik zeigten denn auch sowohl Mittelwertsberechnungen als auch Häufigkeitsverteilungen, dass

---

[4]   Anzumerken ist, dass die Milieuforschung bis in die zweite Hälfte der 90er Jahre den Milieu-Indikator nur in den alten Bundesländern anwendet hat und für die neuen Bundesländer erst ein modifiziertes Analyseinstrument entwickeln musste. Der folgenden Untersuchung liegt der klassische Milieu-Indikator zugrunde, so dass Aussagen über die Milieuverteilung der Bevölkerung streng genommen nur für das alte Bundesgebiet gelten.

die Befragung „Journalisten in Bayern" Ergebnisse liefert, die denen der Münsteraner Studie „Journalisten in Deutschland" durchaus vergleichbar sind.[5]

Zweitens müssten die Erhebungsdaten einer Befragung von Journalisten in Bayern streng genommen mit einer Milieu-Analyse der Bevölkerung dieses Bundeslandes verglichen werden. Wie jedoch die Forscher vom Mannheimer SIGMA-Institut versichert haben, würden sich Ergebnisse aus Erhebungen zu einzelnen Bundesländern weder untereinander noch von bundesweiten Milieu-Untersuchungen signifikant unterscheiden. Um also die 1999 erhobenen Daten der eigenen Untersuchung nicht mit veralteten Daten landesweiter Milieu-Studien vergleichen zu müssen, werden sie in der hier vorgestellten Studie zu denen der Gesamtbevölkerung der Bundesrepublik ins Verhältnis gesetzt.

1   Zur Untersuchungslogik

Fragt man nach der spezifischen Sozialität von Journalisten und nach deren kulturellen Orientierungen, muss folgende Schwierigkeit forschungspraktisch gelöst werden: Zum einen können Journalisten nicht einfach direkt nach ihrer Sozialität gefragt werden und darüber Auskunft geben. Auch gibt es für die Forschung keinen anderen direkten Zugang zur Sozialität der Akteure. Das Problem besteht darin, dass zwar die soziale Lage (vor allem über Einkommen und Bildung) objektiv ermittelbar ist, kulturelle Orientierungen aber, die dahinter liegende kulturelle Sinnmuster und mit ihnen einhergehende Weltsichten illustrieren sollen, nicht offensichtlich sind. Überdies bilden diejenigen, die zu einer Gruppe mit ähnlicher Sozialität gehören und gemeinsame kulturelle Orientierungen aufweisen, weder eine organisierte noch sonst irgendwie beobachtbare Größe.

Diese Schwierigkeit erfordert ein spezifisches Forschungsdesign, dem die Logik zugrunde liegt, Gruppierungen innerhalb der Gesellschaft erst im Verlauf des Forschungsprozesses sukzessive ‚herauszupräparieren'. Denn die Bevölkerung lässt sich nicht in möglichst vergleichbare Untergruppen aufteilen, solange nicht bekannt ist, nach welchen *Kriterien* sich Gruppierungen innerhalb der Gesellschaft herausbilden. Deshalb soll im folgenden auf die Konstruktion des Raums, die Identifizierung solcher Gruppierungen innerhalb der Bevölkerung und – im Anschluss daran – auf die Logik der Soziale-Milieu-Forschung eingegangen werden. Schließlich ruht

---

[5]   Vgl. Weischenberg/Löffelholz/Scholl 1993: 21ff.; dies.: 1994: 154ff.; Schneider/Schönbach/Stürzebecher 1993: 353ff. Dass das Monatseinkommen von Journalisten inzwischen etwas höher und der Frauenanteil leicht gestiegen ist, dürfte vor allem auf den zeitlichen Abstand zwischen den deutschlandweiten Studien und der vorliegenden Untersuchung zurückzuführen sein.

die Milieuforschung, in deren Anschluss und mit deren Forschungsinstrument die Untersuchung durchgeführt wurde, konstitutiv auf diesem Verfahren der Ermittlung solcher nicht offensichtlicher Gruppierungen in der Gesellschaft.

1.1   Die Raum-Konstruktion

Die Konstruktion eines analytischen Raumes im Anschluss an Bourdieu, wie sie in der Arbeit vorgestellt wurde,[6] eignet sich auch für die empirische Forschung, sofern sich die Dimensionen des Koordinatensystems in empirisch ermittelbaren Variablen sinnvoll operationalisieren lassen. Soll die Ermittlung der sozialen Positionen von Journalisten nicht allein an den Indikatoren Einkommen und sozialer Status festgemacht werden, so ist anzugeben, was als zweite Dimension das Aufspannen eines Raumes erst ermöglicht. An diesem Punkt unterscheidet sich die gewählte Raumvorstellung von derjenigen Bourdieus. Auf der vertikalen Achse werden die Befragten nach ihrer sozialen Lage identifiziert, die ihrerseits über die Berücksichtigung von Strukturparametern wie Einkommen, Bildung, sozialer Herkunft etc. ermittelt wird. In die zweite Dimension auf der horizontalen Achse dagegen gehen Syndrome von sogenannten Wert- oder Grundorientierungen ein, die im Unterschied zum Bildungskapital nicht objektiviert sind, sondern bereits Ausfluss der sozial- und sozialisationsbedingten kulturellen Hintergründe sozialer Akteure.

Eine solche Konzeption beschreibt allerdings insofern schon das Ergebnis des forschungslogischen Prozesses der Identifikation spezifischer Sozialitäten, als so getan wird als wüsste man, welche Merkmale in die erwähnten Wertesyndrome eingehen. Das ist zunächst nicht der Fall. Das Problem folglich darin, wie man von noch nicht bekannten qualitativen Merkmalen zu quantifizierbaren und empirisch ermittelbaren Größen kommt. Es wurde erstmals und grundlegend von Theodor Geiger gestellt, für die soziographische Forschung aufgearbeitet und einer Lösung zugeführt. Es soll hier kurz vorgestellt werden, weil andernfalls die forschungslogische Basis der Milieu-Untersuchung nicht offen gelegt werden könnte.[7]

---

[6]   Siehe die Erläuterungen in Abschnitt 4.3.1 der Arbeit.

[7]   Denn so überzeugend und forschungstechnisch elegant die Nutzung des Milieu-Indikators der Soziale-Milieu-Forschung für die Ermittlung der Zugehörigkeit von Journalisten zu den sozialen Milieus auch sein mag, sie hat einen gravierenden Nachteil: Die mit diesem Instrument arbeitenden Sozialforschungsinstitute legen nicht offen, wie aus den ermittelten Daten die Zugehörigkeit zu den jeweiligen sozialen Milieus rekonstruiert wird. Weil die eigene Untersuchung sinnvoll nur mit dem originalen Forschungsinstrument durchgeführt werden konnte, da sonst ein Vergleich zur übrigen Bevölkerung unhaltbar gewesen wäre, konnte die Datenauswertung zur Milieu-Rekonstruktion nur

1.2   Das aszendierende Verfahren

An dieser Stelle soll wenigstens knapp das Vorgehen skizziert werden, das die Sozialforschung wählt, wenn sie die forschungsrelevanten Gruppierungen erst ermitteln und dazu von der sukzessiven Berücksichtigung qualitativer Merkmale in mehreren, korrekturoffenen Einzelschritten allmählich zu rechenbaren Größen kommen muss, mit denen in daran anschließenden soziographischen Forschungen gearbeitet werden kann. Dieses Prinzip bildet auch die forschungslogische Basis der Milieuforschung, die sich dabei an den Arbeiten Geigers orientiert.[8] Dessen theoretisch reflektiertes, methodisches Vorgehen lässt sich anhand seiner Kritik am damals vorherrschenden Begriff der „Klassen" veranschaulichen.Geiger wendet sich gegen die Unterscheidung von (a) Klassen als Menschen eines bestimmten Typus, wobei Menschen wie molekulare Letzteinheiten der Bevölkerung verstanden werden, die anhand einzelner – aus dem theoretischen Interesse heraus fokussierter – Merkmale klassifiziert und dann zusammengezählt werden, und (b) Klassen als kollektiven Sozialgefügen im strukturierten Gesellschaftsgefüge, denen Menschen als deren Einzelelemente zugeordnet werden. Geiger entscheidet sich in seiner Schichtenanalyse der deutschen Gesellschaft weder für die eine noch für die andere Sichtweise,[9] sondern entwickelt ein differenziertes Modell, das entlang beobachtbarer und statistisch ermittelbarer Zusammenhänge von sozialer Lage und sozialen Dispositionssystemen (‚Mentalitäten') zu Einsichten in die Verbindung zwischen individuellen Merkmalen und sozialen Formationen in der Gesellschaft gelangt.

Das erste und grundlegende Problem besteht in der quantitativen Bestimmung solcher Klassen, hier: in der größenmäßigen Bestimmung sozialer Milieus. Denn nach bestimmten Merkmalen klassifizierte Menschen bilden, wie Geiger herausstellt, keine Klassen oder Schichten bzw. Milieus,[10] sondern lediglich einen be-

---

durch die Kooperation mit dem SIGMA-Institut erfolgen; deren Milieu-Auswertung ging dann in die eigene Analyse der journalismusbezogenen Daten wieder ein.

[8]   Vgl. Geiger [1932] 1987.

[9]   Dahinter scheint die bereits mehrfach kritisierte begrifflich-theoretische Dichotomie von Individuum und Gesellschaft wieder auf. Wie Elias wendet sich auch Geiger gegen die Konsequenzen dieser Dichotomie für das soziologische Denken; vgl. Geiger ebd.; siehe auch Schäfers 1987: I.

[10]   Insofern Geiger unter Schichten (in der Regel nicht organisierte) soziale Gruppierungen bzw. Bevölkerungsteile versteht, die ein typisches Rekrutierungsfeld für das Vorkommen einer spezifischen Mentalität darstellen, also eines charakteristischen Dispositionssystems, das seinerseits von distinkten sozialen Imprägnierungen abhängig ist, kommt sein Schichtbegriff der heutigen Vorstellung von sozialen Milieus sehr nah. Denn ‚Mentalität' bezeichnet für ihn eine „geistig-seelische Disposition"; sie ist „unmittelbare Prägung des Menschen durch seine soziale Lebenswelt und die von ihr ausstrahlenden, an ihr gemachten Lebenserfahrungen" (Geiger ebd.: 77), was das Mentalitätskonzept

stimmten Bevölkerungsteil, etwa differenziert nach Einkommenshöhe, Bildungsgrad etc. Solche Bevölkerungsteile lassen sich statistisch ermitteln, während Klassen, Schichten bzw. Milieus gerade keine rechenbaren Größen, sondern typische Rekrutierungsfelder ihrer Anhängerschaft sind. Das Problem besteht darin, dass die Sozialforschung auf Menschen, denen bestimmte Dispositionen gemeinsam sind, die etwa die gleichen Wertorientierungen aufweisen, keinen Zugriff hat, denn weder handelt es sich um organisierte Größen noch können von vornherein bekannte oder wahrnehmbare und vor allem messbare Merkmale herangezogen werden. Quantifizierbar sind also „nicht die Vertreter eines (...) [spezifischen] Habitus, sondern die nach wahrnehmbaren Merkmalen ausgelesenen Existenzen, die für (...) [diesen spezifischen] Habitus prädestiniert sind."[11] Die nach statistischen Methoden errechneten Gruppierungen innerhalb der Gesellschaft stellen genau genommen lediglich „Ausbreitungschancen" der entsprechenden Milieus dar.

Man müsste folglich bei der quantitativen Bestimmung sozialer Milieus bereits vor der Analyse angeben können, welche Merkmale für die Zugehörigkeit zu ihnen konstitutiv sind, und darüber hinaus, wie groß der jeweilige Einfluss der herangezogenen Merkmale auf die Zugehörigkeit zu einem sozialen Milieu ist. Das aber ist zu diesem Zeitpunkt der Erhebung noch nicht bekannt. Geiger begegnet dem Problem in drei Schritten: Er unternimmt zunächst eine Art Rohgliederung der Bevölkerung in grob unterteilte verschiedene soziale Lagen, ermittelt dann durch genauere Differenzierungen auf sozialer Ebene die (je nach Untersuchungsinteresse unterschiedenen) Schichten und ergänzt diese durch Einbezug sozialpsychologischer Kategorien zu den schichtspezifischen Mentalitäten[12]; als deren Ausdruck er zudem „Lebensstile" analysiert, die „im Ensemble den Typ des Lebensduktus" bilden.[13] Für die Schritte zwei und drei allerdings ist das klassische subsumierende Verfahren, bei dem die Klassifizierung über die Zuordnung zu Oberkategorien erfolgt, unbrauchbar.

---

zu einem direkten Vorläufer der Habitusvorstellung bei Bourdieu macht. Für Dörner und Vogt lenkt der Begriff der Mentalität wie der des Habitus „die Aufmerksamkeit auf die jeweilige Struktur kollektiv geteilter Vorstellungen, Wertmuster und emotionaler Einstellungen (...). Als kulturelle Selbstverständlichkeiten stecken Mentalitäten gleichsam einen Horizont des Möglichen ab, gefasst in Dispositionen, mit denen Menschen einer Situation begegnen und diese selbst wieder gestalten" (Dörner/Vogt 1990: 136). Vgl. zu den Parallelen bei Geiger und Bourdieu auch Geißler/Meyer 2002: 285.

[11] Geiger [1932] 1987: 13.
[12] Vgl. Schäfers 1987: II.
[13] Geiger, [1932] 1987: 80.

Deshalb nutzt Geiger das ‚aszendierende' Verfahren: Er bildet zunächst analyti-sche Gruppen mit möglichst niedriger Fallzahl und geringen Gruppierungsmerkma-len und nutzt ein Berechnungsverfahren, dass durch qualitative Erweiterung auch eine numerische Erweiterung hin zu größeren Bevölkerungsteilen im Sinne von Konglomeraten kleinerer Elementarmengen erlaubt. Entscheidend ist dabei „die ste-te Bereitschaft zur Korrektur der arbeitshypothetisch vorgestellten Maßstäbe", so-dass die „Arbeitshypothesen nicht in eine Hypostasierung" umschlagen können.[14] Die qualitative Erweiterung erfolgt also auch durch die permanent durchgespielte Neu-Sortierung entsprechend hinzukommender relevanter Merkmale. Nach Geiger bietet ein solches Vorgehen vier Vorteile:[15]

- der innere Feinaufbau jeweiliger Bevölkerungssegmente wird der Analyse zu-gänglich gemacht und kommt in dem Verfahren zur Geltung;
- der Start mit möglichst kleinen Ausgangsgrößen garantiert eine größtmögliche Homogenität der einzelnen Cluster, weil die Gefahr verringert wird, dass bei der Quantifizierung relevante Unterschiede einplaniert werden;
- das Vorgehen ermöglicht ein Rechnen mit je festen Maßstäben statt das Arbeiten mit Schätzungen;
- es erlaubt die kritische Überprüfung und eine begleitende Kontrolle durch Ab-weichung in Einzelpunkten des Verfahrens.

Dieses aszendierende Verfahren bildete auch die Forschungsgrundlage bei der Ent-wicklung des Instruments der Soziale-Milieu-Forschung. Einmal entwickelt, kann es für die Rekonstruktion der Zugehörigkeit zu den verschiedenen sozialen Milieus verwendet werden, solange sich die Gesellschaft nicht soweit verändert, dass die einmal ermittelten Milieus nicht mehr brauchbar sind. Dann muss das Forschungsin-strument neu justiert werden.[16]

---

[14] Ebd.: 17.
[15] Ebd.: 18.
[16] Die Soziale-Milieu-Forschung hat auch in der ersten Hälfte der 90er Jahre durch Aufnahme neuer sozialer Milieus sowie nach der Wiedervereinigung wegen neuer sozialer Konstellationen ihr Mi-lieu-Instrument einem grundlegenden Update unterzogen. Die inzwischen vom SIGMA-Institut durchgeführten länder- und kulturvergleichenden Milieu-Untersuchungen führten zu weiteren Um-bauten in der Logik der Zusammensetzung der verschiedenen Milieus; vgl. Ueltzhöffer 1999. Gesellschaftlicher Wandel und insbesondere Wertewandel kann nach Aussagen der Milieuforscher, selbst wenn die Wertorientierungen der Menschen auch in turbulenten Zeiten relativ konstant blei-ben, längerfristig nicht ohne Einfluss auf die Milieustruktur bleiben. Als solche gesellschaftlichen Veränderungstendenzen werden identifiziert: (a) *Modernisierung* als die Öffnung des sozialen Raums durch höhere Bildungsqualifikationen, wachsende Mobilität und damit erweiterte Entfal-

1.3 Das Konzept der sozialen Milieus

In Kommunikatorstudien vor allem der 70er Jahre wurden Journalisten als typische Angehörige der mittleren und oberen Mittelschicht identifiziert.[17] Auch wenn der methodische Aufwand zur Ermittlung dieser Befunde vergleichsweise gering war (häufig wurde lediglich der Beruf des Vaters abgefragt), standen diese in der Tradition der Klassen- und Schichtenanalyse der Sozialstrukturforschung, die in den 70er Jahren vertikale Ungleichheitsstrukturen vor allem unter dem Gesichtspunkt von Status-Hierarchien analysierte, die an objektiven Lebensbedingungen festgemacht und über klassische Sozialstrukturparameter ermittelt wurden. Aufgrund von Wohlfahrtsstaatseffekten, der Bildungsexpansion, einem allgemeinen Anstieg des Lebensstandards sowie Dynamisierungs- und Mobilisierungsprozessen quer zu den Klassenlagen und schichtspezifischen Unterschieden erschien eine Sozialstrukturanalyse mit dem theoretischen und methodischen Instrumentarium der damaligen Ungleichheitsforschung jedoch zunehmend problematisch.

Denn beobachtet wurden nun verstärkt auch horizontale Disparitäten, Ungleichheiten zwischen Geschlechtern, Ethnien und Regionen sowie Prozesse der ‚Verzeitlichung' sozialer Ungleichheit.[18] Auch galt es auf soziokultureller Ebene Enttraditionalisierungs- und Pluralisierungsschübe in der Gesellschaft und damit einhergehend auf der „subjektiven Seite der Sozialstruktur" (Hradil) Prozesse der Individualisierung von Lebensweisen zu berücksichtigen, im Zuge derer sich gesellschaftliche Gruppierungen mit spezifischen Lebensstilen herausbildeten, die zum Teil quer zu den Rastern der klassischen Ungleichheitsforschung lagen und denen anzugehören immer weniger einfach als sozialstrukturbedingt, sondern vermehrt auch als Ergebnis einer individuellen Wahl begriffen wurde.[19]

---

tungsspielräume; (b) *Regression* als zunehmende soziale Deklassierungsprozesse, individuell auftretende Orientierungslosigkeit, Sinn- und Werteverlust und dadurch verstärkt autoritäre und aggressive Neigungen; sowie (c) *Segregation* im Sinne eines Auseinanderdriftens der Lebens- und Wertewelten bei anhaltender sozialhierarchischer Differenzierung und gleichzeitig zunehmender Abschottung der sozialen Milieus gegeneinander; vgl. SINUS-Institut Heidelberg 1998.

[17] Vgl. Fohrbeck/Wiesand 1972; Langenbucher/Mahle 1974: 21ff.; Wiesand 1977; Weiß u.a. 1977: 294ff.; siehe weiter oben Abschnitt 4.3.1.

[18] Vgl. Kreckel 1983b: 3ff.; Beck 1983: 35-74; ders. 1986; Berger 1986: 246ff.; Hradil 1990: 111-138; Berger/Hradil 1990.

[19] Vgl. Beck 1986; Schulze 1990: 409-432; ders. 1992; Hradil 1992b: 15ff.; Müller 1992: 19ff.

Deshalb orientiert sich die vorliegende empirische Untersuchung auch nicht an Studien der Journalismusforschung aus den 70er und frühen 80er Jahren, die an die klassische Sozialstrukturforschung angelehnt waren, sondern nutzt die Möglichkeiten der jüngeren soziographischen bzw. kultursoziologischen Milieuforschung, die den angesprochenen gesellschaftlichen Entwicklungen und damit verbundenen neueren Segmentierungsprozessen (wie auch deren dynamischen Veränderungen) in der Gesellschaft Rechnung trägt.[20] Das wohl prominenteste Milieumodell wurde Ende der 70er Jahre von Flaig und Ueltzhöffer entwickelt und unter dem Namen ,SINUS-Milieus' bekannt. Es liegt zahlreichen Untersuchungen der Sozial- und Politikforschung (wie auch der Marktforschung) zugrunde und wurde inzwischen mehrfach modifiziert und gesellschaftlichen Entwicklungen angepasst.[21]

Auch wenn ,Milieus' von den Autoren dort zunächst schlicht als „subkulturelle Einheiten innerhalb einer Gesellschaft" gefasst werden, „die Menschen ähnlicher Lebensauffassung und Lebensweise zusammenfassen",[22] liegt der Vorteil ihres Modells gerade darin, dass neben den subjektiven, Lebensstil und -strategien mitbestimmenden Wertorientierungen und lebensweltlichen Sinn- und Kommunikationszusammenhängen der Menschen auch deren „äußere Bedingungen" sozialer Lage wie Alter, Bildung, Einkommen und „Stellung im Produktionsprozess" mit berücksichtigt und in die Analyse aufgenommen werden und so einen integralen Bestandteil der Milieudefinition bilden.[23] Nach diesem Modell lassen sich folgende zehn sozialen Milieus voneinander unterscheiden:[24]

---

[20] Vgl. Hradil 1992b: ebd.; speziell zum Milieubegriff Hitzler/Honer 1984: 56ff.
[21] Zur Methode, Forschungslogik und Entwicklung des Modells siehe Flaig/Meyer/Ueltzhöffer 1994: 51-74.
[22] Ebd.: 55; siehe auch Ueltzhöffer/Flaig 1993: 61-81.
[23] So gingen der quantitativen Überprüfung und Validierung des Milieumodells durch eine 46 (heute noch 45) Statements umfassende Item-Batterie umfangreiche qualitative Untersuchungen voraus; vgl. Ueltzhöffer/Flaig 1993: 63f.; Flaig/Meyer/Ueltzhöffer 1994: 53.
[24] Zu Kurzbeschreibungen der einzelnen Milieus siehe Ueltzhöffer/Flaig 1993, S. 74-81, Flaig/Meyer/Ueltzhöffer 1994, S. 59-69. Auch wenn die Erläuterung der milieuspezifischen Grundorientierungen durch die Sozialforscher vor allem lebensstilbezogen erfolgt, wurde ihre Kurzcharakterisierung sozialer Milieus in den Anhang mit aufgenommen, um deren Charakteristika und die Unterschiede zwischen verschiedenen sozialen Milieus zu veranschaulichen.

- das Konservativ-technokratische Milieu (KON),

- das Kleinbürgerliche Milieu (KLB),

- das Moderne bürgerliche Milieu (MOB),

- das Traditionelle Arbeitermilieu (TRA),

- das Traditionslose Arbeitermilieu (TLO),

- das Hedonistische Milieu (HED),

- das Aufstiegsorientierte Milieu (AUF),

- das Moderne Arbeitnehmermilieu (MAR, früher NEA),

- das Liberal-intellektuelle Mileu (LIB) und

- das Postmoderne Milieu (POM).

Die verschiedenen sozialen Milieus repräsentieren unterschiedlich große Anteile der Bevölkerung, wobei es zwischen einzelnen Milieus Überlappungen und fließende Übergänge gibt; Milieugrenzen weisen also eine Unschärferelation auf. Das Modell folgt insofern der Raumkonzeption, als die erste Dimension die vertikale Differenzierung der Milieus nach unterschiedlichen sozialen Lagen und die zweite die Bandbreite soziokultureller Grundorientierungen abbildet. Die gegenwärtige Milieuverteilung für die Gesellschaft der Bundesrepublik veranschaulicht die Graphik auf der folgenden Seite.[25]

---

[25] Die stark lebensweltlich explizierten ‚Grundorientierungen', die mit ausgewiesen werden, sind nicht identisch mit den kulturellen Orientierungen sozialer Akteure, die in der Arbeit als Ausfluss des Habitus der Akteure identifiziert wurden. Aber zweifellos liegen beide nahe beieinander. Der Hauptunterschied liegt darin, dass die Grundorientierungen der Milieuforschung von der sozialen Lage gerade geschieden werden, während die kulturellen Orientierungen und Weltsichten der Akteure sich ja gerade als positions- und sozialerfahrungsbedingt erwiesen und deshalb im Schnittfeld zwischen der vertikalen und horizontalen Dimension der sozialen Milieus anzusiedeln sind.

Abb. 1:   Die sozialen Milieus in Deutschland 1998

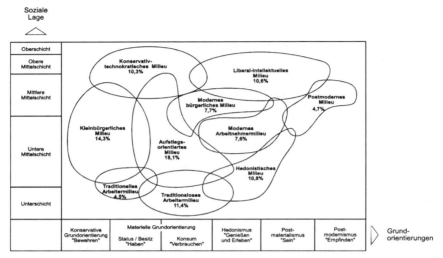

Quelle: SIGMA-Institut Mannheim, 1999.

Eine soziale Verortung von Journalisten anhand dieses Milieumodells ermöglicht es nun zum einen, Journalisten als Angehörige unterschiedlicher Segmente der Bevölkerung zu identifizieren. Denn ein Ziel der Untersuchung war es, durch die Ermittlung der Milieuzugehörigkeit ein differenziertes Bild der unterschiedlichen Positionen von Journalisten in der Gesellschaft der Bundesrepublik zu gewinnen, das dann zur Milieustruktur der Gesamtbevölkerung ins Verhältnis gesetzt werden kann. Darüber hinaus sollte eine weiterführende Analyse die Frage nach Unterschieden der Zusammensetzung der journalistischen Berufsgruppe innerhalb einzelner Bereiche der Medien erlauben: etwa der spezifischen Rekrutierung journalistischer Akteure bei Print- und bei Funkmedien, aber auch innerhalb von Medienbetrieben je nach Ressortzugehörigkeit oder Position innerhalb der Redaktionshierarchie. Bevor darauf eingegangen wird, ist es unerlässlich, das forschungspraktische Vorgehen bei der Erhebung zu erläutern.

2 Zur empirischen Untersuchungsanlage

2.1 Die Untersuchungsmethode

Als empirische Methode zur Durchführung der Studie erschien einzig die schriftlich-postalische Befragung sinnvoll. Für groß angelegte Datenerhebungen mit vielen Variablen gibt es in der Sozialforschung ohnehin keine Alternative zur schriftlichen Befragung, die nicht umsonst die in den Sozialwissenschaften am häufigsten angewandte Methode der Datensammlung ist. Persönliche standardisierte Interviews mit den Befragten jedenfalls waren, wie man sich vorstellen kann, aus forschungsökonomischen Gründen von vornherein ausgeschlossen.

Damit wurde eine Methode gewählt, die insbesondere in der Journalismusforschung vielfach problematisiert und stark kritisiert worden ist. Die bei dieser Kritik vorgetragenen Gründe sind bereits weiter oben in der Arbeit diskutiert worden: Alltagsrationale Plausibilisierungen von Journalisten, auf Befragung hin evoziert, könnten einer theoretisch begründeten Journalismusforschung kaum Erhellendes zur wissenschaftlichen Erkenntnis über den Gegenstand beisteuern.[26] Diese Kritik verdient ein ernsthaftes Nachdenken über das Tun empirischer Journalismusforschung. Die Erhebungsmethode einer postalischen standardisierten Befragung erscheint im vorliegenden Fall jedoch unproblematisch, weil die Rekonstruktion der Milieuzugehörigkeit nicht im Anschluss an Selbstauskünfte der Befragten erfolgte, sondern über den Zwischenschritt des Rückgriffs auf das über Jahre erprobte und forschungsbewährte Instrument der empirischen Milieuforschung: den Milieu-Indikator.

2.2 Der Fragebogen

Der Fragebogen der empirischen Untersuchung bestand aus einem elf Seiten langen und 49 Fragen umfassenden Fragebogen, dessen innerer Aufbau eine Unterteilung in vier zentrale Bestandteile erlaubt:[27] Die ersten 22 Fragen waren berufsbezogen, betrafen Berufsdauer, Ausbildung, Anstellungsverhältnis, Redaktionsposition, Angaben zu Art und Umfang der redaktionellen Kerntätigkeiten sowie zur Berufszufriedenheit, und waren alle vergleichsweise leicht zu beantworten. Den zweiten Teil

---

[26] Siehe zuletzt Rühl 2000: 69.

[27] Auf die allgemeine Diskussion zu methodischen Vor- und Nachteilen der schriftlich-postalischen Befragung braucht an dieser Stelle nicht eingegangen zu werden; vgl. hierzu Schnell/Hill/Esser 1995: 299ff.; Lamnek 1980: 131ff.; Dillman 1978: 39ff.

des Fragebogens bildete der bereits genannte Milieuindikator, eine umfangreiche I-
tem-Batterie, auf die gleich noch eigens eingegangen wird. Sie bildete den kritischen Teil des Fragebogens, da die Fragen weniger leicht zu beantworten waren und
von der Anmutung her bei den Befragten durchaus Widerstände hervorrufen konnten. Wie sich später zeigte, wurde die Befragung von den Befragten wenn, dann zu
Beginn oder während der Beantwortung dieser Statements abgebrochen. Im Anschluss daran wurden sieben Fragen zu politischen Einstellungen der Journalisten
gestellt, bevor im Schlussteil der Befragung 19 Fragen zur Soziodemographie zu
beantworten waren, die auch Auskünfte zur familiären Lebenssituation sowie zu
Herkunfts- und Wohnort beinhalteten.

Die berufssoziologischen und soziodemographischen Bestandteile des Fragebogens orientierten sich wo möglich und sinnvoll an den Interview-Fragebögen der
beiden umfangreichen Journalismus-Studien vom Anfang der 90er Jahre, nämlich
der Erhebung „Journalismus in Deutschland" der Münsteraner Forschungsgruppe
Journalistik um Weischenberg, Löffelholz und Scholl sowie der „Sozialenquete"
über die Journalisten in Deutschland, die von den Hannoveraner Kommunikations-
wissenschaftlern Schneider, Schönbach und Stürzebecher in Verbindung mit der
Arbeitsgruppe Kommunikationsforschung München (AKM) und dem Fachgebiet
für Kommunikationswissenschaft und Journalistik der Universität Stuttgart-Hohen-
heim durchgeführt worden war.[28] Die Anlehnung an deren Fragen sollte – unter Berücksichtigung des zeitlichen Abstands zur eigenen Erhebung – einen Abgleich der
berufssoziologischen Befunde wie auch der Sozialstatistik mit den beiden bundesweiten Journalismuserhebungen ermöglichen. Daneben dienten die Daten im berufssoziologischen und dem sozialstatistischen Teil des Fragebogens der Differenzierung der Milieudaten im Hinblick auf journalistische Teilbereiche sowie im Falle
von Alter, Bildung, Einkommen und sozialer Herkunft als Kontrollvariablen für die
Milieubefunde.[29]

Der mittlere Teil des Fragebogens schließlich sollte der Beantwortung der Frage
nach den Positionen von Journalisten im sozialen Raum dienen, operationalisiert
über deren Zugehörigkeit zu den verschiedenen sozialen Milieus der Gesellschaft.
Er wurde flankiert durch Fragen zur sozialen Herkunft, d.h. Fragen nach Ausbildung

---

[28]   Vgl. Weischenberg/Löffelholz/Scholl 1993, 1994; Schneider/Schönbach/Stürzebecher 1993; Bö-
       ckelmann/Mast/Schneider 1994.
[29]   Im übrigen wäre – auch dieser Aspekt darf nicht unterschätzt werden – die Befragung vermutlich
       nicht erfolgreich durchzuführen gewesen, wenn man den Journalisten ausschließlich Fragen zur
       Ermittlung der Milieu-Zugehörigkeit vorgelegt hätte; vermutlich hätte eine Dominanz des Milieu-
       Indikators innerhalb des Fragebogens zu einem starken Anstieg der Abbrecher-Quote geführt.

sowie nach ausgeübtem Beruf der beiden Eltern, um mögliche Hinweise auf generationenspezifische Habitustraditionen nicht zu übersehen. Die Rekonstruktion der Zugehörigkeit zu einem der sozialen Milieus erlaubte schließlich der Milieu-Indikator. Dieses von Flaig und Ueltzhöffer entwickelte und inzwischen auch von anderen Sozialforschungseinrichtungen verwendete Instrument besteht aus einer Liste mit 45 Statements zu verschiedenen Aspekten des gesellschaftlichen, politischen, beruflichen und privaten Lebens, zu denen auf einer vierstufigen Skala jeweils die relative Zustimmung bzw. Ablehnung anzukreuzen ist.

Die Auswertung der milieuspezifischen Daten nach der Erhebungsphase erfolgte durch das SIGMA-Institut in Mannheim, das (wie das Heidelberger SINUS-Institut) seit Jahren erfolgreich mit dem Modell der sozialen Milieus arbeitet. Zur Ermittlung der Zugehörigkeit zu diesen Milieus konnten die Datensätze der Itemlisten von 542 Befragten herangezogen werden, d.h. dass die Befragten eine Beantwortung der Statements lediglich in 23 Fällen verweigerten oder während der Beantwortung abbrachen. Die Rekonstruktion der sozialen Milieus erfolgte vor allem deshalb nach dem Verfahren der genannten Institute, weil diese ihre Forschungsinstrumente über Jahre hinweg empirisch überprüft (und weiterentwickelt) haben, und weil die Identität des Messverfahrens die größtmögliche Vergleichbarkeit zu entsprechenden aktuellen Repräsentativbefunden zur Gesamtbevölkerung gewährleistet.

2.3   Die Auswahl der Befragungspersonen

Im Hinblick auf die Bestimmung des Forschungsobjekts bekommt man es bei Befragungen von Journalisten mit zwei Schwierigkeiten empirischer Journalismusforschung zu tun: dem Problem, Journalismus stringent zu definieren und nach außen abzugrenzen, und dem Umstand, dass auch in den Medien selbst die Grenzen bei der Einschätzung journalistischer und nicht-journalistischer Tätigkeiten in Redaktionen durchaus unterschiedlich gezogen werden.[30] Wichtig ist also eine möglichst präzise Bestimmung derjenigen Tätigkeiten, die als journalistisch identifiziert werden können, sowie bei der Operationalisierung über die Medien (Personalabteilungen, Geschäftsführungen, Redaktionsleitungen), dass deren Erfassung journalistischer Mitarbeiter sich nach der in der Studie verwendeten Definition richtet.

Dabei kann an Ergebnisse der kommunikationswissenschaftlichen Diskussion zur Bestimmung von Journalisten angeknüpft werden.[31] Als Journalisten sollen die-

---

[30]   Zu den Schwierigkeiten, den Gegenstand der Journalismusforschung zu identifizieren, vgl. Rühl 1980: 11ff.; Saxer 1997: 39ff.; vgl. auch Scholl 1997: 468ff.

[31]   Vgl. Neuberger 1994; Scholl 1997.

jenigen Mitarbeiter in den Redaktionen der Medienunternehmen gelten, die an der Entstehung bzw. Herstellung massenmedialer Aussagen redaktionellen Inhalts beteiligt oder für diese verantwortlich sind. Das umfasst alle Inhaber journalistischer Arbeitsrollen wie Volontäre, Redakteure, Bildredakteure, Reporter, Korrespondenten, Kolumnisten, leitende Redakteure und Ressortleiter, Chefredakteure und jeweils ihre Stellvertreter. Verleger, Herausgeber, Studioleiter, Moderatoren, Pressefotographen und Redaktionsassistenten gehören nur dann zum journalistischen Personal, wenn sie zugleich journalistische Kerntätigkeiten ausüben.[32] Gleichzeitig gilt es, die redaktionelle Tätigkeit von Journalisten gegenüber etwa PR-Redakteursarbeiten abzugrenzen. Da der vorliegenden Studie ein enger Begriff von aktuellem und thematisch universellem Journalismus zugrunde lag, stellte sich dieses Problem erst bei der Überprüfung des Rücklaufs, wenn etwa Medienbetriebe ihre eigenen PR-Mitarbeiter als Journalisten mit ausgewiesen hatten.

Zu den Journalisten sind natürlich auch freie Journalisten zu zählen, wenn auch nicht jeder, der freiberuflich journalistisch arbeitet. In der Forschung hat man eine Orientierung an der berufssoziologischen Unterscheidung von haupt- und nebenberuflichen Journalisten vorgeschlagen: Ehrenamtlich oder nebenberuflich journalistisch Tätige werden demnach aus dem Objektbereich ausgeschlossen. Die Operationalisierung läuft dabei über die in der journalistischen Praxis üblichen Bezeichnungen wie ‚feste Freie', ‚arbeitnehmerähnliche', ‚regelmäßige' oder ‚ständige' freie Mitarbeiter.[33]

De facto erfolgte die Bestimmung des Forschungsobjekts, da die Ermittlung der Grundgesamtheit nur über die Medienunternehmen vorgenommen werden konnte, über die Zurechnung zu den Journalisten durch Mitarbeiter der Personalabteilungen, Geschäftsführungen und Redaktionsleitungen. Von daher wurde in den Anschreiben an die Verantwortlichen der Medienbetriebe gebeten, diese Definition von journalistischen Mitarbeitern zur Grundlage der internen Aufstellungen zu machen. Bewusst wurde gegenüber den Ansprechpartnern von der allgemein bekannten ‚Berufsbild'-Bestimmung des Deutschen Journalisten-Verbands ausgegangen. Danach ist

„Journalist/in, wer hauptberuflich, produktiv oder dispositiv Informationen sammelt, auswertet und/oder prüft und unterhaltend, analysierend und/oder kommentierend aufbereitet, sie in Schrift, Ton und/oder Bild über ein Medium an die Öffentlichkeit vermittelt oder den öffentlichen Medien zu dieser Übermittlung bereitstellt."

---

[32]   Ein für seine Moderationstexte auch recherchierender und redigierender Moderator gehört dann zu den Journalisten, obwohl die Moderation selbst nicht zu den journalistischen Kerntätigkeiten gerechnet wird.

[33]   Vgl. Scholl 1997: 478.

Zusätzlich wurden die Ansprechpartner in den Medien darüber informiert, was ausgegrenzt werden sollte: Nicht dazu gezählt werden sollten Tätigkeiten im Verlagsbereich (bzw. Verwaltungsbereich beim Rundfunk), im Anzeigenwesen und in der Technik. Für den Rundfunk gilt zudem, dass die Tätigkeiten von (reinen) Kameraleuten, Cuttern, ausschließlichen Moderatoren sowie Programmplanern nicht zu den journalistischen Tätigkeiten gerechnet werden. Das gilt auch für Tätigkeiten im Bereich Marketing und PR in Medienunternehmen. Mit erfasst werden sollten auf jeden Fall auch Korrespondenten, redaktionelle Mitarbeiter von Supplements und gegebenenfalls von an das Unternehmen angeschlossenen Online-Redaktionen.

Eine weitere Abgrenzung wurde notwendig hinsichtlich der berücksichtigten Medienunternehmen. Einbezogen wurden die im Journalismus Tätigen von Tageszeitungen, Wochenzeitungen, einem Nachrichtenmagazin, des öffentlich-rechtlichen und des privaten Hörfunks und Fernsehens sowie von Zulieferern bzw. freien Produktionsfirmen. Ausgeklammert wurden Agenturjournalisten, Journalisten von Publikums- und Fachzeitschriften sowie Mitarbeiter kostenlos verbreiteter Anzeigenblätter, weil die Fallzahlen entweder deutlich zu niedrig gewesen wären oder die entsprechenden Medien nicht dem aktuellen Journalismus im engeren Sinne zuzuordnen sind. Unberücksichtigt blieben darüber hinaus ein Spartensender im Privatfunkbereich, der über kein breites redaktionelles Angebot verfügt, und ein weiterer Sender aus München, weil die Redaktion des Unternehmens ihren Sitz in Hamburg hat.

3 Durchführung der Erhebung

3.1 Ermittlung der Grundgesamtheit

Eine erste Hürde der Untersuchung bestand darin, dass zur Ermittlung der Grundgesamtheit genaue Aufstellungen über die festangestellten und (regelmäßig für ein Medium arbeitenden) freien Mitarbeiter aus allen infrage stehenden Redaktionen unerlässlich waren, da die Anzahl der in den bzw. für die Redaktionen arbeitenden Journalisten nicht bekannt war und es darüber auch keine offiziellen Statistiken gibt. Da für die geplante Stichprobenziehung eine rein quantitative Angabe nicht ausreichte, sondern einzelne Journalisten konkret für die Teilnahme an der Befragung ausgewählt werden sollten, waren namentliche oder anonymisierte Aufstellungen der Mitarbeiter aus allen Redaktionen erforderlich. Dies setzte die Kooperations- und Auskunftsbereitschaft der Verantwortlichen in den jeweiligen Medienbetrieben voraus. Gleichzeitig stellte es sich als notwendig und sinnvoll heraus, das Verfahren in Rechtsabteilungen und von Datenschutzbeauftragten der großen bayerischen Medienbetriebe prüfen zu lassen und deren Einverständnis für das weitere Vorgehen einzuholen. ‚Grünes Licht' für das angestrebte Verfahren gab es von den Verantwortlichen der Rechtsabteilungen im Oktober 1998, knapp sechs Monate vor der eigentlichen Erhebungsphase.

Die Vorab-Ermittlung der infrage stehenden Redaktionen bayerischer Medienunternehmen nach Stamm, Zimpel und der Schütz'schen Stichtagszählung von 1997 ergab insgesamt 341 Redaktionen, die nur dann nicht einzeln kontaktiert werden mussten, wenn sie als Lokalredaktionen größerer Tageszeitungen über die Chefredaktion oder Verlagsleitung des Mutterblattes mit erfasst werden konnten. Insgesamt waren Kontaktaufnahmen mit knapp 160 Ansprechpartnern bayerischer Medienunternehmen erforderlich, wobei sich die Gespräche mit Chefredakteuren oder Programmleitern durch zusätzliche Verhandlungen mit Herausgebern von Printtiteln bzw. Geschäftsführern von Privatfunk-Unternehmen nicht selten über Wochen hinzogen. Die Phase, in der versucht wurde, die Verantwortlichen der infrage stehenden Medien für eine Beteiligung (und die dabei erforderliche Zusammenarbeit) zu gewinnen, erstreckte sich von Oktober 1998 bis Februar 1999.[34] Informationsschreiben, Faxe, Telefonatgespräche und bisweilen auch persönliche Besuche bei Chefredakteuren und in Redaktionskonferenzen sollten die Voraussetzung für eine möglichst präzise Ermittlung der Anzahl aktuell arbeitender Journalisten in Bayern schaffen, aus der es dann in einem zweiten Schritt eine Zufallsstichprobe für die eigentliche Befragung zu ziehen galt. Die Bestimmung der Grundgesamtheit konnte Anfang Februar 1999 abgeschlossen werden.

Von den genannten 341 Redaktionen beteiligten sich schließlich 332 an der Untersuchung, so dass der Beteiligungsgrad bei über 97 Prozent liegt. Acht Redaktionen bzw. Medienunternehmen wollten an der Untersuchung nicht teilnehmen (darunter ein Spartensender, dessen Redaktion kein breites aktuell-journalistisches Programm erstellt); ein Organ wurde während des Untersuchungszeitraums eingestellt. Von den acht Redaktionen, die nicht teilnahmen, waren immerhin sechs bereit, zumindest die Mitarbeiterstärke ihrer Redaktion offen zu legen; in den zwei übrigen Fällen ließ sich die Redaktionsgröße über Angaben im Zimpel zumindest grob ermitteln, sodass die Anzahl journalistischer Mitarbeiter in den aktuell arbeitenden Redaktionen bayerischer Medienunternehmen nahezu komplett erfasst werden konnte.

Aufgeschlüsselt nach Medien wurden bei den Tageszeitungen 25 eigenständige Zeitungstitel bayerischer Medienunternehmen plus ‚Bild' München und ‚Bild' Nürnberg mit insgesamt 230 Redaktionen ermittelt (von denen sich zwei nicht an

---

34   Von daher könnte sich in Einzelfällen ein Problem mit der Aktualität von Aufstellungen journalistischer Mitarbeiter ergeben haben, bedenkt man die zum Teil hohe Personalfluktuation besonders bei freien Mitarbeitern – ein Problem, das bei dem gewählten Erhebungsverfahren aber wohl unvermeidlich ist.

der Untersuchung beteiligt haben). Bei den wöchentlichen Printtiteln ergaben sechs Wochenzeitungen und ein Nachrichtenmagazin entsprechend sieben Redaktionen, von denen zwei sich nicht beteiligten und eine Redaktion aus der Grundgesamtheit herausfiel, weil das Erscheinen ihrer Wochenzeitung während des Untersuchungszeitraums eingestellt und die Redaktion aufgelöst wurde.

Im Bereich des Rundfunks wurden insgesamt 59 Hörfunksender ermittelt (neben dem Bayerischen Rundfunk 58 private Anbieter, von denen sich zwei nicht an der Erhebung beteiligten), beim Fernsehen waren dies insgesamt 34 Anbieter, nämlich außer dem Bayerischen Fernsehen sieben landesweite Anbieter (darunter das ZDF-Landesstudio und das RTL-Landesstudio Süd, deren Unternehmen zwar nicht in Bayern beheimatet sind, die aber eine eigenständige Redaktion in der bayerischen Landeshauptstadt unterhalten) sowie 26 lokale bzw. regionale TV-Anbieter (von denen ein kleinerer Sender an der Untersuchung nicht teilnahm). Die Zahl der erfassten Zulieferbetriebe bzw. freien Produktionsfirmen liegt mit elf Unternehmen (die sich alle an der Untersuchung beteiligten) sicherlich zu niedrig; hier ist das Problem, dass diese Betriebe nicht vollständig in Redaktionsaufstellungen erfasst und ausgewiesen werden. Insgesamt ergab dies drei öffentlich-rechtliche und 101 Privatfunk-Redaktionen.

Alle ermittelten Redaktionen wurden im Winter 1998/99 um eine Aufstellung der hauptberuflichen festen und ‚festen' Freien, also arbeitnehmerähnlich oder zumindest regelmäßig für diese Redaktion arbeitenden freien Journalisten gebeten. Es zeigte sich, dass die Zugehörigkeit zum ‚Stamm' der Freien von den Redaktionen im Bereich der Tageszeitungen sehr restriktiv ausgelegt wird.

3.2   Zum Erhebungsverfahren

Das Erhebungsverfahren selbst war zweistufig angelegt und ließ den Redaktionen bzw. Medienunternehmen die Wahl zwischen zwei Optionen: Entweder sollte man uns aus den Redaktionen namentliche Aufstellungen der Journalisten zusenden, oder eine interne namentliche Aufstellung sollte durchnumeriert und uns dann nur die Nummern der ‚Festen' und die Nummern der ‚Freien' mitgeteilt werden (wobei eine spätere Zuordnung der Nummern zu den Namen der Mitarbeiter unerlässlich war und von den Redaktionen auch garantiert wurde). Im ersteren Fall konnten die später per Zufallsauswahl aus der ermittelten Grundgesamtheit gezogenen Journalisten direkt angeschrieben und die Befragungsunterlagen ihnen persönlich zugesandt werden. Im zweiten Fall gingen die Befragungsunterlagen gemeinsam mit den bei der Zufallsauswahl gezogenen Nummern an Ansprechpartner in den Personal- und Honorarabteilungen der Medienunternehmen, die die Befragungsunterlagen anhand der Nummern mit den dahinter stehenden Personen identifizieren und dann an die entsprechenden Journalisten weiterleiten mussten. Eine schematische Übersicht über das zweistufige Erhebungsverfahren zeigt die Abbildung auf der folgenden Seite.

Abb. 2:   Übersicht über das Erhebungsverfahren zu der Befragung

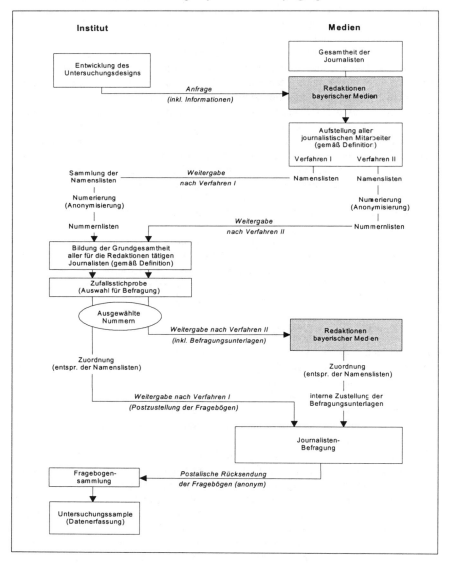

Wie Tabelle 1 ausweist, wurden knapp zwei Drittel der Befragten nach dem zweiten, komplett anonymisierten Verfahren erreicht; immerhin mehr als ein Drittel der angefragten Medien aber war zu einer namentlichen Aufstellung der journalistischen Mitarbeiter bereit.[35] In diesem Fall konnten die per Zufallsauswahl bestimmten Befragungspersonen persönlich angeschrieben werden.

Tab. 1: Die Medienredaktionen und das von ihnen gewählte Verfahren

341 Redaktionen insgesamt		
332 beteiligte Redaktionen, davon	206 mit anonymisiertem Verfahren	(= 62 %)
	126 mit namentlichem Verfahren	(= 38 %)
aufgeschlüsselt nach Medien:		
Tageszeitungen:		
230 Redaktionen, davon	127 mit anonym. Verfahren	(= 56 %)
	101 mit namentl. Verfahren	(= 44 %)
	2 an der Untersuchung nicht beteiligt	
Wochentitel:		
7 Redaktionen, davon	2 mit anonym. Verfahren	(= 50 %)
	2 mit namentl. Verfahren	(= 50 %)
	1 im Untersuchungszeitraum eingestellt	
	2 an der Untersuchung nicht beteiligt	
Öffentl.-rechtl. Rundfunk:		
3 Redaktionen, davon	3 mit anonym. Verfahren	(= 100 %)
	0 mit namentl. Verfahren	
Privater Rundfunk/Zulieferer:		
101 Redaktionen, davon	74 mit anonym. Verfahren	(= 76 %)
	23 mit namentl. Verfahren	(= 24 %)
	1 aus der Untersuchung ausgeschlossen	
	3 an der Untersuchung nicht beteiligt	

---

[35] Obwohl sich immerhin neun mittelgroße bis große bayerische Tageszeitungen mit ihren angeschlossenen Lokalredaktionen für das namentliche Verfahren entschieden, waren bei den Zeitungen tendenziell eher kleine Lokalredaktionen und Kleinstredaktionen von Bezirksausgaben bereit, die Namen der journalistischen Mitarbeiter offenzulegen.

Um die Akzeptanz für eine Beteiligung bei den Medienunternehmen zu erhöhen, wurden im Zuge der Befragung weder der Name des Befragten noch der des Mediums erfasst. Auch die Rücksendung der Fragebögen verlief vollständig anonymisiert, so dass eine nachträgliche Zuordnung von Antworten auf konkrete Medienredaktionen ausgeschlossen werden konnte. Damit lässt sich auch nicht mehr feststellen, ob sich beide Erhebungsvarianten, namentliche/direkte und anonymisierte/redaktionsvermittelte, hinsichtlich des Erreichens der Befragungspersonen bzw. der Rücklaufquote voneinander unterschieden haben.

3.3   Grundgesamtheit journalistischer Redaktionen in Bayern

Die ermittelte Grundgesamtheit besteht aus 5062 Journalisten, von denen rund 40 wegen Nichtbeteiligung ihrer Redaktion an der Untersuchung bei der Stichprobenziehung unberücksichtigt bleiben mussten. Die Angaben aus den Redaktionen und Medienbetrieben über die Anzahl ihrer journalistischen Mitarbeiter waren dabei nach fest angestellten und ‚festen' freien Journalisten differenziert.

Allerdings bestätigte sich die Vermutung, dass die Bestimmung der ‚festen' Freien in den Medien selbst alles andere als eindeutig ist: Manche Medienbetriebe zählen alle regelmäßig für die Redaktion tätigen freien Journalisten dazu, andere halten sich an die tarifvertragliche Festlegung von den arbeitnehmerähnlichen Freien. Hinzu kam, dass im Februar 1999 die Gesetzesnovelle zur Neuregelung der geringfügig Beschäftigten, das sogenannte Scheinselbständigengesetz, in Kraft trat. Mitunter verringerte das die Bereitschaft der Unternehmen, über ihren ‚Bestand' an Freien Auskunft zu geben. In der ermittelten Grundgesamtheit jedenfalls beträgt der Anteil der ‚festen' Freien rund 27 Prozent aller journalistischen Mitarbeiter aktuell arbeitender Redaktionen in Bayern. Allerdings, und dieser Befund stimmt mit früheren Untersuchungen überein, gibt es dabei deutliche Unterschiede zwischen verschiedenen Medienarten.

Während bei den Zeitungen und zum Teil auch beim privaten Rundfunk eine nicht bekannte Zahl an (hauptberuflichen) freien Journalisten hinzukommt, die unregelmäßig oft für einzelne Redaktionen und in der Regel für mehrere Medien gleichzeitig arbeiten (und über deren Bestand die Redaktionen häufig gar nicht Buch führen bzw. Auskunft geben können), arbeitet der öffentlich-rechtliche Rundfunk mit einem festen Stamm ‚freier Mitarbeiter', deren Anzahl inzwischen die der fest angestellten Journalisten in den Rundfunkanstalten übersteigt. Die folgende Übersicht zeigt die Anteile nach Medien aufgeschlüsselt.

Tab. 2: Die Zusammensetzung der Grundgesamtheit

5021 Journalisten, davon	3643 fest angestelle Journalisten	(= 72,6 %)
	1378 "feste" freie Journalisten	(= 27,4 %)
Printmedien:		
2987 Journalisten (= 59,4 %), davon	2519 feste Journalisten	(= 84,3 %)
	468 freie Journalisten	(= 15,7 %)
Öff.-rechtl. Rundfunk:		
884 Journalisten (= 17,6 %), davon	383 feste Journalisten	(= 43,3 %)
	501 freie Journalisten	(= 56,7 %)
Priv. Rundfunk/Zulieferer:		
1149 Journalisten (= 22,9 %), davon	740 feste Journalisten	(= 64,4 %)
	409 freie Journalisten	(= 35,6 %)

3.4   Stichprobe und Fragebogen-Rücklauf

Weil über die Zusammensetzung der Grundgesamtheit der Journalisten in Bayern keine ausreichenden Vorkenntnisse vorlagen, sollte jede Person der Grundgesamtheit die gleiche Chance erhalten, in die Stichprobe zu gelangen. Das Sample wurde also durch eine uneingeschränkte Zufallsstichprobe bestimmt, bei der 20 Prozent der vorab ermittelten 5021 Journalisten ausgewählt wurde. Die Stichprobenziehung ergab ein Sample von 1015 Journalisten. Von den 1015 Ende Februar 1998 verschickten Befragungsunterlagen wurden bis Anfang April desselben Jahres 603 Fragebögen zurückgesandt, das entspricht einem überraschend hohen Brutto-Rücklauf von 59,5 Prozent. Einige der Fragebögen, die von nur nebenberuflich tätigen Journalisten ausgefüllt worden waren, sowie zwei von PR- bzw. Marketing-Redakteuren aus Rundfunkbetrieben und diejenigen von ‚Abbrechern' wurden ausgesondert, so dass sich der verwertbare Netto-Rücklauf auf 55,9 Prozent beläuft.

Die einzige Möglichkeit, den Rücklauf auf etwaige Verzerrungen hin zu kontrollieren, stellt der anteilige Rücklauf von ausgefüllten Fragebögen fest angestellter und freier Journalisten aus den einzelnen Medienbereichen dar. Für die Repräsentativität der Erhebung ist dabei wichtig, dass eine systematische Verzerrung ausgeschlossen werden kann. Im Wesentlichen entsprechen die Rücklaufquoten auch tatsächlich den im Sample ermittelten Anteilen an Festen und Freien. Eine Übersicht über die Zusammensetzung der Respondenten und die Quoten in den Subsamples zeigt Tab. 3.

Tab. 3:   Sample, Rücklauf und Zusammensetzung der Respondenten

Anzahl Befragte	Anzahl Respondenten	Rücklauf
1015 Befragte insgesamt	603 Journalisten	59,5 %
verwertbare Antworten lieferten:	565 Journalisten	55,7 %
davon 753 feste Journ. (= 74,2 %)	456 feste Journ. (= 80,7 %)	60,5 %
262 freie Journ. (= 25,8 %)	109 freie Journ. (= 19,3 %)	41,6 %

Aufgeschlüsselt nach Medienbereichen:

Journalisten aus Printmedien-Redaktionen:

591 Befragte (= 58,2 %), davon	**332 Respondenten**	**56,2 %**
davon 498 feste Journ. (= 84,2 %)	296 feste Journ. (= 89,2 %)	59,4 %
93 freie Journ. (= 15,7 %)	36 freie Journ. (= 10,8 %)	38,7 %

Journalisten aus Redaktionen des öffentlich-rechtlichen Rundfunks:

191 Befragte (= 18,8 %), davon	**106 Respondenten**	**55,5 %**
davon 85 feste Journ. (= 44,5 %)	53 feste Journ. (= 50%)	62,4 %
106 freie Journ. (= 55,5 %)	53 freie Journ. (= 50%)	50,0 %

Journalisten aus Redaktionen des privat-kommerziellen Rundfunks: *

233 Befragte (= 22,9 %), davon	**127 Respondenten**	**54,4 %**
davon 170 feste Journ. (= 73 %)	107 feste Journ. (= 84,3%)	62,9 %
63 freie Journ. (= 27 %)	20 freie Journ. (= 15,7%)	31,7 %

*inkl. redaktionelle Mitarbeiter freier Produktionsfirmen bzw. von Zulieferern

Lediglich bei den Respondenten aus Zeitungsbetrieben und dem Bereich des priva-ten Rundfunks zeigt sich ein abweichendes Ergebnis: Betrug der Anteil der Freien innerhalb der Printmedien nach Angaben der Redaktionen 15,7 Prozent (Sample 15,7 Prozent), so beläuft er sich bei den Respondenten auf nur noch 10,8 Prozent; hier ist der Rücklauf mit rund 39 Prozent deutlich niedriger als bei den festangestell-ten Printjournalisten (59 Prozent). Und bei den privat-kommerziellen Rundfunkme-dien lag der Anteil der Freien bei rund 35 Prozent (Sample 27 Prozent), aber inner-halb der Respondenten beträgt er nurmehr knapp 16 Prozent; der Rücklauf ist hier mit unter 32 Prozent nur halb so hoch wie bei den fest angestellten Privatfunk-Journalisten.

Entsprechend wurde bei der späteren Datenauswertung das Verhältnis zwischen fest angestellten Journalisten und ‚festen' freien Mitarbeitern nur mit der nötigen Vorsicht dokumentiert und für genauere Analysen zwischen beiden Gruppierungen nicht herangezogen. Da jedoch keine Gründe für die Annahme einer systematischen Verzerrung sprechen, kann die Studie als repräsentativ für Journalisten aktuell arbeitender Medienredaktionen in Bayern gelten.

4 Befunde I: Journalisten in Bayern

Im Folgenden werden die Ergebnisse der redaktions- und berufsbezogenen Fragen der Erhebung dargelegt. Die Entscheidung, diese Ergebnisse in die Darstellung der Befunde mit aufzunehmen, obwohl sie nicht im Vordergrund des Untersuchungsinteresses standen, gründet zum einen darin, dass sie die Grundlage für einen Vergleich der Ergebnisse der vorliegenden Studie mit früheren Befunden anderer Erhebungen bilden. Auch werden später einige der in diesem Zusammenhang gewonnenen und hier präsentierten Daten für die Analyse der Sozialität journalistischer Akteure in jeweiligen Medienbereichen und Ressortbereichen herangezogen, ohne die keinerlei Aussagen über die Unterschiede der kulturellen Orientierungen und der damit einhergehenden Weltsichten journalistischer Akteure gemacht werden könnten. Sie werden deshalb hier knapp und weitgehend in Tabellenform dokumentiert.

4.1 Journalisten in den Medienredaktionen

Die befragten Journalisten in den bayerischen aktuell arbeitenden Medienredaktionen sind zwischen 20 und 65 Jahre alt, rund zwei Drittel von Ihnen sind unter 40. Das Durchschnittsalter beträgt 37,5 Jahre. Sie sind im Durchschnitt etwas über 13 Jahre im Journalismus tätig und arbeiten in der Regel als fest angestellte Redakteure für die zweite Redaktion in ihrem Berufsleben, und das seit durchschnittlich achteinhalb Jahren. Rund die Hälfte der befragten Journalisten arbeitet bei einer Tageszeitung. Tabelle 4 zeigt, wie sich die Journalisten auf die einzelnen Medientypen verteilen.

Fasst man die einzelnen Medientypen in Gruppen zusammen, so arbeiten fast 59 Prozent der Journalisten bei Printmedien, rund 19 Prozent beim öffentlich-rechtlichen Rundfunk und etwa 22 Prozent im Bereich des privat-kommerziellen Rundfunks und der freien Produktionsfirmen. Mithin steht fast jeder fünfte aktuell arbeitende Journalist Bayerns beim Bayerischen Rundfunk in Lohn und Brot; selbst wenn man in Rechnung stellt, dass die fürs ZDF-Landesstudio Bayern arbeitenden Journalisten hier mit erfasst sind. Von den befragten Journalisten sind rund vier Fünftel fest angestellt; lediglich 19,3 Prozent der Respondenten arbeiten als ‚feste Freie' für bayerische Medienunternehmen. 19 Befragte (oder 3,4 Prozent) von den 565 hauptberuflichen Journalisten gaben an, teilzeit-beschäftigt zu sein, und der Anteil derjenigen, die lediglich einen befristeten Arbeitsvertrag haben, beträgt mit 64 Journalisten etwas über 11 Prozent.

Tab. 4:   Zugehörigkeit der Journalisten zu den einzelnen Medientypen

Art des Mediums		Anzahl	Anteil in %
Tageszeitung		285	50,4
Wochenzeitung / Nachrichtenmagazin		28	4,9
Öffentlich-rechtlicher Hörfunk		57	10,1
Öffentlich-rechtliches Fernsehen		55	9,7
Privater Hörfunk		69	12,2
Privates Fernsehen		56	9,9
Zulieferer / freie Produktionsfirmen		10	1,8
	Summe	*565*	*100,0*

Verteilung auf die verschiedenen Ressorts:
Als schwierig erweist sich die Differenzierung der Berufsgruppe nach der Zugehörigkeit zu verschiedenen Ressorts, und das aus zwei Gründen: Zum einen wird in den verschiedenen Medien unter dem gleichen Ressorttitel oft unterschiedliches verstanden, zum anderen folgt der innere Aufbau von Redaktionen im privaten Hörfunk und Fernsehen nur in geringem Ausmaß der Logik des klassischen Ressortprinzips, wie es aus der Tageszeitung bekannt ist. Das gilt auch für die Ressortgruppen, zu denen die Einzelsparten zusammengefasst wurden: Danach arbeiten knapp 30 Prozent in den aktuellen Ressorts (Nachrichten, Politik, Wirtschaft, Aktuelles), rund 12 Prozent im Bereich Kultur (Feuilleton, Gesellschaft, Literatur, Soziales, Umwelt, Wissenschaft, Medizin), 33 Prozent im Ressortbereich Lokales/Regionales und schließlich knapp 12 Prozent im Bereich Unterhaltung und Sport.

Tab. 5:   Ressortzugehörigkeit der Journalisten nach verschiedenen Medien

Ressortzugehörigkeit	gesamt	Printmedien	Öff.-rechtl. Rfk.	Privatfunk
Nachr./Pol./Wirtsch.	29,4	17,1	47,1	47,9
Kultur/Gesellsch.	12,3	10,4	26,9	5,0
Lokales/Regionales	33,0	49,7	5,8	10,9
Unterhaltung/Sport	13,4	13,7	13,5	12,6
Sonstiges	11,8	9,1	6,7	23,5
Basis	*551*	*328*	*104*	*119*

Angaben in Spaltenprozent

Die Schwierigkeiten des intermediären Vergleichs dokumentiert Tabelle 5 unter anderem dadurch, dass die Zusammenfassung der aktuellen Ressorts in der ersten Gruppe im Printbereich mit drei klassischen Ressorts deutlich klarer umrissen ist als bei den Funkmedien und dass der Anteil der dieser Ressortgruppe angehörenden Journalisten bei den Zeitungen wesentlich niedriger ausfällt. Vor allem eine nur rudimentär ausgebildete Ressortgliederung in den Redaktionen des Privatfunks (in denen das Ressort ‚Aktuelles' sehr weit gefasst wird) führt zu entsprechend hohen Anteilen von Journalisten, die diesem Ressortbereich zugerechnet wurden.

Die schwindenden Ressortgrenzen im Privatfunk belegt auch der Umstand, dass fast ein Viertel aller Redaktionsangehörigen sich dort gar keinem festen Ressortbereich zuordnen lässt. Insgesamt wird dennoch deutlich, dass die Zeitungen nach wie vor einen ihrer Schwerpunkte im Bereich Lokales/Regionales haben, und dass beim öffentlich-rechtlichen Rundfunk die Kulturressorts einen wichtigen Pfeiler des Programmauftrags wie auch des redaktionellen Selbstverständnisses bilden.

Verteilung in der Redaktionshierarchie:
Untersucht man die Journalisten im Hinblick auf die Position innerhalb der Redaktionshierarchie, so lassen sich hier natürlich sinnvolle Aussagen nur für die fest angestellten Journalisten machen. Die Hälfte von ihnen arbeitet in den klassischen Redakteurspositionen (inkl. Reporterstellen), 9 Prozent sind Volontäre oder – was jedoch äußerst selten vorkam – Redaktionsassistenten, rund 28 Prozent haben (als leitende Redakteure, Ressortleiters, Leiter von Korrespondentenbüros etc.) mittlere Führungspositionen inne und immerhin 13 Prozent der Journalisten finden sich in den Leitungspositionen (Chefredakteure, stellvertretende Chefredakteure, Studioleiter) wieder, was auch damit zu tun hat, dass in den bisweilen kleinen Privatfunkredaktionen der Anteil höchster Redaktionspositionen überrepräsentiert ist (vgl. Tab. 6).

Tab. 6:   Anteile der Redaktionspositionen in verschiedenen Medien

Redaktionsposition	gesamt	Printmedien	Öff.-rechtl. Rfk.	Privatfunk
niedrig	9,0	8,1	7,5	12,3
mittel	49,8	53,2	52,8	38,7
höher	28,2	32,2	24,5	18,9
hoch	13,0	6,4	15,1	30,2
Basis	*454*	*295*	*53*	*106*

Angaben in Spaltenprozent

In der Untersuchung wurde mit erhoben, wie groß die Redaktion ist, für die die Journalisten (bei freien Journalisten: überwiegend) arbeiten. Es zeigte sich, dass 12 Prozent aller Journalisten in Redaktionen mit weniger als fünf, 26 Prozent in solchen mit weniger als zehn Redaktionsmitarbeitern beschäftigt sind. Auf die Redaktionsgröße bis 20 Mitarbeiter entfallen rund 17 Prozent, auf Redaktionen mit bis zu 50 Mitarbeitern 11 Prozent aller Befragten. Die Journalisten von Redaktionen mit über 50 Mitarbeitern machen natürlich einen relativ großen Anteil der Befragten aus: Mehr als jeder Dritte aktuell arbeitende Journalist in Bayern ist in einer dieser großen Redaktionen tätig. Im Bereich der Printmedien rekrutieren sich dabei fast die Hälfte aller Redaktionsmitarbeiter aus kleinsten und kleinen Redaktionen (bis 10 Mitarbeiter), bei den Medienunternehmen des privat-kommerziellen Rundfunks arbeiten rund 60 Prozent der journalistischen Mitarbeiter in kleinen und mittleren Redaktionen (bis 20 Mitarbeiter).

4.2   Bildung, Ausbildung und Einkommen von Journalisten

Rund die Hälfte aller Journalisten hat ein abgeschlossenes Studium vorzuweisen, nur etwa jeder achte Journalist hat die Schule vor Abschluss des Abiturs oder Fachabiturs verlassen. Dass Journalisten mit niedrigeren Bildungsgraden vor allem in den höheren und hohen Altersgruppen zu finden sind, während rund 95 Prozent der Journalisten in der niedrigeren und mittleren Altersgruppe mittlere bis hohe Abschlüsse vorzuweisen haben, kann dabei nicht überraschen. Differenziert man den Bildungsgrad der Journalisten nach den Medienarten, bei denen sie arbeiten, zeigt sich, dass sich Printjournalisten vor allem aus den Gruppen mit mittlerer und hoher Bildung rekrutieren, während es beim öffentlich-rechtlichen Rundfunk zu drei Viertel die Gruppe mit hohen Bildungsabschlüssen ist. Beim Privatfunk dominieren Journalisten mit mittleren Bildungsgraden; auch ist hier der Anteil der Studienabbrecher vergleichsweise hoch (vgl. Tab. 7).[36]

---

[36]   Dass der Akademikeranteil bei den befragten Journalisten in Bayern niedriger ist als in den Befunden der Münsteraner Studie „Journalisten in Deutschland" liegt daran, dass in der damaligen Erhebung durch den Einbezug der ostdeutschen Journalisten, die in der DDR das Journalistik-Studium in Leipzig absolviert haben mussten, der Anteil von Journalisten mit Studienabschluss mit 60 Prozent zu hoch ausfiel (vgl. Weischenberg/Löffelholz/Scholl 1994: 155f.). Das gilt erst recht für den Journalistenanteil, der Diplom-Journalistik studiert hat; siehe den Befund auf der folgenden Seite.

Tab. 7: Bildungsgrad nach Zugehörigkeit zu Medien

Bildungsgrad	gesamt	Printmedien	Öff.-rechtl. Rfk.	Privatfunk
niedrige Bildung	13,3	17,2	5,8	9,4
mittlere Bildung	36,8	38,3	19,2	47,2
höhere Bildung	49,9	44,6	75,0	43,3
Basis	*563*	*332*	*104*	*127*

Angaben in Spaltenprozent

Bei den Fragen zur berufsbezogenen Ausbildung gaben 63,6 Prozent der Befragten an, über einen Volontariatsabschluss zu verfügen, knapp 9 Prozent haben eine Journalistenschule besucht und 9,5 Prozent ein Journalistik-Studium absolviert (rund ein Viertel davon in der Kombination von Journalistik-Studium und Journalistenschule). Während die ehemaligen Journalistenschüler eher in den Zeitungsjournalismus oder zum öffentlich-rechtlichen Rundfunk gehen, entscheidet sich von den Absolventen der Journalistik-Studiengänge mehr als jeder Dritte für eine berufliche Tätigkeit im Bereich des Privatfunks. Auffallend ist der Befund, dass der Anteil der volontierten Journalisten beim öffentlich-rechtlichen Rundfunk deutlich niedriger ausfällt als bei den übrigen Medien (vgl. Tab. 8).

Tab. 8: Volontariatsabschluss nach Zugehörigkeit zu Medien

Journalisten	gesamt	Printmedien	Öff.-rechtl. Rfk.	Privatfunk
ohne Volontariat	36,8	27,4	70,8	33,1
mit Volontariat	63,2	72,6	29,2	66,9
Basis	*565*	*332*	*106*	*127*

Angaben in Spaltenprozent

Einkommensverteilung:

Was das monatliche Netto-Einkommen der Journalisten insgesamt anbelangt, so zeigt sich, dass deren Verteilung recht breit streut: Die größte Einkommensgruppe stellen nicht ganz überraschend diejenigen Journalisten, die zwischen 4.000 und 5.000 DM netto im Monat verdienen, dicht gefolgt von der Gruppe mit Einkommen zwischen 3.000 und 4.000 DM. Doch immerhin mehr als jeder vierte Journalist muss mit einem Netto-Verdienst unter 3.000 DM monatlich auskommen; etwa genauso hoch ist auch der Anteil derjenigen, die über 5.000 DM im Monat beziehen. Teilt man die Journalisten in Bezieher niedrigerer, mittlerer und höherer Einkommen, so lassen sich diese nach der Zugehörigkeit zu den Medienbereichen differenzieren. Das Ergebnis veranschaulicht die folgende Tabelle.

Tab. 9: Monatliches Netto-Einkommen nach Zugehörigkeit zu Medien

Einkommen	gesamt	Printmedien	Öff.-rechtl. Rfk.	Privatfunk
bis 3.000 DM	27,6	23,2	16,5	48,4
bis 5.000 DM	44,7	48,9	41,7	36,3
über 5.000 DM	27,6	27,9	41,7	15,3
Basis	*550*	*323*	*103*	*124*

Angaben in Spaltenprozent

4.3   Journalistisches Arbeiten, Berufsalltag und Berufszufriedenheit

Die Journalisten in Bayern arbeiten ihrer eigenen Einschätzung zufolge durch-schnittlich 45,7 Stunden pro Woche. Rund ein Drittel aller Befragten gibt an, eine durchschnittliche Wochenarbeitszeit unter (und bis zu) 40 Stunden zu haben; im-merhin fast die Hälfte erklärt, im Durchschnitt zwischen 40 und 50 Stunden in der Woche zu arbeiten und bei 17 Prozent der Befragten liegt die Arbeitszeit laut Selbstauskunft bei durchschnittlich über 50 Stunden pro Woche. Dabei zeigen sich innerhalb der Gesamtzahl der befragten Journalisten Unterschiede hinsichtlich der Position, die sie innerhalb der Redaktionshierarchie einnehmen, wie Tabelle 10 ver-deutlicht.

Tab. 10: Durchschnittliche Wochenarbeitszeit nach Redaktionsposition

Wochenstunden	gesamt	Position			
		niedrig	mittel	höher	hoch
bis 40	31,1	32,5	37,7	22,8	22,8
40 bis 45	27,9	32,5	31,4	25,2	17,5
45 bis 50	23,6	25,0	20,0	30,7	21,1
über 50	17,3	10,0	10,9	21,3	38,6
Basis	*444*	*40*	*220*	*127*	*57*

Angaben in Spaltenprozent

Im Hinblick auf den Berufsalltag der Journalisten in aktuell arbeitenden Redaktio-nen wurde auch nach typischen redaktionellen Tätigkeiten gefragt, die diese regel-mäßig, gelegentlich oder nie ausführen. Die Antworten hierzu wurden auch nach den Medien ausgewertet, bei denen die Journalisten arbeiten, um Hinweise auf typi-sche Arbeitsprofile in den jeweiligen Medienarten zu erhalten. Tabelle 11 zeigt in einer Übersicht, welche beruflichen Tätigkeiten von den Journalisten in den verschiedenen Medien regelmäßig ausgeübt werden.

Immerhin 10 Prozent der befragten Printjournalisten geben im Jahr 1999 an, regelmäßig redaktionell für Online-Produkte tätig zu sein. Nimmt man hier die Anteile derjenigen Journalisten hinzu, die nach eigener Auskunft dies gelegentlich tun, so ergibt sich, dass insgesamt fast 30 Prozent aller Journalisten in Print und Funk regelmäßig oder zumindest gelegentlich journalistisch für Online-Beiträge arbeiten.

Tab. 11: Berufliche Tätigkeiten nach der Zugehörigkeit zu Medien

Tätigkeit	gesamt	Printmedien	Öff.-rechtl. Rfk.	Privatfunk
Recherchieren	72,7	70,2	82,1	70,9
Interviews führen	43,0	30,1	52,8	68,5
Verfassen eig. Beiträge	76,5	79,2	69,8	74,0
Auswählen von Texten und Agenturmaterial	49,2	53,0	36,8	49,6
Redigieren von Agenturtexten und Pressemitteilungen	41,8	48,5	23,6	38,6
Redigieren der Beiträge von Kollegen/Mitarbeitern	52,4	64,5	32,1	37,0
Organisatorische und verwaltende Tätigkeiten	51,2	57,2	38,7	44,9
Redaktionelle Tätigkeiten für Online-Produkte	8,7	9,6	4,7	8,7
(für Print:) Layout- und Umbrucharbeiten	---	66,0	---	---
(für Funk:) Außenaufnahmen	---	---	54,7	52,0
(für Funk:) Studioaufnahmen, Schnitt, Mischung	---	---	66,0	67,7
(für Funk:) Moderation	---	---	29,2	42,5
(für Funk:) Arbeiten in der Programmplanung	---	---	36,8	43,3
Basis	*565*	*332*	*106*	*127*

Angaben in Prozent; Mehrfachangaben möglich

Berufszufriedenheit und Berufsziele:
In der Erhebung bestätigte sich der Befund früherer Untersuchungen zur hohen Berufszufriedenheit von Journalisten: 81 Prozent der Befragten gaben an, mit ihrer derzeitigen beruflichen Situation zufrieden zu sein. Auf die Frage, ob sie die berufliche Position erreicht hätten, die sie erreichen wollten, antworteten immerhin 68 Prozent (inklusive der Berufsanfänger) mit ,Ja'. Gleichzeitig bekundeten drei Viertel aller Journalisten die Absicht, ihre berufliche Stellung in den kommenden Jahren noch verbessern zu wollen. Die Auswertung dieser Befunde im Hinblick auf bestimmte Medien, Redaktionspositionen und Altersgruppen illustrieren folgende Tabellen.

Tab. 12: Berufszufriedenheit und -ziele nach Alter

	gesamt	bis 30	31-40	41-50	über 50
Mit Situation zufrieden	81,1	79,0	82,0	76,0	88,5
Berufl. Position erreicht	68,2	60,1	69,7	68,0	78,2
Stellung noch verbessern	74,4	92,3	84,1	62,0	28,9
Basis	*559*	*143*	*238*	*100*	*78*

Angaben in Prozent

Tab. 13: Berufszufriedenheit und -ziele nach Zugehörigkeit zu Medien

	gesamt	Printmedien	Öff.-rechtl. Rfk.	Privatfunk
Mit Situation zufrieden	81,2	80,1	87,7	78,4
Berufl. Position erreicht	68,0	70,4	67,6	61,9
Stellung noch verbessern	75,0	69,1	73,3	92,1
Basis	*563*	*332*	*106*	*125*

Angaben in Prozent

Tab. 14: Berufszufriedenheit und -ziele nach der Redaktionsposition

	gesamt	niedrig	mittel	höher	hoch
Mit Situation zufrieden	80,7	80,5	76,2	87,5	83,1
Berufl. Position erreicht	68,8	51,2	64,2	82,0	71,2
Stellung noch verbessern	73,0	97,6	76,3	58,6	72,9
Basis	*455*	*41*	*227*	*128*	*59*

Angaben in Prozent

Dabei sind die Angaben in den Tabellen 12 bis 14 lediglich Deskriptionen ermittelter Verteilungen. Statistisch signifikante Zusammenhänge ergeben sich bei allen drei Variablen (Medium, Redaktionsposition, Alter) lediglich im Hinblick auf den Wunsch, die eigene Stellung noch zu verbessern sowie – nicht ganz überraschend – beim Zusammenhang zwischen der Zustimmung zu der Aussage „berufliche Position erreicht" und der Position innerhalb der Redaktionshierarchie.

4.4 Politisches Interesse, Einstellungen und berufsständische Organisation

Hinsichtlich der Befunde zu politischen Einstellungen und politischem Interesse mag an dieser Stelle genügen, dass sich praktisch alle Journalisten regelmäßig über das politische Geschehen informieren (das gilt auch für diejenigen, die nicht im politischen oder aktuellen Journalismus tätig sind), und dass die Befragten zu 95 Prozent aussagen, sowohl bei der letzten Bundestags- als auch der letzten Kommunalwahl gewählt zu haben. Weniger als ein Viertel der Befragten engagiert sich aktiv im sozialen oder politischen Bereich, nicht einmal jeder zehnte ist Mitglied einer politischen Partei. Die Distanz zu den politischen Parteien ist eher groß, bei der ‚Benotung' der politischen Parteien mit Noten von 1 bis 6 wurden die 4 für ‚ausreichend' und die 5 für ‚mangelhaft' am häufigsten vergeben.

Den besten Durchschnittswert erreichte dabei noch die SPD (mit einem Notenschnitt von 3,0), gefolgt von den GRÜNEN (3,3), der CDU/CSU (3,6), der FDP (4,2) und abgeschlagen der PDS (5,0) sowie der DVU (5,9). Das heißt, dass eine Tendenz zu den Parteien am linkeren Spektrum der politischen Orientierungen erkennbar ist, dass aber die relativ schlechte Beurteilung aller Parteien eine Skepsis gegenüber jeglicher Nähe zu politischen Parteien erkennen lässt, die stärker als die genannte Linksneigung ist. Überdies gilt, dass die Aussagekraft eines Parteien-Ratings nicht überschätzt werden sollte, da sie in der Regel stark von der jeweiligen Performance der Parteien zum Zeitpunkt der Erhebung abhängt und nicht notwendig längerfristige politische Einstellungen widerspiegelt.

Etwas überraschend ist der Befund, dass der berufsständische Organisationsgrad der Journalisten in den vergangenen Jahren weiter zurückgegangen ist.[37] So sind Ende der 90er Jahre mit 53,2 Prozent der Befragten nur noch gut die Hälfte aller Journalisten Mitglied in einem der Berufsverbände bzw. in der Journalisten-Sektion der Gewerkschaft. Rechnet man diejenigen Journalisten hinzu, die Mitglied in einem Verein des Verbands Deutscher Sportjournalisten (VDS) sind, kommt man auf et-

---

[37] Vgl. hierzu auch Schneider/Schönbach/Stürzebecher 1993: 366.

was über 56 Prozent. Tabelle 15 zeigt, dass der Anteil der Journalisten, die Mitglied in einem berufsständischen Verband bzw. in der Gewerkschaft sind, bei der Zeitung am höchsten und bei den privat-kommerziellen Medien am niedrigsten ist; Journalisten des öffentlich-rechtlichen Rundfunks nehmen hier eine Mittelstellung ein.

Tab. 15: Mitgliedschaft in Berufsverband bzw. Gewerkschaft nach Medien

	gesamt	Printmedien	Öff.-rechtl. Rfk.	Privatfunk
keine Mitgliedschaft	42,8	38,7	46,6	50,4
Mitgliedschaft	57,2	61,3	53,4	49,6
Basis	*561*	*331*	*103*	*127*

Angaben in Spaltenprozent

4.5   Frauen im Journalismus

Der Anteil der Frauen im Journalismus in Bayern entspricht mit insgesamt 36 Prozent dem Bundesdurchschnitt und liegt inzwischen um drei Prozent höher als entsprechende Befunde vom Beginn der 90er Jahre.[38] Auch bestätigen sich in der vorliegenden Untersuchung die Befunde, dass Frauen in höheren Redaktionspositionen deutlich unterrepräsentiert sind: In den höheren und hohen Positionen innerhalb der Redaktionshierarchie beträgt der Frauenanteil gerade mal rund ein Fünftel aller Journalisten. Auch geht ihr Anteil mit steigendem Einkommen deutlich zurück. Das Verhältnis zwischen männlichen und weiblichen Journalisten in den verschiedenen Medienarten nach Position innerhalb der Redaktionshierarchie und nach Einkommen veranschaulichen die Tabellen 16 bis 18.

---

[38]   Vgl. Scholl/Weischenberg 1998: 224.

Tab. 16: Frauenanteil in den verschiedenen Medienarten

Geschlecht	gesamt	Printmedien	Öff.-rechtl. Rfk.	Privatfunk
Männer	63,9	68,7	52,9	60,6
Frauen	36,1	31,3	47,1	39,4
Basis	*563*	*332*	*104*	*127*

Angaben in Spaltenprozent

Tab. 17: Frauenanteil in den verschiedenen Redaktionspositionen

Geschlecht	gesamt	niedrig	mittel	höher	hoch
Männer	66,6	39,0	59,9	82,0	78,0
Frauen	33,4	61,0	40,1	18,0	22,0
Basis	*455*	*41*	*227*	*128*	*59*

Angaben in Spaltenprozent

Tab. 18: Frauenanteil in den verschiedenen Netto-Einkommensklassen

Geschlecht	gesamt	bis 3.000 DM	bis 5.000 DM	über 5.000 DM
Männer	63,5	47,0	61,8	82,8
Frauen	36,5	53,0	38,2	17,2
Basis	*548*	*151*	*246*	*151*

Angaben in Spaltenprozent

4.6 Soziale Lebenszusammenhänge

Die Befunde zu den sozialen Lebenszusammenhängen, in denen sich Journalisten wiederfinden, bilden in gewisser Weise ein Komplement zu den Befunden der eigentlichen Milieu-Untersuchung. Es erschien sinnvoll, diese sozialen Variablen mit zu erheben, um ihre Einflüsse auf die Zugehörigkeit der Journalisten zu bestimmten Bevölkerungssegmenten mit berücksichtigen und gegebenenfalls kontrollieren zu können. Was die private Lebenssituation der befragten Journalisten anbelangt, so geben über 80 Prozent an, zum Erhebungszeitpunkt einen festen Partner zu haben, der in der Regel auch einen Beruf ausübt (nur jeder fünfte Partner ist nicht berufstätig). Hinsichtlich des Familienstands erweisen sich knapp 48 Prozent der befragten Journalisten als ledig. Mit rund 45 Prozent ist der Anteil der verheirateten Journalisten etwas niedriger; die übrigen 6,5 Prozent leben entweder getrennt vom Ehepartner, sind geschieden oder verwitwet.

Nach Angaben der Befragten sind 60 Prozent kinderlos, rund 17 Prozent haben ein Kind, weitere 17 Prozent zwei Kinder. Lediglich jeder zwanzigste Befragte gibt an, mehr als zwei Kinder zu haben. Mit knapp 63 Prozent leben 1998 zwei Drittel der Journalisten mit einem festen Partner zusammen, 28 Prozent in einem Single-Haushalt; die übrigen 9 Prozent verteilen sich auf Lebens- und Wohnsituationen bei den Eltern, in Wohngemeinschaften oder als Alleinerziehende. Entsprechend klein fallen die Haushaltsgrößen der befragten Journalisten aus. Die 28 Prozent Journalisten in Ein-Personen-Haushalten ergeben gemeinsam mit den 39 Prozent der Befragten, die in einem Zwei-Personen-Haushalt leben, immerhin zwei Drittel aller Journalisten. Rund 30 Prozent leben zu dritt oder zu viert in einem Haushalt, so dass der Anteil der Journalisten aus Haushalten mit über vier Personen gerade mal vier Prozent beträgt.

Ermittelt wurde neben der derzeitigen Lebenssituation auch die soziale Herkunft der Journalisten, operationalisiert über den Berufstatus beider Elternteile.[39] Hierbei zeigt sich, dass die Befunde aus früheren Untersuchungen, denen zufolge Journalisten in der Regel aus der oberen Mittelschicht stammen (bzw. sich dieser am häufigsten selbst zuschreiben), zu undifferenziert sind.[40] Immerhin über 12 Prozent der Befragten stammen aus statusniedrigen Elternhäusern, Printjournalisten häufiger als Funkjournalisten. Mehr als ein Drittel aller Journalisten entstammen Angestellten- und Beamtenfamilien mittleren Status, ein knappes Viertel kommt aus statushöheren Familien und immerhin fast 29 Prozent der Journalisten rekrutieren sich aus Familien mit hohem elterlichen Berufsstatus, Rundfunk-Journalisten häufiger als Printjournalisten. Kontrolliert man die soziale Herkunft über einen Index mit den höchsten Bildungsabschlüssen beider Elternteile, so bestätigen sich diese Befunde. Die Verteilung der Journalisten unterschiedlicher sozialer Herkunft auf die verschiedenen Medienarten zeigt Tabelle 19:

---

[39]   Bei den Berufen der Eltern wurden die zuletzt ausgeübten Berufe beider Elternteile nach der klassischen Berufsskala ermittelt und anschließend jeweils in drei Gruppen zusammengefasst: erstens Hausfrau/Hausmann, Arbeiter, Facharbeiter, Landwirt und unselbständiger Handwerker, zweitens Angestellte, mittlere und höhere Beamte, drittens Angestellte in Führungspositionen, hohe Beamte, Ingenieure, sowie Selbständige, Ärzte und Rechstanwälte; der ‚Berufsstatus der Eltern' wurde in vier Status-Gruppen über einen Index der Berufsgruppe beider Elternteile ermittelt.

[40]   Vgl. Weiß u.a. 1977: 294ff. Siehe hierzu auch die Ausführungen in Abschnitt 4.3.1 der Arbeit.

Tab. 19: Soziale Herkunft nach Zugehörigkeit zu Medien

Berufsstatus der Eltern	gesamt	Printmedien	Öff.-rechtl. Rfk.	Privatfunk
niedrig	12,4	14,8	10,2	7,6
mittel	35,4	36,5	24,5	41,5
höher	23,6	23,6	29,6	18,6
hoch	28,7	25,2	35,7	32,2
Basis	534	318	98	118

Angaben in Spaltenprozent

Allerdings sollte berücksichtigt werden, dass sich bei jungen Journalisten die Bildungsexpansion der 70er Jahre bereits auf die Elterngeneration ausgewirkt hat. So finden sich zwar auch bei den jüngeren Journalisten Elternhäuser mit unterschiedlichem Berufsstatus, allerdings auf einem insgesamt deutlich gehobenen Niveau. Wie erwähnt dienten Fragen der sozialen Herkunft von Journalisten, die zumeist über den Beruf des Vaters ermittelt wurde, in früheren Journalismus-Studien der Bestimmung ihrer Positionen in der Gesellschaft. Demgegenüber sollte in der vorliegenden Studie mit den Forschungsinstrumenten der kultursoziologischen und soziographischen Milieuforschung eine differenziertere und vor allem auch den Bedingungen der heutigen, pluralisierten Gesellschaft besser entsprechende Ermittlung dieser Positionen vorgenommen werden. Die Befunde hierzu werden im kommenden Abschnitt vorgestellt und erläutert.

5   Befunde II: Journalisten als Angehörige sozialer Milieus

In den folgenden Abschnitten werden die Ergebnisse der Milieu-Untersuchung vorgestellt. Sollte es möglich sein, anhand der Zugehörigkeit journalistischer Akteure zu den verschiedenen sozialen Milieus deren distinkte Positionen im sozialen Raum der Gesellschaft der Bundesrepublik zu bestimmen, hätte man einen Indikator für die spezifische Sozialität dieser Journalisten (a) im Hinblick auf die Frage nach typischen sozialen Positionen von Journalisten bzw. deren Verteilung innerhalb des Sozialraums, (b) im Verhältnis zu übrigen Bevölkerungsteilen und damit die jeweilige Korrespondenz ihrer Positionen mit bestimmten Teilen der übrigen Bevölkerung, mit denen sie dann auch gemeinsame oder zumindest ähnliche kulturelle Orientierungen und Weltsichten teilen, (c) im Hinblick auf die Identifizierung von Unterschieden in der Sozialität journalistischer Akteure innerhalb der Gesamtgruppe aller Journalisten, die die Frage erlauben würde (d) nach typischen kulturellen Orientierungen und Weltsichten innerhalb einzelner Medienbereiche und damit zugleich nach Differenzen der typischen Weltsichten zwischen verschiedenen Bereichen des Journalismus.

5.1   Verteilung der Journalisten auf die verschiedenen sozialen Milieus

Welche Positionen nehmen Journalisten im sozialen Raum der Gesellschaft ein und welchen Bevölkerungssegmenten gehören sie entsprechend an? Da diese Frage über die Ermittlung der Zugehörigkeit von Journalisten zu den verschiedenen sozialen Milieus zu beantworten versucht wurde, gilt es sich anzusehen, welchen der zehn sozialen Milieus der Gesellschaft in Deutschland Journalisten angehören. Bei der Auswertung des Milieu-Indikators zeigt sich, dass die befragten Journalisten in nennenswertem Umfang mit nur fünf lediglich der Hälfte aller sozialen Milieus zuzurechnen sind, und dies in recht unterschiedlichem Ausmaß.

Tab. 20: Zugehörigkeit der Journalisten zu den sozialen Milieus[41]

Milieus	KON	KLB	MOB	TRA	TLO	HED	AUF	MAR	LIB	POM
Anzahl Journ.	53	2	19	2	2	6	30	72	234	122
Anteil in %	9,8	0,4	3,5	0,4	0,4	1,1	5,5	13,3	43,2	22,5

n=542

Die Berufsgruppe der Journalisten rekrutiert sich vor allem aus Milieus, die mit höheren sozialen Lagen verbunden sind; den mittleren Milieus mit niedrigerer sozialer Lage gehören Journalisten dagegen kaum an – und das relativ unabhängig davon, ob es sich dabei um eher konservative oder modernere Milieus handelt.[42] Abbildung 3 veranschaulicht diesen Gesamtbefund.

---

[41]   Zur Benennung der hier mit Kürzeln bezeichneten sozialen Milieus siehe weiter oben Abschnitt 2 der Dokumentation.

[42]   Entsprechend wurden das Kleinbürgerliche (KLB) und das Moderne bürgerliche Milieu (MOB), die beiden Arbeitermilieus (TRA, TLO) und das relativ junge Hedonistische Milieu (HED) – in Abb. 3 jeweils hell gekennzeichnet – aufgrund zu niedriger Fallzahlen in den Untersuchungsergebnissen zu Differenzierungen innerhalb der Medien nicht mehr eigens ausgewiesen.

Abb. 3: Milieuverteilung der Journalisten (gesamt)

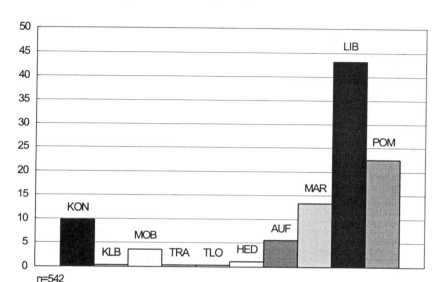

n=542

Zu den ‚journalistischen Milieus' lassen sich also neben dem Konservativ-techno-kratischen (KON) und dem Aufstiegsorientierten Milieu (AUF) vor allem das Mo-derne Arbeitnehmermilieu (MAR) sowie mit deutlichem Übergewicht das Liberal-intellektuelle (LIB) und das Postmoderne Milieu (POM) rechnen. Mithin gehören knapp zwei Drittel aller Journalisten den sozial höher rangierenden Milieus mit mo-dernen, eher postmaterialistischen Grundorientierungen an. Wollte man sich die Ge-samtverteilung im sozialen Raum anhand der Milieukarte[43] veranschaulichen, kä-men Journalisten in nennenswertem Umfang nur im rechten oberen Quadranten vor.

Da die verschiedenen sozialen Milieus unterschiedlich groß sind, ist es sinnvoll, die Anteile der Journalisten an diesen Milieus zur Milieustruktur der Gesamtbevöl-kerung ins Verhältnis zu setzen, denn erst durch den Vergleich der Milieuzugehö-rigkeit von Journalisten zu derjenigen der Gesamtbevölkerung lassen sich die *relati-*

---

[43]   Siehe Abbildung 1 weiter oben in Abschnitt 1.3 der Dokumentation.

ven Positionen von Journalisten in der Gesellschaft bestimmen. Dieser Vergleich
zeigt, dass die Milieuverteilung bei den Journalisten von derjenigen der Gesamtbevölkerung deutlich abweicht. Dass ein Zehntel aller Journalisten dem Konservativen
Milieu angehört, entspricht zwar noch relativ genau dem Bevölkerungsanteil an diesem Milieu, doch nur knapp 6 Prozent aller Journalisten verteilen sich auf das
Kleinbürgerliche, die beiden Arbeitermilieus und das Hedonistische Milieu, die im
Hinblick auf die Milieustruktur der Gesellschaft der Bundesrepublik auf einen Bevölkerungsanteil von 42 Prozent kommen. Dagegen gehören rund 43 Prozent aller
Journalisten allein dem Liberal-Intellektuellen Milieu an, während diesem Milieu
nur ein Zehntel der Bevölkerung zuzurechnen ist. Das Gesamtbild veranschaulicht
Abbildung 4.

Abb. 4: Milieuverteilung bei Bevölkerung und Journalisten insgesamt

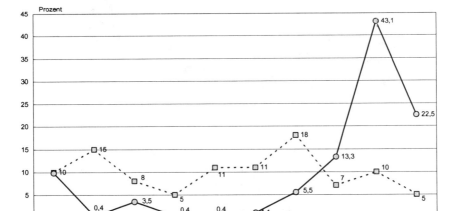

Betrachtet man die drei modernen Milieus am rechten Rand des Spektrums im Vergleich zu den sieben übrigen Milieus, so ergibt sich folgendes Bild: Beträgt der Bevölkerungsanteil am Modernen Arbeitnehmermilieu, dem Liberal-intellektuellen
und dem Postmodernen Milieu gerade mal etwas mehr als ein Fünftel der Gesamtbevölkerung, während sich rund 78 Prozent auf die übrigen Milieus verteilen, so ist
es bei den Journalisten genau umgekehrt: Knapp 79 Prozent der Journalisten lassen
sich diesen drei Milieus, nur etwa ein Fünftel den sieben Milieus links davon zuordnen.

5.5.2 Zusammenhänge zwischen Milieuverortung und soziodemographischen Merkmalen

In einem weiteren Schritt sollten die ,journalistischen Milieus', d.h. die sozialen Milieus, denen journalistische Akteure in nennenswertem Umfang angehören, hinsichtlich soziodemographischer Merkmale derjenigen Journalisten, die sich aus den jeweiligen Milieus rekrutieren, untersucht werden. Die Befunde verdeutlichen die folgenden drei Tabellen. Natürlich ist nach der Konstruktionslogik sozialer Milieus klar, dass sich die Milieus nicht aus den Sozialstrukturdaten der Milieuangehörigen erklären lassen, aber die Beschreibung soziodemographischer Zusammenhänge mit der Milieuzugehörigkeit erlaubt es, sich von der Zusammensetzung der jeweiligen Milieus ein genaueres Bild zu machen (vgl. die Tab. 21-23).

Tab. 21: Die sozialen Milieus nach der Altersstruktur der Befragten

Alter	gesamt	KON	AUF	MAR	LIB	POM
unter 30	25,6	11,5	56,7	40,3	17,9	33,9
30 bis unter 40	42,9	44,2	26,7	36,1	44,0	52,1
40 bis unter 50	18,2	30,8	6,7	12,5	22,2	9,9
über 50	13,4	13,5	10,0	11,1	15,8	4,1
Basis	*539*	*52*	*30*	*72*	*234*	*121*

Angaben in Spaltenprozent

Tab. 22: Die sozialen Milieus nach dem Bildungsgrad der Befragten

Bildung	gesamt	KON	AUF	MAR	LIB	POM
niedrigere	13,0	17,0	20,0	13,9	8,5	9,9
mittlere	37,2	37,7	53,3	47,2	32,9	32,2
höhere	49,8	45,3	26,7	38,9	58,5	57,9
Basis	*540*	*53*	*30*	*72*	*234*	*121*

Angaben in Spaltenprozent

Tab. 23: Die sozialen Milieus nach sozialer Herkunft (Berufsstatus der Eltern)

Status Eltern	gesamt	KON	AUF	MAR	LIB	POM
niedrig	12,5	13,3	13,8	14,7	14,2	5,1
mittel	35,4	26,7	44,8	39,7	34,5	33,9
höher	23,5	31,1	10,3	16,2	26,1	24,6
hoch	28,6	28,9	31,0	29,4	25,2	36,4
Basis	514	45	29	68	226	118

Angaben in Spaltenprozent

Journalisten, die dem Konservativ-technokratischen Milieu (KON) zuzurechnen sind, finden sich eher in den mittleren Altersgruppen; sie haben in der Regel studiert und verfügen über vergleichsweise hohe Einkommen. Hinsichtlich ihrer sozialen Herkunft zeichnen sie sich häufig durch Eltern mit höherem und hohem Berufsstatus aus; nur bei den Angehörigen des Postmodernen Milieus (POM) ist der Journalistenanteil mit entsprechendem Status der Eltern noch größer.[44] Aus dem Aufstiegsorientierten Milieu (AUF) rekrutieren sich vor allem jüngere Journalisten mit niedrigerer und mittlerer Bildung – darunter vergleichsweise viele Studienabbrecher – und mit tendenziell nicht so hohen Einkommen; hier dominieren Journalisten aus Familien mit mittlerem elterlichen Berufsstatus. Eine ähnliche soziale Herkunft weisen Journalisten auf, die dem Modernen Arbeitnehmer-Milieu (MAR) angehören, auch wenn sie nicht ganz so jung und im Durchschnitt etwas höher gebildet sind; entsprechend verdienen sie oft gut bis sehr gut.

Journalisten aus dem Liberal-intellektuellen Milieu (LIB) sind tendenziell etwas älter als der Durchschnitt der Journalisten, in allen Einkommensgruppen vergleichsweise gut vertreten und kommen aus statushöheren wie aus statusniedrigeren Elternhäusern. Gemeinsam mit den Angehörigen des Postmodernen Milieus (POM) zeichnet sie besonders aus, dass gut 90 Prozent von ihnen mittlere und hohe Bildungsabschlüsse vorzuweisen haben (fast 60 Prozent mit Studienabschluss). Im Unterschied zu den Journalisten des Liberal-Intellektuellen stammen die des Postmodernen Milieus jedoch vor allem aus den unteren Altersgruppen: Auch wenn die Angehörigen des Aufstiegsorientierten Milieus (AUF) mit durchschnittlich knapp 33

---

[44] Zur Ermittlung des Berufsstatus der Eltern als Indikator für die soziale Herkunft der Journalisten siehe die Anmerkung weiter oben in Abschnitt 4.6 der Dokumentation.

Jahren noch etwas jünger sind, ist der Anteil der Unter-40jährigen im Postmodernen Milieu (POM) mit 86 Prozent dennoch am größten. Als überwiegend jüngere Journalisten mit weniger Berufsjahren sind bei ihnen Bezieher niedrigerer und mittlerer Einkommen überrepräsentiert. Was die soziale Herkunft anbelangt, entstammen sie Familien mit vergleichsweise höchstem elterlichen Berufsstatus: Rund 36 Prozent haben Eltern mit hohem, etwas über die Hälfte Eltern mit höherem oder hohem Berufsstatus. Bildet man zur Ermittlung der sozialen Herkunft einen Index aus den Bildungsabschlüssen der Eltern und deren Berufsstatus, so bestätigen sich die erläuterten Befunde.[45]

5.5.3 Differenzierungen nach Teilfeldern der Medien und spezifischen Positionen

Ein weiteres zentrales Forschungsinteresse bestand darin, Aufschluss über die Milieuverteilung von Journalisten im Hinblick auf Differenzierungen innerhalb der Medien und Redaktionen zu bekommen. Zunächst sollte die Frage beantwortet werden, ob sich die Zusammensetzung der Journalisten bei den Medienarten Print (Tageszeitung, Wochenzeitung und Nachrichtenmagazin), öffentlich-rechtlichem Rundfunk und privat-kommerziellem Rundfunk unterscheidet. Das Ergebnis hierzu veranschaulicht Abbildung 5 auf der folgenden Seite.

Zunächst fällt auf, dass die Milieuverteilung bei Print-Journalisten relativ genau der Verteilung der Befragten auf die sogenannten ‚journalistischen Milieus' insgesamt entspricht (vgl. Abbildung 3). Und auch bei den Journalisten des öffentlich-rechtlichen Rundfunks ist diese Verteilungsstruktur im Prinzip wiederzufinden, wenngleich die mit niedriger sozialer Lage verbundenen Milieus leicht unterrepräsentiert sind, das Liberal-intellektuelle hingegen deutlich überrepräsentiert ist, rekrutieren sich aus diesem Milieu doch knapp 60 Prozent aller Journalisten des öffentlich-rechtlichen Rundfunks.

---

[45] Die bei der Bildung der Journalisten vorgenommene Einteilung wurde auch bei der Ermittlung des Abschlusses des jeweiligen Elternteils verwendet, aus denen dann für die Kategorie ‚Bildung der Eltern' ein Index aus den höchsten Abschlüssen beider Elternteile gebildet wurde.

Abb. 5:   Milieuverteilung nach Medien

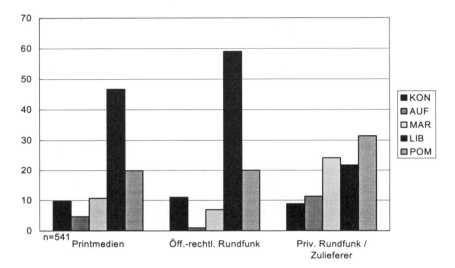

Ein von der Gesamtverteilung abweichendes Muster der Milieuzusammensetzung findet sich dagegen bei den Journalisten im Privatfunkbereich, in dem Angehörige der modernen und ‚jüngeren' Milieus mit weniger hohen sozialen Lagen viel stärker vertreten sind. Den mit Abstand höchsten Anteil stellen mit knapp einem Drittel aller Privatfunk-Journalisten jene, die dem Postmodernen Milieu angehören, was auch damit zusammenhängt, dass die journalistischen Mitarbeiter im Bereich des privatkommerziellen Rundfunks im Durchschnitt deutlich jünger sind als Journalisten bei der Zeitung oder beim öffentlich-rechtlichen Rundfunk.

Darüber hinaus sollte einem möglichen Zusammenhang von Milieuzugehörigkeit und der Stellung von Journalisten innerhalb der Redaktionshierarchie nachgegangen werden. Die dabei ermittelten Befunde liefern kein einheitliches Bild, lassen aber doch einige Trends erkennen (vgl. Tabelle 24). Während Journalisten aus dem Konservativen Milieu in niedrigen und mittleren Redaktionspositionen kaum vorkommen, sind sie in den Führungspositionen deutlich überrepräsentiert, wenngleich in diesen hohen Positionen Journalisten des Liberal-intellektuellen Milieus mehr als ein Drittel aller Stellen besetzen. Auch die zahlenmäßig stärkste Gruppe der mittleren Redaktionspositionen (der Redakteure und Korrespondenten) wird eindeutig von Angehörigen des Liberal-intellektuellen Milieus dominiert; sie stellen hier fast die Hälfte aller redaktionellen Mitarbeiter.

Tab. 24: Milieuverteilung nach Position in der Redaktion

Red.-Position	Basis	KON	AUF	MAR	LIB	POM
niedrig	40	5,0	2,5	25,0	25,0	40,0
mittel	215	3,7	7,0	14,9	48,4	19,5
höher	123	17,1	7,3	8,9	42,3	15,4
hoch	58	17,2	3,4	13,8	34,5	27,6
gesamt	436	9,4	6,2	14,0	42,7	21,3

Angaben in Zeilenprozent

Journalisten, die dem Postmodernen Milieu zuzurechnen sind, sind dagegen in den unteren wie auch in den höchsten Redaktionspositionen überrepräsentiert, was im unteren Bereich auch damit zusammenhängt, dass das Postmoderne als eines der vergleichsweise ‚jungen' Milieus der Altersstruktur der Milieuangehörigen entsprechend eher in den niedrigen Positionen stark vertreten ist: Fast zwei Drittel aller Volontäre, die im Wesentlichen diese untere Gruppe bilden, gehören dem Neuen Arbeitnehmer- oder dem Postmodernen Milieu an. Das gleichzeitig starke Vorkommen von Angehörigen des Postmodernen Milieus in leitenden Positionen bedeutet nicht so sehr, dass junge Journalisten mit aufgeschlossenen Grundorientierungen eher hohe Redaktionspositionen einnehmen als ihre Kollegen. Unter Berücksichtigung der Redaktionsgrößen wird deutlich, dass sich hier ein anderer Effekt abbildet: Im Privatfunkbereich überwiegt die Anzahl kleiner und kleinster Redaktionen bei weitem, so dass hier auch junge Redaktionsmitarbeiter relativ rasch in leitende Positionen gelangen.

Auch im Hinblick auf die Zugehörigkeit zu den verschiedenen Ressorts wurde die Milieuverteilung der Journalisten überprüft.[46] Wichtigstes Ergebnis ist hier der überwältigend hohe Anteil an Journalisten aus dem Liberal-intellektuellen Milieu im Ressortbereich Kultur und Gesellschaft, zu denen auch Ressortangaben wie Wissenschaft, Umwelt, Medizin etc. gezählt wurden. Sie dominieren in dieser Ressortgrup-

---

[46] Die Positionen innerhalb der Redaktionshierarchie wurden mit zehn möglichen Ausprägungen vom Volontär bis zum Chefredakteur ermittelt und in folgende vier Gruppen zusammengefasst: niedrig (Volontäre, Redaktionsassistenten), mittel (Redakteur, Reporter, redaktionell arbeitende Moderatoren, Korrespondenten), höher (leitende Redakteure, Leiter von Korrespondentenbüros, Stellvertretende Ressortleiter, Ressortleiter) und hohe Redaktionspositionen (Chef vom Dienst, Stellvertretende Chefredakteure, Studioleiter, Chefredakteure).

pe gemeinsam mit einem leicht überdurchschnittlichen Anteil von Journalisten aus dem Konservativ-technokratischen Milieu. Auffallend viele Angehörige sowohl des Neuen Arbeitnehmermilieus als auch des Postmodernen Milieus finden sich dagegen in den aktuellen Ressorts (Nachrichten, Politik, Wirtschaft). Ähnliches gilt auch für den Bereich Unterhaltung und Sport, wenngleich hier die Journalisten aus dem Postmodernen Milieu am markantesten überrepräsentiert sind. Jedenfalls scheinen diese beiden Ressortbereiche am ehesten journalistische Mitarbeiter zu beschäftigen, die den ‚jüngeren' und moderneren Milieus angehören.

Den Gesamtbefund der Verteilung der unterschiedlichen sozialen Milieus angehörenden Journalisten auf die verschiedenen Ressortbereiche im Überblick veranschaulicht Abbildung 6.

Abb. 6:   Milieuverteilung in den verschiedenen Ressortgruppen

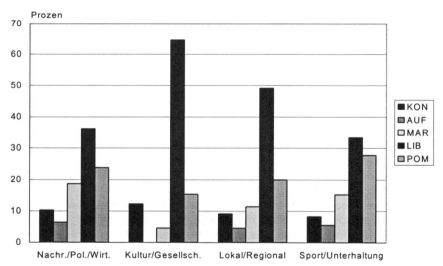

Der Befund, dass die Milieuzusammensetzung im Bereich Lokales und Regionales im wesentlichen der Gesamtmilieuverteilung der Journalisten entspricht, kann dagegen nicht überraschen, wenn man bedenkt, dass dies klassische Tageszeitungsressorts sind und von daher die vergleichsweise große Gruppe von Regional- und Lokaljournalisten zu fast 90 Prozent aus Printjournalisten besteht. Während also der Zusammenhang zwischen Milieuuzgehörigkeit und Redaktionspositionen nicht uninteressante, aber kaum überraschende Ergebnisse liefert, zeigen sich bei der Zusammensetzung journalistischer Mitarbeiter im Hinblick auf die Zugehörigkeit zu den einzelnen Ressortbereichen doch signifikante Unterschiede.

6   Schlussbemerkung

Die Repräsentativ-Befragung von Journalisten aktuell arbeitender Medienredaktionen in Bayern war von dem Forschungsinteresse geleitet, die spezifische Sozialität von Journalisten auch empirisch zu erhellen. Die Ermittlung der Positionen von Journalisten im sozialen Raum der Gesellschaft ließ sich, um den Fangstricken einer auf vertikale Differenzen fixierten, klassischen Sozialstrukturforschung zu entgehen, gewinnbringend mit dem Forschungskonzept der Soziale-Milieu-Forschung verbinden, wird die Zugehörigkeit zu den verschiedenen sozialen Milieus dort doch gerade über die Verknüpfung von Indikatoren sozialer Lage mit lebensweltlichen Grundorientierungen der Menschen gewonnen. Sie waren im vorliegenden Zusammenhang von besonderem Interesse, weil wir nach der Möglichkeit gesucht haben, eine empirisch gestützte Vorstellung von den distinkten kulturellen Orientierungen und damit verbundenen Weltsichten journalistischer Akteure zu gewinnen.

Dabei erinnerten die Befunde zur Milieuzugehörigkeit der Journalisten hinsichtlich der sozialen Lage zunächst durchaus an die erwähnten Forschungsergebnisse aus den 70er Jahren und 80er Jahren, die Journalisten als Angehörige der mittleren und oberen Mittelschicht identifizierten. Während jedoch die Fragestellungen und Untersuchungen von damals häufig auf die soziale Herkunft fokussierten und Schichtzugehörigkeit in der Regel einfach aus dem Beruf des Vaters ableiteten, verzichtet der Milieu-Ansatz auf entsprechende Ursache-Wirkungs-Annahmen. Nicht zuletzt die Analyse des Verhältnisses zwischen Berufsstatus der Eltern und Milieuzugehörigkeit machte deutlich, dass letztere nicht so sehr der sozialen Herkunft von Journalisten geschuldet ist. Man wird sie im Argumentationszusammenhang der empirischen Milieuforschung als das Ergebnis eines komplexen Zusammenwirkens von Elternhaus und Erziehung, Ausbildung, persönlichem Werdegang, Berufs- und

privaten Lebenszusammenhängen begreifen müssen.[47] Die Gründe für dieses komplexe Zusammenwirken konnten in der Arbeit theoretisch erhellt werden, so dass
sich theoriegeleitet explizieren lässt: Es ist das Ergebnis der kumulierten und inkorporierten sozialen Erfahrung journalistischer Akteure, mithin Resultat derjenigen
sozialen Strukturierungsprozesse, die Bourdieu mit der spezifischen Habitusbildung
sozialer Akteure erklärt.

So besteht das zentrale Ergebnis der empirischen Untersuchung darin, dass die
jeweilige Sozialität von Journalisten auch empirisch fassbar und sowohl im Vergleich zur übrigen Bevölkerung als auch im Hinblick auf Unterschiede innerhalb der
Berufsgruppe anschaulich gemacht werden kann. Journalisten bringen in die Handlungspraxis des journalistischen Feldes durchaus spezifische kulturelle Orientierungen und Weltsichten ein: Mit knapp 80 Prozent weist der überwiegende Teil journalistischer Akteure kulturelle Orientierungen auf, die gerade mal von einem Fünftel
der übrigen Bevölkerung geteilt werden. Sie gehen einher mit privilegierteren, wenn
auch nicht wirklich hohen Positionen im sozialen Raum der Gesellschaft und modernen bis postmodernen Grundorientierungen.[48]

Deutlich wurde zudem, dass sich die kulturellen Orientierungen journalistischer
Akteure in der Tat innerhalb der verschiedenen Medienbereiche unterscheiden. Vor
allem diejenigen von Journalisten des privat-kommerziellen Rundfunks differieren
deutlich von denjenigen der Akteure in den Redaktionen der Lokal- und Regional-
zeitungen wie auch von jenen im öffentlich-rechtlichen Rundfunk. Die Unterschiede
sind hier so markant wie es die Dominanz der Angehörigen des Liberal-intellektuellen Milieus in den öffentlich-rechtlichen Rundfunkanstalten und dort insbesondere im Ressortbereich Kultur und Gesellschaft ist. Journalismusrelevante Zusammenhänge mit der sozialen Handlungspraxis in den Redaktionen der einzelnen Medienbereiche genauer zu analysieren, erscheint vor diesem Hintergrund als mögliche
Aufgabe künftiger Bemühungen einer theoretisch begründeten, empirischen Journalismusforschung.

---

[47] Im Hinblick auf diese Zusammenhänge liegt eine Stärke des Milieuforschungs-Ansatzes darin, dass
      er dem dynamischen Wandel der Gesellschaft Rechnung tragen und damit einhergehende Verände-
      rungen in die Analyse mit aufnehmen kann. Natürlich sollte man damit rechnen, dass die Positionen
      von Journalisten im sozialen Raum der Gesellschaft in einigen Jahren schon wieder ein etwas ande-
      res Bild ergeben können.
[48] Dass diese lebensstilmäßigen Grundorientierungen mit den grundlegenden kulturellen Orientierun-
      gen nicht in eins gesetzt werden dürfen, darauf wurde bereits hingewiesen; siehe die Anmerkung
      weiter oben Abschnitt 1.3 dieser Dokumentation.

Dokumentation: Kurzcharakterisierung der sozialen Milieus

Die verschiedenen Sinus-Milieus lassen sich hinsichtlich einer Reihe spezifischer Elemente ihrer Lebenswelt inhaltlich beschreiben und voneinander abgrenzen. Wertorientierungen eignen sich dabei besonders gut zur systematischen Trennung der Milieus. Sie prägen die charakteristischen Lebensphilosophien und Lebensziele, sie liegen der gesamten „strategischen Lebensplanung" zugrunde und bilden somit die subjektive Basis der jeweiligen Lebenswelt. Es handelt sich dabei um milieutypische Syndrome, also um spezifische Kombinationen von Werten. Die Einzelwerte (z.B. Selbstverwirklichung, Sicherheitsstreben) reichen noch nicht zu einer Charakterisierung aus. Erst das typische Werteprofil ermöglicht eine zureichende Klassifikation.

Im folgenden sind die wichtigsten „Erkennungsmerkmale" der Sinus-Milieus in den alten Bundesländern zusammengestellt. Im übrigen wurde darauf geachtet, diesen Milieus Namen zu geben, die das jeweils Charakteristische in einem Stichwort einfangen und so zumindest eine Ahnung vom Lebensstil dieser Gruppen vermitteln.

Konservatives gehobenes Milieu (KON)

Lebensziel

- beruflicher und materieller Erfolg durch Leistung, Zielstrebigkeit, Führungs- und Gestaltungsbereitschaft;
- Zugehörigkeit zur gesellschaftlichen Elite, Statusdenken, Machtbewusstsein;
- distinguierter Lebensrahmen, finanzielle Unabhängigkeit, Besitz, hoher Lebensstandard; intaktes Familienleben.

Soziale Lage

- überdurchschnittlich hohes Bildungsniveau;
- viele leitende Angestellte und höhere Beamte sowie Selbständige, Unternehmer und Freiberufler;
- hohe und höchste Einkommensklassen.

Lebensstil

- Abgrenzung nach unten, „entre nous" im Privatleben und bei der Freizeitgestaltung;
- Teilnahme am gesellschaftlichen und kulturellen Leben;
- ausgeprägte Exklusivitätsbedürfnisse;
- bewusst hergestellte Traditionsbezüge, Verbindung nostalgischer Stilansprüche mit Elementen der technischen Moderne.

Kleinbürgerliches Milieu (KLB)

Lebensziel

- Festhalten an den traditionellen Werten: Pflichterfüllung, Verlässlichkeit, Ordnung und Disziplin;
- bleibende Werte schaffen: Besitz, materielle Sicherheit, Ausbau des Lebensstandards;
- Status-quo-Orientierung: Absicherung des Erreichten, in geordneten Verhältnissen leben.

Soziale Lage

- überwiegend Hauptschule mit abgeschlossener Berufsausbildung;
- viele kleine und mittlere Angestellte und Beamte sowie kleine Selbständige und Landwirte;
- hoher Anteil von Rentnern und Pensionären;
- meist kleine bis mittlere Einkommen.

Lebensstil

- Konventionalismus, Anpassung, Sicherheit;
- Selbstbeschränkung, Bereitschaft zum Verzicht;
- Bevorzugung zeitlos-gediegener Produkte;
- Ordnung und Sauberkeit als wichtigstes Stilprinzip.

Modernes bürgerliches Milieu (MOB)

Lebensziel

- harmonisches, angenehmes, behütetes Leben (modernes Biedermeier);
- umfassendes Sicherheitsstreben (materiell, sozial, emotional);
- Wunsch nach der privaten Idylle; familiäre Harmonie, Kinder als sinnstiftender Lebensinhalt;
- individuelle Selbstbestimmung und Selbstentfaltung – bei grundsätzlicher Bereitschaft, sich anzupassen und einzufügen.

Soziale Lage

- oft Mehrpersonen-Haushalte, kinderfreundliches Milieu;
- qualifizierte mittlere Bildungsabschlüsse;
- meist einfache oder mittlere Angestellte und Beamte;
- mittlere Einkommensklassen.

Lebensstil

- Wunsch nach Lebensqualität, Komfort und Genuss, kontrollierter Hedonismus, bürgerlicher Lebensrahmen;
- gemeinschaftsorientiertes Privatleben (Familie, Verwandte, Freundeskreis);
- große Bedeutung sozialer Werte (Freundlichkeit, Toleranz, Fairness), Ausgleich und Frieden mit Nachbarn und Umwelt;
- Bevorzugung konventionell-moderner Ästhetik – ohne kleinbürgerliche Ordnungszwänge.

Traditionelles Arbeitermilieu (TRA)

Lebensziel

- befriedigender Lebensstandard (ein gutes Auskommen haben);
- sicherer Arbeitsplatz, gesichertes Alter;
- soziale Integration: anerkannt sein bei Freunden, Kollegen, Nachbarn (traditionelle Arbeiterkultur);
- Bescheidenheit und Anpassung an die Notwendigkeiten.

Soziale Lage

- überwiegend Hauptschulabschluss mit anschließender Berufsausbildung;
- Hoher Anteil an Facharbeitern und angelernten wie ungelernten Arbeitern; überdurchschnittlich häufig Rentner;
- kleine und mittlere Einkommen.

Lebensstil

- pragmatisch-nüchterne Sicht der eigenen sozialen Lage; Einfachheit, Sparsamkeit;
- keine übertriebenen Konsumansprüche, kein Prestigekonsum;
- Bevorzugung solider, handfester und haltbarer Produkte, Skepsis gegen modischen Neuerungen.

Traditionsloses Arbeitermilieu (TLO)

Lebensziel

- Anschluss halten an die Konsum-Standards der breiten Mittelschicht (Fernseher, Videorecorder, Auto);
- anerkannt werden, mithalten können, „dazugehören" (Normalität und Bürgerlichkeit);
- Träume vom „besonderen Leben" (Geld, Luxus, Prestige).

Soziale Lage

- geringe Formalbildung;
- überdurchschnittlich viele ungelernte und angelernte Arbeiter, hohe Arbeitslosigkeit;
- untere Einkommensschichten sind deutlich überrepräsentiert.

Lebensstil

- Verdrängung der Zukunft, Konzentration auf das Hier und Heute (häufig ungenügende Daseinsvorsorge);
- beschränkte finanzielle Möglichkeiten („von der Hand in den Mund leben"), häufig Leben über die eigenen Verhältnisse;
- spontaner Konsumstil, rasches Aufgreifen neuer Moden und Trends.

Hedonistisches Milieu (HED)

Lebensziel

*   Freiheit, Ungebundenheit, Spontaneität (demonstrative Ablehnung von Sicherheits- und Geborgenheitswerten);
*   das Leben genießen, intensiv leben, Suche nach Kommunikation, Spaß und Action;
*   anders sein als „die Spießer", Ausbrechen aus den Zwängen des Alltags.

Soziale Lage

*   Altersschwerpunkt: bis 30 Jahre;
*   überdurchschnittlich häufig geringe Formalbildung („Abbrecher");
*   viele Schüler und Auszubildende, hoher Anteil an Arbeitslosen, un- und angelernten Arbeitern sowie ausführenden Angestellten („Jobbern");
*   meist kleine bis mittlere Einkommen.

Lebensstil

*   Leben im Hier und Jetzt, kaum Lebensplanung;
*   spontaner Konsumstil, unkontrollierter Umgang mit Geld;
*   Freude am guten Leben, an Luxus und Komfort;
*   demonstrative Unangepasstheit, Stilprotest.

Aufstiegsorientiertes Milieu (AUF)

Lebensziel

*   beruflicher und sozialer Aufstieg („sich hocharbeiten") als zentraler Lebensinhalt;
*   vorzeigbare Erfolge haben, mehr erreichen als der Durchschnitt, Ansehen genießen;
*   große Bedeutung von Konsumwerten (Auto, Urlaub, exklusive Freizeitaktivitäten).

Soziale Lage

*   häufig mittlerer Abschluss oder Hauptschule mit abgeschlossener Berufsausbildung.
*   viele Facharbeiter und qualifizierte Angestellte, auch (kleinere) Selbständige und Freiberufler;
*   gehobene Einkommensklassen.

Lebensstil

*   Orientierung an den Standards gehobener Schichten;
*   Erfüllung der Rollenerwartungen im Beruf wie im sozialen Leben (nicht unangenehm auffallen);
*   prestigeorientierter Konsumstil, hohe Wertschätzung von Statussymbolen.

Modernes Arbeitnehmermilieu (MAR, früher NEA: Neues Arbeitnehmer-M.)

Lebensziel

- das Leben so angenehm wie möglich gestalten, sich leisten können, was einem gefällt – aber flexibles Anspruchsniveau (realitätsbezogener Hedonismus);
- kreativ sein, Verantwortung übernehmen, eigenständig handeln (Autonomiestreben);
- sich geistig und fachlich weiterentwickeln, nicht stehen bleiben (lebenslanges Lernen).

Soziale Lage

- junges Milieu, Altersschwerpunkt unter 30 Jahren;
- mindestens Realschulabschluss, viele Auszubildende, Schüler und Studenten; aber auch Facharbeiter (häufig in Schrittmacher-Industrien), qualifizierte Angestellte, Beschäftigte im öffentlichen Dienst;
- mittlere bis gehobene Einkommen, häufig Doppelverdiener.

Lebensstil

- Aufgeschlossenheit für Neues, keine geschlossenen Weltbilder, Mobilitätsbereitschaft, Stiltoleranz;
- Mainstream der jungen Freizeitkultur, konventioneller Modernismus im Konsum;
- Hightech als selbstverständliches Element im Alltag (in Beruf und Freizeit).

Liberal-intellektuelles Milieu (LIB)

Lebensziel

- ökologische und politische Korrektheit: soziale Gerechtigkeit, Versöhnung von Mensch und Natur.
- postmaterielle Ansprüche: Selbstverwirklichung, Persönlichkeitswachstum, Individualität, Freiräume für sich selbst;
- sinnstiftende Identität und Erfolg im Beruf; Leitbild der emanzipierten Familie.

Soziale Lage

- hohe bis höchste Formalbildung (Abitur, Studium);
- qualifizierte und leitende Angestellte und Beamte, Freiberufler, hoher Studentenanteil;
- gehobenes Einkommensniveau.

Lebensstil

- umwelt- und gesundheitsbewusste Lebensführung, Streben nach Gleichgewichten;
- Ablehnung »sinnentleerten« Konsums, Verzicht auf „Überflüssiges";
- Epikureische Genussphilosophie: Kennerschaft und Verfeinerung, Understatement und Distinktion;
- rege Anteilnahme am gesellschaftlichen und kulturellen Leben, Weltoffenheit.

Postmodernes Milieu (POM)

Lebensziel

* ungehinderte Entfaltung der eigenen Persönlichkeit, Ausleben seiner Gefühle, Begabungen und Sehnsüchte;
* Zurückweisung von äußeren Zwängen, Normen, Ideologien und Leitbildern; Ablehnung, sich festzulegen, sich zu etablieren;
* lustvoll leben: Körper, Geist und Sinne an existentielle Grenzen treiben.

Soziale Lage

* junges Milieu, Altersschwerpunkt: 20 bis 35 Jahre, viele Singles;
* gehobene Bildungsabschlüsse;
* (mittlere) Angestellte, (kleinere) Selbständige und Freiberufler; viele Schüler, Studenten und Jungakademiker;
* Einkommensverteilung fast wie in der Grundgesamtheit.

Lebensstil

* ichbezogene Lebensstrategie: Haben, Sein und Genießen – möglichst ohne einschränkende Verpflichtungen;
* Widersprüchlichkeit als Lebensform, „plurale Identitäten": mit unterschiedlichen Lebensstilen experimentieren, in verschiedenen Szenen, Welten und Kulturen leben;
* narzisstische Selbstinszenierung durch Konsum;
* starkes Bedürfnis nach Kommunikation, Unterhaltung sowie Bewegung.

Abbildungs- und Tabellenverzeichnis

Literaturverzeichnis

Ahrweiler, Georg (1994): Handlung und Struktur. Soziologische Paradigmen in den Werken von Max Weber und Karl Marx. In: Georg Kneer/Klaus Kraemer/Armin Nassehi (Hg.): Soziologie – Zugänge zur Gesellschaft. Bd. 1: Geschichte, Theorien und Methoden. Münster: Lit-Verlag, S. 1-18.

Alexander, Jeffrey C./Giesen, Bernhard/Münch, Richard/Smelser, Neil J. (Hg.) (1987): The Micro-Macro-Link. Berkeley, Los Angelos, London: University of California Press.

Altmeppen, Klaus-Dieter (1999): Redaktionen als Koordinationszentren. Beobachtungen journalistischen Handelns. Opladen, Wiesbaden: Westdeutscher Verlag.

Altmeppen, Klaus-Dieter (2000): Entscheidungen und Koordinationen. Dimensionen journalistischen Handelns. In: Löffelholz, Martin (Hg.): Theorien des Journalismus. Ein diskursives Handbuch. Wiesbaden: Westdeutscher Verlag, S. 293-310.

Arbeitsgruppe Bielefelder Soziologen (Hg.) (1973): Alltagswissen, Interaktion und gesellschaftliche Wirklichkeit. Bd. 1: Symbolischer Interaktionismus und Ethnomethodologie. Reinbek: Rowohlt Taschenbuch.

Bachelard, Gaston (1974): Epistemologie. Ausgewählte Texte. Frankfurt/Main, Berlin, Wien: Ullstein [orig. 1971].

Baum, Achim (1994): Journalistisches Handeln. Eine kommunikationstheoretisch begründete Kritik der Journalismusforschung. Opladen: Westdeutscher Verlag.

Baumert, Dieter Paul (1928): Die Entstehung des deutschen Journalismus. Eine sozialgeschichtliche Studie. München, Leipzig: Duncker & Humblot.

Baumert, Dieter u.a. (Deutsches PISA-Konsortium) (2001): PISA 2000. Basiskompetenzen von Schülerinnen und Schülern im internationalen Vergleich. Opladen: Leske + Budrich.

Beck, Ulrich (1983): Jenseits von Klasse und Stand? Soziale Ungleichheit, gesellschaftliche Individualisierungsprozesse und die Entstehung neuer sozialer Formationen und Identitäten. In: Reinhard Kreckel (Hg.): Soziale Ungleichheiten (Sonderband 2 der „Sozialen Welt"). Göttingen: Otto Schwartz, S. 35-74.

Beck, Ulrich (1986): Risikogesellschaft. Auf dem Weg in eine andere Moderne. Frankfurt/Main: Suhrkamp.

Benedikt, Klaus-Ulrich (1997): Ein deutsches Leben – mal sachlich betrachtet. In: Bernd Sösemann (Hg.): Emil Dovifat. Studien und Dokumente zu Leben und Werk. In Zusammenarbeit mit Gunda Stöber. Berlin, New York: de Gruyter, S. 3-15.

Bentele, Günter (1993): Wie wirklich ist die Medienwirklichkeit? Einige Anmerkungen zum Konstruktivismus und Realismus in der Kommunikationswissenschaft. In: Günter Bentele/Manfred Rühl (Hg.): Theorien öffentlicher Kommunikation. Problemfelder, Positionen, Perspektiven. München: Ölschläger, S. 152-171.

Bentele, Günter/Rühl, Manfred (Hg.) (1993): Theorien öffentlicher Kommunikation. Problemfelder, Positionen, Perspektiven. München: Ölschläger.

Berger, Peter A. (1986): Entstrukturierte Klassengesellschaft? Klassenbildung und Strukturen sozialer Ungleichheit im historischen Wandel. Opladen: Westdeutscher Verlag.

Berger, Peter A. (1988): Die Herstellung sozialer Klassifikationen. Methodische Probleme der Ungleichheitsforschung. In: Leviathan, 16. Jg., Hf. 4, S. 501-520.

Berger, Peter A. (1991): Von Bewegungen hin zur Beweglichkeit von Strukturen. Provisorische Überlegungen zur Sozialstrukturanalyse im vereinten Deutschland. In: Soziale Welt, 42. Jg., Hf. 1, S. 68-92.

Berger, Peter A. (1994): Soziale Ungleichheiten und sozio-kulturelle Milieus. Die neuere Sozialstrukturforschung „zwischen Bewusstsein und Sein". Rezensionsessay. In: Berliner Journal für Soziologie, 4. Jg., Hf. 2, S. 249-264.

Berger, Peter A./Hradil, Stefan (1990): Die Modernisierung sozialer Ungleichheit – und die neuen Konturen ihrer Erforschung. In: dies. (Hg.): Lebenslagen, Lebensläufe, Lebensstile (Sonderband 7 der „Sozialen Welt"). Göttingen: Otto Schwartz, S. 3-24.

Berger, Peter L./Luckmann, Thomas (1997): Die gesellschaftliche Konstruktion der Wirklichkeit. Eine Theorie der Wissenssoziologie (Nachdr. der 5. Aufl.). Fischer Taschenbuch Verlag [1969; orig. 1966].

Blöbaum, Bernd (1994): Journalismus als soziales System. Geschichte, Ausdifferenzierung und Verselbständigung. Opladen: Westdeutscher Verlag.

Blöbaum, Bernd (2000): Organisationen, Programme, Rollen. Die Struktur des Journalismus. In: Martin Löffelholz (Hg.): Theorien des Journalismus. Ein diskursives Handbuch. Wiesbaden: Westdeutscher Verlag, S. 169-183.

Blöbaum, Bernd (2001): Autonom und abhängig. Zur Autopoiesis des Journalismus. In: Communicatio Socialis. Internationale Zeitschrift für Kommunikation in Religion, Kirche und Gesellschaft, 34. Jg., Hf. 1, S. 66-76.

Blumer, Herbert (1973): Der methodologische Standort des symbolischen Interaktionismus. In: Arbeitsgruppe Bielefelder Soziologen (Hg.): Alltagswissen, Interaktion und gesellschaftliche Wirklichkeit. Bd. 1: Symbolischer Interaktionismus und Ethnomethodologie. Reinbek: Rowohlt Taschenbuch, S. 80-101.

Böckelmann, Frank (1993): Journalismus als Beruf. Bilanz der Kommunikatorforschung im deutschsprachigen Raum von 1945 bis 1990. Konstanz: Universitätsverlag Konstanz.

Böckelmann, Frank/Mast, Claudia/Schneider, Beate (1994): Journalismus in den neuen Ländern. Ein Berufsstand zwischen Aufbruch und Abwicklung. Konstanz: Universitätsverlag Konstanz.

Bohn, Cornelia (1991): Habitus und Kontext. Ein kritischer Beitrag zur Sozialtheorie Bourdieus. Mit einem Vorwort von Alois Hahn. Opladen: Westdeutscher Verlag.

Bohn, Cornelia/Hahn, Alois (2002): Pierre Bourdieu. In: Käsler, Dirk (Hg.): Klassiker der Soziologie. Bd. 2: Von Talcott Parsons bis Pierre Bourdieu (Neuausg.). München: C.H. Beck [1999], S. 252-271.

Bohrmann, Hans (1981): Kommunikationswissenschaft, -forschung [Lexikalisches Stichwort]. In: Kurt Koszyk/Karl Hugo Pruys (Hg.): Handbuch der Massenkommunikation. München: Deutscher Taschenbuch Verlag, S. 132-137.

Bohrmann, Hans (1986): Grenzüberschreitung? Zur Beziehung von Soziologie und Zeitungswissenschaft 1900-1960. In: Sven Papcke (Hg.): Ordnung und Theorie. Beiträge zur Geschichte der Soziologie in Deutschland. Darmstadt: Wissenschaftliche Buchgesellschaft, S. 93-112.

Bohrmann, Hans (1999): Das Verschwinden der Publizistik. Ein persönlicher Kommentar mit durchaus polemischen Absichten. In: Ulrich P. Schäfer/Thomas Schiller/Georg Schütte (Hg.) Journalismus in Theorie und Praxis. Beiträge zur universitären Journalistenausbildung. Festschrift für Kurt Koszyk. Konstanz: UVK Medien, S. 99-114.

Bourdieu, Pierre (1970): Zur Soziologie der symbolischen Formen. Übersetzt von W.H. Fietkau. Frankfurt/Main: Suhrkamp [orig. 1966-1968].

Bourdieu, Pierre (1973): Kulturelle Reproduktion und soziale Reproduktion. In: Pierre Bourdieu/Jean-Claude Passeron: Grundlagen einer Theorie der symbolischen Gewalt. Frankfurt/Main: Suhrkamp [orig. 1972], S. 88-137.

Bourdieu, Pierre (1976): Entwurf einer Theorie der Praxis auf der ethnologischen Grundlage der kabylischen Gesellschaft. Frankfurt/Main: Suhrkamp [orig. 1972].

Bourdieu, Pierre (1989): Antworten auf einige Einwände. In: Klaus Eder (Hg.): Klassenlage, Lebensstil und kulturelle Praxis. Theoretische und empirische Beiträge zur Auseinandersetzung mit Pierre Bourdieus Klassentheorie. Frankfurt/Main: Suhrkamp, S. 395-410.

Bourdieu, Pierre (1991): Die feinen Unterschiede. Kritik der gesellschaftlichen Urteilskraft (4. Aufl.). Frankfurt/Main: Suhrkamp [1982; orig. 1979].

Bourdieu, Pierre (1992): Rede und Antwort. Übersetzt von Bernd Schwibs. Frankfurt/Main: Suhrkamp [orig. 1987].

Bourdieu, Pierre (1993): Soziologische Fragen. Frankfurt/Main: Suhrkamp [orig. 1980].

Bourdieu, Pierre (1995): Sozialer Raum und „Klassen". In: ders.: Sozialer Raum und „Klassen". Leçon sur la leçon. Zwei Vorlesungen (3. Aufl.). Frankfurt/Main: Suhrkamp [1985; orig. 1982/1984].

Bourdieu, Pierre (1996): Die Praxis der reflexiven Soziologie. In: Pierre Bourdieu/Loïc J.D. Wacquant: Reflexive Anthropologie. Frankfurt/Main: Suhrkamp [orig. 1992], S. 251-294.

Bourdieu, Pierre (1997a): Sozialer Sinn. Kritik der theoretischen Vernunft (2. Aufl.). Frankfurt/Main: Suhrkamp [1987; orig. 1980].

Bourdieu, Pierre (1997b): Die verborgenen Mechanismen der Macht. Hamburg: VSA-Verlag [1992].

Bourdieu, Pierre (1998a): Homo academicus (2. Aufl.). Frankfurt/Main: Suhrkamp [1988; orig. 1984].

Bourdieu, Pierre (1998b): Über das Fernsehen. Frankfurt/Main: Suhrkamp [orig. 1996].

Bourdieu, Pierre (1998c): Vom Gebrauch der Wissenschaft. Für eine klinische Soziologie des wissenschaftlichen Feldes. Konstanz: Universitätsverlag Konstanz [orig. 1997].

Bourdieu, Pierre/Chamboredon, Jean-Claude/Passeron, Jean-Claude (1991): Soziologie als Beruf. Wissenschaftstheoretische Voraussetzungen soziologischer Erkenntnis. Berlin, New York: de Gruyter [orig. 1968].

Bourdieu, Pierre/Passeron, Jean-Claude (1973): Grundlagen einer Theorie der symbolischen Gewalt. Frankfurt/Main: Suhrkamp [orig. 1970/1972].

Bourdieu, Pierre/Wacquant, Loïc J.D. (1996): Reflexive Anthropologie. Frankfurt/Main: Suhrkamp [orig. 1992].

Boventer, Hermann (1994): Ethik des Journalismus. Zur Philosophie der Medienkultur. Konstanz: Universitätsverlag Konstanz.

Bruch, Rüdiger vom (1980): Zeitungswissenschaft zwischen Historie und Nationalökonomie. Ein Beitrag zur Vorgeschichte der Publizistik als Wissenschaft im späten deutschen Kaiserreich. In: Publizistik, 25. Jg., Hf. 4, S. 579-607.

Bruch, Rüdiger vom (1987): Zeitungskunde und Soziologie. In: Manfred Bobrowski/Wolfgang R. Langenbucher (Hg.): Wege zur Kommunikationsgeschichte. Wien: Braumüller, S. 138-166.

Brunöhler, Kurt (1933): Die Redakteure der mittleren und größeren Zeitungen im heutigen Reichsgebiet von 1800 bis 1848 (Diss. Univ. Leipzig). Bottrop: Gutenberg-Druckerei (Klein, Langohr & Ehlers).

Bucher, Hans-Jürgen (2000): Journalismus als kommunikatives Handeln. Grundlagen einer handlungstheoretischen Journalismustheorie. In: Löffelholz, Martin (Hg.): Theorien des Journalismus. Ein diskursives Handbuch. Wiesbaden: Westdeutscher Verlag, S. 245-273.

Buchhofer, Bernd (1994): Stichwort „soziale Rolle". In: Werner Fuchs-Heinritz/Rüdiger Lautmann/Otthein Rammstedt/Hanns Wienold (Hg.): Lexikon zur Soziologie (3. Aufl.). Opladen: Westdeutscher Verlag [1973], S. 567-568.

Cicourel, Aaron (1973): Basisregeln und normative Regeln im Prozeß des Aushandelns von Status und Rolle. In: Arbeitsgruppe Bielefelder Soziologen (Hg.): Alltagswissen, Interaktion und gesellschaftliche Wirklichkeit. Bd. 1: Symbolischer Interaktionismus und Ethnomethodologie. Reinbek: Rowohlt Taschenbuch, S. 147-188.

Dennis, Everette E. (1996): Foreword: Backround Check – Why the Public Needs to Know More About News People. In: David H. Weaver/G. Cleveland Wilhoit: The American Journalist in the 1990s. U.S. News People at the End of an Era. Mahwah (NJ): Lawrence Erlbaum Ass., IX-XVI.

Deutsch, Karl W. (1952): On Communication Models in the Social Sciences. In: Public Opinion Quarterly, Vol. 16, S. 356-380.

Dillman, Don A. (1978): Mail and Telephone Surveys. The Total Design Method. New York: Wiley.

Dörner, Andreas/Vogt, Ludgera (1990): Kultursoziologie (Bourdieu – Mentalitätengeschichte – Zivilisationstheorie). In: Bogdal, Klaus-Michael (Hg.): Neue Literaturtheorien. Eine Einführung. Opladen: Westdeutscher Verlag, S. 131-154.

Donsbach, Wolfgang (1979): Aus eigenem Recht. Legitimationsbewußtsein und Legitimationsgründe von Journalisten. In: Hans Mathias Kepplinger (Hg.): Angepaßte Außenseiter. Was Journalisten denken und wie sie arbeiten. Freiburg, München: Karl Alber, S. 29-48.

Donsbach, Wolfgang (1982): Legitimationsprobleme des Journalismus. Gesellschaftliche Rolle der Massenmedien und berufliche Einstellungen von Journalisten. Freiburg, München: Karl Alber.

Donsbach, Wolfgang (1987): Journalismusforschung in der Bundesrepublik: Offene Frage trotz „Forschungsboom". In: Jürgen Wilke (Hg.): Zwischenbilanz der Journalistenausbildung. München: Ölschläger, S. 105-142.

Donsbach, Wolfgang (1990a): Objektivitätsmaße in der Publizistikwissenschaft. In: Publizistik, 35. Jg., Hf. 1, S. 18-29.

Donsbach, Wolfgang (1990b): Medienethik aus der Sicht der empirischen Journalismusforschung. In: Wilfried von Bredow (Hg.): Medien und Gesellschaft. Mit einem Geleitwort von Hansgeorg Gareis. Stuttgart: Hirzel; Wissenschaftliche Verlagsgesellschaft, S. 155-174.

Donsbach, Wolfgang (1994): Journalist. In: Elisabeth Noelle-Neumann/Winfried Schulz/Jürgen Wilke (Hg.): Fischer Lexikon Publizistik – Massenkommunikation. Frankfurt/Main: Fischer Taschenbuch Verlag, S. 64-91.

Donsbach, Wolfgang (1999a): Journalism Research. In: Hans-Bernd Brosius/Christina Holtz-Bacha (Hg.): The German Communication Yearbook. Cresskill (NJ): Hampton Press, S. 159-180.

Donsbach, Wolfgang (1999b): Journalismus und journalistisches Berufsverständnis. In: Jürgen Wilke (Hg.): Mediengeschichte der Bundesrepublik. Bonn: Bundeszentrale für politische Bildung, S. 489-517.

Donsbach, Wolfgang (2001): Wahrheit in den Medien. Über den Sinn eines methodischen Objektivitätsbegriffs. In: Die politische Meinung. Monatsschrift zu Fragen der Zeit, Nr. 381, Hf. 8, S. 65-74.

Dorer, Johanna/Klaus, Elisabeth (1999). Media Studies and Gender. In: Hans-Bernd Brosius/Christina Holtz-Bacha (Hg.): The German Communication Yearbook 1999. Cresskill-New Jersey: Hampton Press, S. 245-275.

Douglas, Mary (1991): Wie Institutionen denken. Übersetzt von Michael Bischoff. Frankfurt/Main: Suhrkamp [orig.: 1986].

Dovifat, Emil (1990): Die publizistische Persönlichkeit. In Memoriam Emil Dovifat zum 100. Geburtstag am 27. Dezember 1990. Hg. von Dorothee von Dadelsen. Mit einem Vorwort von Otto B. Roegele. Berlin, New York: de Gruyter.

Dovifat, Emil (1956): Publizistik als Wissenschaft. Herkunft – Wesen – Aufgabe. In: Publizistik, 1. Jg., Hf. 1, S. 3-10.

Dovifat, Emil (1968): Die publizistische Persönlichkeit. In: ders.: Handbuch der Publizistik, Bd. 1. Berlin, New York: de Gruyter, S. 40-54.

Dovifat, Emil/Wilke, Jürgen (1976): Zeitungslehre I: Theoretische und rechtliche Grundlagen, Nachricht und Meinung, Sprache und Form (6. neubearb. Aufl.). Berlin, New York: de Gruyter.

Duchkowitsch, Wolfgang/Hausjell, Fritz/Hömberg, Walter/Kutsch, Arnulf/Neverla, Irene (Hg.) (1998): Journalismus als Kultur. Analysen und Essays. Wiesbaden: Westdeutscher Verlag.

Dygutsch-Lorenz, Ilse (1971): Die Rundfunkanstalt als Organisationsproblem. Ausgewählte Organisationseinheiten in Beschreibung und Analyse. Düsseldorf: Bertelsmann Universitätsverlag.

Ehmig, Simone (2000): Generationswechsel im deutschen Journalismus. Zum Einfluss historischer Ereignisse auf das journalistische Selbstverständnis. Freiburg, München: Alber.

Eichinger, Margarete (1975): Redaktion und Umwelt. Die Redaktion „Aktueller Dienst" des ORF-Fernsehens und ihre Beziehungen zu sechs ausgewählten Umweltbereichen (Diss. Univ. Salzburg). Salzburg.

Eisenstadt, Shmuel N. (1990): Kultur und Sozialstruktur in der neueren soziologischen Analyse. In: Hans Haferkamp (Hg.): Sozialstruktur und Kultur. Frankfurt/Main: Suhrkamp, S. 7-19.

Elias, Norbert (1977): Zur Grundlegung einer Theorie sozialer Prozesse. In: Zeitschrift für Soziologie, 6. Jg., Hf. 2, S. 127-149.

Elias, Norbert (1986): Was ist Soziologie (5. Aufl.). München: Juventa [1970].

Elias, Norbert (1999): Die Gesellschaft der Individuen. Hg. von Michael Schröter (4. Aufl.). Frankfurt/Main: Suhrkamp [1939; 1987].

Engelsing, Rolf (1966): Massenpublikum und Journalistentum im 19. Jahrhundert in Nordwestdeutschland. Berlin: Duncker & Humblot.

Esser, Frank (1998): Die Kräfte hinter den Schlagzeilen. Englischer und deutscher Journalismus im Vergleich. Freiburg, München: Karl Alber.

Esser, Frank (2000a): Does Organization matter? Redaktionsforschung aus internationaler Perspektive. In: Hans-Bernd Brosius (Hg.): Kommunikation über Grenzen und Kulturen. Konstanz: Universitätsverlag Konstanz, S. 111-126.

Esser, Frank (2000b): Journalismus vergleichen. Journalismustheorie und komparative Forschung. In: Martin Löffelholz (Hg.): Theorien des Journalismus. Ein diskursives Handbuch. Wiesbaden: Westdeutscher Verlag, S. 123-145.

Esser, Hartmut (1991): Die Rationalität des Alltagshandelns. Alfred Schütz und „Rational Choice". In: Hartmut Esser/Klaus G. Troitzsch (Hg.): Modellierung sozialer Prozesse. Neuere Ansätze und Überlegungen zur soziologischen Theoriebildung. Bonn: Informationszentrum Sozialwissenschaften, S. 235-282.

Esser, Hartmut (1996): Soziologie. Allgemeine Grundlagen (2. Aufl.). Frankfurt/Main, New York: Campus [1993].

Fabris, Hans Heinz (1979): Journalismus und bürgernahe Medienarbeit. Formen und Bedingungen der Teilhabe an gesellschaftlicher Kommunikation. Salzburg: Wolfgang Neugebauer.

Flaig, Berthold Bodo/Meyer, Thomas/Ueltzhöffer, Jörg (1994): Alltagsästhetik und politische Kultur. Zur ästhetischen Dimension politischer Bildung und politischer Kommunikation (2. Aufl.). Bonn: Dietz.

Fleck, Ludwik (1980): Entstehung und Entwicklung einer wissenschaftlichen Tatsache. Einführung in die Lehre vom Denkstil und Denkkollektiv. Mit einer Einleitung hg. von Lothar Schäfer und Thomas Schnelle. Frankfurt/Main: Suhrkamp 1980 [Basel: Benno Schwabe & Co. 1935].

Fleck, Ludwik (1983): Erfahrung und Tatsache. Gesammelte Aufsätze. Mit einer Einleitung hg. von Lothar Schäfer und Thomas Schnelle. Frankfurt/Main: Suhrkamp [orig. 1927-1960].

Fohrbeck, Karla/Wiesand, Andreas J. (1972): Der Autorenreport. Mit einem Vorwort von Rudolf Augstein. Reinbek: Rowohlt.

Früh, Werner (1991): Medienwirkungen. Das dynamisch-transaktionale Modell. Theorie und empirische Forschung. Opladen: Westdeutscher Verlag.

Früh, Werner/Schönbach, Klaus (1982): Der dynamisch-transaktionale Ansatz. Ein neues Paradigma der Medienwirkungen. In: Publizistik, 27. Jg., Hf. 1-2, S. 74-88.

Gamson, William A./Croteau, David/Hoynes, William/Sasson, Theodore (1992): Media Images and the Social Construction of Reality. In: Annual Review of Sociology, Vol. 18, S. 373-393.

Geiger, Theodor (1987): Die soziale Schichtung des deutschen Volkes. Soziographischer Versuch auf statistischer Grundlage. Faksimile-Nachdruck der 1. Auflage 1932 mit einem Geleitwort von Bernhard Schäfers. Stuttgart: Ferdinand Enke [1932].

Geißler, Rainer (1996): Die Sozialstruktur Deutschlands. Zur gesellschaftlichen Entwicklung mit einer Zwischenbilanz zur Vereinigung (2. Aufl.). Opladen: Westdeutscher Verlag [1991].

Geißler, Rainer/Meyer, Thomas (1999): Theodor Geiger (1891-1952). In: Dirk Kaesler (Hg.): Klassiker der Soziologie. Bd. I: Von August Comte bis Norbert Elias (Neuausg.). München: C. H. Beck, S. 278-295.

Gergen, Kenneth J. (1991): Von der sozialen Phänomenologie zum sozialen Konstruktivismus. In: Max Herzog/Karl Friedrich Graumann (Hg.): Sinn und Erfahrung. Phänomenologische Methoden in den Humanwissenschaften. Heidelberg: Asanger, S. 133-151.

Geulen, Dieter (1998): Die historische Entwicklung sozialisationstheoretischer Ansätze. In: Klaus Hurrelmann/Dieter Ulich (Hg.): Handbuch der Sozialisationsforschung. Studienausgabe (5. Aufl.). Weinheim, Basel: Beltz, S. 21-54.

Giddens, Anthony (1995): Die Konstitution der Gesellschaft. Grundzüge einer Theorie der Strukturierung. Mit einer Einführung von Hans Joas (3. Aufl.). Frankfurt/Main: Campus [1988; orig. 1984].

Görke, Alexander (2000): Systemtheorie weiterdenken. Das Denken in Systemen als Herausforderung für die Journalismusforschung. In: Löffelholz, Martin (Hg.): Theorien des Journalismus. Ein diskursives Handbuch. Wiesbaden: Westdeutscher Verlag, S. 435-454.

Görke, Alexander/Kohring, Matthias (1996): Unterschiede, die Unterschiede machen: Neuere Theorieentwürfe zu Publizistik, Massenmedien und Journalismus. In: Publizistik, 41. Jg., Hf. 1, S. 15-31.

Görke, Alexander/Kohring, Matthias (1997): Worüber reden wir? Vom Nutzen systemtheoretischen Denkens für die Publizistikwissenschaft. In: Medien Journal. Zeitschrift für Kommunikationskultur, 21. Jg., Hf. 1, S. 3-14.

Görke, Alexander (1999): Risikojournalismus und Risikogesellschaft. Sondierung und Theorieentwurf. Opladen, Wiesbaden: Westdeutscher Verlag.

Gottschlich, Maximilian (1980): Journalismus und Orientierungsverlust. Grundprobleme öffentlich-kommunikativen Handelns. Wien, Köln, Graz: Hermann Böhlaus Nachf. Gesellschaft.

Groth, Otto (1960-1972): Die unerkannte Kulturmacht. Grundlegung der Zeitungswissenschaft (Periodik), 7 Bde. Berlin: Walter de Gruyter.

Gruber, Thomas (1975): Die Übernahme der journalistischen Berufsrolle. Eine sozialwissenschaftliche Analyse. Nürnberg: Verlag der Nürnberger Forschungsvereinigung.

Haas, Hannes (1999): Empirischer Journalismus. Verfahren zur Erkundung gesellschaftlicher Wirklichkeit. Wien, Köln, Weimar: Böhlau.

Habermas, Jürgen (1988a): Theorie des kommunikativen Handelns. Bd. 1: Handlungsrationalität und gesellschaftliche Rationalisierung. Frankfurt/Main: Suhrkamp.

Habermas, Jürgen (1988b): Theorie des kommunikativen Handelns. Bd. 2: Zur Kritik der funktionalistischen Vernunft. Frankfurt/Main: Suhrkamp.

Habermas, Jürgen (1990): Strukturwandel der Öffentlichkeit (Neuauflage). Frankfurt/Main: Suhrkamp.

Hachmeister, Lutz (1987): Theoretische Publizistik. Studien zur Geschichte der Kommunikationswissenschaft in Deutschland. Berlin: Wissenschaftsverlag Volker Spiess.

Haferkamp, Hans (Hg.) (1990): Sozialstruktur und Kultur. Frankfurt/Main: Suhrkamp.

Hagemann, Walter (Hg.) (o.J.): Die soziale Lage des deutschen Journalistenstandes, insbesondere ihre Entwicklung seit 1945. Eine Untersuchung des Instituts für Publizistik der Westfälischen Wilhelms-Universität Münster. Düsseldorf: Droste-Verlag [1956].

Hahn, Alois (1989): Pierre Bourdieu: Sozialer Sinn. Kritik der theoretischen Vernunft (Rezension). In: Kölner Zeitschrift für Soziologie und Sozialpsychologie, 41. Jg., Hf. 1, S. 168-170.

Hahn, Alois (1995): Würdigung. Pierre Bourdieu zum 65. Geburtstag. In: Kölner Zeitschrift für Soziologie und Sozialpsychologie, 47. Jg., Hf. 4, S. 802-804.

Hepp, Andreas (1999): Cultural Studies und Medienanalyse. Eine Einführung. Opladen, Wiesbaden: Westdeutscher Verlag.

Hepp, Andreas/Winter, Rainer (Hg.) (1997): Kultur – Medien – Macht. Cultural Studies und Medienanalyse. Opladen: Westdeutscher Verlag.

Hienzsch, Ulrich (1990): Journalismus als Restgröße. Redaktionelle Rationalisierung und publizistischer Leistungsverlust. Wiesbaden: Deutscher Universitätsverlag.

Hitzler, Ronald/Honer, Anne (1984): Lebenswelt – Milieu – Situation. Terminologische Vorschläge zur theoretischen Verständigung. In: Kölner Zeitschrift für Soziologie und Sozialpsychologie, 36. Jg., Hf. 1, S. 56-74.

Hömberg, Walter (1987): Von Kärrnern und Königen. Zur Geschichte journalistischer Berufe. In: Manfred Bobrowsky/Wolfgang R. Langenbucher (Hg.): Wege zur Kommunikationsgeschichte. München: Ölschläger, S. 619-629.

Holzer, Horst (1992): Massenkommunikation als Kapitalverwertungsprozeß und die Rolle des Publikums (Auszüge aus: Horst Holzer: Kommunikationssoziologie. Reinbek: Rowohlt 1973, S. 129ff, 148ff.). In: Roland Burkart/Walter Hömberg (Hg.): Kommunikationstheorien. Ein Textbuch zur Einführung. Wien: Braumüller, S. 69-90.

Holzer, Horst (1994): Medienkommunikation. Einführung in handlungs- und gesellschaftstheoretische Konzeptionen. Opladen: Westdeutscher Verlag.

Homans, George C. (1969): Was ist Sozialwissenschaft? Köln, Opladen: Westdeutscher Verlag.

Homans, George C. (1972): Wider den Soziologismus. In: ders.: Grundfragen soziologischer Theorie. Opladen: Westdeutscher Verlag, S. 44-59 [orig. 1964].

Hradil, Stefan (1990): Individualisierung, Pluralisierung, Polarisierung: Was ist von den Schichten und Klassen geblieben? In: Robert Hettlage (Hg.): Die Bundesrepublik. Eine historische Bilanz. München: Beck, S. 111-138.

Hradil, Stefan (Hg.) (1992a): Zwischen Bewußtsein und Sein. Die Vermittlung „objektiver" Lebensbedingungen und „subjektiver" Lebensweisen. Opladen: Leske + Budrich.

Hradil, Stefan (1992b): Alte Begriffe und neue Strukturen. Die Milieu-, Subkultur- und Lebensstilforschung der 80er Jahre. In: ders. (Hg.): Zwischen Bewußtsein und Sein. Die Vermittlung „objektiver" Lebensbedingungen und „subjektiver" Lebensweisen. Opladen: Leske + Budrich, S. 15-55.

Hurrelmann, Klaus (2001): Einführung in die Sozialisationstheorie. Über den Zusammenhang von Sozialstruktur und Persönlichkeit (7. Aufl.). Weinheim, Basel: Beltz [1986].

Hurrelmann, Klaus/Ulich, Dieter (Hg.) (1998): Handbuch der Sozialisationsforschung. Studienausgabe (5. Aufl.). Weinheim, Basel: Beltz [1991].

Jäger, Karl (1926): Zeitungswissenschaft (Journalistik). Dessau: Dünnhaupt.

Janning, Frank (1991): Pierre Bourdieus Theorie der Praxis. Analyse und Kritik der konzeptionellen Grundlegung einer praxeologischen Soziologie. Opladen: Westdeutscher Verlag.

Joas, Hans (1978): Die gegenwärtige Lage der soziologischen Rollentheorie (3. Aufl.). Wiesbaden: Akademische Verlagsgesellschaft [1973].

Joas, Hans (1988): Die Antinomien des Neofunktionalismus. Eine Auseinandersetzung mit Jeffrey Alexander. In: Zeitschrift für Soziologie, 17. Jg., Hf. 4, S. 272-285.

Joas, Hans (1995): Einführung. Eine soziologische Transformation der Praxisphilosophie – Giddens' Theorie der Strukturierung. In: Anthony Giddens: Die Konstitution der Gesellschaft. Grundzüge einer Theorie der Strukturierung (3. Aufl.). Frankfurt/Main: Campus [1988], S. 9-23.

Joas, Hans (1996): Die Kreativität des Handelns. Frankfurt/Main: Suhrkamp.

Joas, Hans (1998): Rollen- und Interaktionstheorien in der Sozialisationsforschung. In: Klaus Hurrelmann/Dieter Ulich (Hg.): Handbuch der Sozialisationsforschung. Studienausgabe (5. Aufl.). Weinheim, Basel: Beltz, S. 137-152.

Joch-Robinson, Gertrude (1973): Fünfundzwanzig Jahre „Gatekeeper"-Forschung: Eine kritische Rückschau und Bewertung. In: Jörg Aufermann/Hans Bohrmann/Rolf Sülzer (Hg.): Gesellschaftliche Kommunikation und Information. Forschungsrichtungen und Problemstellungen. Ein Arbeitsbuch zur Massenkommunikation, Bd. 1. Frankfurt/Main: Athenäum, S. 344-355.

Käsler, Dirk (1996): Norbert Elias – ein europäischer Soziologe für das 21. Jahrhundert. In: Karl-Siegbert Rehberg (Hg.): Norbert Elias und die Menschenwissenschaften. Zur Entstehung und Wirkungsgeschichte seines Werkes. Frankfurt/Main: Suhrkamp, S. 434-445.

Käsler, Dirk (1999): Max Weber (1864-1920). In: ders. (Hg.): Klassiker der Soziologie. Bd. 1: Von August Comte bis Norbert Elias (Neuausg.). München: C.H. Beck, S. 190-212.

Kepplinger, Hans Mathias (Hg.) (1979a): Angepaßte Außenseiter. Was Journalisten denken und wie sie arbeiten. München, Freiburg: Karl Alber.

Kepplinger, Hans Mathias (1979b): Angepaßte Außenseiter. Ergebnisse und Interpretationen der Kommunikatorforschung. In: ders. (Hg.): Angepaßte Außenseiter. Was Journalisten denken und wie sie arbeiten. München, Freiburg: Karl Alber, S. 7-28.

Kepplinger, Hans Mathias (1989a): Theorien der Nachrichtenauswahl als Theorien der Realität. In: Aus Politik und Zeitgeschichte. Beilage zur Wochenzeitung „Das Parlament", B 15, S. 3-16.

Kepplinger, Hans Mathias (1989b): Voluntaristische Grundlagen der Politikberichterstattung. In: Böckelmann, Frank (Hg.): Medienmacht und Politik. Mediatisierte Politik und politischer Wertewandel. Berlin: Wissenschaftsverlag Volker Spiess, S. 59-83.

Kepplinger, Hans Mathias (1992): Ereignismanagement. Wirklichkeit und Massenmedien. Zürich: Edition Interfrom; Osnabrück: Fromm.

Kepplinger, Hans Mathias (1993): Erkenntnistheorie und Forschungspraxis des Konstruktivismus. In: Günter Bentele/Manfred Rühl (Hg.): Theorien öffentlicher Kommunikation. Problemfelder, Positionen, Perspektiven. München: Ölschläger, S. 118-125.

Kepplinger, Hans Mathias (1994): Publizistische Konflikte. Begriffe, Ansätze, Ergebnisse. In: Friedhelm Neidhardt (Hg.): Öffentlichkeit, öffentliche Meinung, soziale Bewegungen (Sonderheft Nr. 34 der Kölner Zeitschrift für Soziologie und Sozialpsychologie). Opladen: Westdeutscher Verlag, S. 214-233.

Kepplinger, Hans Mathias/Brosius, Hans-Bernd/Staab, Joachim Friedrich/Linke, Günter (1989): Instrumentelle Aktualisierung. Grundlagen einer Theorie publizistischer Konflikte. In: Max Kaase/Winfried Schulz (Hg.): Massenkommunikation. Theorien, Methoden, Befunde (Sonderheft Nr. 30 der Kölner Zeitschrift für Soziologie und Sozialpsychologie). Opladen: Westdeutscher Verlag, S. 199-220.

Kepplinger, Hans Mathias/Ehmig, Simone Christine (1997): Der Einfluß politischer Einstellungen von Journalisten auf die Beurteilung aktueller Kontroversen. In: Medien Psychologie. Zeitschrift für Individual- und Massenkommunikation. 9. Jg., Hf. 4, S. 271-292.

Kepplinger, Hans Mathias/Ehmig, Simone Christine/Ahlheim, Christine (1991): Gentechnik im Widerstreit. Zum Verhältnis von Wissenschaft und Journalismus. Frankfurt/Main: Campus.

Keppliner, Hans Mathias/Hartung, Uwe (1993): Am Pranger. Eine Fallstudie zur Rationalität öffentlicher Kommunikation. München: Reinhard Fischer.

Kepplinger, Hans Mathias/Vohl, Inge (1979): Mit beschränkter Haftung. Zum Verantwortungsbewußtsein von Fernsehredakteuren. In: Hans Mathias Kepplinger (Hg.): Angepaßte Außenseiter. Was Journalisten denken und wie sie arbeiten. München, Freiburg: Karl Alber, S. 223-260.

Kieslich, Günter (1966): Berufsbilder im frühen Zeitungswesen. Vorstudien zu einer Soziologie des Journalismus zwischen 1609 und 1650. In: Publizistik, 11. Jg., Hf. 3/4, S. 253-263.

Kieslich, Günter (1970): Ein Beruf ohne Berufsbild. Gedanken zur Ausbildung von Journalisten. In: Fritz Hufen (Hg.): Politik und Massenmedien. Aktuelle Themen eines ungeklärten Verhältnisses. Mainz: von Hase & Koehler, S. 303-321.

Kießling, Bernd (1988): Die „Theorie der Strukturierung". Ein Interview mit Anthony Giddens. In: Zeitschrift für Soziologie, 17. Jg., Hf. 4, S. 286-295.

Klaus, Elisabeth (1998): Kommunikationswissenschaftliche Geschlechterforschung. Zur Bedeutung der Frauen in den Massenmedien und im Journalismus. Opladen, Wiesbaden: Westdeutscher Verlag.

Klaus, Elisabeth (2000): Jenseits von Individuum und System. Journalismustheorien in der Perspektive der Geschlechterforschung. In: Löffelholz, Martin (Hg.): Theorien des Journalismus. Ein diskursives Handbuch. Wiesbaden: Westdeutscher Verlag, S. 333-350.

Klaus, Elisabeth/Lünenborg, Margret (2000): Der Wandel des Medienangebots als Herausforderung an die Journalismusforschung: Plädoyer für eine kulturorientierte Annäherung. In: Medien & Kommunikationswissenschaft, 48. Jg., Hf. 2, S. 188-211.

Kneer, Georg/Nassehi, Armin (1994): Niklas Luhmanns Theorie sozialer Systeme. Eine Einführung (2. Aufl.). München: Wilhelm Fink (UTB) [1993].

Knorr-Cetina, Karin (1981): Introduction: The Micro-Sociological Challenge of Macro-Sociology: Towards a Reconstruction of Social Theory and Methodology. In: Karin Knorr-Cetina/Aaron V. Cicourel (Hg.): Advances in Social Theory and Methodology. Toward an Integration of Micro- and Macro-Sociologies. Boston (Mass.), London, Henley: Routledge & Kegan Paul, S. 1-47.

Knorr-Cetina, Karin (1984): Die Fabrikation von Erkenntnis. Zur Anthropologie der Naturwissenschaft. Mit einem Vorwort von Rom Harré. Frankfurt/Main: Suhrkamp [orig. 1981].

Knorr-Cetina, Karin (1989): Spielarten des Konstruktivismus. Einige Notizen und Anmerkungen. In: Soziale Welt. Zeitschrift für sozialwissenschaftliche Forschung und Praxis, 40. Jg. Hf. 1/2, S. 86-96.

Knorr-Cetina, Karin (1992): Zur Unterkomplexität der Differenzierungstheorie. Empirische Anfragen an die Systemtheorie. In: Zeitschrift für Soziologie, 21. Jg., Hf. 6, S. 406-419.

Knorr-Cetina, Karin/Cicourel, Aaron V. (Hg.) (1981): Advances in Social Theory and Methodology. Toward an Integration of Micro- and Macro-Sociologies. Boston (Mass.), London, Henley: Routledge & Kegan Paul.

Köcher, Renate (1985): Spürhund und Missionar. Eine vergleichende Untersuchung über Berufsethik und Aufgabenverständnis britischer und deutscher Journalisten (Diss. Univ. München). München.

Köcher, Renate (1986): Bloodhounds or Missionaries: Role Definitions of German and British Journalists. In: European Journal of Communication, Vol. 1, No. 1, S. 43-64.

Kohring, Matthias (2000): Komplexität ernst nehmen. Grundlagen systemtheoretischer Journalismustheorie. In: Martin Löffelholz (Hg.): Theorien des Journalismus. Ein diskursives Handbuch. Wiesbaden: Westdeutscher Verlag, S. 153-168.

Kohring, Matthias (2001): Autopoiesis und Autonomie des Journalismus. Zur notwendigen Unterscheidung von zwei Begriffen. In: Communicatio Socialis. Internationale Zeitschrift für Kommunikation in Religion, Kirche und Gesellschaft, 34. Jg., Hf. 1, S. 77-90.

Kohring, Matthias/Hug, Detlef Matthias (1997): Öffentlichkeit und Journalismus. Zur Notwendigkeit der Beobachtung gesellschaftlicher Interdependenz - Ein systemtheoretischer Entwurf. In: Medien Journal. Zeitschrift für Kommunikationskultur, 21. Jg., Hf. 1, S. 15-33.

Koller, Barbara (1981): Lokalredaktion und Autonomie. Eine Untersuchung in Außenredaktionen regionaler Tageszeitungen. Nürnberg: Verlag der Nürnberger Forschungsvereinigung.

Krawietz, Werner/Welker, Michael (Hg.) (1992): Kritik der Theorie sozialer Systeme. Auseinandersetzungen mit Luhmanns Hauptwerk. Frankfurt/Main: Suhrkamp.

Kreckel, Reinhard (Hg.) (1983a): Soziale Ungleichheiten (Sonderband 2 der „Sozialen Welt"). Göttingen: Otto Schwartz.

Kreckel, Reinhard (1983b): Theorie sozialer Ungleichheiten im Übergang. In: ders. (Hg.): Soziale Ungleichheiten (Sonderband 2 der „Sozialen Welt"). Göttingen: Otto Schwartz, S. 3-12.

Kretschmar, Olaf (1991): Sozialwissenschaftliche Feldtheorien – von der Psychologie Kurt Lewins zur Soziologie Pierre Bourdieus. In: Berliner Journal für Soziologie, Hf. 4, S. 567-579.

Krippendorf, Klaus (1993): Schritte zu einer konstruktivistischen Erkenntnistheorie der Massenkommunikation. In: Günter Bentele/Manfred Rühl (Hg.): Theorien öffentlicher Kommunikation. Problemfelder, Positionen, Perspektiven. München: Ölschläger, S. 19-51.

Kromrey, Helmut (1983): Empirische Sozialforschung. Modelle und Methoden der Datenerhebung und Datenauswertung. Unter Mitarbeit von Rainer Ollmann. Opladen: Leske+Budrich (UTB).

Kuhn, Thomas S. (1973): Die Struktur wissenschaftlicher Revolutionen. Frankfurt/Main: Suhrkamp [orig. 1962].

Kuhn, Thomas S. (1988): Die Entstehung des Neuen. Studien zur Struktur der Wissenschaftsgeschichte. Hg. von Lorenz Krüger (3. Aufl.). Frankfurt/Main: Suhrkamp [orig. 1959-1975; 1977].

Kunczik, Michael (1988): Journalismus als Beruf. Köln, Wien: Böhlau.

Kunczik, Michael/Zipfel, Astrid (2001): Publizistik. Ein Studienhandbuch. Köln, Weimar, Wien: Böhlau.

Kutsch, Arnulf (1988): Max Webers Anregungen zur empirischen Journalismusforschung. Die „Zeitungs-Enquête" und eine Redakteurs-Umfrage. In: Publizistik, 33. Jg., Hf. 1, S. 5-31.

Kutsch, Arnulf/Pöttker, Horst (Hg.) (1997a): Kommunikationswissenschaft – autobiographisch. Zur Entwicklung einer Wissenschaft in Deutschland (Sonderheft 1/1997 der Publizistik). Opladen: Westdeutscher Verlag.

Kutsch, Arnulf/Pöttker, Horst (1997b): Kommunikationswissenschaft – autobiographisch. Einleitung. In: dies. (Hg.): Kommunikationswissenschaft – autobiographisch. Zur Entwicklung einer Wissenschaft in Deutschland (Sonderheft 1/1997 der Publizistik). Opladen: Westdeutscher Verlag, S. 7-20.

Lamnek, Siegfried (1980): Sozialwissenschaftliche Arbeitsmethoden für Mediziner, Soziologen, Psychologen. Weinheim: Edition Medizin.

Langenbucher, Wolfgang R. (1973): Kommunikation als Beruf. Ansätze kommunikationswissenschaftlicher Berufsforschung. München: Habil.-Schrift (Verf. Msk.).

Langenbucher, Wolfgang R. (1974): Kommunikation als Beruf. Ansätze und Konsequenzen kommunikationswissenschaftlicher Berufsforschung. In: Publizistik, 19. Jg., Hf. 3/4, S. 256-277.

Langenbucher, Wolfgang R. (1993): Wahrheit – Aufklärung – Verantwortung. Thesen zu einer historischen Theorie des Journalismus. In: Publizistik, 38. Jg., Hf. 3, S. 311-321.

Langenbucher, Wolfgang R./Mahle, Walter A. (1974): Unterhaltung als Beruf? Herkunft, Vorbildung, Berufsweg und Selbstverständnis einer Berufsgruppe. Berlin 1974.

Lasswell, Harold (1960): The Structure and Function of Communication in Society. In: Wilbur Schramm (Hg.): Mass Communications. A Book of Readings. Urbana, Chicago, London: University of Illinois Press, S. 117-130 [1948].

Lettke, Frank (1996): Habitus und Strategien ostdeutscher Unternehmer. Eine qualitativ-empirische Analyse unternehmerischen Handelns. München, Mering: Rainer Hampp Verlag.

Löffelholz, Martin (Hg.) (2000a): Theorien des Journalismus. Ein diskursives Handbuch. Wiesbaden: Westdeutscher Verlag.

Löffelholz, Martin (2000b): Theorien des Journalismus. Entwicklungen, Erkenntnisse Erfindungen – eine metatheoretische und historische Orientierung. In: ders. (Hg.): Theorien des Journalismus. Ein diskursives Handbuch. Wiesbaden: Westdeutscher Verlag, S. 15-60.

Löffelholz, Martin (2000c): Ein privilegiertes Verhältnis. Inter-Relationen von Journalismus und Öffentlichkeitsarbeit. In: ders. (Hg.): Theorien des Journalismus. Ein diskursives Handbuch. Wiesbaden: Westdeutscher Verlag, S. 186-208.

Löffelholz, Martin (2001): Von Weber zum Web. Journalismusforschung im 21. Jahrhundert: theoretische Konzepte und empirische Befunde im systematischen Überblick. Ilmenau: Technische Universität Ilmenau.

Loosen, Wiebke/Scholl, Armin/Woelke, Jens (2002): Systemtheoretische und konstruktivistische Methodologie. In: Armin Scholl (Hg.): Systemtheorie und Konstruktivismus in der Kommunikationswissenschaft. Konstanz: UVK Verlagsgesellschaft, S. 37-65.

Luckmann, Thomas/Sprondel, Walter M. (Hg.) (1972a): Berufssoziologie. Köln: Kiepenheuer & Witsch.

Luckmann, Thomas/Sprondel, Walter M. (1972b): Einleitung. In: dies. (Hg.). Berufssoziologie. Köln: Kiepenheuer & Witsch, S. 11-21.

Lünenborg, Margret (1997): Journalistinnen in Europa. Eine international vergleichende Studie zum Gendering im sozialen System Journalismus. Opladen: Westdeutscher Verlag.

Luhmann, Niklas (1980): Gesellschaftsstruktur und Semantik. Studien zur Wissenssoziologie der modernen Gesellschaft. Bd. 1. Frankfurt/Main: Suhrkamp.

Luhmann, Niklas (1982): Autopoiesis, Handlung und kommunikative Verständigung. In: Zeitschrift für Soziologie, 11. Jg., Hf. 4, S. 366-379.

Luhmann, Niklas (1987): Autopoiesis als soziologischer Begriff. In: Hans Haferkamp/Michael Schmid (Hg.): Sinn, Kommunikation und soziale Differenzierung. Beiträge zu Luhmanns Theorie sozialer Systeme. Frankfurt/Main: Suhrkamp, S. 307-324.

Luhmann, Niklas (1988a): Erkenntnis als Konstruktion. Bern: Benteli.

Luhmann, Niklas (1988b): Wie ist Bewußtsein an Kommunikation beteiligt? In: Hans Ulrich Gumbrecht/K. Ludwig Pfeiffer (Hg.): Materialität der Kommunikation. Frankfurt/Main: Suhrkamp, S. 884-905

Luhmann, Niklas (1991): Soziale Systeme. Grundriß einer allgemeinen Theorie (4. Aufl.). Frankfurt/Main: Suhrkamp [1984].

Luhmann, Niklas (1992a): Operationale Geschlossenheit psychischer und sozialer Systeme. In: Hans Rudi Fischer u.a. (Hg.): Das Ende der großen Entwürfe. Frankfurt/Main: Suhrkamp, S. 117-131.

Luhmann, Niklas (1992b): Wer kennt Wil Martens? Eine Anmerkung zum Problem der Emergenz sozialer Systeme. In: Kölner Zeitschrift für Soziologie und Sozialpsychologie 44. Jg., Hf. 1, S. 139-142.

Luhmann, Niklas (1994): Der „Radikale Konstruktivismus" als Theorie der Massenmedien? Bemerkungen zu einer irreführenden Debatte. In: Communicatio Socialis. Internationale Zeitschrift für Kommunikation in Religion, Kirche und Gesellschaft, 27. Jg., Hf. 1, S. 7-12.

Luhmann, Niklas (1995): Soziologische Aufklärung. Bd. 6: Die Soziologie und der Mensch. Opladen: Westdeutscher Verlag.

Luhmann, Niklas (1996): Die Realität der Massenmedien (2. Aufl.). Opladen: Westdeutscher Verlag.

Mahle, Walter A. (1993) (Hg.): Journalisten in Deutschland. Nationale und internationale Vergleiche und Perspektiven (AKM-Studien, Bd. 39). München: Ölschläger.

Mahle, Walter A. (1993a): Münsteraner Wiedertäufer Revivals. Cowntdown zum Start der deutschen Kommunikatorforschung A.D. MCMXCIII. In: ders. (Hg.): Journalisten in Deutschland. Nationale und internationale Vergleiche und Perspektiven (AKM-Studien, Bb. 39). München: Ölschläger, S. 89-106.

Maletzke, Gerhard (1978): Psychologie der Massenkommunikation (Neudr.). Hamburg: Hans-Bredow-Institut [1963].

Marcinkowski, Frank (1993): Publizistik als autopoietisches System. Politik und Massenmedien. Eine systemtheoretische Analyse. Opladen: Westdeutscher Verlag.

Marcinkowski, Frank (2001): Autopoietische Vorstellungen in der Theorie der Massenmedien. Vorschläge und Einwände. In: Communicatio Socialis. Internationale Zeitschrift für Kommunikation in Religion, Kirche und Gesellschaft, 34. Jg., Hf. 1, S. 99-106.

Marcinkowski, Frank/Bruns, Thomas (2000): Autopoiesis und strukturelle Kopplung. Inter-Relationen von Journalismus und Politik. In: Martin Löffelholz (Hg.): Theorien des Journalismus. Ein diskursives Handbuch. Wiesbaden: Westdeutscher Verlag, S. 209-223.

Martens, Wil (1991): Die Autopoiesis sozialer Systeme. In: Kölner Zeitschrift für Soziologie und Sozialpsychologie, 43. Jg., Hf. 4, S. 625-646.

Martens, Wil (1992): Die partielle Überschneidung autopoietischer Systeme. Eine Erwiderung. In: Kölner Zeitschrift für Soziologie und Sozialpsychologie, 44. Jg., Hf. 1, S. 143-145.

Matthes, Joachim/Schütze, Fritz (1973): Zur Einführung: Alltagswissen, Interaktion und gesellschaftliche Wirklichkeit. In: Arbeitsgruppe Bielefelder Soziologen (Hg.): Alltagswissen, Interaktion und gesellschaftliche Wirklichkeit. Bd. 1: Symbolischer Interaktionismus und Ethnomethodologie. Reinbek: Rowohlt Taschenbuch, S. 11-53.

Merten, Klaus (1973): Aktualität und Publizität. Zur Kritik der Publizistikwissenschaft. In: Rundfunk und Fernsehen, 18. Jg., Hf. 2, S. 216-236.

Merten, Klaus (1974): Vom Nutzen der Lasswell-Formel – oder Ideologie in der Kommunikationsforschung. In: Rundfunk und Fernsehen, 19. Jg., Hf. 2, S. 143-165.

Merten, Klaus (1995): Konstruktivismus als Theorie für die Kommunikationswissenschaft. Eine Einführung. In: Medien Journal. Zeitschrift für Kommunikationskultur, 19. Jg., Hf. 4, S. 3-20.

Merten, Klaus/Schmidt, Siegfried J./Weischenberg, Siegfried (Hg.) (1994): Die Wirklichkeit der Medien. Eine Einführung in die Kommunikationswissenschaft. Opladen: Westdeutscher Verlag.

Modellversuch Journalisten-Weiterbildung (Hg.) (1984): Fernstudium Kommunikationswissenschaft. 2 Bde. München: Ölschläger.

Müller, Hans-Peter (1992): Sozialstruktur und Lebensstile. Der neuere theoretische Diskurs über soziale Ungleichheit. Frankfurt/Main: Suhrkamp.

Nadel, Siegfried F. (1969): The Theory of Social Structure (4. Aufl.). London: Cohen & West [1957].

Nassehi, Armin (1992): Wie wirklich sind Systeme? Zum ontologischen und epistemologischen Status von Luhmanns Theorie selbstreferentieller Systeme. In: Werner Krawietz/Michael Welker (Hg.): Kritik der Theorie sozialer Systeme. Auseinandersetzungen mit Luhmanns Hauptwerk. Frankfurt/Main: Suhrkamp, S. 43-70.

Neidhardt, Friedhelm (1986): Kultur und Gesellschaft [Einführung]. In: Friedhelm Neidhardt/Maria Rainer Lepsius (Hg.): Kultur und Gesellschaft (Sonderheft Nr. 27 der Kölner Zeitschrift für Soziologie und Sozialpsychologie). Opladen: Westdeutscher Verlag, S. 10-18.

Neidhardt, Friedhelm (Hg.) (1994): Öffentlichkeit, öffentliche Meinung, soziale Bewegungen (Sonderheft Nr. 34 der Kölner Zeitschrift für Soziologie und Sozialpsychologie). Opladen: Westdeutscher Verlag.

Neuberger, Christoph (1994): Arbeitsplätze im Journalismus. Statistiken aus Ämtern, Verbänden und Versicherungen. In: Rundfunk und Fernsehen, 42. Jg., Hf. 1, S. 37-48.

Neuberger, Christoph (1996): Journalismus als Problembearbeitung. Objektivität und Relevanz in der öffentlichen Kommunikation. Konstanz: UVK Medien.

Neuberger, Christoph (2000): Journalismus als systembezogene Akteurkonstellation. Vorschläge für die Verbindung von Akteur-, Institutions- und Systemtheorie. In: Martin Löffelholz (Hg.): Theorien des Journalismus. Ein diskursives Handbuch. Wiesbaden: Westdeutscher Verlag, S. 275-291.

Noelle-Neumann, Elisabeth (1973): Kumulation, Konsonanz und Öffentlichkeitseffekt. Ein neuer Ansatz zur Analyse der Wirkung der Massenmedien. In: Publizistik, 18. Jg., Hf. 1, S. 26-55.

Noelle-Neumann, Elisabeth (1976a): Der getarnte Elefant. Über die Wirkung des Fernsehens. In: dies.: Öffentlichkeit als Bedrohung. Beiträge zur empirischen Kommunikationsforschung, hg. von Jürgen Wilke. Freiburg, München: Karl Alber, S. 115-126.

Noelle-Neumann, Elisabeth (1976b): Öffentlichkeit als Bedrohung. Über den Einfluss der Massenmedien auf das Meinungsklima. In: dies.: Öffentlichkeit als Bedrohung. Beiträge zur empirischen Kommunikationsforschung. Hg. von Jürgen Wilke. Freiburg, München: Karl Alber, S. 204-233.

Noelle-Neumann, Elisabeth (1979): Öffentlichkeit als Bedrohung. Beiträge zur empirischen Kommunikationsforschung. Hg. von Jürgen Wilke. Freiburg, München: Karl Alber [1976].

Noelle-Neumann, Elisabeth (1996): Öffentliche Meinung. Die Entdeckung der Schweigespirale. Erweiterte Ausgabe. Frankfurt/Main, Berlin: Ullstein.

Park, Robert Ezra (2001): Eine Naturgeschichte der Zeitung. In: Horst Pöttker (Hg.): Öffentlichkeit als gesellschaftlicher Auftrag. Klassiker der Sozialwissenschaft über Journalismus und Medien. Konstanz: UVK Universitätsverlag Konstanz, 280-296 [orig. 1923].

Pörksen, Bernhard (2001): Ist der Journalismus autopoietisch? Thesen und Anregungen zur Debatte über die Art der Steuerung und die Eigengesetzlichkeit eines sozialen Systems. In: Communicatio Socialis. Internationale Zeitschrift für Kommunikation in Religion, Kirche und Gesellschaft, 34. Jg., Hf. 1, S. 59-65.

Popper, Karl R. (1972): Zur Logik der Sozialwissenschaften. In: Theodor W. Adorno et al.: Der Positivismusstreit in der Soziologie (2. Aufl.). Neuwied, Berlin: Luchterhand, S. 103-123 [1969].

Popper, Karl R. (1989): Logik der Forschung (9. Aufl.). Tübingen: Mohr [1935].

Presse- und Informationsamt der Bundesregierung (Hg.) (1978): Kommunikationspolitische und kommunikationswissenschaftliche Forschungsprojekte der Bundesregierung (1974-1978). Bonn.

Prim, Rolf/Tilmann, Heribert (1983): Grundlagen einer kritisch-rationalen Sozialwissenschaft. Studienbuch zur Wissenschaftstheorie. Mit einem Geleitwort von Helmut Heid. Heidelberg: Quelle und Meyer (UTB).

Prutz, Robert E. (1971): Geschichte des deutschen Journalismus. Zum ersten Male vollständig aus den Quellen gearbeitet (Faksimiledruck). Göttingen: Vandenhoeck & Ruprecht [1845].

Pürer, Heinz (1997): Zwischen Tradition und Wandel: Zum Stand der Kommunikatorforschung in Deutschland. In: Hermann Fünfgeld/Claudia Mast (Hg.): Massenkommunikation. Ergebnisse und Perspektiven. Opladen: Westdeutscher Verlag, S. 89-123.

Quandt, Thorsten (2000): Das Ende des Journalismus? Online-Kommunikation als Herausforderung für die Journalismusforschung. In: Martin Löffelholz (Hg.): Theorien des Journalismus. Ein diskursives Handbuch. Wiesbaden: Westdeutscher Verlag, S. 483-509.

Quandt, Thorsten (2001): Virtueller Journalismus im Netz? Eine strukturationstheoretische Annäherung an das Handeln in Online-Redaktionen. In: Achim Baum/Siegfried J. Schmidt (Hg.): Fakten und Fiktionen. Über den Umgang mit Medienwirklichkeiten. Konstanz: UVK Verlagsgesellschaft, S. 233-253.

Quine, Willard Van Orman (1975): Ontologische Relativität und andere Schriften. Stuttgart: Reclam [orig. 1969].

Raabe, Johannes (1999): Journalisten in Bayern. Anlage und Ergebnisse einer Repräsentativbefragung von Journalisten aktuell arbeitender Medienredaktionen. Forschungsbericht. Unv. Msk. München.

Raabe, Johannes (2000a): Journalisten in der Gesellschaft. Zur Verortung journalistischer Akteure im sozialen Raum. In: Hans-Bernd Brosius (Hg.): Kommunikation über Grenzen und Kulturen. Konstanz: UVK-Medien, S. 227-243.

Raabe, Johannes (2000b): Journalismus ohne Bewusstsein? Theoretische Grenzen und ihre Folgen für die Journalismusforschung. In: Martin Löffelholz (Hg.): Theorien des Journalismus. Ein diskursives Handbuch. Wiesbaden: Westdeutscher Verlag, S. 311-326.

Raabe, Johannes (2003): Die Soziologie Pierre Bourdieus und die Journalismusforschung: Auftakt oder Abgesang? In: Publizistik, 48. Jg., Hf. 4, S. 470-474.

Raabe, Johannes/Behmer, Markus (2002): Sozialer Wandel und die Sozialität von Medienakteuren. Journalistische Medien und ihre Akteure im Prozess gesellschaftlicher und massenmedialer Ausdifferenzierung. In: Markus Behmer/Friedrich Krotz/Rudolf Stöber/Carsten Winter (Hg.): Medienentwicklung und gesellschaftlicher Wandel. Beiträge zu einer theoretischen und empirischen Herausforderung. Wiesbaden: Westdeutscher Verlag 2003, S. 251-270.

Reckwitz, Andreas (1997): Struktur. Zur sozialwissenschaftlichen Analyse von Regeln und Regelmäßigkeiten. Opladen: Westdeutscher Verlag.

Reckwitz, Andreas (1999): Praxis - Autopoiesis - Text. Drei Versionen des Cultural Turn in der Sozialtheorie. In: Andreas Reckwitz/Holger Sievert (Hg.): Interpretation, Konstruktion, Kultur. Ein Paradigmenwechsel in den Sozialwissenschaften. Opladen: Westdeutscher Verlag, S. 19-49.

Reckwitz, Andreas (2000): Die Transformation der Kulturtheorien. Zur Entwicklung eines Theorieprogramms. Weilerswist: Velbrück Wissenschaft.

Reckwitz, Andreas/Sievert, Holger (Hg.) (1999): Interpretation, Konstruktion, Kultur. Ein Paradigmenwechsel in den Sozialwissenschaften. Opladen: Westdeutscher Verlag.

Rehberg, Karl-Siegbert (Hg.) (1996a): Norbert Elias und die Menschenwissenschaften. Studien zur Entstehung und Wirkungsgeschichte seines Werkes. Frankfurt/Main: Suhrkamp.

Rehberg, Karl-Siegbert (1996b): Norbert Elias - ein etablierter Außenseiter. In: ders. (Hg.): Norbert Elias und die Menschenwissenschaften. Studien zur Entstehung und Wirkungsgeschichte seines Werkes. Frankfurt/Main: Suhrkamp, S. 17-39.

Reimann, Horst (1989): Die Anfänge der Kommunikationsforschung. Entstehungsbedingungen und gemeinsame europäisch-amerikanische Entwicklungslinien im Spannungsfeld von Soziologie und Zeitungswissenschaft. In: Max Kaase/Winfried Schulz (Hg.): Massenkommunikation. Theorien, Methoden, Befunde (Sonderheft Nr. 30 der Kölner Zeitschrift für Soziologie und Sozialpsychologie). Opladen: Westdeutscher Verlag, S. 28-45.

Renckstorf, Karsten (1973): Alternative Ansätze der Massenkommunikationsforschung: Wirkungs- vs. Nutzenansatz. In: Rundfunk und Fernsehen, 21. Jg., Hf. 2/3, S. 183-197.

Renckstorf, Karsten (1977): Neue Perspektiven in der Massenkommunikationsforschung. Beiträge zur Begründung eines alternativen Forschungsansatzes. Berlin: Spiess.

Renckstorf, Karsten (1989): Mediennutzung als soziales Handeln. Zur Entwicklung einer handlungstheoretischen Perspektive der empirischen (Massen-)Kommunikationsforschung. In: Max Kaase/ Winfried Schulz (Hg.): Massenkommunikation. Theorien, Methoden Befunde (Sonderheft Nr. 30 der Kölner Zeitschrift für Soziologie und Sozialpsychologie). Opladen: Westdeutscher Verlag, S. 314-336.

Renger, Rudi (1997): Spaß an „Information". Journalismus als Populärkultur. In: Medien Journal. Zeitschrift für Kommunikationskultur, 21. Jg., Hf. 4, S. 23-38.

Renger, Rudi (2000): Journalismus als kultureller Diskurs. Cultural Studies als Herausforderung für die Journalismustheorie. In: Martin Löffelholz (Hg.): Theorien des Journalismus. Ein diskursives Handbuch. Wiesbaden: Westdeutscher Verlag, S. 467-481.

Renger, Rudi (2001): Populärer Journalismus. Nachrichten zwischen Fakten und Fiktion. Innsbruck, Wien: Studien-Verlag.

Roegele, Otto B. (1977): Massenmedien und Regierbarkeit. In: Hennis, Wilhelm u.a. (Hg.): Regierbarkeit. Studien zu ihrer Problematisierung, Bd. 2. Stuttgart: Klett-Cotta, S. 177-210.

Roegele, Otto B. (1982): Neugier als Laster und Tugend. Zürich: Edition Interfrom; Osnabrück: Fromm.

Ronneberger, Franz (1983): Das Syndrom der Unregierbarkeit und die Macht der Medien. In: Publizistik, 28. Jg., Hf. 4, S. 487-511.

Rose, Arnold M. (1967): Systematische Zusammenfassung der Theorie der symbolischen Interaktion. In: Heinz Hartmann (Hg.): Moderne amerikanische Soziologie. Neuere Beiträge zur soziologischen Theorie. Stuttgart: Enke, S. 266-282.

Rühl, Manfred (1969): Die Zeitungsredaktion als organisiertes soziales System. Bielefeld: Bertelsmann Universitätsverlag.

Rühl, Manfred (1979): Die Zeitungsredaktion als organisiertes soziales System (2. Aufl.). Fribourg: Universitätsverlag Fribourg.

Rühl, Manfred (1980): Journalismus und Gesellschaft. Bestandsaufnahme und Theorieentwurf. Mainz: von Hase & Koehler.

Rühl, Manfred (1989): Organisatorischer Journalismus. Tendenzen der Redaktionsforschung. In: Max Kaase/Winfried Schulz (Hg.): Massenkommunikation. Theorien, Methoden Befunde (Sonderheft Nr. 30 der Kölner Zeitschrift für Soziologie und Sozialpsychologie). Opladen: Westdeutscher Verlag, S. 253-269.

Rühl, Manfred (1992): Theorie des Journalismus. In: Roland Burkart/Walter Hömberg (Hg.): Kommunikationstheorien. Ein Textbuch zur Einführung. Wien: Braumüller, S. 117-133.

Rühl, Manfred (1993a): Kommunikation und Öffentlichkeit. Schlüsselbegriffe zur kommunikationswissenschaftlichen Rekonstruktion der Publizistik. In: Günter Bentele/Manfred Rühl (Hg.): Theorien öffentlicher Kommunikation. Problemfelder, Positionen, Perspektiven. München: Ölschläger, S. 77-102.

Rühl, Manfred (1993b): Marktpublizistik. Oder: Wie alle – reihum – Presse und Rundfunk bezahlen. In: Publizistk. Vierteljahreshefte für Kommunikationsforschung, 38. Jg., Hf. 2, S. 125-152.

Rühl, Manfred (1995): Rundfunk publizistisch begreifen. Reflexionstheoretische Überlegungen zum Primat programmierter Programme. In: Publizistik, 40. Jg., Hf. 3, S. 279-304.

Rühl, Manfred (2000): Des Journalismus vergangene Zukunft. Zur Theoriegeschichte einer künftigen Journalismusforschung. In: Martin Löffelholz (Hg.): Theorien des Journalismus. Ein diskursives Handbuch. Wiesbaden: Westdeutscher Verlag, 65-79.

Rühl, Manfred/Saxer, Ulrich (1981): 25 Jahre deutscher Presserat. Ein Anlaß für Überlegungen zu einer kommunikationswissenschaftlichen Ethik des Journalismus und der Massenkommunikation. In: Publizistik, 26. Jg., Hf. 4, S. 471-507.

Rusch, Gebhard/Schmidt, Siegfried J. (Hg.) (1994): Konstruktivismus und Sozialheorie (DELFIN 1993). Frankfurt/Main: Suhrkamp.

Rust, Holger (1986): Entfremdete Elite? Journalisten im Kreuzfeuer der Kritik. Wien: Literas.

Saxer, Ulrich (1992a): Systemtheorie und Kommunikationswissenschaft. In: Roland Burkart/Walter Hömberg (Hg.): Kommunikationstheorien. Ein Textbuch zur Einführung. Wien: Braumüller, S. 91-110.

Saxer, Ulrich (1992b): Thesen zur Kritik des Konstruktivismus. In: Communicatio Socialis. Internationale Zeitschrift für Kommunikation in Religion, Kirche und Gesellschaft, 25. Jg., Hf. 3, S. 178-183.

Saxer, Ulrich (1993a): Fortschritt als Rückschritt? Konstruktivismus als Epistemologie einer Medientheorie. Kommentar zu Klaus Krippendorf. In: Günter Bentele/Manfred Rühl (Hg.): Theorien öffentlicher Kommunikation. Problemfelder, Positionen, Perspektiven. München: Ölschläger, S. 65-73.

Saxer, Ulrich (1993b): Medienwandel – Gesellschaftswandel. In: Publizistik, 38. Jg., Hf. 3, S. 292-304.

Saxer, Ulrich (1997): Kommunikationsforschung und Kommunikatoren. Konstitutionsprobleme einer publizistikwissenschaftlichen Teildisziplin. In: Günter Bentele/Michael Haller (Hg.): Aktuelle Entstehung von Öffentlichkeit. Akteure – Strukturen – Veränderungen. Konstanz: UVK Medien, S. 39-54.

Saxer, Ulrich/Schanne, Michael (1981): Journalismus als Beruf. Eine Untersuchung der Arbeitssituation von Journalisten in den Kantonen Zürich und Waadt. Bern: Eidgenöss. Justiz- und Polizeidepartment.

Schäfer, Lothar/Schnelle, Thomas (1980): Ludwik Flecks Begründung der soziologischen Betrachtungsweise in der Wissenschaftstheorie. In: Ludwik Fleck: Entstehung und Entwicklung einer wissenschaftlichen Tatsache. Einführung in die Lehre vom Denkstil und Denkkollektiv. Frankfurt/Main: Suhrkamp, S. 7-49.

Schäfer, Lothar/Schnelle, Thomas (1983): Die Aktualität Ludwik Flecks Wissenschaftssoziologie und Erkenntnistheorie. In: Ludwik Fleck: Erfahrung und Tatsache. Gesammelte Aufsätze. Frankfurt/Main: Suhrkamp, S. 9-34.

Schäfers, Bernhard (1987): Geleitwort zum Nachdruck. In: Theodor Geiger: Die soziale Schichtung des deutschen Volkes. Soziographischer Versuch auf statistischer Grundlage. Faksimile-Nachdruck der 1. Auflage 1932 mit einem Geleitwort von Bernhard Schäfers. Stuttgart: Ferdinand Enke, o.S. [I-IV].

Schelsky, Helmut (1983): Politik und Publizität. Stuttgart: Seewald.

Schimank, Uwe (1988): Gesellschaftliche Teilsysteme als Akteursfiktionen. In: Kölner Zeitschrift für Soziologie und Sozialpsychologie, 40. Jg., Hf. 4, S. 619-639.

Schimank, Uwe (1995): Teilsystemevolutionen und Akteursstrategien: Die zwei Seiten struktureller Dynamiken moderner Gesellschaften. In: Soziale Systeme,1. Jg., Hf. 1, S. 73-100.

Schmidt, Siegfried J. (Hg.) (1987a): Der Diskurs des radikalen Konstruktivismus. Frankfurt/Main: Suhrkamp.

Schmidt, Siegfried J. (1987b): Der Radikale Konstruktivismus: Ein neues Paradigma im interdisziplinären Diskurs. In: ders. (Hg.): Der Diskurs des radikalen Konstruktivismus. Frankfurt/Main: Suhrkamp, S. 11-88.

Schmidt, Siegfried J. (1993): Kommunikation – Kognition – Wirklichkeit. In: Günter Bentele/Manfred Rühl (Hg.): Theorien öffentlicher Kommunikation. Problemfelder, Positionen, Perspektiven. München: Ölschläger, S. 105-117.

Schmidt, Siegfried J. (1994): Die Wirklichkeit des Beobachters. In: Klaus Merten/Siegfried J. Schmidt/Siegfried Weischenberg (Hg.): Die Wirklichkeit der Medien. Eine Einführung in die Kommunikationswissenschaft. Opladen: Westdeutscher Verlag, S. 3-19.

Schmidt, Siegfried J. (1995): Medien – Kultur – Gesellschaft. Medienforschung braucht Systemorientierung. In: Medien Journal. Zeitschrift für Kommunikationskultur, 19. Jg., Hf. 4, S. 28-35.

Schmidt, Siegfried J. (1996): Kognitive Autonomie und soziale Orientierung. Kostruktivistische Bemerkungen zum Zusammenhang von Kognition, Kommunikation, Medien und Kultur (2. Aufl.). Frankfurt/Main: Suhrkamp.

Schmidt, Siegfried J. (2002): Was heißt „Wirklichkeitskonstruktion"? In: Achim Baum/Siegfried J. Schmidt (Hg.): Fakten und Fiktionen. Über den Umgang mit Medienwirklichkeiten. Konstanz: UVK Verlagsgesellschaft, S. 17-30.

Schmolke, Michael (1970): Die deutschen Journalisten der Nachkriegszeit in der Selbstdarstellung ihrer Standespresse. In: Franz Dröge/Winfried B. Lerg/Michael Schmolke (Hg.): Publizisten zwischen Intuition und Gewissheit. Drei Vorträge. Hg. vom Institut für Publizistik der Westfälischen Wilhelms-Universität Münster. Assen 1970, S. 41-61.

Schneider, Beate/Schönbach, Klaus/Stürzebecher, Dieter (1993): Journalisten im vereinigten Deutschland. Strukturen, Arbeitsweisen und Einstellungen im Ost-West-Vergleich. In: Publizistik, 38. Jg., Hf. 3, S. 353-382.

Schneider, W. Ludwig (1994): Die Beobachtung von Kommunikation. Zur kommunikativen Rekonstruktion sozialen Handelns. Opladen: Westdeutscher Verlag.

Schnell, Rainer/Hill, Paul B./Esser, Elke (1995): Methoden der empirischen Sozialforschung (5. Aufl.). München, Wien: Oldenbourg.

Schönbach, Klaus/Stürzebecher, Dieter/Schneider, Beate (1994): Oberlehrer oder Missionare? Das Selbstverständnis deutscher Journalisten. In: Friedhelm Neidhardt (Hg.): Öffentlichkeit, öffentliche Meinung, soziale Bewegungen (Sonderheft Nr. 34 der Kölner Zeitschrift für Soziologie und Sozialpsychologie). Opladen: Westdeutscher Verlag, S. 139-161.

Scholl, Armin (1995): Rezension zu Bernd Blöbaum: Journalismus als soziales System. Geschichte, Ausdifferenzierung und Verselbständigung. In: Publizistik, 40. Jg., Hf. 4, S. 382-383.

Scholl, Armin (1996): Sampling Journalists. In: Communications, 21. Jg., Hf. 3, S. 331-343.

Scholl, Armin (1997): Journalismus als Gegenstand der empirischen Forschung: Ein Definitionsvorschlag. In: Publizistik, 42. Jg., Hf. 4, S. 468-486.

Scholl, Armin (2000): Hat die Journalismusforschung alles falsch gemacht? Eine Erwiderung auf die Kritik an der Journalismusforschung durch Elisabeth Klaus und Margret Lünenborg. In: Medien & Kommunikationswissenschaft, 48. Jg., Hf. 3, S. 405-412.

Scholl, Armin (Hg.) (2002a): Systemtheorie und Konstruktivismus in der Kommunikationswissenschaft. Konstanz: UVK Verlagsgesellschaft.

Scholl, Armin (2002b): Einleitung. In: ders. (Hg): Systemtheorie und Konstruktivismus in der Kommunikationswissenschaft. Konstanz: UVK Verlagsgesellschaft, S. 7-18.

Scholl, Armin/Weischenberg, Siegfried (1998): Journalismus in der Gesellschaft. Theorie, Methodologie und Empirie. Opladen: Westdeutscher Verlag.

Schulz, Winfried (1974): Bedeutungsvermittlung durch Massenmedien. Grundgedanken zu einer analytischen Theorie der Medien. In: Publizistik, 19. Jg., Hf. 2, S. 148-163.

Schulz, Winfried (1982): Ausblick am Ende des Holzweges. Eine Übersicht über die Ansätze der neuen Wirkungsforschung. In: Publizistik, 27. Jg., Hf. 1/2, S. 49-73.

Schulz, Winfried (1989): Massenmedien und Realität. Die „ptolemäische" und die „kopernikanische" Auffassung. In: Max Kaase/Winfried Schulz (Hg.): Massenkommunikation. Theorien, Methoden, Befunde (Sonderheft Nr. 30 der Kölner Zeitschrift für Soziologie und Sozialpsychologie). Opladen: Westdeutscher Verlag, S. 135-149.

Schulz, Winfried (1990): Die Konstruktion von Realität in den Nachrichtenmedien. Eine Analyse der aktuellen Berichterstattung. München, Freiburg: Karl Alber [1976].

Schulze, Gerhard (1990): Die Transformation sozialer Milieus in der Bundesrepublik Deutschland. In: Peter A. Berger/Stefan Hradil (Hg.): Lebenslagen, Lebensläufe, Lebensstile (Sonderband 7 der „Sozialen Welt"). Göttingen: Otto Schwartz, S. 409-432.

Schulze, Gerhard (1992): Die Erlebnisgesellschaft. Kultursoziologie der Gegenwart. Frankfurt/Main, New York: Campus-Verlag.

Schulze, Hans-Joachim/Künzler, Jan (1998): Funktionalistische und systemtheoretische Ansätze in der Sozialisationsforschung. In: Klaus Hurrelmann/Dieter Ulich (Hg.): Handbuch der Sozialisationsforschung. Studienausgabe (5. Aufl.). Weinheim, Basel: Beltz, S. 121-136.

Schwingel, Markus (1993): Analytik der Kämpfe. Macht und Herrschaft in der Soziologie Pierre Bourdieus. Hamburg: Argument-Verlag.

Schwingel, Markus (1995): Bourdieu zur Einführung. Hamburg: Junius 1995.

Searle, John R. (1997): Die Konstruktion der gesellschaftlichen Wirklichkeit. Zur Ontologie sozialer Tatsachen. Reinbek: Rowohlt [orig. 1995].

Shannon, Claude E./Weaver, Warren (1976): Mathematische Grundlagen der Informationstheorie. München [orig. 1949].

Shoemaker, Pamela (1991): Gatekeeping. London, Newbury Park, New Delhi: Sage Publications.

Sievert, Holger (1998): Europäischer Journalismus. Theorie und Empirie aktueller Medienkommunikation in der Europäischen Union. Opladen, Wiesbaden: Westdeutscher Verlag.

Sievert, Holger (1999): Begonnen – aber (noch) nicht vollzogen. Zum „cultural turn" in der deutschen Publizistik- und Kommunikationswissenschaft. In: Andreas Reckwitz/Holger Sievert (Hg.): Interpretation, Konstruktion, Kultur. Ein Paradigmenwechsel in den Sozialwissenschaften. Opladen: Westdeutscher Verlag, S. 307-324.

Sösemann, Bernd (Hg.) (1997): Emil Dovifat. Studien und Dokumente zu Leben und Werk. In Zusammenarbeit mit Gunda Stöber. Berlin, New York: de Gruyter.

Staab, Joachim Friedrich (1990a): Entwicklungen der Nachrichtenwert-Theorie. Theoretische Konzepte und empirische Überprüfungen. In: Jürgen Wilke (Hg.): Fortschritte der Publizistikwissenschaft. Freiburg, München: Karl Alber, S. 161-172.

Staab, Joachim Friedrich (1990b): Nachrichtenwert-Theorie. Formale Struktur und emprischer Gehalt. Freiburg, München: Karl Alber.

Stieler, Kaspar (1969): Zeitungs Lust und Nutz. Neudruck, hg. von Gert Hagelweide. Bremen: Carl Schünemann [1695].

Teichert, Will (1972): „Fernsehen" als soziales Handeln. Zur Situation der Rezipientenforschung. In: Rundfunk und Fernsehen, 20. Jg., Hf. 4, S. 421-439.

Teichert, Will (1973): „Fernsehen" als soziales Handeln (II). Entwürfe und Modelle zur dialogischen Kommunikation zwischen Publikum und Massenmedien. In: Rundfunk und Fernsehen, 21. Jg., Hf. 4, S. 356-382.

Teichert, Will (1975): Bedürfnisstruktur und Mediennutzung. Fragestellungen und Problematik des „Uses and Gratifications Approach". In: Rundfunk und Fernsehen, 23. Jg., Hf. 3/4, S. 269-283.

Tenbruck, Friedrich H. (1961): Zur deutschen Rezeption der Rollentheorie. In: Kölner Zeitschrift für Soziologie und Sozialpsychologie, 13. Jg., Hf. 1, S. 1-40.

Tenbruck, Friedrich H. (1979): Deutsche Soziologie im internationalen Kontext. Ihre Ideengeschichte und ihr Gesellschaftsbezug. In: Günther Lüschen (Hg.): Deutsche Soziologie seit 1945. Entwicklungsrichtungen und Praxisbezug (Sonderheft 21 der Kölner Zeitschrift für Soziologie und Sozialpsychologie). Opladen: Westdeutscher Verlag, S. 71-107.

Tenbruck, Friedrich H. (1990): Repräsentative Kultur. In: Hans Haferkamp (Hg.): Sozialstruktur und Kultur. Frankfurt/Main: Suhrkamp, S. 20-53.

Tenbruck, Friedrich H. (1996): Perspektiven der Kultursoziologie. Gesammelte Aufsätze. Hg. von Clemens Albrecht, Wilfried Dreyer und Harald Homann. Opladen: Westdeutscher Verlag.

Trapp, Manfred (1986): Utilitaristische Konzepte in der Soziologie. Eine soziologische Kritik von Homans bis zur Neuen Politischen Ökonomie. In: Zeitschrift für Soziologie, 15. Jg., Hf. 5, S. 324-240.

Tuchman, Gaye (1978): Making News. A Study in the Construction of Reality. New York: The Free Press, London: Macmillan.

Ueltzhöffer, Jörg (1999): Europa auf dem Weg in die Postmoderne. Transnationale soziale Milieus und gesellschaftliche Spannungslinien in der Europäischen Union. In: Andreas Busch/Wolfgang Merkel (Hg.): Demokratie in Ost und West. Für Klaus von Beyme. Frankfurt/Main: Suhrkamp, S. 624-652.

Ueltzhöffer, Jörg/Flaig, Berthold Bodo (1993): Spuren der Gemeinsamkeit? Soziale Milieus in Ost- und Westdeutschland. In: Werner Weidenfeld (Hg.): Deutschland. Eine Nation – doppelte Geschichte. Materialien zum deutschen Selbstverständnis. Köln: Verlag Wissenschaft und Politik, S. 61-81.

Vester, Michael (1992): Die Modernisierung der Sozialstruktur und der Wandel von Mentalitäten. In: Stefan Hradil (Hg.): Zwischen Bewußtsein und Sein. Die Vermittlung „objektiver" Lebensbedingungen und „subjektiver" Lebensweisen. Opladen: Leske + Budrich, S. 223-249.

Vielmetter, Georg (1999): Postempiristische Philosophie der Sozialwissenschaften. Eine Positionsbestimmung. In: Andreas Reckwitz/Holger Sievert (Hg.): Interpretation, Konstruktion, Kultur. Ein Paradigmenwechsel in den Sozialwissenschaften. Wiesbaden: Westdeutscher Verlag, S. 50-66.

Wacquant, Loïc J.D. (1996): Auf dem Weg zu einer Sozialpraxeologie. Struktur und Logik der Soziologie Pierre Bourdieus. In: Pierre Bourdieu/Loïc J.D. Wacquant: Reflexive Anthropologie. Frankfurt/Main: Suhrkamp [orig. 1992], S. 17-93.

Wagner, Hans (1978): Kommunikation und Gesellschaft. Teil I: Einführung in die Zeitungswissenschaft. München: Olzog.

Wagner, Hans (1991): Medien-Tabus und Kommunikationsverbote. Die manipulierte Wirklichkeit. München: Olzog.

Wagner, Hans (1995): Journalismus I: Auftrag. Gesammelte Beiträge zur Journalismustheorie. Erlangen: Junge & Sohn.

Wagner, Hans (1998): Das Unwandelbare im Journalismus. In: Wolfgang Duchkowitsch/Fritz Hausjell/Walter Hömberg/Arnulf Kutsch/Irene Neverla (Hg.): Journalismus als Kultur. Analysen und Essays. Wiesbaden: Westdeutscher Verlag, S. 95-111.

Weaver, David H./Wilhoit, G. Cleveland (1996): The American Journalist in the 1990s. U.S. News People at the End of an Era. Mahwah (NJ): Lawrence Erlbaum.

Weber, Stefan (1995a): Nachrichtenkonstruktion im Boulevardmedium. Die Wirklichkeit der „Kronen Zeitung". Wien: Passagen Verlag.

Weber Stefan (1995b): The Message Makes the Event. Zur Richtung des Denkens in konstruktivistischen Medientheorien. In: Medien Journal. Zeitschrift für Kommunikationskultur, 19. Jg., Hf. 4, S. 21-27.

Weber, Stefan (1996): Die Dualisierung des Erkennens. Zu Konstruktivismus, Neurophilosophie und Medientheorie. Wien: Passagen Verlag.

Weber, Stefan (1997): Doppelte Differenz. Schritte zu einer „konstruktivistischen Systemtheorie der Medienkommunikation". In: Medien Journal. Zeitschrift für Kommunikationskultur, 21. Jg., Hf. 1, S. 34-43.

Weber, Stefan (1999a): Das System Journalismus: Oszillieren zwischen Selbstreferenz und Fremdsteuerung? In: Michael Latzer/Ursula Meier-Rabler/Gabriele Siegert/Thomas Steinmaurer (Hg.): Die Zukunft der Kommunikation. Phänomene und Trends in der Informationsgesellschaft. Innsbruck, Wien: Studien-Verlag, S. 161-180.

Weber, Stefan (1999b): Wie journalistische Wirklichkeiten entstehen (Schriftenreihe Journalistik des Kuratoriums für Journalistenausbildung, Hf. 15). Salzburg: Kuratorium für Journalistenausbildung.

Weber, Stefan (2000a): Was steuert Journalismus? Ein System zwischen Selbstreferenz und Fremdsteuerung. Konstanz: UVK Medien.

Weber, Stefan (2000b): Ist eine integrative Theorie möglich? Distinktionstheorie und nichtdualisierender Ansatz als Herausforderungen für die Journalismustheorie. In: Martin Löffelholz (Hg.): Theorien des Journalismus. Ein diskursives Handbuch. Wiesbaden: Westdeutscher Verlag, S. 455-466.

Weber, Stefan (2001): Journalismus – autopoietisches System oder oszillierende Form? In: Communicatio Socialis. Internationale Zeitschrift für Kommunikation in Religion, Kirche und Gesellschaft, 34. Jg., Hf. 1, S. 90-98.

Weber, Stefan (2002): Konstruktivismus und Non-Dualismus, Systemtheorie und Distinktionstheorie. In: Scholl, Armin (Hg.): Systemtheorie und Konstruktivismus in der Kommunikationswissenschaft. Konstanz: UVK Verlagsgesellschaft, S. 21-36.

Weischenberg, Siegfried (1989): Der enttarnte Elefant. Journalismus in der Bundesrepublik – und die Forschung, die sich ihm widmet. In: Media Perspektiven, Hf. 4, S. 227-239.

Weischenberg, Siegfried (1990): Das „Paradigma Journalistik". Zur kommunikationswissenschaftlichen Indentifizierung einer hochschulgebundenen Journalistenausbildung. In: Publizistik, 35. Jg., Hf. 1, S. 45-61.

Weischenberg, Siegfried (1992): Journalistik. Theorie und Praxis aktueller Medienkommunikation. Bd. 1: Mediensysteme, Medienethik, Medieninstitutionen. Opladen: Westdeutscher Verlag.

Weischenberg, Siegfried (1993): Die Medien und die Köpfe. Perspektiven und Probleme konstruktivistischer Journalismusforschung. In: Günter Bentele/Manfred Rühl (Hg.): Theorien öffentlicher Kommunikation. Problemfelder, Positionen, Perspektiven. München: Ölschläger, S. 126-136.

Weischenberg, Siegfried (1994): Journalismus als soziales System. In: Klaus Merten/Siegfried J. Schmidt/Siegfried Weischenberg (Hg.): Die Wirklichkeit der Medien. Eine Einführung in die Kommunikationswissenschaft. Opladen: Westdeutscher Verlag, S. 427-454.

Weischenberg, Siegfried (1995a): Journalistik. Theorie und Praxis aktueller Medienkommunikation. Bd. 2: Medientechnik, Medienfunktionen, Medienakteure. Opladen: Westdeutscher Verlag.

Weischenberg, Siegfried (1995b): Konstruktivismus und Journalismusforschung. Probleme und Potentiale einer neuen Erkenntnistheorie. In: Medien Journal. Zeitschrift für Kommunikationskultur, 19. Jg., Hf. 4, S. 47-56.

Weischenberg, Siegfried/Bassewitz, Susanne von/Scholl, Armin (1989): Konstellationen der Aussagenentstehung. Zur Handlungs- und Wirkungsrelevanz journalistischer Kommunikationsabsichten. In: Max Kaase/Winfried Schulz (Hg.): Massenkommunikation. Theorien, Methoden, Befunde (Sonderheft Nr. 30 der Kölner Zeitschrift für Soziologie und Sozialpsychologie). Opladen: Westdeutscher Verlag, S. 280-300.

Weischenberg, Siegfried/Keunecke, Susanne/Löffelholz, Martin/Scholl, Armin (o.J.) [1994]: Frauen im Journalismus. Gutachten über die Geschlechterverhältnisse bei den Medien in Deutschland. Im Auftrag der Industriegewerkschaft Medien. Stuttgart: IG Medien Fachgruppe Journalismus.

Weischenberg, Siegfried/Löffelholz, Martin/Scholl, Armin (1993): Journalismus in Deutschland. Design und erste empirische Befunde der Kommunikatorstudie. In: Media Perspektiven, Hf. 1, S. 21-33.

Weischenberg, Siegfried/Löffelholz, Martin/Scholl, Armin (1994): Journalismus in Deutschland II. Merkmale und Einstellungen von Journalisten. In: Media Perspektiven, Hf. 4, S. 154-167.

Weiß, Hans-Jürgen (1978): Journalismus als Beruf. Forschungssynopse. In: Presse- und Informationsamt der Bundesregierung (Hg.): Kommunikationspolitische und kommunikationswissenschaftliche Forschungsprojekte der Bundesregierung. Bonn, S. 109-139.

Weiß, Hans-Jürgen u.a. (Hg.) (1977): AfK-Synopse: Journalismus als Beruf. Schlußbericht (Verv. Msk.). München.

Werner, Petra (1992): Soziale Systeme als Interaktion und Organisation. Zum begrifflichen Verhältnis von Institution, Norm und Handlung. In: Werner Krawietz/Michael Welker (Hg.): Kritik der Theorie sozialer Systeme. Auseinandersetzungen mit Luhmanns Hauptwerk. Frankfurt/Main: Suhrkamp, S. 200-214.

Westley, Bruce H./MacLean, Malcom S. (1957): A Conceptual Model For Communications Research. In: Journalism Quarterly, Vol. 34, No. 1, S. 31-38.

White, David Manning (1950): The „Gatekeeper". A Case Study in the Selection of News. In: Journalism Quaterly, Vol. 27, S. 383-390.

Wiesand, Andreas J. (1977): Journalisten-Bericht. Berufssituation – Mobilität – „Publizistische Vielfalt". Berlin: Volker Spiess.

Wiesenthal, Helmut (1987): Rational Choice. Ein Überblick über Grundlinien, Theoriefelder und neuere Themenakquisition eines sozialwissenschaftlichen Paradigmas. In: Zeitschrift für Soziologie 16. Jg., Hf. 4, S. 434-449.

Wilke, Jürgen (1986): Massenmedien und sozialer Wandel (Eichstätter Hochschulreden, Nr. 55). München: Minerva-Publikation.

Wilke, Jürgen (Hg.) (1987): Zwischenbilanz der Journalistenausbildung (Berichtsband der 32. Arbeitstagung der DGPuK 1987 an der Katholischen Universität Eichstätt). München: Ölschläger.

Wilke, Jürgen (Hg.) (1990): Fortschritte der Publizistikwissenschaft. Freiburg, München: Karl Alber.

Willems, Herbert (1997): Rahmen und Habitus. Zum theoretischen und methodischen Ansatz Erving Goffmans: Vergleiche, Anschlüsse und Anwendungen. Mit einem Vorwort von Alois Hahn. Frankfurt/Main: Suhrkamp.

Willke, Helmut (1993): Systemtheorie. Eine Einführung in die Grundprobleme der Theorie sozialer Systeme (4. Aufl.). Stuttgart: Gustav Fischer (UTB).

Wilson, Thomas P. (1973): Theorien der Interaktion und Modelle soziologischer Erklärung. In: Arbeitsgruppe Bielefelder Soziologen (Hg.): Alltagswissen, Interaktion und gesellschaftliche Wirklichkeit. Bd. 1: Symbolischer Interaktionismus und Ethnomethodologie. Reinbek: Rowohlt Taschenbuch, S. 54-79.

Neu im Programm
Public Relations/Werbung

Barbara Baerns (Hrsg.)
Leitbilder von gestern?
Zur Trennung von Werbung
und Programm. Eine Problemskizze
und Einführung
2004. 292 S. Br. EUR 34,90
ISBN 3-531-13354-3

E. W. Mänken
**Mitarbeiterzeitschriften
noch besser machen**
Kritik und Ratschläge
aus der Praxis für die Praxis
2004. 223 S. Br. ca. EUR 26,90
ISBN 3-531-14115-5

Mike Friedrichsen,
Syster Friedrichsen (Hrsg.)
Fernsehwerbung – Quo vadis?
Der Anfang vom Ende
oder das Ende vom Anfang?
2004. 317 S. mit 38 Abb. und 26 Tab.
Br. EUR 29,90
ISBN 3-531-13528-7

Ulrike Röttger
**Public Relations –
Organisation und Profession**
Öffentlichkeitsarbeit
als Organisationsfunktion.
Eine Berufsfeldstudie
2000. 387 S. Br. EUR 34,90
ISBN 3-531-13496-5

Juliana Raupp,
Joachim Klewes (Hrsg.)
Quo vadis Public Relations?
Auf dem Weg zum
Kommunikationsmanagement:
Bestandsaufnahme und
Entwicklungen
2004. 296 S. Br. EUR 29,90
ISBN 3-531-14034-5

Erhältlich im Buchhandel oder beim Verlag.
Änderungen vorbehalten. Stand: Juli 2004.

www.vs-verlag.de

VS VERLAG FÜR SOZIALWISSENSCHAFTEN

Abraham-Lincoln-Straße 46
65189 Wiesbaden
Tel. 0611.7878-722
Fax 0611.7878-400